불만
시대의
자본주의

불만 시대의 자본주의

공정한 경제는 불가능한가

조지프 스티글리츠 지음　박세연 옮김

PEOPLE, POWER, AND PROFITS
by JOSEPH E. STIGLITZ

일러두기
본문의 각주 가운데 스티글리츠 본인이 단 주는 원주로 표기했고,
옮긴이주는 따로 표기 없이 실었다.

이 책은 실로 꿰매어 제본하는 정통적인 사철 방식으로 만들어졌습니다.
사철 방식으로 제본된 책은 오랫동안 보관해도 손상되지 않습니다.

나의 손자들에게,
그리고 너무 일찍 세상을 떠난 내 친구 토니 앳킨슨과
짐 멀리스에게

차례

2부 정치와 경제의 재건: 앞으로 나아갈 길

서론

나는 자본주의 황금 시절에 인디애나 게리의 남쪽 미시간 호숫가에서 자랐다. 그때가 황금 시절이었다는 사실을 깨달은 것은 그로부터 한참 세월이 지나서였다. 어릴 적 세상은 내게 그렇게 멋져 보이지는 않았다. 나는 만연한 인종 차별과 심각한 불평등, 노동쟁의, 그리고 간헐적인 경기 침체를 목격했다. 이 모두는 내 학교 동료들과 게리 지역의 전반적인 삶에 큰 영향을 미쳤다.

게리 지역은 미국의 산업화와 탈산업화의 역사를 고스란히 따랐다. 사실 이곳의 지명은 1906년에 세계 최대 통합 제철소가 들어설 지역으로 선정되면서, US스틸의 설립자이자 회장인 엘버트 게리 Elbert H. Gary의 이름을 따서 지어졌다. 게리는 그야말로 산업 도시였다. 2015년에 열린 55회 고등학교 동창회에 참석하기 위해 게리를 찾았을 때(트럼프가 미국 사회의 변수로 자리 잡기 전), 지역 곳곳에 긴장감이 스며들어 있었다. 거기에는 그럴 만한 이유가 있었다. 당시 게리는 탈산업화를 향한 미국 경제 궤도를 따르고 있었다.

지역 인구는 내가 어릴 적에 비해 절반밖에 되지 않았다. 도시는 산업화의 잔해로 가득했고, 덕분에 전쟁이나 멸망 이후 세상의 모습을 촬영하기 위한 할리우드 영화 세트로 유명했다. 동창들 중에는 교사나 의사, 변호사, 혹은 장관이 된 이들도 있었다. 그날 모임에서 내가 가장 가슴 아프게 들었던 것은 학교를 마치고 제철소에 취직하려고 했지만 경기 침체로 인해 군대에 입대한 후 경찰이 되었다는 동창들의 이야기였다. 그리고 이미 세상을 떠난 동창과 질병으로 어려움을 겪고 있는, 아직 고향에 남아 있는 많은 동창의 소식을 접하면서 수명과 건강에 관한 불평등을 실감했다. 또한 정부를 맹비난하는 전직 경찰, 그리고 그가 의존하는 사회보장과 장애연금이 바로 그 정부에서 나온 것이라고 지적하는 전직 교사 사이의 언쟁도 들었다.

1960년 내가 매사추세츠주 애머스트 칼리지에 진학하기 위해 게리를 떠났을 무렵, 앞으로의 역사가 어떻게 전개될 것인지, 그리고 게리의 동창들이 어떤 영향을 받게 될 것인지 누가 예상할 수 있었을까? 나의 자아는 게리에서 형성되었다. 불평등과 고통에 대한 가슴 아픈 기억은 내가 이론 물리학자의 꿈을 접고 경제학자의 길을 선택하게 했다. 나는 경제 시스템이 왜 그렇게 자주 무너지는지, 그리고 우리가 무엇을 할 수 있는지 알아내고 싶었다. 그러나 내가 경제를 공부하는 동안에도(왜 시장이 종종 실패하는지 이해하기 시작하면서) 문제는 점점 더 심각해졌다. 불평등은 어릴 적 내가 상상했던 것보다 더 높은 수준으로 증가했다. 세월이 흘러 1993년 클린턴 행정부 경제자문위원회에 참여하게 되었을 때(처음에는 일원으로,

나중에는 의장으로), 불평등은 서서히 사회적 관심을 받기 시작했다. 미국 사회의 불평등은 1970년대 중반과 1980년 초반에 급증했고, 1993년에는 내가 경험했던 어느 때보다 심각한 수준에 이르렀다.

나는 경제학을 공부하는 동안 다양한 보수주의 이념이 잘못되었으며, 경제를 전적으로 맡길 수 있을 정도로 강력한 시장의 힘에 대한 보수 진영의 신앙에 가까운 믿음은 이론과 경험의 차원에서 아무런 기반을 갖추지 못했다는 사실을 깨닫게 되었다. 여기서 도전 과제는 단지 사람들이 이러한 깨달음을 받아들이도록 설득하는 것이 아니라, 1980년대 레이건 행정부에서 시작된 경제 자유화에 따른 심각한 수준의 불평등과 잠재적 불안정성을 되돌리기 위한 프로그램과 정책을 만들어 내는 일이었다. 안타깝게도 시장의 힘에 대한 맹목적인 믿음은 1990년대로 접어들면서 더욱 확산되었고, 결국에는 내 동료들과 클린턴 행정부마저 경제 자유화를 추진하기에 이르렀다.[1]

내가 클린턴 행정부 경제자문위원회에서 활동하는 동안 불평등에 대한 우려는 점점 더 커졌다. 2000년대에 접어들면서 불평등은 깜짝 놀랄 만한 수준으로 높아졌다. 대공황이 시작된 이후로 미국 부유층이 국민소득에서 그토록 높은 비중을 차지한 적은 없었다.[2]

클린턴 행정부에 들어간 지 25년의 세월이 흘러 나는 이러한 질문을 스스로에게 던지게 되었다. 우리는 어떻게 여기까지 왔는가? 우리는 어디로 가고 있는가? 지금의 궤도를 수정하기 위해 무엇을 할 수 있는가? 나는 경제학자로서 이 질문에 접근했다. 그리고 놀랍지 않게도 적어도 대답의 일부를 우리의 경제 실패 속에서 찾을 수 있다는 사실을 깨달았다. 다시 말해 제조업에서 서비스업 경제로의 이동, 금융 분야 통제하기, 세계화와 그 영향에 적절하게 대응하기, 그리고 무엇보다 중요한 것으로 심각해지는 불평등(이제 미국 사회는 1퍼센트의, 1퍼센트를 위한, 1퍼센트에 의한 경제와 민주주의로 나아가고 있다[3])에 대처하기의 실패 속에서 찾을 수 있었다. 나는 연구와 경험 모두를 통해 경제와 정치는 절대 분리될 수 없으며, 특히 돈이 정치를 좌지우지하는 미국 사회에서는 더욱 그렇다는 사실을 깨달았다.

지나친 금융화financialization와 제대로 대처하지 못한 세계화, 계속해서 증가하는 시장 지배력은 오늘날 실패의 원인으로 널리 알려져 있다. 여기서 나는 이러한 요소들이 어떻게 얽혀 있는지, 어떻게 하나로 뭉쳐 성장 둔화를 초래했는지, 그리고 왜 우리가 거둔 작은 성장의 열매마저 그토록 불평등하게 공유되었는지 보여 주고자 한다.

물론 이 책은 원인 진단만을 위한 것은 아니다. 이는 또한 처방에 관한 책이기도 하다. 다시 말해 우리가 앞으로 무엇을 할 수 있는가에 관한 책이다. 이 질문에 답하기 위해서는 먼저 진정한 국부의 원천에 대해 설명하고, 〈부의 창조wealth creation〉와 〈부의 추출wealth extraction〉의 개념을 구분해야 한다. 부의 추출이란 한 사람이 다른 사람을 착취하는 방식으로 부를 가져오는 모든 행위를 말한다. 그러나 〈국부〉의 진정한 원천은 부의 추출이 아니라 부의 창조에 있다. 즉 국민의 창조성과 생산성, 그리고 생산적인 상호관계에 있다. 부의 창조는 과학 발전에 달렸다. 우리는 과학을 통해 자연의 숨겨진 진리를 발견하고, 이를 이용해 기술 발전을 이룩한다. 더 나아가 부의 창조는 사회 조직에 대한 더 깊은 이해에 달렸다. 우리는 합리적 논의를 통해 이러한 이해에 도달할 수 있으며, 이는 다시 〈법치주의, 견제와 균형의 시스템, 그리고 적법한 절차〉로 광범위하게 언급되는 사회적 제도에 대한 이해로 이어진다. 여기서 나는 트럼프와 그 지지자들의 의제에 정면으로 맞서는 진보적인 의제를 제시한다. 이 의제는 어떤 측면에서 시어도어 루스벨트와 프랭클린 루스벨트의 의제를 21세기 형태로 결합한 것이다. 그 핵심은 개혁을 통해 고속 성장을 이룩하면서 동시에 번영을 공유할 수 있다는 것이다. 대다수의 미국인이 꿈꾸는 삶의 방식은 더 이상 몽상이 아니라 성취 가능한 현실이다.

결론적으로 말해서 국부의 원천을 올바로 이해한다면 역동적인 경제를 구축하고 번영을 공유할 수 있다. 이를 위해 정부는 지금보다 더 야심 찬 역할을 맡아야 한다. 우리는 복잡한 21세기 세상에서 집단행동에 대한 요구의 목소리를 더 이상 외면할 수 없다. 또한 나는 중산층의 삶(20세기 중반에는 가능한 현실이었지만 이제 점점 더 도달하기 힘든 것으로 보이는)을 다시 한번 예외가 아니라 표준이 되도록 만드는 실현 가능한 정책이 존재한다는 사실을 보여 주고자 한다.

레이거노믹스와 트럼포노믹스, 그리고 민주주의에 대한 공격

미국 사회의 현재 상황을 돌아볼 때, 우리는 자연스럽게 우파가 승리를 거뒀던 40년 전을 떠올려 보게 된다. 당시에도 흐름은 범세계적인 것으로 보였다. 미국에 로널드 레이건이 있다면 영국에는 마거릿 대처가 있었다. 그 무렵 정부가 수요를 관리함으로써(통화 및 재정 정책을 통해) 완전 고용을 유지할 수 있다는 점에 주목했던 케인스 경제학은 감세와 규제 철폐로 경제를 자유롭게 풀어주고 활력을 불어넣음으로써 제품과 서비스의 공급을 늘리고 이를 통해 개인의 소득을 높일 수 있다는 점에 주목했던 공급 중시 경제학으로 대체되었다.

데자뷔: 미신 경제학

그러나 공급 중시 경제학은 레이건 행정부 시절에 제대로 작동하지 않았다. 트럼프 행정부도 마찬가지일 것이다. 공화당 인사들은 트럼프의 감세 정책이 경제를 활성화할 것이며, 그에 따른 재정 적자는 비판자들의 주장보다 훨씬 미미할 것이라고 그들 자신에게, 그리고 국민에게 이야기하고 있다. 그들의 주장은 공급 중시 경제학에 기반을 두고 있으며, 이제 우리는 그 경제학이 제대로 작동하지 않았다는 사실을 알아야 한다. 1981년 레이건의 감세 정책은 엄청난 재정 적자와 성장 둔화, 심각한 불평등의 시대를 열었다. 그리고 트럼프는 2017년 세법 개정안을 기반으로 레이건 시절보다 훨썬 더 강력한, 과학이 아닌 자기 충족적 미신에 기반을 둔 경제 정책을 밀어붙이고 있다. 조지 H. W. 부시 대통령은 레이건의 공급 중시 경제학을 일컬어 미신 경제학voodoo economics이라고 불렀다. 트럼프의 경제학은 아마도 스테로이드를 맞은 미신 경제학으로 불러야 할 것이다.

트럼프 지지자들은 그의 정책에 결함이 있다는 사실을 인정하면서도, 적어도 트럼프는 오랫동안 무시당해 왔던 이들에게 관심을 보이고 그들의 목소리에 귀를 기울임으로써 존엄과 존경으로 대한다고 주장한다. 나는 그렇게 생각하지 않는다. 트럼프는 사람들의 불만을 간파해 분열을 조장하고, 이를 공격적으로 활용할 만큼 충분히 날카로운 인물이다. 기대수명의 하락으로 이미 휘청거리는 상황에서 1300만 인구로부터 의료보험 혜택을 앗아 감으로써 중산층의 삶을 더욱 어렵게 만들고 있다는 사실은 트럼프가 국민을 존경이 아니라 경멸로 대하고 있음을 잘 말해 준다. 또한 중산층 대다수에 대해서는 세금을 인상하면서 부자들에게는 세금 혜택을 베풀고 있다는 사실 역시 마찬가지다.[4]

레이건 시절을 살았던 사람들은 아마도 현재와 과거 사이에 놀라운 유사성이 있음을 발견할 것이다. 레이건은 트럼프와 마찬가지로 공포와 증오를 활용했다. 레이건이 공격 목표로 삼은 것은 힘들게 일한 국민에게서 돈을 빼앗아 가는 〈복지 여왕welfare queen〉이었다. 물론 여기서 메시지의 핵심은 복지 여왕이 다름 아닌 아프리카계 미국인이라는 사실이었다. 레이건은 가난한 이들에 대한 동정도 드러내지 않았다. 머스터드와 케첩을 영양가 있는 학교 급식에 필요한 두 가지 채소로 재분류한 것은 슬픈 일이 아니라면 웃긴 일일 것이다. 레이건은 또한 위선자였다. 그는 자유시장 이념을 강력한 보호주의 정책과 결합했다. 그의 위선은 〈자발적 수출 제한〉과 같은 완곡어법을 만들어 냈다. 일본에게 주어진 선택권은 알아서 수출을 제한하거나, 아니면 수출 제한을 당하거나가 전부였다. 트럼프 행정부의 무역대표부 대표인 로버트 라이트하이저Robert Lighthizer가 40년 전 레이건 행정부 시절에 무역대표부 부대표로 경력을 쌓았던 인물이라는 사실은 결코 우연이 아니다.

레이건과 트럼프 사이에는 또 다른 유사점이 있다. 그것은 기업의 이익(때로는 그들 자신의 이익과 동일한)에 봉사하려는 노골적인 의지다. 레이건은 대형 석유 기업들이 저렴한 가격으로 미국의 풍부한 석유 자원을 채굴할 수 있도록 허락하는 할인 판매를 통해 천연자원을 나눠 주었다. 그리고 트럼프는 〈적폐 청산〉을 통해 워싱턴 정치 브로커들로부터 오랫동안 무시를 받아 왔다고 생각하는 사람들에게 귀를 기울이겠다고 약속함으로써 권력을 잡았다. 하지만 미국 역사상 트럼프 재임 기간보다 적폐의 수위가 더 높았던 적은 없었다.

그러나 이러한 모든 유사점과 더불어 몇몇 공화당 원로와의 갈등으로 이어졌던 뚜렷한 차이점도 존재한다. 물론 레이건은 예상대로 자신을 맹목적으로 지지하는 사람들에게 둘러싸여 있었다. 그럼에도 그는 조지 슐츠George Shultz와 같은 많은 뛰어난 인재를 요직에 앉혀 놓고 있었다(레이건 행정부 시절에 슐츠는 한 번은 국무장관으로, 다른 한 번은 재무장관으로 일했다).[5] 적어도 이들은 이성과 진실을 중요하게 생각했다. 가령 기후 변화를 실질적인 위협으로 인식했으며, 글로벌 리더로서 미국의 지위에 대한 확신을 갖고 있었다. 그들은 이전과 이후 모든 행정부 구성원들과 마찬가지로 노골적인 거짓말에 휘말려 당황했을 것이다. 그들은 진실을 감추려 했을지 모르지만, 그래도 진실의 존재는 알고 있었다. 그러나 트럼프와 그를 둘러싼 이들은 그렇지 않다.

레이건은 적어도 표면적으로나마 이성과 논리를 갖추고자 했다. 그의 감세 정책 뒤에는 이를 뒷받침하는 근거가 있었다. 그것은 앞서 살펴봤던 공급 중시 경제학을 말한다. 물론 그 이론은 이후 40년 동안 계속해서 반박당하기는 했지만 말이다. 반면 트럼프와 21세기 공화당 인사들은 이러한 이론조차 필요로 하지 않았다. 그들은 막무가내로 밀어붙였다. 그 이유는 단지 그렇게 할 수 있었기 때문이다.

트럼프 행정부와 세계 곳곳에 있는 그와 비슷한 지도자를, 레이건을 비롯한 과거의 많은 보수주의자들과 구분하는 것은 바로 진실과 과학, 지식, 민주주의를 경멸하는 태도다. 앞으로 설명하겠지만 트럼프는 여러 가지 측면에서 보수주의자라기보다 혁명주의자에 가깝다. 우리는 그의 왜곡된 주장이 그토록 많은 미국인에게 공감을 불러일으키도록 만들었던, 하지만 그렇다고 해서 그의 주장을 더 매력적으로, 혹은 덜 위험하게 만들지는 않았던 힘을 이해해야 한다.

2017년 트럼프 행정부의 세제 〈개편〉은 미국이 이전의 전통과 규범으로부터 얼마나 멀리 떨어져 나왔는가를 잘 보여 준다. 일반적으로 세제 개편안에는 제도를 단순화하고, 결함을 보완하고, 공정한 몫을 지불하지 않고서는 누구도 빠져나갈 수 없도록 구멍을 막고, 정부의 지출을 충당하기 위한 다양한 방안이 포함된다. 레이건 행정부 역시 1986년 세제 개편안에서 세법의 단순화를 주창했다. 반면 2017년 개편안은 새로운 형태의 복잡성을 추가하면서 빠져나갈 구멍은 대부분 그대로 남겨 두었다. 예를 들어 사모펀드 관계자들이 일반 근로자에게 적용하는 세율(거의 두 배 가까이 높은)이 아니라 최대 20퍼센트의 세율만을 부담하도록 했다.[6] 이는 개인과 기업이 빠져나갈 구멍을 〈과도하게〉 활용하지 못하게 하고, 적어도 소득의 최저 비중을 세금으로 내도록 만들기 위해 설계된 최저한세 제도를 무력화했다.

게다가 이번에는 재정 적자가 감소할 것이라는 변명도 없었다. 유일한 질문은 적자가 얼마나 많이 증가할 것인가였다. 2018년 말 추산에 따르면, 미국 정부는 이듬해 역대 최고 규모에 달하는 1조 달러 이상의 돈을 빌려야 할 것으로 보였다.[7] 이는 GDP를 기준으로, 전쟁이나 경기 침체 상황을 제외하고 미국 역사상 최고의 기록이었다. 경제가 완전 고용으로 다가가는 상황에서 재정 적자는 연방준비제도가 금리를 인상함으로써 투자와 성장을 억제하도록 만든다는 점에서 분명히 비생산적인 것이었다. 하지만 단 한 명의 공화당 인사(켄터키주의 랜드 폴Rand Paul 상원의원)만이 반대 목소리를 내는 데 그쳤다. 반면 정치 시스템 외부에서는 모든 곳으로부터 비판이 쏟아졌다. 조직 내에서 오랫동안 지배적인 발언권을 유지해 온 회원국인 미국을 비판하는 데 언제나 소극적이었던 IMF(국제통화기금)마저도 미국의 재정적 무책임을 지적했다.[8] 정치 비평가들은 공화당의 위선에 경악을 금치 못했다. 2008년 금융 위기가 터지고 미국 경제가 재정적 부양을 절실히 필요로 했을 때, 공화당 인사들은 미국에는 그럴 여력이 없으며, 결국 감당할 수 없는 적자의 낭떠러지로 떨어지게 될 것이라고 주장했다.

트럼프 세법안은 뚜렷한 정치적 냉소주의 속에서 탄생했다. 공화당이 고안한 법안이 일반 시민에게 내준 보잘것없는 혜택(향후 몇 년간 소규모 세금 공제)도 일시적인 선물에 불과했다. 공화당 전략은 두 가지 가설(만약 사실이라면 미국에 좋지 않은 징조가 될)에 기반을 두고 있었다. 첫째, 일반 시민은 대단히 근시안적이어서 지금 당장 약간의 세금 감소를 중요하게 여길 것이며 그러한 정책이 일시적이라는 사실, 그리고 중산층 대다수의 세금이 실제로 인상될 것이라는 사실에는 신경 쓰지 않을 것이다. 둘째, 미국 민주주의에서 정말로 중요한 것은 돈이다. 부자를 행복하게 만들어 주면 그들은 공화당에 기부할 것이고, 공화당은 그 돈으로 정책 유지에 필요한 표를 사들일 것이다. 이는 미국의 정치가 건국 당시 이상주의로부터 얼마나 멀어졌는가를 잘 보여 주는 것이었다.

민주주의 근간을 위협하는 투표자 억압*과 노골적인 게리맨더링**

---

* voter suppression. 특정 집단의 투표를 방해함으로써 선거 결과에 영향을 미치려는 전략.

** gerrymandering. 특정 정당에 유리하게 선거구를 변경하는 전략.

시도 역시 트럼프 행정부의 뚜렷한 특징이다. 물론 이런 일은 과거에도 있었다(안타깝게도 미국의 정치적 전통의 일부다). 다만 차이가 있다면, 오늘날 그러한 일은 대단히 치밀하고 치명적으로, 그리고 가차 없이 행해지고 있다는 사실이다.

중요한 사실은 과거에 양당 지도자들은 적어도 국가를 통합하기 위해 노력했다는 것이다. 어쨌든 그들은 〈우리 합중국 인민은······〉으로 시작하는 미국 헌법을 수호하기로 맹세했다. 거기에는 공공의 이익이라고 하는 기본적인 원칙에 대한 믿음이 깔려 있었다. 반면 트럼프는 분열을 이용하고, 분열을 계속해서 키워 나가고 있다.

문명사회를 뒷받침하는 시민의식은 언어와 행동에서 드러나는 품위와 함께 내동댕이쳐지고 말았다.

물론 오늘날 미국과 전 세계는 40년 전과는 아주 다른 상황에 처해 있다. 당시 미국 사회는 탈산업화 단계에 진입하고 있었다. 레이건과 그 후계자들이 올바른 정책을 실행에 옮겼더라면 오늘날 미국의 산업 지역에서 나타나고 있는 황폐화 현상은 없었을 것이다. 또한 미국 사회는 거대한 분열(국가의 1퍼센트와 나머지 사이)의 시대로 접어들고 있다. 과거에 우리는 국가가 개발의 특정 단계에 도달하고 나면 불평등은 줄어들 것이며, 미국은 그러한 주장을 입증하는 좋은 사례라고 배웠다.[9] 실제로 2차 세계 대전 이후로 미국 사회는 모든 분야에서 번영을 누렸고, 하위 계층의 소득은 상위 계층보다 더 빠른 속도로 성장했다. 미국 사회는 온 세상이 목격한 거대한 중산층 사회를 창조했다. 그러나 2016년 대선이 치러질 무렵, 불평등은 19세기 말 도금 시대* 이후로 가장 심각한 수준을 드러냈다.

오늘날 미국 사회가 어디에 와 있으며, 40년 전 어디에 있었는지 생각해 볼 때, 우리는 레이건 행정부의 정책이 제대로 기능하지 못하고 비효과적이었던 것만큼 트럼포노믹스 역시 지금 세상에 어울리지 않는다는 사실을 분명히 이해할 수 있다. 물론 우리는 그저 멋져 보였던 아이젠하워 시절로 돌아갈 수는 없다. 그때에도 미국은 산업 경제에서 서비스 경제로 넘어가고 있었다. 40년이 흐른 지금에도 과거로 돌아가고 싶다는 열망은 현실 감각을 완전히 상실한 것처럼 보인다.

그러나 미국 사회의 변화하는 인구 구성은 〈영광스러운〉 과거를 돌아보는 사람들(여성과 유색 인종을 포함하는 많은 이들은 여기서 제외된다)에게 민주주의 딜레마를 던져 주고 있다. 그것은 단지 조만간 유색 인종이 미국 사회의 대다수를 차지하게 되리라는 것, 혹은 21세기 세상과 경제는 기존의 남성 지배적인 사회와 조화를 이루지 못할 것이라는 사실만은 아니다. 이는 또한 미국인 대다수가 살고 있는 도심 지역(북부든 남부든 상관없이)이 다양성의 가치를 배웠다는 사실이다. 성장하고 활력이 넘치는 지역에서 살아가는 사람들은 협력의 가치를 배웠고, 정부는 우리 사회의 번영을 공유하도록 할 수 있고, 또 그렇게 해야만 한다는 생각을 받아들이게 되었다. 그들은 과거의 낡은 사고방식을 완전히 저버렸다(때로는 하룻밤 새에). 이러한 상황에서 소수(소비자를 착취하는 대기업이든, 돈을 빌리는 사람을 이용하는 은행이든, 아니면 과거의 세상을 재창조하

* Gilded Age. 미국 남북전쟁 후 경제 호황기.

는 데 몰두하는 사람이든)가 그들의 경제적·정치적 지배력을 유지할 수 있는 유일한 방법은 어떻게든 민주주의를 억압하는 것이다.

하지만 시나리오가 반드시 그렇게 흘러가야 하는 것은 아니다. 미국이 가난한 사람들로, 그저 먹고살기 위해 힘겹게 노력해야 하는 사람들로 넘쳐 나는 부유한 나라가 되어야만 하는 것은 아니다. 물론 불평등을 악화시키는 힘(가령 기술 발전과 세계화)이 여전히 존재하고 있지만, 불평등의 양상이 나라마다 다르게 나타나고 있다는 사실은 무엇보다 정책이 중요하다는 것을 말해 준다. 불평등은 선택의 문제다. 필연적인 귀결이 아니다. 하지만 우리가 지금의 흐름을 바꾸지 않는다면, 불평등은 점점 더 심각해질 것이고 성장은 지금의 낮은 수준에서 벗어나지 못할 것이다. 우리가 세계 역사 속에서 가장 혁신적인 시대에, 그리고 가장 혁신적인 경제 지역에 살고 있다는 사실을 감안할 때, 이는 그 자체로 아이러니한 일이다.

트럼프는 미국 사회를 다시 일으켜 세울 계획을 갖고 있지 않다. 오직 상위 계층이 대다수의 사람을 상대로 계속해서 강도짓을 하도록 도움을 주기 위한 계획만이 있을 뿐이다. 이 책에서 나는 트럼프와 공화당의 의제가 오늘날 미국 사회가 직면한 문제를 더욱 악화시킬 것이라는 사실을, 다시 말해 경제적·정치적·사회적 분열을 조장하고, 기대수명을 낮추고, 국가 재정을 악화시키고, 우리 사회를 더 느린 성장의 시대로 몰고 갈 것이라는 사실을 보여 주고자 한다.

미국이 직면한 많은 문제를 트럼프의 탓으로만 돌릴 수는 없다. 그러나 그는 문제를 더 심각하게 만드는 데 일조했다(사회 분열은 모든 선동가가 주목하는 기회다). 만일 트럼프가 지금의 정치적 지평에 등장하지 않았더라면, 또 다른 선동가가 모습을 드러냈을 것이다. 전 세계를 둘러보면 선동가들이 넘쳐 난다는 사실을 알 수 있다. 프랑스의 르펜, 폴란드의 모라비에키, 헝가리의 오르반, 터키의 에르도안, 필리핀의 두테르테, 브라질의 보우소나루가 그 사례다. 이러한 선동가들 모두 서로 다르기는 하지만, 그럼에도 민주주의 (오르반은 비자유 민주주의*의 장점을 자랑스럽게 떠들어 댔다)와 법치주의, 자유로운 언론, 독립적인 사법부에 대한 경멸을 함께 공유한다. 그리고 이들 모두 〈스트롱맨〉을 추구한다(대부분의 지역에서 이미 시대에 뒤떨어진 개인숭배). 또한 이들은 자신의 문제를 외부인의 탓으로 돌리려 든다. 이들은 민족 고유의 덕목에 집착하는 배타적인 민족주의자다. 이러한 독재자 혹은 잠재적 독재자는 뚜렷한 특성을 공유한다. 바로 노골적인 증오와 혐오다.

여기서 내가 언급하는 대부분의 문제는 다른 선진국들 역시 겪고 있는 것들이다. 앞으로 계속해서 살펴보겠지만, 미국은 심각한 불평등과 열악한 의료보험, 거대한 분열과 관련해서 어느 나라보다도 어려움을 겪고 있다. 트럼프는 이러한 상처를 너무 오랫동안 방치하면 무슨 일이 벌어지는지를 다른 나라에게 미리 알려 주는 역할을 하고 있다.

옛말에도 있듯이 아무것도 하지 않고서 이기기를 바랄 수는 없다. 경제 역시 마찬가지다. 우리는 나쁜 계획을 막기 위해 대안을 내놓아야 한다. 미국을 비롯한 많은 나라가 지난 30년 동안 받아들인 비

* 선거 제도는 있지만 통치가 민주적인 방식으로 이뤄지지 않는 정치 행태.

전과는 다른 대안적인 비전을 요구하는 목소리가 줄곧 이어져 왔다. 기존의 비전은 경제를 세상의 중심에 두고 〈자유시장〉의 렌즈를 통해 경제를 바라봤다. 이러한 시각은 시장에 대한 진보적인 이해를 가장하지만, 사실은 그 반대다. 지난 70년에 걸친 경제학의 진보는 자유시장의 한계를 분명히 확인해 주었다. 열린 마음을 가진 사람이라면, 대공황처럼 실업 사태가 때로 대규모로 일어나고, 일부 지역에서는 숨 쉬기조차 힘든 심각한 오염 문제가 발생했다는 사실을 알고 있을 것이다. 이는 시장이 자체적으로는 제대로 기능하지 못한다는 사실을 보여 주는 두 가지 확실한 〈증거〉일 뿐이다.

여기서 내 목표는 무엇보다 국부의 진정한 원천, 그리고 열매를 평등하게 공유하는 경제를 강화하는 법에 대한 사람들의 이해를 높이는 것이다.

한편으로 레이건, 다른 한편으로 트럼프가 들고 나왔던 의제에 맞서기 위한 새로운 의제를 제시하고자 한다. 그 의제는 현대 경제학의 통찰력에 기반을 둔 것으로, 나는 그것이 우리 사회를 번영의 공유로 인도해 줄 것이라고 기대한다. 또한 논의 과정에서 왜 자유시장을 기반으로 하는 이념인 신자유주의가 실패했는지, 왜 트럼포노믹스(부자 감세, 이민 반대, 고도로 통제된 세계화 규범인 보호무역주의, 금융·환경 규제 철폐) 역시 실패할 수밖에 없는지를 분명히 설명하고자 한다.

우리의 여정을 떠나기에 앞서, 내가 제시하는 의제의 상당 부분이 기반으로 삼는 경제학의 현대적인 관점을 요약해 보는 것이 도움이 될 듯하다.[10]

첫째, 시장 그 자체로는 번영의 공유를 지속적으로 일궈 내지 못한다. 시장은 효과적으로 기능하는 경제 속에서 중요한 역할을 한다. 하지만 때로 공정하고 효율적인 결과를 만들어 내지 못한다. 무언가(오염)는 지나치게 많이 양산하는 반면, 다른 무언가(기초 연구)는 지나치게 적게 만들어 낸다. 그리고 2008년 금융 위기가 보여 준 것처럼, 시장은 그 자체로 안정된 시스템이 아니다. 80년도 훨씬 이전에 존 메이너드 케인스는 왜 시장 경제가 고용 문제를 해결하지 못하는지 설명했고, 또한 완전 고용이나 그에 가까운 수준으로 경제를 유지하기 위해서 정부가 어떻게 해야 하는지 가르쳐 주었다.

특정 행동에 따른 사회적 보상(사회에 주어지는 혜택)과 사적인 보상(개인이나 기업에 주어지는 혜택) 사이에 거대한 괴리가 있을 때, 시장에 맡겨 두기만 해서는 그러한 행동을 유도하지 못한다. 기후 변화가 좋은 사례다. 탄소 배출에 따른 전 세계의 사회적 비용은 엄청나며(과도한 온실가스 배출은 지구 생태계를 위협한다), 그 비용은 개별 기업이나 국가가 감당할 수 있는 수준이 아니다. 그렇기 때문에 우리는 규제나 요금을 부과하는 방식으로 탄소 배출을 억제해야 한다.

정보가 불완전하거나 일부 주요 시장이 존재하지 않을 때(가령 실직과 같은 중대한 위험을 보장하는 보험 상품), 혹은 경쟁이 제한적일 때 시장은 제대로 기능하지 못한다. 그러나 이러한 시장의 〈불완전성〉은 지극히 만연하며, 금융과 같은 특정 분야에서는 특히 심각하다. 더 나아가 시장은 〈공공재〉, 즉 소방이나 국가 안보처럼 인구 전반이 쉽게 공유하고, 세금 이외의 다른 방법으로는 요금을 부과하기 힘든 재화를 충분히 생산하지 못한다. 시민이 번영과 안전을 느끼고 효과적으로 기능하는 경제와 사회를 구축하기 위해, 정부는 더 나은 고용보험과 기초 연구에 지원을 제공하는 등 돈을 지출해야 하고, 또한 한 사람이 다른 사람에게 피해를 입히지 못하도록 규제해야 한다. 자본주의 경제는 언제나 시장과 정부의 조합을 필요로 했다. 여기서 가장 중요한 질문은 시장이냐 정부냐가 아니라, 그 둘을 어떻게 효과적으로 조합할 것인가이다. 이 책의 주제와 관련해서, 빠른 성장과 더불어 효율적이고 안정적인 경제를 구축하고, 그 성장의 열매를 공평하게 분배하는 정부의 행동을 촉구하는 목소리가 항상 있어 왔다.

둘째, 국가의 부를 떠받치는 두 개의 기둥을 이해할 필요가 있다. 생산성이 높아질 때, 국가는 부유해지고 생활수준은 높아진다. 생산성 향상을 이끌어 내는 가장 중요한 원천은 지식의 축적이다. 기술 발전은 정부가 지원하는 기초 연구에서 비롯된 과학적 성과를 근간으로 이뤄진다. 다음으로 국가는 사람들이 안전하게 교류하고 거래하고 투자하도록 해주는 훌륭한 사회적 조직을 근간으로 부유해진다. 훌륭한 사회적 조직의 설계는 무엇이 효과가 있고 없는지에 대한 오랜 시간에 걸친 분석과 숙고 및 경험적 관찰의 산물이다. 이는 법치주의와 적법 절차, 견제와 균형, 그리고 진실을 발견하고 평가하고 이야기하는 데 관여하는 수많은 제도와 더불어 민주주의의 중요성에 관한 관점으로 이어졌다.

셋째, 국부를 개인의 부와 혼동해서는 안 된다. 일부 개인과 기업은 소비자가 원하는 신제품을 출시함으로써 부를 벌어들인다. 이는 부유해지기 위한 좋은 방법이다. 반면 다른 일부는 시장 지배력을 이용해 소비자나 근로자를 착취함으로써 부를 벌어들인다. 이는 소득의 재분배에 불과하며 국가 전체의 부를 증가시키지 않는다. 경제학 용어 중에 〈지대rent〉라는 것이 있다. 지대 추구rent-seeking는 파이의 크기를 늘리는 부의 창조가 아니라, 국가의 경제적 파이에서 더 큰 부분을 차지하려는 시도와 관련 있다. 정책 결정자는 지대의 비중이 지나치게 높은 모든 시장에 주목해야 한다. 이는 경제가 지금보다 효율적으로 작동하도록 만들어야 한다는 것을 알리는 신호이기 때문이다. 과도한 지대에 내재하는 착취는 실제로 경제를 위축시킨다. 우리는 지대 추구를 성공적으로 억제함으로써 자원이 부의 창조로 흘러가도록 전환할 수 있다.

넷째, 더 통합된 사회와 더 평등한 경제는 보다 효과적으로 기능한다. 인종과 성, 민족에 따른 불평등은 특히 심각하다. 이러한 생각은 성장과 효율성을 희생해야 더 많은 평등을 누릴 수 있으며, 두 목표 중 하나를 취하면 하나를 잃는다는 기존 경제학의 접근 방식과는 확연히 다르다. 불평등이 미국처럼 극단적인 수준에 도달할 때, 그리고 가령 시장 지배력이나 차별을 이용하는 방식으로 불평등이 나타날 때, 불평등 감소에 따른 혜택은 특히 크다. 소득 평등이라고 하는 목표는 성장의 희생 없이도 성취가 가능하다.

또한 우리는 경제가 성장하면 모두가 이익을 얻는다고 말하는 〈트리클다운 경제학trickle-down economics〉이라고 하는 미신에서 벗어나야 한다. 이는 레이건을 필두로 공화당 대통령들이 내놓은 공급 중시 경제 정책의 기반이다. 그러나 실제 결과는 성상의 혜택이 아래로 흘러내리지 않았다는 사실을 분명히 보여 준다. GDP의 성장에도 불구하고 공급 중시 정책에 따른 소득 정체가 수십 년 동안 이어지고 나서 분노와 절망으로 살아가는 미국을 비롯한 그밖에 다양한 선진국의 많은 사람을 떠올려 보자. 시장은 그 자체로 그들에게 도움을 주지 않을 것이다. 여기서 차이를 만들어 낼 수 있는 것은 오직 정부 프로그램뿐이다.

다섯째, 번영을 공유하기 위한 정부 프로그램은 시장 소득market income의 분배(사전 분배 pre-distribution라고도 하는), 그리고 세금과 양도 이후 개인이 누리는 소득을 뜻하는 재분배 모두에 집중해야 한다. 시장은 결코 진공 상태로 존재하지 않는다. 시장은 특정한 방식으로 구축되며, 우리가 시장을 구축하는 방식은 시장 소득의 분배 및 성장과 효율에 영향을 미친다. 기업이 독점적 지위를 남용하도록 내버려 두거나 CEO가 기업 이익의 큰 부분을 가져가도록 허용하는 법은 더 높은 불평등과 더 낮은 성장으로 이어진다. 공정한 사회를 이룩하기 위해서는 기회 균등이 필요하며, 기회 균등은 다시 소득과 부의 평등을 필요로 한다. 세대에 걸친 부의 전달은 언제나 존재하며, 그렇기 때문에 특정 세대에서 나타나는 소득과 부의 불평등은 다음 세대의 과도한 불평등으로 이어진다. 여기서 교육은 해결책의 일부가 될 수 있다. 교육의 기회라는 관점에서 볼 때, 미국은 다른 나라들에 비해 더욱 불평등한 사회다. 우리는 모두에게 양질의 교육을 제공함으로써 불평등을 낮추고 경제 성과를 높일 수 있다. 오늘날 지나치게 낮은 상속세는 교육의 기회에서 드러나는 불평등의 문제를 악화시킴으로써 부의 세습을 더욱 용이하게 만들고 있다.

여섯째, 게임의 규칙을 비롯해 우리 경제와 사회의 다양한 측면이 정부에 의존하고 있다. 이러한 점에서 정부의 활동은 대단히 중요하다. 정치와 경제는 결코 분리될 수 없다. 경제적 불평등은 필연적으로 정치적 불평등으로 이어지고, 과도하게 높은 정치적 권력을 지닌 이들은 그 권력을 활용해서 경제적 이득을 취한다. 정치 세상의 규칙을 바꾸지 않는다면, 우리 사회는 1인 1표가 아닌 1달러 1표의 세상으로 나아가면서 민주주의를 조롱하게 될 것이다. 우리 사회가 부유층의 잠재적 권력 남용을 제어하는 실질적인 견제와 균형의 시스템을 갖추고자 한다면, 먼저 부와 소득의 측면에서 평등한 경제를 창조해야 한다.

일곱째, 1970년대 초 이후로 미국 사회가 향하고 있는 경제 시스템(즉 미국식 자본주의)은 다분히 부정적인 방식으로 개인과 국가의 정체성을 형성해 나가고 있다. 대침체*로 드러난 금융 분야의 탐욕과 이기심, 도덕적 타락, 다른 사람을 착취하려는 의지, 부정직함은 더 높은 가치와 마찰을 빚고 있다. 이러한 갈등은 비단 미국만의 현상은 아니다. 어떤 행동이 용인 가능한지를 판단하는 기준인 사회 규범은 점차 사회 결속력과 신뢰, 그리고 경제 성과마저 허물어뜨리는 방향으로 변해 가고 있다.

여덟째, 트럼프와 전 세계 이민 반대자들은 지금 우리가 겪고 있는 곤경에 대해, 특히 탈산업화로 고통을 겪고 있는 이들이 처한 곤

---

* Great Recession. 2008년 미국발 금융 위기 이후로 전 세계가 겪고 있는 경기 침체 상황을 일컫는 용어.

경에 대해 남 탓(이민자와 무역 협정)을 하고 있다. 하지만 문제는 우리 내부에 있다. 우리 사회는 누군가 해고를 당했을 때 다른 곳에서 새 일자리를 쉽게 구할 수 있도록 기술 발전과 세계화의 과정을 더 효과적으로 관리할 수 있었다. 이는 앞으로 우리 사회가 해결해 나가야 할 과제다. 여기서 나는 이를 위해 어떻게 해야 하는지를 설명할 것이다. 중요한 사실은 고립주의는 결코 대안이 될 수 없다는 것이다. 오늘날 우리는 긴밀하게 연결된 사회에서 살고 있다. 따라서 경제적·정치적 차원에서 지금껏 해왔던 것보다 더 효과적으로 국제 관계를 이끌어 나가야 한다.

아홉째, 성장과 공동 번영을 회복하기 위한 포괄적인 경제 의제가 있다. 이는 성장과 평등을 가로막는 방해물(과도한 시장 지배력을 지닌 기업이 부과한 장애물처럼)을 제거하고, 동시에 균형을 회복(가령 근로자에게 더 강력한 교섭권을 보장하기)하는 것이다. 이를 위해서 기초 연구에 더 많은 예산을 지원하고, 민간 분야가 지대 추구가 아닌 부의 창출에 집중하도록 장려하는 노력이 필요하다.

경제는 그 자체로 목적이 아니라 목적을 달성하기 위한 수단이다. 2차 세계 대전 이후로 미국인의 천부적 권리처럼 보였던 중산층의 삶은 이제 미국에 살고 있는 많은 이들에게 도달하기 힘든 꿈이 되고 말았다. 미국은 옛날보다 더 부유해졌다. 미국 사회는 중산층의 삶이 국민 대다수에게 성취 가능한 것이라고 말할 능력을 갖고 있다. 여기서 나는 그것이 어떻게 가능한 일인지 보여 주고자 한다.

마지막으로, 이제 중요한 변화를 시작해야 할 때다. 정치와 경제 시스템을 조금씩 바꿔 나가는 점진적 접근 방식은 오늘날 당면 과제를 해결하기에 충분치 않다. 지금 요구되는 것은 극적인 형태의 변화다. 이러한 변화를 위해서는 집중된 부의 정치적 힘을 상쇄할 수 있는 강력한 민주주의가 뒷받침되어야 한다. 경제 개혁에 앞서 정치 개혁이 우선되어야 한다.

1부

길을 잃다

분열된 집은 일어설 수 없다.
—「마가복음」3장 25절, 에이브러햄 링컨

1
국부의 원천

　미국을 비롯한 많은 선진국의 현재 상황이 좋지 않다고 말하는 것은 아마도 대단히 절제된 표현일 것이다. 이들 나라에서 사회적 불만은 대단히 높다.

　지난 25년간 미국 경제학과 정치학의 지배적 전망에 따를 때, 상황이 이렇게 전개되리라고는 예상하기 어려웠다. 1989년 11월 9일 베를린 장벽이 무너지고 나서 프랜시스 후쿠야마는 민주주의와 자본주의가 마침내 승리를 거둔 〈역사의 종말〉을 선언했다. 그 어느 때보다 가파른 경제 성장과 더불어 범세계적인 번영의 시대가 눈앞에 펼쳐져 있고, 미국은 그러한 시대로 나아가기 위한 견인차 역할을 할 것으로 기대를 모았다.[1]

　그러나 그 원대한 꿈은 2018년에 완전히 추락하고 말았다. 2008년 금융 위기는 자본주의가 우리가 기대했던 그러한 시스템이 아니라는 사실을 분명하게 보여 주었다. 자본주의는 효율적이지도, 안정적이지도 않았다. 지난 사반세기 동안 성장의 혜택이 최상위 계층에 집중되었음을 보여 주는 통계 자료가 쏟아져 나왔다. 게다가 대서양 양안에서 이루어진 반체제 투표(영국의 브렉시트와 미국의 트럼프 당선)는 민주주의 선거가 과연 합리적인 제도인지 의문을 품게 했다.

전문가들은 지금까지는 정확하면서 쉬운 설명을 내놓았다. 엘리트 집단은 금융 시장을 포함한 다양한 분야에서 세계화와 자유화를 추진했고, 모두가 이러한 〈개혁〉으로부터 이익을 얻을 것이라고 약속하면서 많은 미국인이 처한 곤경을 외면했다. 그러나 그들이 약속한 이익은 시민들 대부분에게 돌아가지 못했다. 세계화와 탈산업화가 가속화되면서 미국인 대부분이 흐름에 뒤처지게 되었다. 특히 고등 교육을 받지 못한 사람들, 그중에서도 많은 남성들이 희생양이 되었다. 금융 시장 자유화는 1929년에 시작된 대공황 이후로 최악의 경제 침체인 2008년 금융 위기로 이어졌다. 전 세계 수천만 명이 실직하고 미국에서 수백만 명이 집을 잃었지만, 정작 세계 경제를 파멸 직전으로 몰아갔던 주요 금융 기업 경영자들은 아무도 책임을 지지 않았다. 오히려 그들은 엄청난 상여금을 보상으로 받았다. 이들 은행가는 구제를 받았지만, 그들에게 이용당했던 사람들은 구제받지 못했다. 비록 경제 정책을 통해 또 한 번의 대공황은 피했다고 해도, 이처럼 불균형한 구제가 정치적 차원에서 이뤄졌다는 것은 결코 놀라운 일이 아니다.[2]

자신의 정적을 지지했던, 탈산업화된 영역에 있던 이들을 〈개탄스러운 사람들〉이라고 표현한 힐러리의 언급은 치명적인 정치적 실수였다(그 언급이야말로 개탄스러운 일이었다). 이들의 눈에 힐러리의 언급은 엘리트 계층의 건방진 자세로밖에 보이지 않았다. J. D. 밴스의 『힐빌리의 노래』[3]와 앨리 러셀 혹실드의 『자기 땅의 이방인들』[4]과 같은 일련의 저서는 탈산업화를 경험한 이들과 그들의 불만을 공유한 다른 많은 이들의 감정을 포착함으로써 그들이 엘리트 집단과 얼마나 동떨어져 있는가를 분명하게 보여 주었다.[5]

1992년 빌 클린턴의 선거 운동 슬로건 중 하나는 이런 것이었다. 「바보야, 문제는 경제야.」 이는 지나친 단순화였다. 조사 결과는 그 이유를 설명해 준다. 사람들은 존중받기를 원하며, 자신의 이야기에 귀 기울여 주길 바란다.[6] 정부는 어떤 문제도 해결할 수 없다는 사실을 공화당 행정부가 30년이 넘는 세월에 걸쳐 가르쳐 주고 나서, 미국인들은 정부가 그들의 문제를 해결해 주리라는 기대를 접었다. 그럼에도 그들은 정부가 그들을 위해 〈일어서 주기를〉 원했다 (그게 무슨 의미든 간에). 그리고 정부가 그들을 위해 일어설 때, 그들은 정부가 자신들을 〈뒤처진 사람〉이라고 비난하기를 원치 않는다. 그것은 모욕적인 처사다. 그들은 불공평한 세상에서 힘든 선택을 내렸다. 그들은 불평등이 어느 정도 해소되길 원했다. 하지만 엘리트 집단이 주도한 금융 시장 자유화 정책의 결과물인 2008년 금융 위기 국면에서 미국 정부는 엘리트 집단을 위해 일어섰다. 적어도 사람들은 그렇게 생각했다. 나중에 자세히 설명하겠지만, 그러한 생각에는 일말의 진실이 담겨 있다.[7]

클린턴 대통령의 슬로건은 분명히 상황을 지나치게 단순화하기는 했지만, 어쩌면 그렇게 많이 단순화한 것은 아닌지도 모른다. 미국 사회의 많은 영역에서 경제는 제대로 돌아가지 못했다. 반면 그 경제는 최상위 계층의 소수에게 엄청난 보상을 지급했다. 실제로 미국을 비롯해 여러 다른 선진국이 처한 곤경의 밑바닥에는 점점 더 심각해져 가는 경제적 분열이 자리 잡고 있다.

물론 실패한 것은 경제만이 아니다. 정치도 실패했다. 경제적 분열은 정치적 분열로 이어졌고, 정치적 분열은 다시 경제적 분열을 강화했다. 돈과 권력을 가진 자들은 정치적 힘을 활용해서 경제와 정치의 게임 규칙을 자신들의 이익에 부합하는 방식으로 새롭게 만들었다.

미국 사회는 경제에서 점점 더 많은 부분을 차지하고 있는 소수의 엘리트 계층과, 자원을 거의 갖고 있지 않은[8] 점점 더 증가하는 하위 계층으로 구성되어 있다. 실제로 미국인의 40퍼센트는 아이가 아프거나 자동차가 고장 나 400달러 정도가 들어가는 사소한 일에도 어려움을 겪는다.[9] 미국에서 가장 부유한 세 사람인 제프 베조스(아마존), 빌 게이츠(마이크로소프트), 워런 버핏(버크셔 해서웨이)의 자산을 합치면 미국 인구 하위 절반의 자산을 모두 합친 것보다 많다. 이는 미국 경제의 상층에 얼마나 많은 부가 쌓여 있는지, 반면 하층이 얼마나 빈약한지를 잘 보여 주는 증거다.[10]

억만장자이자 전설적인 투자자인 버핏은 정당하게도 이렇게 언급했다. 〈계급 전쟁이 벌어지고 있다. 하지만 전쟁을 벌이고 승리를 거두는 쪽은 내가 속한 계급, 즉 부자 계급이다.〉[11] 그는 적대적 관점에서 그렇게 말한 것이 아니다. 다만 미국의 상황을 정확하게 묘사하고자 했을 뿐이다. 또한 버핏은 그러한 현실이 잘못되었으며,

심지어 반미국적이라고 생각한다는 뜻을 분명히 밝혔다.

미국은 대의민주주의에서 출발했다. 건국자들은 다수가 소수를 억압할 위험에 대해 걱정했고, 그래서 정부의 힘을 제한하는 것과 같은 보호벽을 헌법에 마련해 두었다.[12] 그러나 이제 200년이 넘는 세월이 흘렀고 상황은 달라졌다. 오늘날 미국은 소수가 다수를 억압하지는 않는다고 해도 적어도 지배하고 있으며, 다수가 국가의 이익에 부합하는 것을 하지 못하도록 가로막고 있다. 유권자 대다수는 과도한 부채 부담 없이 더 효과적인 총기 규제, 최저임금 인상, 엄격한 금융 규제, 건강보험과 대학 교육에 대한 개선된 접근권을 기대하고 있다. 미국인 대다수는 조지 부시보다 앨 고어에게, 도널드 트럼프보다 힐러리 클린턴에게 더 많은 표를 던졌다. 공화당보다 민주당을 계속해서 더 많이 지지했다. 그럼에도 공화당은 부분적으로 게리맨더링 덕분에 의회를 장악했다. 2018년에야 민주당은 마침내 충분히 압도적인 투표로 통제력을 회복했다. 압도적 대다수가 민주당 상원에 투표했다.[13] 하지만 와이오밍처럼 인구수가 적은 주도 뉴욕이나 캘리포니아와 마찬가지로 똑같이 두 명의 상원 의원을 선출하기 때문에, 공화당은 상원에 대한 통제를 잃지 않을 수 있었다. 이러한 사실은 상원이 대법관 승인에서 중요한 역할을 한다는 점에서 특히 중요하다. 안타깝게도 미국의 사법부는 공정한 중재인이자 헌법의 해석자가 되기를 포기했고, 정치 싸움이 벌어지는 또 다른 전쟁터로 전락하고 말았다. 소수가 국가 권력을 장악하면서 미국 헌법의 안전망은 대부분의 경우에 작동을 멈췄다.

이처럼 기형적인 경제와 정치 형태의 영향은 경제의 경계를 훌쩍 넘어선다. 이는 미국의 정치는 물론 미국 사회와 그 정체성에까지 영향을 미치고 있다. 불균형하고 이기적이고 근시안적인 경제와 정치 시스템은 불균형하고 이기적이고 근시안적인 구성원을 양산함으로써 미국 경제와 정치 시스템의 약점을 더 두드러지게 만든다.[14] 2008년 금융 위기와 이후 상황은 많은 은행가들이 도덕적으로 타락했다는 사실을 극명하게 보여 주었다. 이러한 모습은 미국 사회의 정치적 논의가 수십 년 동안 〈가치〉에 집중되어 있었다는 점에서 더욱 충격적이다.

공동 성장을 회복하는 방법을 이해하기 위해, 우리는 먼저 미국의, 그리고 다른 나라의 진정한 부의 원천을 이해해야 한다. 부의 진정한 원천은 생산성, 창조성, 사람들의 활력이다. 과학과 기술은 지난 250년 동안 놀라운 수준으로 발전했고, 경제적·정치적·사회적 조직 또한 똑같은 시기에 걸쳐 발전했다. 그러한 조직에는 법치주의, 효과적인 규제가 이뤄지는 경쟁적인 시장, 견제와 균형을 갖춘 광범위한 민주주의 제도가 포함된다. 이러한 발전은 지난 200년 동안 우리의 생활수준이 엄청나게 향상될 수 있었던 근간이다.

그러나 다음 장에서는 두 가지 충격적인 변화에 대해 설명한다. 앞서 언급했듯이 지난 40년 동안 경제 성장이 둔화되었고, 인구의 높은 비중의 소득이 정체되거나 하락했다. 최상위 계층과 나머지 사람들 사이에서 거대한 분열이 심연의 입을 벌리고 있다.

우리 경제와 사회가 걸어온 자취를 따라가 보는 것만으로는 충분하지 않다. 우리는 지난 40년간 우리 사회를 이끌었던 생각과 이해관계의 힘, 그리고 그것이 어떻게 그토록 많은 사람들의 마음을 사로잡았으며, 왜 그것이 근본적으로 잘못되었는지를 이해해야 한다. 우리는 경제적·정치적 의제를 세우는 작업을 기업의 이해관계에만 맡겨 둠으로써 경제적·정치적 힘의 과도한 집중을 초래했다. 이러한 흐름은 앞으로 계속될 것으로 보인다. 지금의 경제적·정치적 시스템이 왜 우리를 실패로 몰아갔는지 이해한다면, 우리는 또 다른 세상이 가능하다는 사실을 받아들이게 될 것이다.

우리에게는 희망이 있다. 더 광범위한 공동 번영을 이룩하기 위한 개혁은 결코 어렵지 않다(정치적 차원이 아니라 경제적 차원에서). 앞으로 살펴보겠지만, 우리는 폭넓게 공유된 근본적인 가치(은행가들의 탐욕과 부도덕성이 아니라, 정치·경제·종교 지도자들이 보여 주는 숭고한 가치)와 조화를 이루는 경제를 창조할 수 있다. 그러한 경제는 우리의 정체성을 새롭게 형성해 나갈 것이며, 우리가 열망하는 인간과 사회와 더 닮아 가도록 만들 것이다. 그리고 이를 통해 시민 대다수가 열망하지만 점점 더 멀어져 가는 〈중산층〉의 삶을 다시 되돌려 줄 보다 인간적인 경제를 창조할 것이다.

국부

애덤 스미스의 유명한 저서 『국부론』(1776)은 국가가 어떻게 번영하는지 이해하기 위한 좋은 출발점이다. 일반적으로 이 책은 현대 경제학의 출발점으로 여겨진다. 여기서 스미스는 르네상스와 초기 산업 시대에 유럽을 지배했던 경제학파인 중상주의를 비판했다. 중상주의자들은 수출을 늘려 금을 들여와야 한다고 주장했고, 이를 통해 경제를 부유하게 하고 국가를 정치적으로 더 강력하게 만들어 줄 것이라 믿었다. 오늘날 우리는 당시의 어리석은 생각에 조소를 보낸다. 지하 창고에 금을 가득 쌓아 놓는다고 해서 생활수준이 높아지는 것은 아니기 때문이다. 그럼에도 이와 비슷한 착각이 사회 전반에 여전히 널리 퍼져 있다. 특히 수출이 수입을 반드시 초과해야 한다는 믿음을 바탕으로 잘못된 정책을 추구하는 이들 사이에서 만연하다.

진정한 국부를 평가하는 기준은 모든 시민에게 유지 가능한 방식으로 높은 생활수준을 제공할 수 있는 국가의 능력이다. 이러한 능력은 지속적인 생산성 증가에 달렸다. 생산성 증가는 다시 공장과 설비에 대한 투자, 더 중요하게는 〈지식〉과 완전 고용 상태 유지를 위한 투자에 부분적으로 달렸다. 우리는 이러한 투자를 통해 우리 사회가 보유한 자원의 낭비를 막을 수 있다. 높은 생활수준은 금융적 부나 금 보유량과는 상관없다. 여기서 나는 금융적 부에 대한 추구는 결국 비생산적인 집착이었다는 사실을 보여 주고자 한다. 금융적 부의 성장은 실질적인 국부의 희생을 통해 이뤄졌으며, 이 사실은 오늘날 금융화 시대의 성장 둔화를 잘 설명해 준다.

산업혁명이 어슴푸레 모습을 드러내기 시작할 무렵에 책을 썼던 스미스는 오늘날 무엇이 실질적인 국부를 창조하는지 충분히 이해하지 못했을 것이다. 당시에, 그리고 19세기에 영국의 부의 상당 부분은 식민지 착취에서 비롯되었다. 그러나 스미스는 식민지 시장에 대한 수출과 착취에는 주목하지 않았고, 다만 산업과 상업의 역할에만 집중했다. 그리고 분업화의 관점에서 거대한 시장 규모의 이점에 대해 설명했다.[15] 여기까지는 아무런 문제가 없다. 하지만 스미스는 현대 경제의 국부를 형성하는 기반에 대해서는 전혀 언급하지 않았다. 다시 말해 연구·개발에 대해서도, 오늘날 경제학자들이 〈경험 학습〉이라고 부르는, 실험을 통한 지식의 발전에 대해서도 언급하지 않았다.[16] 그 이유는 간단하다. 18세기 경제에서는 기술과 지식이 차지하는 역할이 크지 않았기 때문이다.

『국부론』이 나오기까지 수 세기 동안 생활수준은 정체되어 있었다.[17] 스미스보다 약간 늦게 등장한 경제학자 토머스 로버트 맬서스는 인구 증가가 어떻게 임금을 최저 생활수준으로 유지시키는지에 대해 설명했다. 임금이 최저 생활수준보다 높아질 때 인구가 증가하면서 임금은 다시 원래 수준으로 낮아진다. 결국 생활수준이 높아질 가능성은 없다. 물론 맬서스의 예측은 완전히 빗나갔다.

계몽주의와 그 이후

스미스의 사상은 18세기 말 거대한 지적 움직임인 계몽주의의 일부였다. 과학혁명과 밀접한 관련이 있는 계몽주의는 종교개혁을 시작으로 이뤄진 발전을 근간으로 삼았다. 초기에 마르틴 루터가 이끌었던 16세기 종교개혁 이전에는 오직 교회만이 진리에 접근하고 이를 규정할 수 있었다. 종교개혁은 교회의 권위에 의문을 제기했고, 유럽인들은 1618년에 시작된 30년 전쟁에서 대안적인 패러다임을 놓고 싸움을 벌였다.

교회 권위에 대한 의심은 유럽 사회에 다음과 같은 질문을 던졌다. 우리는 어떻게 진실을 알 수 있는가? 세상을 어떻게 이해할 수 있는가? 사회를 어떻게 조직할 수 있고, 또한 어떻게 조직해야 하는가?

이후로 영적인 세상을 벗어나 삶의 모든 측면을 지배하는 새로운 세계관이 모습을 드러냈다. 그것은 검증을 통한 신뢰 체계를 기반으로 삼는 과학적 인식론이었다. 이러한 세계관에서 발전은 앞선 연구와 성과를 토대로 이뤄진다.[18] 대학을 비롯한 다양한 연구 기관이 등장하면서 진실을 확인하고 세상의 본질을 발견해 나갔다. 전기에서 트랜지스터, 컴퓨터, 스마트폰, 레이저, 현대 의학에 이르기까지 오늘날 우리가 당연하게 생각하는 많은 것들은 기초 연구로부터 비롯된 과학적 성과의 산물이다. 오늘날 첨단 기술은 물론 도로와 건물도 바로 이러한 과학적 성과에서 비롯되었다. 과학적 발전이 없었다면 고층 빌딩도 고속도로도, 그리고 현대적인 도시도 없었을 것이다.

과학적 발전을 이끌어 나간 것은 왕실이나 교회가 아니었다. 이 말은 사회 스스로 해답을 찾아야 한다는 뜻이었다. 과학적 발전을 위해 땅 위의 혹은 하늘 위의 권력에 의존할 수 없었다. 대신 통치 시스템을 창조해야 했다. 사회 번영을 뒷받침하는 제도를 발견하는 과제는 자연의 진리를 발견하는 것보다 훨씬 더 복잡한 과제였다. 무엇보다 통제된 환경에서 실험을 할 수 없었다. 다만 과거의 경험을 면밀히 연구함으로써 정보를 얻어야만 했다. 의존해야 할 것은 추론과 논의뿐이었고, 그 과정에서 우리 사회는 사회적 조직을 이해하는 데에서 누구도 독점적인 지위를 차지할 수 없다는 사실을 깨달았다. 모두를 위한 정의와 개인의 자유와 같은 근본적인 가치를 기반으로 하는 법치주의와 적법 절차, 견제와 균형 시스템의 개념은 바로 이러한 추론과 논의로부터 나왔다.[19]

모두를 공평하게 대하고자 하는 우리의 통치 시스템은 진실의 확인을 요구했다.[20] 훌륭한 통치 시스템이 갖춰져 있을 때, 우리는 보다 공정하고 합리적인 의사결정을 내릴 수 있다. 비록 그 시스템은 완벽하지 않다고 해도, 결함이 발견될 때마다 언제든 수정할 수 있다.

진실을 말하고 발견하고 검증하는 다양한 제도가 오랜 시간에 걸쳐 진화했고, 우리의 경제와 민주주의는 상당 부분 바로 이러한 제도를 기반으로 성공을 거뒀다.[21] 그중 핵심은 활발한 언론이다. 모든 제도와 마찬가지로 언론도 오류에 빠질 수 있다. 그럼에도 언론 활동은 사회 전반의 견제와 균형 시스템의 일부로서 주요한 공공의 이익을 제공한다.

계몽주의에서 시작된 사회적·정치적·경제적 조직의 변화는 물론, 기술과 과학의 진보[22]는 인구 증가를 뛰어넘는 생산량 증가로 이어졌다. 이와 더불어 1인당 소득이 증가하기 시작했다. 사회는 인구 증가를 억제하는 방법을 배웠고, 특히 생활수준이 높아지면서 선진국 사람들은 점차 가구 규모를 줄여 나갔다. 맬서스의 저주에서 풀려난 것이다. 지난 250년에 걸쳐 생활수준이 가파르게 상승했고(그림 1에 잘 나와 있듯이, 생활수준은 오랫동안 정체되어 있다가 갑자기 높아지기 시작했다. 18세기 말과 19세기 초 유럽에서 그러

그림1 생활수준의 역사적 변화

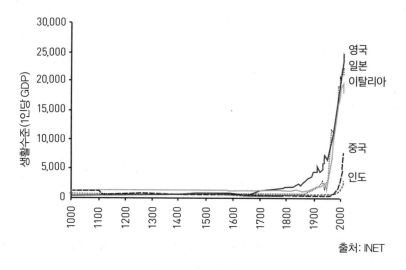

한 움직임이 시작되었고, 2차 세계 대전 이후로는 그밖의 다양한 지역에서도 나타났다[23]), 사람들의 수명이 늘기 시작했다.[24] 이는 인류의 운명에서 극적인 변화를 의미하는 것이었다. 과거에 많은 노력이 생필품을 구하기 위한 것이었다면, 이제는 일주일에 몇 시간만 일해도 그러한 것을 쉽게 얻을 수 있다.[25]

그러나 19세기에 이뤄진 발전의 열매는 대단히 불평등하게 분배되었다.[26] 많은 이들의 삶은 오히려 더 나빠졌다. 한 세기 전 토머스 홉스는 당시를 이렇게 묘사했다.[27] 〈인생은 더럽고 잔인하고 짧다.〉 많은 이들에게 산업혁명은 삶을 더욱 힘들게 하는 요인이었다. 찰스 디킨스 역시 자신의 소설에서 19세기 영국인들이 겪었던 고통을 생생하게 묘사했다.

미국 사회에서 불평등은 19세기 말 도금 시대에, 그리고 〈광란의

20년대〉에 새로운 정점을 찍었다. 그래도 다행스럽게 미국 정부는 점점 심각해지는 불평등에 반응을 보였다. 그들은 진보 시대*에 마련된 법과 뉴딜 정책을 기반으로 시장의 착취적인 힘을 억제했고, 참기 힘든 수준의 불평등과 불안정성 등 시장 실패로 인한 문제들을 해결하기 위해 노력했다.[28] 프랭클린 루스벨트 행정부는 노인과 장애인을 위한 프로그램인 OASDI를 통과시켰다. 20세기 후반에는 린든 존슨 대통령이 노인을 위한 의료보험을 실시했고, 빈곤과의 전쟁을 선포하기도 했다. 영국을 비롯한 유럽 국가 대부분이 모든 국민에게 의료보험 혜택을 제공하면서, 미국은 의료보험에 대한 접근권을 기본적인 인권으로 인정하지 않는 유일한 선진국으로 남게 되었다. 20세기 중반 서구 선진국들은 〈중산층 사회〉를 구축했다. 당시 대다수의 시민은 적어도 합리적인 수준으로 진보의 열매를 공유했다. 인종과 성에 기반을 둔 배타적인 노동 시장 정책이 없었더라면 그들은 더 많은 것을 나눠 가질 수 있었을 것이다. 사람들은 장수와 건강을 누렸고 더 좋은 집에 살면서 더 좋은 옷을 입었다. 국가는 아이들에게 교육을 제공했고, 이를 통해 번영이 앞으로 계속될 것이라는 약속과 함께 기회의 균등을 강화해 나갔다. 선진국들은 노령자의 안전, 실업 및 장애와 같은 다양한 위험에 대비한 사회보장 제도를 마련했다.

시장과 정치 제도는 18세기 이후로 계속 발전했지만, 그 과정이 항상 순탄했던 것은 아니다. 때때로 경제 위기가 찾아왔다. 최악의

* Progressive Era. 1890~1920년 동안 미국에서 산업화에 따른 문제를 해결하고 사회 개혁을 위한 노력이 이뤄졌던 시기.

사례는 1929년에 시작된 대공황이었다. 미국은 2차 세계 대전까지 대공황의 여파로부터 완전히 벗어나지 못했다. 그 전쟁 이전에 미국 정부는 일시적으로 일자리를 잃은 사람들에게 실업보험을 제공했다. 전후에 선진국들 또한 완전 고용 상태를 유지하기 위한 과제에 착수했다.

진보의 열매를 공정하게 분배하기 위한 움직임이 계속해서 이어진 것은 아니었다. 앞서 살펴본 것처럼, 19세기 말과 1920년대에 상황은 크게 악화되었다. 그래도 2차 세계 대전 이후 수십 년 동안 상황은 많이 나아졌다. 모든 계층의 소득이 골고루 증가했고, 특히 하위 계층의 소득은 상위 계층보다 훨씬 가파르게 상승했다. 하지만 1970년대 말과 1980년대 초에 상황은 다시 부정적인 국면으로 접어들었다. 하위 계층의 소득은 정체되거나 떨어진 반면, 상위 계층의 소득은 치솟았다. 부자들의 수명은 지속적으로 증가했지만, 고등 교육을 받지 못한 사람들의 수명은 줄어들기 시작했다.

역습

계몽주의에서 시작된 진보의 흐름에 저항하는 자들은 언제나 존재했다. 거기에는 진화라는 개념 자체를 달가워하지 않는 종교적 보수주의자, 그리고 계몽주의가 설파하는 관용과 자유주의에 불편함을 느끼는 이들이 포함되어 있다.* 또한 과학적 발견과 경제적 이해관계가 충돌하는 이들도 여기에 포함된다. 예를 들어 석탄 기업처럼, 지구 온난화와 기후 변화를 촉발한 주요 원인임을 입증하는 압도적으로 많은 증거와 더불어 사업장 폐쇄의 압박을 받고 있는 기업의 소유주와 근로자가 여기에 해당한다. 하지만 종교적·사회적 보수주의자들과, 이해관계가 과학적 발견과 상충하는 자들 사이의 연합은 정치적 영향력을 발휘할 정도로 광범위하게 형성되지는 않았다. 이들은 힘을 얻기 위해 보다 넓은 비즈니스 공동체의 지지를 필요로 했다. 그래서 그들은 규제 철폐와 감세를 보상으로 제시했다. 미국의 경우, 뜻밖에도 트럼프가 그 연결 고리 역할을 했다. 비즈니스 공동체의 많은 이들이 그들 자신과 기업에 유리한 최소의 규제와 감세를 기반으로 하는 보다 친기업적인 환경을 만들기 위해 그들이 내세우는 가치와 정면으로 대치되는, 편견으로 가득하고 여성을 혐오하고 이민을 반대하고 보호무역을 주장하는 대통령을 암묵적으로 지지했다. 이를 지켜보는 것은 고통스러운 일이었다. 분명하게도 주머니 속의 돈, 즉 탐욕이 모든 것을 이긴 셈이다.

트럼프는 선거 운동을 시작한 이후로, 특히 대통령에 당선된 이후로 전통적인 〈보수주의〉 경제 의제를 훌쩍 넘어섰다. 앞서 언급했듯이 트럼프는 어떤 측면에서 혁명주의자다. 그는 지식과 진리에 접근하기 위한 우리 사회의 핵심적인 제도를 가차 없이 공격했다. 그러한 제도에는 대학과 과학 공동체, 사법부까지 포함된다. 그중

---

* 보수주의와 반자유주의의 연합이 필연적인 것은 아니라는 사실을 언급할 필요가 있겠다. 전반적인 흐름과는 달리, 관용의 상징이 된 눈에 띄는 보수주의자들도 많이 있다 — 원주.

에서도 트럼프의 가장 악의적인 공격 대상은 언론이었다. 그는 기존 언론을 싸잡아 〈가짜 뉴스〉라 불렀다. 그러나 아이러니하게도 팩트체크는 이들 언론의 핵심 기능이었던 반면, 노골적으로 거짓말을 일삼은 쪽은 트럼프였다.[29]

이러한 공격은 미국에서 전례 없는 것이었고, 민주주의와 경제를 허물어뜨리는 것이었다. 각각의 공격 사례는 잘 알려져 있기는 하지만, 무엇이 이러한 공격을 부추기는지, 공격 대상이 얼마나 광범위한지는 자세히 들여다볼 필요가 있다. 또한 문제는 트럼프만이 아니라는 사실을 이해하는 것도 중요하다. 그의 공격이 사회적 동조를 얻지 못했다면, 미국 사회에 그처럼 치명적인 피해를 입히지 못했을 것이다. 우리는 미국이 아닌 다른 나라에서도 비슷한 공격을 목격할 수 있다. 트럼프가 그런 전쟁을 벌이지 않았다면, 아마도 다른 누군가가 똑같은 일을 벌였을 것이다.

이러한 맥락에서 비즈니스 공동체가 트럼프를 지지했다는 사실은 대단히 비관적이고 절망적인 것으로 보인다. 특히 1930년대에 등장했던 파시즘에 대한 어슴푸레한 기억을 갖고 있는 이들은 더욱 그렇게 느낄 것이다. 역사가 로버트 팩스턴Robert O. Paxton은 부유층에 집중한 트럼프의 전략을 독일 나치의 등장을 가능케 했던 전략에 비유했다.[30] 트럼프의 핵심 지지층이 명백한 소수인 것처럼, 파시스트들의 핵심 지지층 역시 대단히 협소해서 민주적인 방식으로는 권력을 차지할 수 없었다. 그들은 유권자의 과반을 차지하지 못했다. 이러한 상황에서 파시스트들은 비즈니스 공동체를 포함하는 광범위한 보수주의 연합으로부터 지지를 이끌어 냄으로써 권력을 차지했다. 마찬가지로 트럼프 역시 비즈니스 공동체와 연합을 형성함으로써 성공을 거뒀다.

대학과 과학에 대한 공격

대학에 대한 공격은 언론 공격만큼 많은 주목을 받지는 못했지만, 그에 못지않게 미국의 경제와 민주주의의 미래를 위협한다. 대학은 모든 지식의 원천이다. 미국 혁신 경제의 중심인 실리콘밸리의 성공은 훌륭한 두 대학, 스탠퍼드와 UC 버클리 대학에서 비롯된 첨단 기술이 있었기에 가능했다. 마찬가지로 MIT와 하버드는 보스턴 생명공학 센터의 기반이 되어 주었다. 혁신의 리더라는 미국의 명성은 이처럼 대학에서 비롯된 지식에 기반을 두고 있다.

대학과 과학 연구 센터는 기술 발전보다 더 중요한 일을 해왔다. 그들은 앞서 가는 기업가를 해안 지역으로 끌어들이고 있다. 실제로 많은 기업가들이 유명 대학의 연구 성과에 접근하기 위해 미국의 해안 지역으로 이주했다. 가령 1995년부터 2005년 사이에 해안 지역으로 옮겨 간 기업가들이 설립한 회사는 실리콘밸리 전체 신생 기업의 52퍼센트를 차지한다.[31] 2017년 『포춘』 500대 기업의 40퍼센트 이상이 해안으로 옮긴 이주 기업이다.[32]

그러나 트럼프는 2018년도 예산안에서 기초 연구에 대한 정부 지원을 삭감하고자 했다.[33] 더 나아가 공화당은 2017년 세법을 통해 비영리 사립대학 중 일부에 처음으로 세금을 부과하고자 했다. 이들 대학 중 많은 곳은 국민의 생활수준을 향상시키고 국가 경쟁력을 뒷받침하는 기술 발전에서 핵심적인 역할을 해왔다.

일부 공화당 인사는 정치적 올바름, 편견과 여성 혐오를 용납하지 않는 태도에 대해 대학을 비판했다. 일반적으로 대학은 기후 변화가 실질적인 문제이며 많은 이들이 공급 중시 경제학에 의문을 던지고 있다고 가르친다. 또한 대학은 세상이 평평하다는 이론, 화학에서 플로지스톤* 이론, 혹은 경제학에서 금 투기 이론을 중요하게 다루지 않는다. 이러한 이론은 당연하게도 고등 교육 기관에서 관심을 받지 못하고 있다.[34] 과학적 방법에 의해 수차례 반박되었고 시대에 뒤떨어진 이론을 가르치는 것은 분명 잘못된 일이다.

지금까지 대학은 집중적인 공격을 버텨 왔다. 하지만 트럼프를 비롯해 이러한 공격을 감행한 이들이 성공을 거둘 때, 미국 경제와 미국의 국제적 위상에 무슨 일이 벌어질지 상상조차 하기 어렵다. 혁신의 보루로서 미국의 경쟁력은 조만간 위축되고 말 것이다. 실제로 다른 많은 국가는 트럼프의 반이민·반과학 정책을 경쟁의 기회로 삼고 있다. 예를 들어 캐나다와 오스트레일리아는 뛰어난 학생들을 적극적으로 유치하고 있으며, 연구 기관과 연구 센터를 설립해 실리콘밸리에 맞서고 있다.

사법부를 향한 공격

어느 사회나 갈등은 있기 마련이다. 개인이나 기업, 혹은 정부 사이에서 갈등이 벌어질 때, 사법부의 역할은 진실을 밝혀내는 것이다. 물론 갈등을 해결하기는 본질적으로 쉽지 않다. 그게 쉬웠다면 비용과 시간이 많이 드는 사법부에 의존하지 않고 당사자들 스스로

* 연소 현상을 설명하기 위해 18세기 화학자들이 제시한 가상의 물질.

문제를 해결했을 것이다. 법원이 트럼프가 싫어하는 판결을 내놓을 때, 그는 〈소위 판사들〉이라고 거론한다. 사법부에 대한 트럼프의 경멸은 자격 미달인 인물을 판사로 임명하려는 그의 집착에 잘 드러나 있다. 가령 워싱턴 지방법원 판사로 지명된 매슈 스펜서 피터슨Matthew Spencer Petersen은 재판 경험이 전혀 없는 인물이었다. 그는 결국 인사 청문회에서 굴욕을 당한 뒤 자진 사퇴했다. 그러나 그는 트럼프가 지명한 자격 없는 수많은 이들 중 한 명에 불과하다.

공격 이유: 자기방어

여기에는 패턴이 존재한다. 트럼프와 지지자의 관점에서 볼 때, 트럼프와 그를 둘러싼 이들, 그리고 공화당의 편향된 입장과 정면으로 충돌하는 견해를 내놓는다는 점에서 진실을 말하는 모든 제도는 그들에게 위험한 존재다. 이러한 제도를 공격하고, 왜곡된 현실을 창조하기 위한 노력은 괴벨스의 큰 거짓말 이후로 오랫동안 파시즘 전략의 일부였다.[35] 트럼프는 자신의 입장을 현실과 조화를 이루는 방향으로 바꾸지 않았으며(가령 기후 변화와 관련해서), 오히려 진실을 파헤치는 이들을 공격했다. 그들의 공격이 그토록 엄청난 사회적 반향을 불러일으켰다는 것은 부분적으로 미국의 교육 시스템이 실패했음을 말해 주는 증거다. 그러나 우리는 이러한 현실만을 탓할 수 없다. 우리는 행동경제학과 마케팅의 발달을 통해 사람들의 생각과 믿음을 조작할 수 있다는 사실을 이미 알고 있다. 예를 들어 담배 회사는 이러한 방법을 동원해서 흡연이 건강에 해롭다는 과학적 발견에 의문을 던진다. 그리고 많은 기업이 조금만 더 신중히 생각해 봤더라면 필요로 하지도 원하지도 않았을 제품을 사도록 소비자를 설득하는 데 성공하고 있다. 나쁘고 위험한 제품을 팔 수 있다면, 나쁘고 위험한 생각도 팔 수 있다. 게다가 그렇게 하도록 부추기는 강력한 경제적 동기도 존재한다. 트럼프 행정부에서 전략 고문을 지낸 스티브 배넌Steve Bannon과 『폭스 뉴스』는 이러한 방식을 활용해 기후 변화에서 정부의 무능함과 불평등에 이르기까지 다양한 주제와 관련해 사람들의 인식을 바꾸고자 했다.

국민 대다수의 이익과 상충하는 정책을 팔아먹기

트럼프와 그 무리가 진실을 왜곡하는 강력한 동기를 갖고 있다는 것은 놀라운 사실이 아니다. 하지만 우리는 또한 이렇게 물을 수 있다. 민주주의, 그리고 지난 250년을 상징하는 생활수준 향상을 포함해 우리 문명을 위해 아주 많은 일을 했던 바로 그 제도와 이념을 향한 오늘날의 합동 공격이 왜 그토록 많은 사람들에게 반향을 불러일으키고 있는가? 이 책을 쓰게 된 한 가지 동기는 이러한 제도의 중요성을 올바르게 이해한다면, 그러한 제도가 공격받았을 때 더 많은 사람이 관심을 기울이고 협력할 것이라는 희망 때문이다.

그러나 이 질문이 오늘날 정치와 관련된 유일한 미스터리는 아니다. 우리는 이렇게 물을 수 있다. 왜 우리의 민주주의 사회는 그토록 심각한 불평등을 그냥 내버려 두는가? 물론 그건 간단하게 말해서 탐욕스럽고 근시안적인 이들(규모에 비해 부와 정치적 힘이 지나치게 큰)이 우리 사회의 맨 꼭대기에 있기 때문이다. 그들은 사회에 미칠 피해는 전혀 아랑곳하지 않고 최상층의 자리를 지키길 원한다.

그리고 많은 이들이 제로섬 사고방식, 다시 말해 부를 얻을 수 있는 유일한 방법은 아래 계층의 사람들로부터 부를 빼앗는 것이라는 사고방식에서 벗어나지 못하고 있다.

하지만 그들의 이익에 대해 진정으로 이해한다면, 상위 계층 사람도 평등주의 정책을 지지해야 한다. 오늘날 불평등으로부터 피해를 입고 있는 하위 99퍼센트는 말할 것도 없고, 조금이나마 성장의 열매를 누리고 있는 상위 10퍼센트도 사다리에서 밀려나 떨어질까 걱정한다. 1퍼센트에 속한 사람도 마찬가지다. 어떤 나라의 부자들은 출입이 통제된 공동체 안에서 살도록 압박을 받고, 자녀가 유괴될까 봐 항상 걱정한다.[36] 국가의 전체 부가 피해를 입을 때, 부의 상당 부분이 아래에서 올라온 1퍼센트 역시 피해를 입는다. 아래 계층의 부가 위축될 때, 위로 올라가는 부도 위축된다. 현대 경제학이 밝혀낸 한 가지 사실은 국가의 불평등이 심각할 때(특히 불평등의 정도와 방식이 미국과 비슷할 때) 경제 성과가 낮다는 것이다.[37] 경제는 제로섬 게임이 아니다. 성장은 경제 정책으로부터 영향을 받는다. 불평등을 강화하는 정책은 특히 장기적인 차원에서 성장을 더디게 만든다.

간단하게 말해서 불평등에 대한 국가의 용인을 〈합리적〉으로 설명하기는 힘들다. 개인이 전반적으로 합리적이고 그들 자신의 이익에 부합하는 정책을 지지한다고 생각할 때, 그리고 정책이 대다수의 이익을 반영하는 효율적인 민주주의를 누리고 있다고 생각할 때, 우리는 미국의 경제 정책과 관련해서 마땅한 설명을 내놓기 어려운 측면이 있다. 예를 들어 석탄, 가스, 석유 기업의 주주를 제외한 대부분의 사람들은 기후 변화를 막기 위한 행동에 관심을 기울여야 한다.

그러나 돈이 미국 정치는 물론 사람들의 전반적인 생각을 오염시키고 있다. 코크 형제와 석유 및 석탄 기업, 그리고 여러 다른 기득권 세력은 많은 미국인들을 속여서 기후 변화에 대한 회의주의자로 바꿔 놓았다. 앞서 담배 회사를 언급했듯이, 50년 전 그들은 많은 미국인이 담배가 건강에 해롭다는 과학적 발견에 의문을 품도록 만들었다. 담배 회사가 흡연이 암을 비롯한 심폐 질환의 원인임을 말해 주는 과학적 증거를 달가워하지 않는 것처럼(실제로 수십만 명이 흡연으로 조기 사망했다), 석탄 기업은 온실가스가 기후 변화에 영향을 미친다는 사실을 입증하는 과학적 증거를 좋아하지 않는다.[38]

또한 부자들은 상속세가 사라지면 사회가 더 부유해질 것이라고 많은 미국인을 설득하고 있다. 그러나 상속세 폐지는 미국의 이상과 거리가 먼 부의 세습으로 이어질 것이다. 게다가 미국의 부동산 및 상속세는 1100만 달러 이상의 자산을 보유한 부부들에게 실질적으로 세금을 면제해 준다. 여기에 영향을 받을 미국인은 거의 없을 것이다.

이념이 과학과 합리적 논의를 대체하고 있다. 또한 이념은 자본주의 탐욕을 추구하기 위한 새로운 도구가 되어 버렸다. 미국 사회 일부에서는 전반적으로 과학적 이상과 상충하는 문화가 고개를 들고 있다. 앞서 언급했듯이 그 이유는 가령 담배, 화학물질, 석탄을 생산하는 기업은 과학에 의문을 제기할 충분한 동기를 갖고 있기 때문이다. 이러한 흐름이 앞으로 계속되고 그들의 입장을 지지하는 공화당 인사가 계속해서 권력을 잡는다면, 과학을 근간으로 미국의 부를 창조하는 기계는 조만간 멈춰 서고 말 것이다.

엘리트 계층의 실패

왜 그토록 많은 이들이 경제 발전과 민주주의의 근간을 이루는 제도에 대한 공격을 지지하는지 이해하기 쉽지 않다. 반면 미국의 많은 인구가 〈기득권층〉, 그리고 세계화와 금융화, 보다 일반적으로 경제에 대한 그들의 입장에 등을 돌리게 된 이유는 쉽게 이해할 수 있다. 지난 40년 동안 양당 엘리트들 모두 개혁을 약속했다. 하지만 그들의 약속은 한 번도 지켜지지 않았다.

엘리트 집단은 부자 감세와 세계화, 금융 시장의 자유화가 모두가 이익을 누릴 수 있는 더 빠르고 안정적인 성장으로 이어질 것이라고 약속했다. 하지만 현실은 너무도 달랐다. 그래서 트럼프가 그들의 약속에 〈조작〉이라는 꼬리표를 붙였을 때, 그토록 뚜렷한 사회적 반향이 일었던 것이다.

앞서 설명한 경제 실패(자유화와 세계화는 소수에게 부를, 나머지에게 소득 정체와 불안정을 가져다주었다) 이후로 엘리트 집단과 그들의 지혜의 원천인 교육 기관에 대한 회의주의가 고개를 들기 시작한 것은 당연한 일이었다. 하지만 그건 잘못된 결론이었다. 훌륭한 학자들은 정부가 강력한 상계관세 조치를 실시하지 않는 한, 세계화는 비숙련 근로자의 임금을 그들이 구매하는 제품 가격과 함께 낮출 것이라고 전망했다. 그리고 금융 자유화는 불안정을 초래할 것이라고 예측했다. 그러나 세계화와 금융 시장 자유화의 치어

리어들은 그들의 주장을 일축했다.[39]

그 이유가 무엇이든 간에[40] 미국 사회는 국가가 탈산업화 과정을 거치는 동안 어려움을 겪은 많은 이들을 소홀히 대했다. 임금과 소득의 정체는 물론, 점점 더 절망에 빠진 사람들을 외면했다. 또한 소위 〈커버업cover-up〉, 즉 실직한 사람들을 위해 건설 분야에서 임시직을 창출했던 주택 거품이 실질적인 해결책이 될 수 있다고 생각했다.

간단하게 말해서 양당의 엘리트들은 국민이 아니라 GDP에 집중하면 된다고 믿었다. 그리고 그러한 믿음에 따라 국가의 중요한 부분을 무시했다. 그들의 무시는 이후로 불어 닥친 경제 재앙만큼이나 국민을 비통하게 만들었다.

국부의 원천에 대한 또 다른 이론

앞서 과학과 지식, 그리고 서로 평화롭게 살면서 공공의 이익을 높이고자 협력하기 위한 사회적 제도에 기반을 둔 국부의 진정한 원천에 대해 설명했다. 또한 트럼프와 그의 무리가 이러한 기반을 위협하고 있다는 사실에 대해서도 설명했다. 부의 강탈자(지대 추구자)의 경제적 이익에 봉사하는 것 외에 어떤 현실에도 얽매이지 않는 불완전한 일련의 믿음을 지닌 그들은 성공을 거두기 위해서 진실을 말하는 제도와 민주주의 자체를 전면적으로 공격해야 했다.

무엇이 국부를 창조하는지와 관련해서 널리 퍼진 오래된 이론이 있다. 안타깝게도 이 이론은 지난 40년 동안 미국 사회를 지배했다. 그것은 모든 것을, 혹은 대부분의 것을 자유시장에 맡길 때, 경제는 최고의 성과를 거둘 수 있다는 생각이다. 이 이론을 지지했던 사람들은 트럼프가 그랬던 것처럼 진실의 원칙을 갈기갈기 찢어 버리지는 않았다. 그들은 마치 노련한 마술사처럼 사람들의 관심 방향을 돌리고자 했다. 가령 세계화가 많은 이를 뒤처지게 만들었다면, 레이건의 개혁 정책이 더 많은 이를 가난과 소득 정체의 수렁으로 빠뜨렸다면, 그 해결책은 빈곤에 관한 데이터 수집을 중지하고 불평등에 관한 논의를 멈추게 하는 것이었다. 그 대신 소수 기업이 갖고 있는 시장 지배력보다, 시장 안에 언제나 존재하는 경쟁에 집중하도록 했다.

일반적인 대학 경제학 교과서를 들여다보자. 우리는 모든 장에서 〈경쟁〉이라는 단어를 쉽게 발견할 수 있다. 반면 〈힘〉이라는 단어는 한두 장에서만 찾아볼 수 있다. 〈착취〉라는 단어는 아예 찾아볼 수 없다. 이는 전통적인 경제학 용어 사전에서 오래전에 자취를 감춰 버렸다. 미국 남부의 경제사를 다룬 장을 들여다보면, 특정 집단이 다른 사람의 노동의 열매를 빼앗기 위해 착취적인 방식으로 힘을 활용한 사례나 남북전쟁 이후로도 계속해서 그러한 관행을 이어 나가기 위해 정치적 힘을 활용한 사례에 관한 논의보다, (경쟁적인) 목화 시장, 혹은 심지어 노예 시장에 관한 논의를 더 쉽게 찾아볼 수 있다. 성과 인종, 민족에 따른 커다란 임금 격차(다음 장에서 살펴보게 될 미국 경제의 주요 특성)를 언급하고 있다고 해도 아마도 〈차별)과 같은 다소 부드러운 용어로 설명되었을 것이다. 경제 현상을 설명하기 위해 〈착취〉나 〈힘〉과 같은 용어가 사용된 것은 비교적 최근에 들어서다.

지나치게 낮은 경쟁(소수에 집중된 힘)은 시장이 종종 제대로 기능하지 못하는 한 가지 이유에 불과하다. 시장이 제대로 기능하지 못하고 있다는 것은 분명한 사실이다. 인간다운 삶을 누릴 수 없을 정도로 소득이 적은 사람이 너무도 많다. 그리고 전 세계 어느 나라보다 더 많은 돈을 의료 분야에 쏟아붓고 있음에도 기대수명(이미 다른 선진국에 비해 낮은)은 점점 더 낮아지고 있다. 빈집과 홈리스가 공존하는 모습은 미국 경제의 현실을 잘 보여 주는 현상이다. 최악의 시장 실패는 일자리가 있고 사람들이 일하기를 원하는 상황에서 대규모 실업이 나타나는 것이다. 1930년대 대공황과 2007년에 시작된 대침체는 이를 잘 보여 주는 두 가지 생생한 사례다. 사실 자본주의가 시작된 이후로 간헐적으로 발생하는 심각한 실업 사태는 언제나 시장 경제의 특성이었다.

이러한 사례에서 정부 정책은 비록 불완전하다고 해도 문제 해결에 도움을 줄 수 있다. 예를 들어 정부는 경제 침체기에 통화 및 재정 정책을 통해 경기를 부양함으로써 실업률을 낮출 수 있다.[41]

정부는 완전 고용 보장을 넘어서까지 개입해야 하는가? 아니면 시장을 있는 그대로 내버려 둬야 하는가? 이 질문에 답하기 위해서는 먼저 시장은 그 자체로 목적이 아니라는 사실을 이해해야 한다. 시장은 사회 번영이라는 목적을 성취하기 위한 수단이다. 그렇다면 핵심 질문은 이것이다. 시장은 언제 상위 1퍼센트가 아닌 사회 전체를 위한 번영을 제공하는가? 애덤 스미스의 보이지 않는 손(이기심 추구가 보이지 않는 손에 의해 사회적 번영으로 이어진다는 개념)은 아마도 현대 경제학에서 가장 중요한 개념일 것이다. 하지만 스미스조차 시장의 한계와 정부 개입의 필요성을 인정했다. 현대 경제학 연구(이론 및 경험)는 시장 경제 내에서 정부의 근본적인 역할에 대한 우리의 이해를 높여 주었다. 정부는 시장이 올바로 나아가게 하는 것은 물론 시장이 하지 않을 일, 시장이 할 수 없는 일을 해야 한다.

시장이 효율적으로 기능하기 위해서는 많은 조건이 충족되어야 한다. 강력한 경쟁이 존재해야 하고, 정보는 완전해야 하며, 특정 개인이나 기업의 행동이 다른 이에게 피해를 주어서는 안 된다(가령 환경오염이 발생해서는 안 된다). 그러나 현실적으로 이러한 조건이 완전하게(혹은 대부분이라도) 충족되는 경우는 없다. 이 말은 시장은 실질적으로 실패할 수밖에 없다는 뜻이다. 환경 규제가 나오기 전에 공기는 숨 쉬기 힘들었고, 물은 마시거나 수영하기 힘들었다. 오늘날 중국과 인도를 비롯해 환경 규제가 허술하거나 제대로 실행되지 않는 많은 국가의 상황이 그렇다.

보다 중요하게 민간 분야는 역동적인 혁신 경제를 위한 기초 연구에 거의 투자하지 않는다. 광범위한 공공 혜택을 위한 다양한 영역에의 투자 역시 마찬가지다(가령 사회 기반 시설과 교육). 이러한 과제를 달성함으로써 얻는 이익은 그 비용을 훌쩍 넘어선다. 물론 그 비용은 국민의 세금으로 충당된다[42](당연하게도 민간 분야는 그들이 성취한 것을 자랑스럽게 널리 알린다. 하지만 그들이 추진하는 응용 연구는 공적 지원으로 이뤄지는 기초 연구를 기반으로 삼고 있다).

예전에 아는 스웨덴 내무장관을 만나서 그 나라의 경제가 잘 돌아가는 이유에 대해 물은 적이 있었다. 그의 대답은 세금이 높기 때문이라는 것이었다. 물론 그 말은 스웨덴 사람들이 국가의 번영을 위해서 사회 기반 시설, 교육, 기술, 안보 등에 대한 높은 수준의 공적 지출이 필요하며, 또한 정부는 이러한 지출을 뒷받침할 세수를 필요로 한다는 사실을 잘 이해하고 있다는 뜻이었다. 정부가 재정을 뒷받침하는 기술 발전은 민간 투자에 도움을 준다. 고등 교육을 받은 노동력과 훌륭한 사회 기반 시설이 존재할 때, 투자자들은 그들의 비즈니스 활동이 보다 수익성이 높다는 사실을 발견하게 된다. 빠른 성장의 핵심은 지식의 발전이며, 그 기반이 되는 기초 연구는 정부 지원을 필요로 한다.

이러한 접근 방식은 규제 철폐가 경제를 자유롭게 만들고, 감세가 동기를 부여하며, 그 두 가지가 합쳐져서 경제 성장으로 이어진다는 가정에 기반을 둔 레이건 스타일의 〈공급 중시〉 정책과 정면으로 충돌한다. 실제로 레이건 개혁 이후에 성장 속도는 느려졌다. 규제 철폐, 특히 금융 시장의 규제 철폐는 1991년과 2001년 경기 침체를 불러왔고, 무엇보다 고통스러운 2008년 대침체로 이어졌다. 그리고 감세는 공급 중심론자들이 강조하는 경제 활력을 보여 주지 못했다. 토마 피케티와 공저자들은 전 세계적으로 세율 인하가 성장 둔화로 이어졌다는 사실을 잘 보여 주었다.[43] 감세 정책을 비판한 사람들이 예측했듯이, 레이건의 부자 감세와 이후 조지 W. 부시 행정부의 감세 정책은 노동력 공급이나 저축의 증가로 이어지지 않았다.[44] 마찬가지로 더 빠른 성장으로도 이어지지 않았다.[45]

분명하게도 〈공급 중시〉 경제학과 자유시장에 대한 믿음은 경제적 성과를 보여 주지 못했다. 경제 성과를 올리기 위해서라면 감세나 규제 완화보다 할 수 있는 일이 훨씬 더 많이 있다.

레이거노믹스로 회귀할 위험

많은 보수주의자들 역시 진보주의자와 마찬가지로 사회 규범과 제도에 대한 트럼프의 공격에 깜짝 놀랐다. 특히 세계화를 위한 싸움에서 최전선에 나섰던 그들이 자신의 정당 안에서 그 싸움이 패배로 돌아가는 광경을 지켜보는 것은 무척 괴로운 일이었을 것이다. 그러나 정작 이들(종종 〈네버 트럼퍼Never Trumper〉라고 불렸던)이 미국 사회에 내놓았던 것은 과거의 잘못된 정책에 대한 우려먹기에 불과했다. 다시 말해 부자와 기업을 위해 세금을 낮추고, 규제를 없애고, 정부 역할을 축소했던 레이거노믹스의 21세기 버전일 뿐이었다.

오늘날 착취가 부의 창출을 대체한, 규제 풀린 독점 시장은 미국 경제의 상징이 되었다. 다른 한편에서 포퓰리즘*과 이민 배척주의의 등장은 단순한 혼란 이상의 실질적인 위험을 미국 사회에 안겨

---

* 트럼프와 같은 선동가를 종종 (비판적인 관점에서) 포퓰리스트라고 부르지만, 나는 이 책에서 전반적으로 그 용어의 사용을 자제하고 있다. 일부 경우에서 포퓰리스트는 교육이나 의료보험에 대한 대중의 요구에 경제적인 제약 속에서 반응하는 정직한 정치인들이다. 하지만 일반적으로 규제 철폐와 자유화, 민영화와 관련해서 엘리트주의를 비판하는 모든 사람이 포퓰리스트라고 불린다 — 원주.

주고 있다. 미국의 문제는 불공정한 무역 협정이나 이민자로부터 비롯되지 않았다. 이와 관련해서 트럼프가 내놓은 정책은 탈산업화로부터 피해를 입은 이들의 빈곤은 물론, 국가의 많은 문제를 더욱 악화시킬 위험이 있다. 트럼프가 2017년 세법과 2018년 1월 지출 증가에서 그랬던 것처럼, 어떤 나라도 예산의 제약을 무시하고서는 빠르고 지속적인 성장 궤도에 올라설 수 없다.

앞으로 설명하겠지만 미국의 실질적인 문제는 미국 사회가 자초한 것이다. 다시 말해 교육과 사회 기반 시설, 기술에 대한 지나치게 적은 투자, 시장이 모든 문제를 해결해 줄 것이라는 막연한 기대, 필요한 곳에 제대로 갖춰지지 않은 규제, 혹은 때로는 필요하지 않은 곳에 지나치게 많은 규제가 문제의 원인이다. 그러나 트럼프는 이처럼 중대하고 근본적인 원인에 관심을 기울이지 않고 있다.

진정한 위험은 민주주의를 향하고 있다

이 책은 주로 경제에 관한 이야기를 다룬다. 그 과정에서 지금의 상황이 과거의 잘못된 선택으로 인한 예상 가능한 결과라는 사실과, 이러한 상황을 전환시킬 대안이 분명히 있다는 사실을 보여 줄 것이다. 하지만 나는 여기서 정치와 경제가 서로 얽혀 있다는 이야기를 반복해서 하고 있다. 경제적 불평등은 정치적 불평등으로 이어지고, 이는 다시 불평등을 더욱 심화시키는 법으로 돌아온다. 경제적 실패는 정치 시스템에 지대한 영향을 미친다. 트럼프는 하나의 현상일 뿐이다. 여기서 나는 우리의 미래에 대해 정말로 우려하는 바를 이야기하고자 한다.

탐욕적이고 근시안적인 1퍼센트 사람들은 미국 사회의 압도적 대다수가 세계화와 금융화를 비롯해 오늘날 경제 규칙서의 다양한 요소를 지지하지 않는다는 사실을 깨닫게 되었다. 이 사실은 이들에게 중요하면서도 당황스러운 의미를 갖고 있다. 그것은 민주주의가 지금의 궤도로 나아가도록 그대로 내버려 둔다면, 그리고 우리가 유권자의 입장에서 일말의 합리성을 믿는다면, 그들은 대안적인 과정을 선택할 것이라는 뜻이다. 그래서 이들 슈퍼리치는 노골적인 이기심을 추구하는 과정에서 세 부분으로 이뤄진 전략을 수립했다. 그것은 속이기, 권리 박탈하기, 영향력 빼앗기다.[46] 가장 먼저 속이기란 부자를 더욱 부유하게 만들어 줄 2017년 세법과 같은 정책이 일반 시민들에게도 실질적인 도움이 될 것이라고, 혹은 중국과의 무역 분쟁이 탈산업화의 흐름을 어떻게든 되돌릴 것이라고 사람들을 설득하는 것을 말한다. 다음으로 권리 박탈하기란 유권자 등록이나 투표 자체를 어렵게 만들어 진보적인 정책에 투표할 유권자가 투표를 할 수 없도록 만드는 것을 뜻한다. 마지막으로 영향력 빼앗기란 다른 모든 방법이 실패로 돌아가 진보주의 정부가 들어섰을 때, 정치와 경제 개혁에 요구되는 정책을 실행하지 못하도록 정부를 압박하는 것을 말한다. 가령 점점 복잡해지고 이념적으로 변질되어 가는 법원을 통해 제동을 거는 방법이 있다.

여기서 방향을 수정하지 않는다면 앞으로 똑같은 흐름이 이어질 것이다. 경제, 정치, 사회는 점점 더 그 기능을 제대로 하지 못하게 될 것이다. 수 세기 동안 발전을 뒷받침해 온[47] 과학과 근본적인 제도(무엇보다 진실을 확인하고 말하는 제도)를 향한 공격은 계속될 것이며, 이는 더 낮은 성장과 더 높은 불평등으로 이어질 것이다.

계속되는 전쟁, 아니면 제3의 길?

케네디 대통령은 말했다. 〈국가가 당신에게 무엇을 할 수 있는지 묻기 전에 당신이 국가를 위해 무엇을 할 수 있는지 물어보라.〉[48] 그러나 오늘날의 상황은 케네디가 그 말을 했을 때와는 무척이나 달라 보인다. 레이건은 국가 경제의 방향을 바꿨고, 동시에 사회적 가치를 물질주의와 이기주의로 몰고 갔다. 그가 약속했던 열매는 주어지지 않았고, 변화의 방향은 사람들의 기대와는 거리가 멀었다. 이는 결국 허점투성이의 일련의 이념에 대한 집착으로 이어졌을 뿐이다.

경제 시스템을 바로잡는 과제를 생각할 때, 우리는 먼저 미국이 냉전에서 승리를 거뒀기 때문에 미국 경제 시스템도 승리를 거뒀다는 사고방식에서 벗어날 필요가 있다. 냉전 승리는 자유시장 자본주의가 우월성을 입증한 것이라기보다[49] 공산주의가 실패했다는 것을 의미하는 사건이었다.

미국이 전 세계 인구의 마음을 놓고 공산주의와 경쟁을 벌일 때, 미국의 경제 시스템이야말로 모두를 위한 것이라는 사실을 입증해야 했다. 그러나 소련이 붕괴하면서 경쟁은 사라졌고, 미국 사회는 그들의 경제 시스템이 모두를 위한 것임을 보여 줄 동기를 잃어버렸다.

독특한 〈중국식 사회주의 시장 경제〉를 근간으로 하는 중국은 신흥 시장에서 살아가는 수십억 인구에게 역동적인 대안적 비전을 보여 주었다. 2008년 금융 위기로 중대한 타격을 입었고 지금은 트럼프의 등장으로 더욱 심각한 어려움을 겪고 있는 미국과 극명하게 대비된다.

민주주의를 신봉하는 사람이라면 이 사실을 대단히 우려해야 한다. 오늘날 대안적인 사회적·정치적·경제적 시스템을 놓고 이념 전쟁이 벌어지고 있다. 미국은 세상의 거대한 부분이 미국 시스템의 덕목으로부터 시선을 돌리고 있다는 사실을 우려해야 한다.

앞서 스웨덴을 언급하면서 살펴봤듯이, 다행스럽게도 미국식 자본주의는 민주주의 시장 경제의 다양한 형태 중 하나에 불과하다. 다른 민주주의 사회는 시민 대다수에게 빠른 경제 성장과 풍족한 복지를 제공하기 위해 다양한 형태의 자본주의를 활용하고 있다.

미국은 이제 그들의 경제 시스템에 대한 오만에서 벗어나야 한다. 특히 공동 번영의 측면에서 미국 시스템에는 중대한 결함이 있다는 사실을 분명히 인식해야 한다. 미국 사회는 많은 흥미로운 선택지를 고려해야 하며, 다양한 형태의 대안적인 시장 경제로부터 많은 것을 배울 수 있다는 사실을 인정해야 한다.

기형적인 경제가 기형적인 인간과 사회를 만든다

이 모든 것은 이해관계의 전쟁(사회를 조직하는 최고의 방식을 둘러싸고, 이념 전쟁의 형태를 취한)이 가령 기업들이 사회의 나머지를 희생하고 더 많은 것을 얻으려 하는 상황에서 조만간 사라지지는 않을 것임을 의미한다.

이념 전쟁은 스포츠 게임이 아니다. 우리는 경제의 결함을 보완하고 우리 사회의 가치와 조화를 이루는 경제를 구축하는 방법을 모색해야 한다. 그 이유는 이러한 노력이 시장과 민주주의에 대한 우리의 이념이 전 세계로 확산될 가능성을 높여서가 아니라, 개인과 국가로서 우리에게 많은 도움을 줄 것이기 때문이다.

일반적인 경제학 이론은 인간은 고정된 취향을 타고난다는 가정에서 출발한다. 인간은 그 자체로 선호와 비선호를 가진 존재다. 그러나 취향과 기호가 불변이라는 주장은 이치에 닿지 않는다. 부모는 아이의 정체성을 형성하기 위해 노력하고, 비록 모든 경우는 아니라고 해도 이러한 노력은 종종 성공을 거둔다. 마케팅 전문가는 사람들의 소비 행태를 형성하기 위해 노력한다. 사회와 문화는 우리를 형성하고, 우리는 사회와 문화를 형성한다. 우리가 경제를 구축하는 방식은 이러한 형성 과정에서 중요한 역할을 한다. 그 이유는 인간관계에서 상당 부분이 경제와 관련 있기 때문이다. 행동경제학 연구는 이러한 사실을 확인시켜 준다. 많은 은행가가 심각한 도덕적 타락을 보이는 것은 결코 우연이 아니다. 특히 그들에게 은행가라는 사실을 상기시켰을 때, 그들은 보다 부정직하고 이기적인 방식으로 행동한다는 사실을 실험은 말해 준다.[50] 이처럼 은행가의 정체성은 그들의 직업에 의해 형성된다. 경제학자도 마찬가지다. 물론 경제학을 전공으로 선택한 사람이 비교적 이기적인 사람일 수도 있겠지만, 일반적으로 경제학을 더 오래 공부할수록 더 이기적이 된다는 연구 결과가 나와 있다.[51]

미국이 구축한 시장 경제는 이기적이고 물질적인 인간을 양산했다. 이는 우리가 스스로와 다른 나라에게 강조하는 이상과는 동떨어진 인간형이다. 우리는 다른 형태의 경제 조직을 통해 협력을 강화할 수 있다. 인간은 누구나 이기심과 이타심을 모두 갖고 있다(스미스도 지적했듯이).[52] 경제와 사회 시스템은 이기심과 이타심 사이의 균형점을 결정한다.[53] 이기적이고 물질적이고 근시안적이고 비도덕적인 사람이 많아질수록 우리 사회는 바로 그러한 특성을 고스란히 드러낸다.

우리는 지금의 모습보다 더 나은 존재가 될 수 있다. 물론 무엇을 위해 싸워야 하는지에 대해서는 서로 생각이 다를 수 있다(경제학자들이 강조하듯이 언제나 교환이 존재한다). 그럼에도 우리는 방대한 공통분모를 발견할 수 있다. 대안적 비전을 성취하기 위해서는 집단행동이 필요하다. 시장을 규제하고 시장이 하지 못하는 일을 하려는 노력이 필요하다. 여기서 우리는 시장이 그 자체로 자기규제적이고 효율적이고 안정적이고 공정하다는, 혹은 정부는 비효율적일 수밖에 없다는 낡은 사고에서 벗어나야 한다. 어떤 측면에서 우리는 자본주의 그 자체를 구제해야 한다. 돈을 중심으로 하는 민주주의와 더불어, 자본주의는 자기 파괴적인 위험성을 내포하고 있으며, 공정하고 경쟁적인 시장 시스템과 가치 있는 민주주의를 허물어뜨릴 가능성이 있다. 시스템을 조금씩 개선해 나가는 노력보다 더 과감한 시도가 필요하다. 점진적인 개선으로 문제를 해결하기에 우리는 이미 너무 오랫동안 잘못된 길을 걸어 왔다. 이제 우리는 부유한 국가에서 모두가 인간다운 중산층의 삶을 살아가도록 보장하는 새로운 사회 계약을 맺어야 한다.

이 책은 앞으로 우리 사회가 나아갈 대안적인 길을 밝히고 있다.

또 다른 세상이 가능하다. 그 세상은 우리를 곤경으로 내몬, 시장과 트리클다운 경제에 대한 시장 근본주의자들의 믿음과 무관하다. 또한 이민에 반대하고, 국제법 준수를 거부하며, 미국을 더 못사는 사회로 만들어 버릴 〈소수를 위한 세계화〉를 주창하는 포퓰리즘적인 트럼프 경제학과도 무관하다. 나는 장기적으로 진리가 승리할 것이라고 확신한다. 트럼프 정책은 분명 실패할 것이다. 트럼프 지지자, 소득이 증가하고 있다고 주장하는 사람들 모두 그 사실을 깨닫게 될 것이다. 물론 앞으로 무슨 일이 벌어질지 아무도 장담하지 못한다. 그래도 내가 여기서 제시하듯이 우리에게 대안적 길이 있다면, 사람들은 그 길을 선택할 것이다.

2

더 암울한 경제를 향해서

　1980년 즈음에 미국의 강력한 경제 엔진에 문제가 나타나기 시작했다. 성장이 둔화되었고, 더 중요하게는 소득 수준이 정체되거나 감소하기까지 했다. 이러한 일은 사람들이 제대로 인식하기도 전에 벌어졌다. 이처럼 미국 경제가 많은 인구에게 번영을 가져다주는 데 실패하고 있었음에도 불구하고 금융화, 세계화, 기술 발전을 특징으로 삼는 새로운 시대의 챔피언들은 〈신경제〉가 더 큰 번영을 틀림없이 가져다줄 것이라고 외쳤다. 그러나 그들이 말하는 더 큰 번영이란 단지 더 높은 GDP를 의미했다. 연방준비제도를 이끌었던 인물들을 포함해 미국의 몇몇 경제 지도자는 〈대안정기great moderation〉에 대한 자랑을 늘어놓기 시작했다. 다시 말해 자본주의 시스템의 고질적 특징인 생산량과 고용의 불안정성, 즉 경기 순환을 길들이는 데 마침내 성공했다고 자화자찬했다.[1]

　2008년 금융 위기는 미국 사회의 번영이 허공 위에 지어졌다는, 더 정확하게 말해서 빚더미 위에 지어졌다는 사실을 분명히 보여

그림 2 평균 세전 소득 추이, 미국(1974~2014)

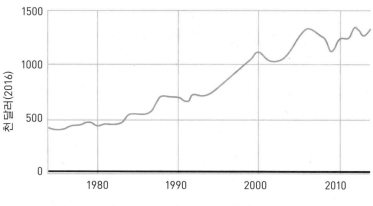

- 하위 90퍼센트(개인, 모든 연령)
- 상위 1퍼센트(개인, 모든 연령)

출처: 세계 불평등 데이터베이스

주었다. 이후 새로운 데이터가 등장해서 경제에 대한 보다 구체적인 그림을 보여 주기 시작하면서, 깊숙이 뿌리내린 오랜 문제가 존재하고 있다는 사실이 명백하게 드러났다. 어렵사리 일구어 낸 성장은 2차 세계 대전 이후 수십 년의 세월보다 훨씬 더 낮은 것으로 드러났다. 더 혼란스러운 사실은 그런 성장마저도 상위 계층의 소수에게 돌아갔다는 것이다. 제프 베조스의 소득이 증가해서(하지만 나머지 대다수의 소득은 정체된) 미국의 GDP가 성장한 것이라면, 경제가 제대로 돌아가고 있다고 볼 수 없다. 하지만 이는 바로 40년 동안 자리 잡은 미국의 현주소다. 그 세월 동안 미국인 하위 90퍼센트의 평균 소득은 거의 변하지 않은 반면, 상위 1퍼센트는 급증했다(그림 2를 보라. 아래는 하위 90퍼센트의 평균 세전 소득을, 위는 상위 1퍼센트의 소득을 의미한다).

일부 경제학자는 불평등에 대한 논의조차 꺼려 한다.[2] 그들은 경제학자의 일이란 파이의 크기를 키우는 방법을 알아내는 것이라고 주장한다. 파이가 커지면 모두가 이익을 얻을 것이라 확신한다. 케네디 대통령의 표현대로, 밀물이 들어오면 모든 배가 떠오른다. 나도 그랬으면 좋겠다. 하지만 현실은 그렇지 않다. 밀물이 너무 빨리 밀어닥치면 작은 배는 난파를 당하고 만다.

GDP가 성장하는 동안에 환경이 파괴되고 자원이 고갈된다면, 경제가 제대로 돌아가고 있다고 볼 수 없다. 과거에 의지하며 살아가고 미래에 투자하지 않는 국가, 혹은 아이들이 누려야 할 환경 유산을 파괴하는 국가는 지금 세대를 위해 후손을 희생시키는 것이다.

미국은 과거에 비해, 혹은 다른 경쟁국에 비해 좋은 모습을 보여주지 못하고 있다. 많은 미국인은 이러한 지적에 깜짝 놀란다. 미국이 다른 나라보다 더 크고 더 부유하고 더 강하다고 생각해 왔기 때문이다. 이는 미국 정치인들이 시민들에게 끊임없이 해왔던 이야기다. 그러나 트럼프가 만든 또 다른 세상에 살고 있는 사람이 아니라면, 데이터가 계속해서 들려주는 이야기를 외면할 수 없을 것이다. 미국은 절대 최고의 성과를 보여 주는 그런 나라가 아니다. 일부 데이터는 미국이 광범위한 영역에서 최고의 자리를 놓치고 있다는 사실을 말해 준다.

미국의 경제적 불안에 대한 한 가지 근본적인 설명이 있다. 미국 사회가 국부의 진정한 원천과 관련해 앞 장에서 설명한 교훈을 제대로 이해하지 못했다는 것이다. 너무 많은 사람이 이익은 부의 창조뿐만이 아니라 착취를 통해서도 만들어질 수 있다는 사실을 망각한 채, 이익이 높으면 무조건 좋다는 생각을 받아들이게 되었다.[3] 부동산 투기, 라스베이거스나 애틀랜틱시티의 카지노, 혹은 착취적인 영리 학교들은 소수에게 부를 가져다주지만, 우리 사회 전체를 위한 지속적인 번영을 가져다주지 못한다. 지난 40년 동안 미국 사회는 사회 기반 시설과 사람, 기술에 투자하지 않았다. 미국의 투자율은 너무도 낮아서 이제 기존의 국가 생산도 따라잡기 힘든 상황이 되었다.[4]

이후의 장들에서는 부의 창조에서 착취로의 이동이 세계화, 금융화, 독점화 과정에서 어떠한 형태로 전개되는지 들여다본다. 그러나 그에 앞서 무엇이 잘못되어 가고 있는지, 〈미국을 다시 한번 위대하게 만들겠다〉는 트럼프의 외침이 어떻게 그토록 큰 사회적 반향을 불러일으켰는지 면밀히 들여다볼 필요가 있겠다.

느려지는 성장

2차 세계 대전이 막을 내리고 1947년부터 1980년 사이에 미국의 연평균 성장률은 3.7퍼센트였다. 그러나 1980년부터 2017년까지 연평균 성장률은 2.7퍼센트로 1퍼센트 포인트나 하락했다.[5] 이는 30퍼센트에 달하는 거대한 하락이었다.

더 나아가 2008년 금융 위기는 위기 이전의 성장이 안정적인 것이 아니었다는 사실을 보여 주었다. 당시의 성장은 무모한 투자에 기반을 둔 것이었고, 대표적으로 주택 시장 거품을 꼽을 수 있다.

생활수준에 대한 국제적 비교

　미국 예외주의*는 미국 사회가 다른 나라보다 더 높은 생활수준을 누리고 더 높은 성장률을 기록하고 있다고(혹은 그렇게 믿어지고 있다고) 말한다. 또한 미국은 효율적이고 생산적인 국가라고 말한다. 이러한 믿음은 직접적인 결론으로 이어진다. 즉 미국은 모든 다른 나라들보다 앞서 있기 때문에 다른 나라는 미국의 제품을 더 많이 사야 하고, 반대로 미국은 그들의 제품을 적게 사야 한다. 이 말은 곧 미국의 상품이 세계 시장을 〈지배〉하고 있지 못하다면, 그건 경쟁자들이 속임수를 쓰고 있기 때문이라는 뜻이다. 그게 전부다. 그리고 이러한 명제로부터 대책이 따라 나온다. 그것은 속임수를 멈추도록 하는 것이다. 만약 국제 무역의 규칙이 이를 허용하지 않는다면, 규칙을 바꿔야 한다. 그래서 미국은 무역 장벽을 세웠다. 가령 수입에 세금을 부과하는 관세나 수입량을 제한하는 쿼터제를 통해서 말이다. 국내 생산자를 외국 경쟁자로부터 보호하려는 보호무역주의는 지금도 뚜렷하게 남아 있다.

　그러나 위 추론에서 문제점은 각 단계마다 결함이 있다는 사실이다. 먼저 기본적인 가정부터 들여다보자. 즉 미국은 가장 높은 생활수준을 누리는 가장 효율적인 경제라는 가정을 살펴보자(추론의 나머지 단계는 세계화를 주제로 한 5장에서 다룬다).

　현실은 이렇다. 생활수준에 대한 광범위한 평가 지표라 할 수 있는 인간개발지수에서 미국은 영국 바로 위인 13위를 기록하고 있

---

* 미국은 강력한 리더십을 발휘하는 세계 최고의 국가라는 견해.

다. 여기에 불평등까지 고려하면 순위는 24위로 미끄러진다.[6]

2018년 세계은행은 교육과 건강, 생존 능력을 종합해서 개인에 대한 사회의 투자 정도를 측정하는 〈인적 자본 지수〉를 발표했다.[7] 여기서 미국은 24위를 기록했다. 싱가포르, 일본, 한국, 홍콩 등 아시아 지역의 리더들보다 한참 아래다. 이웃 나라인 캐나다(10위)를 비롯해 유럽의 경쟁자 대부분보다 낮은 순위다. 당연하게도 인적 자원에 대한 낮은 투자는 미래의 생활수준 하락으로 이어진다.

선진국들의 공식적인 싱크탱크라 할 수 있는 OECD는 전 세계 학생들을 대상으로 몇 년마다 표준화된 시험을 실시하고 있다. 일부 개발도상국의 학생들도 참여하는 이 시험의 수학 점수에서 미국은 평균 이하를 기록했다(72개 참가국 중 40위). 읽기(24위)와 과학(25위)은 평균을 살짝 웃도는 수준이었다.[8] 이처럼 실망스러운 성적은 일관되게 나타나고 있다. 미국 학생 중 절반 이상이 기준 성적에 미치지 못하고 있으며, 최고 성과자들을 기준으로 하더라도 평균 아래다. 캐나다, 한국, 일본, 영국, 노르웨이, 리투아니아, 오스트레일리아 모두 25~34세 인구의 대학 졸업률에서 미국을 앞서고 있다. 캐나다는 25퍼센트를 넘어섰고, 한국의 경우 50퍼센트에 이른다.[9]

인적·물적 자본에 대한 낮은 투자는 당연하게도 낮은 생산성 성장률로 이어진다. 국가 간 생산량을 비교할 때, 근로 시간의 차이를 고려하는 것이 중요하다. 미국은 다른 선진국에 비해 더 많은 시간을 일한다[다른 선진국의 경우 1년을 기준으로 근로자당 평균 근로 시간이 1,759시간인 데 비해 미국은 1,780시간이다. 게다가 프랑스(1,514시간)나 독일(1,356시간) 같은 일부 유럽 국가와 비교할 경우 격차는 더 벌어진다].[10] 주당 근무 시간은 크게 차이 나지 않지만, 유럽 국가의 경우에 휴가가 훨씬 길다. 미국의 높은 1인당 소득의 상당 부분은 오랜 근무 시간으로 설명할 수 있다. 그러나 생산성(시간당 생산량)의 관점에서 볼 때, 미국의 성장률은 대침체 이후 2010~2016년에 선진국 평균의 절반에도 미치지 못했다.[11]

지난 30년간 미국의 성장률은 중국을 한참 밑돌았다. 이제 중국은 일반적인 비교 기준에서 세계 최대의 경제일 뿐 아니라,[12] 미국보다 더 많은 인구를 먹여 살리고 있고 더 많이 생산하고 더 많이 거래한다.[13]

나는 가끔 중국에서도 강의를 한다. 내가 상위 계층을 제외한 대다수 미국인의 삶에서 벌어진 일을 보여 주는 통계 자료를 제시하면, 중국 청중은 못 믿겠다는 표정으로 나를 바라본다. 40년 전 중국은 가난한 나라였다. 1인당 연소득이 150달러에 불과한 아주 궁핍한 사회였다.[14] 당시 세계은행은 중국을 〈극단적인 빈곤〉이라는 표현으로 묘사했을 정도다. 그러나 상위 계층을 제외한 미국인 대다수의 소득이 전반적으로 정체된 40년 동안 중국의 소득은 열 배 넘게 증가했다.[15] 그리고 7억 4천만 명이 넘는 인구가 가난에서 구제되었다.[16]

불평등의 심화

미국의 성장률이 정체되는 동안에 불평등은 더 심각해졌다. 미국 사회는 다른 선진국에 비해 훨씬 더 심각한 소득 불평등을 겪고 있다. 기회의 균등을 기준으로 할 때, 미국은 하위권을 맴돌고 있다. 기회의 땅이라는 미국의 정체성을 무색하게 만드는 결과다.[17]

미국 근로자는 느린 속도로 커지는 파이에서 점점 더 적은 부분을 가져가고 있으며, 이로 인해 그들의 소득은 정체되고 있다. 특히 상위 1퍼센트 근로자(은행가나 CEO처럼 통계적으로 〈근로자〉로 분류되지만 일반적으로 말하는 〈노동자〉 범주에 포함되지 않는)를 제외하면, 근로자 계층이 가져가는 몫은 전례 없는 수준으로 줄어들고 있다. 1980년 75퍼센트에서 2010년 60퍼센트로 하락하면서 30년이라는 비교적 짧은 기간에 15퍼센트 포인트나 떨어졌다.[18]

반면 상위 10퍼센트와 상위 1퍼센트, 그리고 상위 0.1퍼센트는 국가 전체의 파이에서 점점 더 많은 몫을 가져가고 있다. 상위 1퍼센트의 몫은 두 배 이상 커졌고, 0.1퍼센트가 차지하는 비중은 지난 40년 동안 네 배 가까이 증가했다.[19]

많은 부자는 상위 계층에 주어진 부로부터 모두가 이익을 볼 것이라고, 다시 말해 이익이 아래로 흘러 내려갈 것이라고 주장했다. 그러나 아직까지 그런 일은 일어나지 않았다. 적어도 1980년대 이후로 지금까지는 그러지 않았다. 앞서 나는 하위 90퍼센트의 소득이 전반적으로 정체되었다는 사실에 대해 언급했다. 실제로 많은 통계 자료가 이를 입증하고 있다. 이 때문에 특히 남성 근로자의 불만이 크고, 이는 충분히 이해할 만하다. 인플레이션을 감안할 때, 전일 근무를 하는 남성 근로자(전일 근무 일자리를 잡은 사람은 그나마 운이 좋은 경우에 해당한다. 노동 적령기 남성의 15퍼센트 정도가 일을 하지 못하고 있다)의 중간 소득(상위 소득자와 하위 소득자의 중간에 위치한 사람의 소득)은 40년 동안 거의 변하지 않았다.[20] 하위 계층의 경우 문제가 더 심각하다. 인플레이션을 감안할 때, 그들의 임금은 60년 전 상태에 그대로 머물러 있다.[21] 물론 미국의 전반적인 소득이 정체된 것은 아니다. 1인당 GDP는 지난 60년 동안 두 배 이상 증가했다. 게다가 미국 근로자의 생산성이 정체된 것도 아니다. 이는 같은 기간에 일곱 배 이상 상승했다. 그렇다면 1970년대 중반에서 1980년대 중반 사이에 미국 사회에 무슨 일이 벌어졌던 것이다. 그 이전에 근로자 임금은 생산성과 보조를 맞추며 증가했다. 생산성의 1퍼센트 증가는 임금의 1퍼센트 증가로 이어졌다. 하지만 그 기간 이후로 뚜렷한 격차가 나타나기 시작했다. 임금의 증가는 생산성 증가의 5분의 1 미만에 머물렀다. 이는 근로자가 아닌 다른 누군가가 더 큰 몫을 가져갔다는 뜻이다.[22]

근로자들 간의 임금 격차는 다양한 측면에서 뚜렷하게 드러나고 있다. 하위 집단은 정체나 하락을 보이고 있고, 중간 집단은 사라졌으며, 상위 집단은 크게 치솟았다. 기업 내에서 CEO의 급여는 평균 근로자와 비교해서 엄청난 수준으로 증가했다. 기업 간 평균 급여 차이 또한 크게 벌어지고 있다. 점점 더 심각해지고 있는 임금 불평등에는 다양한 이유가 있으며, 이러한 이유들은 종종 서로 얽혀 있다. 이에 대해서는 앞으로 자세히 다뤄 볼 것이다. 무엇보다 세계화와 기술 발전은 비숙련 근로자에 대한 수요를 떨어뜨렸다. 다음으로 임금 평등에 기여했던 노동조합의 힘이 약해졌다. 또한 시장 내에서 힘의 집중이 발생하면서 기업 간 수익성 편차가 커졌다. 수익

성이 높은 기업은 그들이 얻은 것을 근로자와 함께 나눠 가졌다.[23]

　나는 오랫동안 부자와 빈자 사이의 심각한 격차가 절대 유지 가능하지 않으며, 공정한 소득 분배는 장기적인 관점에서 부자에게도 이익이 된다고 주장해 왔다.[24]

　옥스퍼드 대학의 고(故) 앤서니 앳킨슨 경Sir Anthony Atkinson,[25] 파리 경제대학의 토마 피케티Thomas Piketty, 버클리 대학의 에마뉘엘 사에즈Emmanuel Saez, 하버드 대학의 라지 체티Raj Chetty와 같은 학자는 지금까지의 흐름을 잘 보여 주는 다양한 데이터를 내놓았으며, 사회의 여러 분야에서 반응을 이끌어 내고 있다. 오바마 대통령은 한 연설에서 불평등을 미국 사회의 가장 급박한 당면 과제로 꼽기도 했다.[26]

　불평등의 증가와 사회 이동성의 감소가 하나로 얽혀 아메리칸 드림과 우리가 살아가는 방식에, 그리고 미국의 국제적 위상에 중대한 위협을 가하고 있습니다. 나는 여기서 단지 도덕적인 주장을 하려는 것이 아닙니다. 불평등의 증가와 사회 이동성의 감소가 우리 사회에 미치는 실질적인 결과에 관한 것입니다.

　그러나 미국의 정치와 경제에는 더 급박한 과제가 있었다. 그것은 대침체로부터의 경제 회복이었다. 하지만 회복 속도는 오바마와 그의 경제 팀이 예상한 것보다 훨씬 느렸다. 공화당은 의회에서 강경한 입장을 취함으로써 정부를 옴짝달싹 못하게 했다. 오바마는 불평등의 중요성을 잘 이해하고 있었지만 재임 기간 동안에 그 문제를 해결하지 못했다. 아마도 불가능했을 것이다. 그래도 건강보험 개혁법(〈오바마케어〉)에 대한 공로는 인정해야 할 것이다. 이는 불평등의 가장 잔인한 형태, 즉 양질의 의료 서비스에 대한 차별적 접근 가능성 문제를 해결하는 데 기여했다. 그러나 불평등 문제는 당연하게도 저절로 나아지지 않았다. 그건 불가능한 일이었다. 진실은 그 반대였다. 상황은 더욱 악화되었다.

인종과 민족, 성의 불평등

지금까지 언급한 불평등만으로 미국 사회에서 벌어지고 있는 심각한 분열을 완전히 설명하지는 못한다. 분열은 인종과 민족, 성을 기반으로도 나타나고 있다. 이 세 가지는 가혹한 차별의 주요 진원지다. 이러한 차별을 막기 위해 이미 50년도 더 전에 시민권법이 통과되었다. 역사적 관점에서 볼 때, 분열의 해소야말로 미국 사회가 하나의 국가를 유지하기 위한 핵심 과제다[여러 가지 측면에서 인종과 성에 따른 노동 시장 배제(그리고 배제를 제거하려는 노력에 대한 반응)는 미국 노동 시장에서 나타나는 불평등을 이해하기 위한 핵심이다].

시민권법이 통과되고 난 후 어느 정도 개선이 있었다. 하지만 이후로 배척과 차별을 추구하는 세력이 반격을 시작하면서 개선의 흐름은 멈췄다. 어떤 측면에서 과거로의 후퇴가 나타나기도 했다.

약 50년 전인 1968년에 인종 차별 반대 시위가 미국 전역을 휩쓸면서 존슨 대통령은 근본적인 해결 방안을 모색하기 위한 특별 위원회를 설립했다. 안타깝게도 그 위원회가 내놓은 결론은 지금도 여전히 유효한 이야기로 들린다. 〈우리 나라는 두 개의 사회로 나아가고 있다. 분리되고 불평등한 흑인 사회와 백인 사회.〉[27] 이러한 사회에서 아프리카계 미국인은 체계적인 차별을 받았다. 교육과 주택에서 혜택을 누리지 못하고 경제적 기회를 완전히 박탈당했다. 그들에게 아메리칸 드림은 없었다. 여기서 〈흑인을 향한 백인의 인종적 태도와 행동〉이 원인으로 작용했다. 〈인종 편견은 우리 역사에 중대한 영향을 미쳤으며, 이제 우리 사회의 미래를 위협하고 있다.〉[28]

차별을 없애기 위한 싸움을 시작한 지 반세기가 흐른 지금도 여성의 임금은 남성의 83퍼센트, 흑인 남성은 백인 남성의 73퍼센트, 히스패닉 남성은 백인 남성의 69퍼센트 수준에 불과하다.[29]

미국 사회 내에는 다양한 형태의 불평등이 존재한다. 여기에는 건강, 부, 그리고 무엇보다 중요하게 기회의 불평등이 있으며, 이러한 형태의 불평등은 소득 불평등보다 훨씬 더 심각하다.

건강의 불평등

건강과 관련된 통계 자료만큼 오늘날 많은 미국인이 처한 곤경을 잘 설명해 주는 자료도 없을 것이다. 미국인의 기대수명은 다른 대부분의 선진국보다 낮다.[30] 특히 일본보다는 5년 이상 짧다. 질병통제예방센터는 미국인의 기대수명이 2014년 이후로 매년 줄어들고 있다고 보고했다.[31] 오늘날 대부분의 세계에서 의학 발전으로 인한 사망률 감소[32]와 기대수명 증가가 뚜렷하게 나타나고 있는 상황에서 미국에서는 이런 일이 벌어지고 있는 것이다. 게다가 기대수명은 부유한 미국인과 가난한 미국인 사이에서도 크게 벌어지고 있으며, 그 격차는 점점 더 빠른 속도로 벌어지고 있다. 브루킹스 연구소의 게리 버틀레스Gary Burtless는 1970년과 1990년을 기준으로 50세 여성의 기대수명이 어떻게 달라졌는지를 이렇게 설명했다. 〈그 20년 동안 하위 10퍼센트와 상위 10퍼센트에 해당하는 여성들 간의 기대수명 격차는 3년 6개월을 살짝 넘는 수준에서 10년 이상으로 급증했다.〉[33]

건강과 관련해서 미국과 다른 선진국 사이에, 그리고 미국 내 부자와 빈자 사이에 나타나는 격차는 오바마케어가 나올 때까지 미국 사회는 의료보험에 대한 전 국민의 접근권(다른 모든 선진국에서는 기본적인 권리로 인정하는)을 인정하지 않았다는 사실에 비춰 볼 때 충분히 예상 가능한 결과였다.

앤 케이스Anne Case와 앵거스 디턴Angus Deaton(디턴은 2015년에 노벨 경제학상을 수상했다)은 공식적으로 확인 가능한 사망 관련 통계 자료를 면밀히 분석하고 나서 깜짝 놀랄 만한 결과를 내놓았다. 그것은 대학 교육을 받지 않은 중년 백인의 사망률이 1999년에서 2013년(연구의 마지막 연도인) 사이에 크게 증가했다는 것이다. 이는 해당 집단의 기존 추세와는 완전히 다른 현상이었다. 이러한 결과는 미국에서 대부분의 연령 및 민족 집단은 물론, 대부분의 산업화된 국가의 추세와도 정면으로 대치된다.[34]

우리를 더 혼란스럽게 만드는 것은 죽음의 원인이다. 케이스와 디턴은 주요 사망 원인인 알코올 중독과 약물 남용, 자살에 절망의 질병이라는 이름을 붙였다. 앞서 설명한 중산층과 하위 계층의 소

득 정체(대침체에 따른 실업과 주택 시장 붕괴와 합쳐지면서)를 감안할 때, 이는 결코 놀랍지 않다.[35]

전쟁이나 전염병(HIV와 같은)과 무관하게 이 정도로 기대수명이 감소한 것은 최근 기억에서 딱 한 번 있었다. 그것은 소련이 붕괴된 직후였다. 당시 소련의 경제와 사회는 허물어졌고 GDP는 3분의 1 가까이 떨어졌다.

절망적인 사건으로 많은 인구가 약물 남용이나 알코올 중독에 빠진 사회는 분명하게도 건강한 노동력을 확보하지 못한다. 특정 사회가 얼마나 양질의 일자리와 건강한 노동력을 창출하는가를 평가하는 좋은 기준은 노동력에 참여하는 근로 인구의 비중이다. 이러한 기준으로 볼 때, 미국의 상황은 많은 다른 국가에 비해 좋지 않다. 적어도 미국 사회의 낮은 노동력 참여 비중은 건강에 관한 열악한 통계 수치와 직접적으로 관련이 있다. 경제자문위원회 의장을 지낸 앨런 크루거Alan Krueger는 최근 연구를 통해 노동력에 포함되지 않은 〈노동 적령기 남성〉의 절반 가까이가 심각한 건강 문제로 어려움을 겪고 있으며, 이들 중 3분의 2가 진통제를 복용하고 있다는 사실을 보여 주었다.[36] 물론 미국인의 건강 상태가 열악한 것은 기후가 좋지 않아서도, 혹은 아픈 사람이 많이 이민을 와서도 아니다. 또한 전염병 때문에 다른 유럽 나라에 비해 조기 사망과 질병의 위험에 노출되어서도 아니다. 우리는 다른 곳에서 부분적인 원인을 찾을 수 있다. 그것은 미국 경제가 임금이 높은 양질의 일자리를 창출하는 데 실패하면서 많은 사람이 자포자기의 심정으로 알코올 중독이나 약물 의존에 빠지는 사회적 질병을 초래했기 때문이다.[37]

부의 불평등

부의 불평등은 소득 불평등보다 더 심각하다. 상위 1퍼센트가 미국 전체 부의 40퍼센트 이상을 차지하고 있다. 이는 소득에서 그들이 차지하는 비중의 두 배에 가까운 수치다[38](여기서 소득은 특정 연도에 개인이 벌어들인 수입을 의미하고, 부는 소유하고 있는 자산을 뜻한다. 대부분의 미국인에게 자산은 보유하고 있는 주택과 자동차의 가치에서 담보 대출 및 자동차 대출을 뺀 것을 의미한다). 부는 기회와 영향력에 접근할 수 있는 결정적인 요인이라는 점에서 특히 중요하다.

전 세계적으로 전체적인 그림은 좋지 않다. 국제 빈민 구호 단체인 옥스팜Oxfam은 매년 극단적인 불평등에 관한 통계 데이터를 발표한다. 그것은 약 39억 명에 해당하는 전 세계 하위 50퍼센트가 보유한 부를 상위 계층의 얼마나 많은 사람이 보유하고 있는가를 말한다. 그 수치는 최근 급격하게 줄어들고 있다. 2017년을 기준으로 26명에 불과하다.[39] 몇 년 전만 해도 하위 절반의 부를 차지하는 부자들을 모두 태우기 위해서는 두 대의 대형 버스가 필요했다. 그러나 이제는 24명을 살짝 넘는 정도에 불과하다. 이들 대부분은 남성이며, 중국과 인도, 아프리카의 모든 인구가 보유한 부를 합친 것만큼의 부를 갖고 있다.

앞서 우리는 부자가 되기 위한 두 가지 방법을 설명했다. 스스로 부를 창조하거나, 아니면 다른 사람으로부터 부를 빼앗거나. 여기에 한 가지가 더 있다. 바로 상속이다.

상위 계층 가운데 많은 이들(월마트 상속자인 월튼 가문과 코크 형제를 포함해서)은 열심히 일해서가 아니라 적어도 부분적으로는 엄청난 유산의 행운에 힘입어 성공을 거뒀다.[40] 많은 미국인은 그들이 겪는 불평등을 과거 유럽의 토지 기반의 불평등과는 다른 것으로 생각하는 경향이 있다. 그러나 21세기 미국 역시 세습화된 금권 정치의 시대로 나아가고 있다.

기회의 불평등

소득과 건강, 부의 불평등에 관한 통계 자료만으로도 이미 충분히 암울하다. 하지만 기회의 불평등은 우리를 더욱 암담하게 만든다. 기회의 불평등이야말로 우리가 생각하는 우리 자신의 모습, 공정한 사회에 대한 우리의 믿음과 정면으로 대치되기 때문이다.

한 세대의 소득과 부는 다음 세대로 이어진다. 월튼 가문과 코크 형제의 사례가 이를 잘 보여 준다. 유리한 출발점과 불리한 출발점은 세대에 걸쳐 이어진다. 미국에서는 대략 다섯 명 중 한 명의 아동이 빈곤 속에서 살아가고 있으며, 그들의 삶은 쉽게 가난의 굴레로 떨어질 것이다. 가난하게 태어난 사람이 가난에서 벗어날 가능성은 대단히 낮다. 미국에서 올바른 가정에서 태어나 올바른 동네에서 성장한다는 것은 성공적인 삶을 위한 가장 중요한 요소가 되고 있다.[41] 기회의 평등이라는 꿈은 이제 미신이 되어 버렸다. 다른 대부분의 선진국에 비해, 미국 젊은이의 인생 전반은 부모의 소득과 교육 수준에 달렸다. 나는 학생들에게 삶에서 내릴 수 있는 가장 중요한 선택이 있다고 말한다. 그것은 올바른 부모를 선택하는 것이다.

여기서 잘못 선택을 내렸다면, 밝은 미래를 기대할 수 없을 것이다.

물론 일부는 바닥에서 출발해서 꼭대기로 올라간다. 하지만 언론이 그들의 이야기에 그렇게 주목하는 것은 그것이 지극히 예외적인 경우이기 때문이다. 미국 사회는 다른 국가에 비해 훨씬 강력한 〈저소득의 올가미〉에 갇혀 있다. 부모가 소득 분포에서 하위에 속한 자녀는 아마도 계속해서 하위에 머물러 있을 것이다. 학교 성적이 좋지 않은 상위 계층 자녀는 성적이 우수한 하위 계층 자녀보다 더 높은 자리를 차지하게 될 것이다.[42]

낮은 성장과 낮은 이동성의 조합은 절망적이다. 하버드 대학의 연구 프로젝트인 오퍼튜니티 인사이츠Opportunity Insights는 「퇴색해 가는 아메리칸 드림」이라는 제목의 기사에서 이렇게 지적했다. 〈자녀가 부모보다 더 많은 돈을 벌 가능성은 (……) 1940년에 태어난 아이들의 경우에 약 90퍼센트 수준에서 오늘날 노동 시장에 진입하는 자녀의 경우에 약 50퍼센트로 떨어졌다.〉[43] 또한 마찬가지로 퓨 재단이 지원하는 연구 프로젝트인 퓨 모빌리티 프로젝트Pew Mobility Project는 동일한 삶의 단계에서 부모보다 더 많은 부를 가질 수 있는 사람은 전체의 절반에 불과하다는 사실을 확인시켜 준다.[44]

결론

미국 경제를 비롯해 다른 많은 선진국의 경제가 제대로 굴러가지 않고 있다. 여기서 〈제대로 굴러간다〉라는 말은 대다수 시민의 생활수준이 높아진다는 의미다. 성장 둔화와 소득 정체, 불평등 증가는 서로 깊이 얽혀 있으며, 이는 적어도 부분적으로 약 40년 전 레이건 행정부에서 시작된 정책, 즉 강력한 경제를 구축하는 과제에 대한 전반적인 오해에서 비롯된 정책의 산물이다. 극단적인 불평등과 기회의 결핍에서 비롯된 불평등은 당연하게도 경제 성과를 갉아먹는다. 기회의 결핍은 가난한 부모에게서 태어난 이들이 자신의 잠재력을 충분히 실현하지 못한다는 의미다. 이는 도덕적 차원에서도 잘못된 일이다. 또한 미국이 국가의 가장 중요한 자원, 즉 젊은이들의 재능을 낭비하고 있다는 뜻이기도 하다.

〈시장에 맡겨라〉는 슬로건은 말도 안 되는 소리다. 누군가는 시장을 구축해야 하고 그 과정에서 정치가 개입되기 마련이다. 그럼에도 우파 진영은 그 슬로건을 고집했고, 레이건 행정부를 필두로 상위 계층에 봉사하기 위해 시장을 재구축했다. 하지만 그들은 네 가지 치명적인 실수를 저질렀다. 우선 점점 커져 가는 불평등의 파괴적인 영향력을 이해하지 못했다. 두 번째, 장기적인 사고방식의 중요성을 이해하지 못했다. 세 번째, 평등하고 유지 가능한 성장을 이룩하기 위해 정부가 중요한 역할을 맡아야 할 집단행동의 필요성을 이해하지 못했다. 마지막으로 더욱 중요하게 미국 스스로 혁신 경제라고 자부하면서도 지식과 기술의 근간인 기초 연구의 중요성을 제대로 인식하지 못했다. 미국 사회는 지난 200년 넘게 자본주의를 성공적으로 이끌어 왔던 핵심 요소를 무시했다. 그 결과는 우리가 예상했던 것처럼 성장 둔화와 불평등 심화로 나타났다.

다음 장들에서는 문제에 대한 이해를 바탕으로 이처럼 실망스러운 결과에 기여한 두 가지 핵심 요인을 살펴볼 것이다. 우리는 부자가 되는 두 가지 방식을 혼동했다. 다시 말해 국가의 경제적 파이를 키우는 부의 창조와 착취를 구분하지 못했다. 또한 시장 지배력에 따른 착취의 다양한 측면을 이해하지 못했다. 미국 사회는 에너지의 너무 많은 부분을 착취에 집중했던 반면, 진정한 부의 창조에는 관심을 기울이지 않았다.

3
착취와 시장 지배력

일반적인 경제학 교과서와 많은 정치 이론은 경쟁의 중요성에 주목한다. 하지만 지난 40년 동안 등장한 경제 이론과 객관적인 증거는 대부분의 시장이 전반적으로 경쟁적이며, 다양한 형태의 〈경쟁 모형〉으로 경제를 잘 설명할 수 있다는 믿음을 허물어뜨렸다.[1] 아마도 오래전에는 냉정하면서도 혁신적인 경쟁, 즉 낮은 가격에 더 나은 제품을 공급하기 위해 노력하는 수많은 기업의 모습을 통해서 미국 경제를 설명할 수 있었을 것이다. 그러나 오늘날 우리는 몇몇 소수의 기업이 거대한 수익을 독차지하고 오랫동안 지배적인 지위를 유지하고 경쟁의 위협을 받지 않는 그러한 경제 속에서 살아가고 있다.

이제 기술 분야의 새로운 리더들은 가식적으로나마 경쟁의 가치를 칭송하는 것마저 중단했다. 짧은 기간 동안 트럼프 행정부 자문으로 있었던 실리콘밸리의 뛰어난 사업가 피터 틸Peter Thiel은 이러한 모습을 짤막하게 묘사했다. 〈경쟁은 패자를 위한 것이다.〉[2] 미국의 최고 갑부이자 탁월한 투자자인 워런 버핏 역시 그 점을 잘 이해했다. 그는 2011년 금융 위기 조사위원회Financial Crisis Inquiry Commission에서 이렇게 말했다.[3]

비즈니스 평가에서 한 가지 중요한 기준은 가격 결정력입니다. 비즈니스를 경쟁자에게 내어주지 않고서도 가격을 올릴 수 있는 힘을 갖고 있다면, 그 기업은 대단히 훌륭한 비즈니스를 확보하고 있는 것입니다. 가령 독점적인 신문사나 네트워크 TV 방송국을 갖고 있다면, 멍청한 조카를 데려다 앉혀 놔도 비즈니스는 잘 굴러갈 것입니다.[4]

버핏은 예전에 투자자들 앞에서 진입 장벽이란 스스로를 둘러싼 해자와 같다고 설명했다.

(우리는) 해자, 그리고 그 폭을 넓혀서 사람들이 건널 수 없도록 만드는 능력의 차원에서 생각합니다. 우리는 관리자에게 해자의 폭을 매년 더 넓혀야 한다고 말합니다.[5]

버핏의 판단은 옳았다. 물론 그가 솔직하게 묘사한 비경쟁적인 세상은 나머지 우리에게 나쁜 소식이다. 문제는 경쟁을 가로막는 장벽이 어디에나 존재한다는 사실이다. 앞으로 살펴보겠지만 시장 지배력을 구축하고 활용하고 유지하려는 시도에서 엄청난 혁신이 있었다. 다시 말해 관리자가 자신을 둘러싼 해자를 넓히고 이를 통해 다른 사람을 착취하고 수익을 높이기 위해 활용했던 도구에서 많은 발전이 있었다. 물론 비즈니스 리더들이 왜 그렇게 경쟁을 꺼려 하는지는 쉽게 이해할 수 있다. 경쟁은 위험을 고려할 수밖에 없는 기업이 비즈니스에 대한 투자를 유지할 정도로까지 수익을 낮추도록 자극한다. 그러나 기업은 경쟁적인 시장이 허용하는 것보다 더 높은 수익을 추구하기 때문에 해자를 만들어 혁신을 가로막음으로써 경쟁을 차단하고자 한다.

이제 우리가 해야 할 일은 이러한 혁신, 즉 경쟁을 회복하고 혁신을 통해 균형 잡힌 경제를 구축하는 일이다. 이 장의 마지막 부분에서는 그것이 어떻게 가능한지 보여 주고자 한다.

빅 픽처

간단한 질문으로 시작해 보자. 브로드밴드를 포함해서 미국의 이동통신 서비스 요금이 다른 많은 국가에 비해 훨씬 비싸야 할 특별한 이유가 있을까? 게다가 그 서비스가 형편없는데도?[6] 이동통신 기술과 관련해서 많은 혁신이 바로 미국에서 이뤄졌다. 그 과정에서 공적 지원을 받은 연구 및 교육 기관이 관련된 지적 기반을 제공했다. 이동통신은 이제 전 세계적인 기술이 되었으며, 이는 많은 노동력을 필요로 하지 않는다. 다시 말해 높은 임금은 높은 요금의 이유가 될 수 없다. 위 질문에 대한 대답은 간단하다. 그건 바로 시장 지배력 때문이다. 우리는 시장 지배력이라고 하는 개념을 통해 지난 장에서 제시했던 수수께끼,[7] 즉 세계에서 가장 혁신적인 경제가 어떻게 그토록 낮은 성장에 머물러 있는지, 그리고 어떻게 그 성장에서 비롯된 이익의 아주 작은 부분만이 일반 시민에게 돌아갔는지를 설명할 수 있다. 시장 지배력을 가진 기업은 더 높은 가격을 부과하고 다양한 방식으로 소비자의 이익을 가로챔으로써 소비자를 착취한다. 높은 가격은 낮은 임금만큼이나 근로자에게 피해를 준다. 시장 지배력이 존재하지 않을 때, 경쟁은 기업의 과도한 이익을 제거한다. 하지만 앞으로 살펴보겠지만 기업의 과도한 이익은 미국 사회에서 점점 심각해지는 불평등에 뿌리를 내리고 있다.[8]

시장 지배력은 또한 기업이 임금을 낮추고 다양한 방식으로 노동력을 이용하도록 함으로써 근로자를 직접적으로 착취하도록 허용한다. 이러한 시장 지배력은 다시 정치적 힘으로 이어진다. 미국의 금권 정치 속에서 기업은 시장 지배력을 통해 얻은 막대한 부를 가지고 사회적 영향력을 사들인다. 예를 들어 노동조합을 무력화하고, 경쟁을 강화하기 위한 정부 정책을 방해하고, 은행이 일반 시민을 착취하도록 규제를 완화하고, 근로자의 교섭권을 약화시키는 방향으로 세계화의 흐름을 몰아간다.

부의 창조 vs. 부의 착취

국가가 부유해지는 데에는 두 가지 방식이 있다. 첫째, 제국주의 국가들이 그랬던 것처럼 다른 나라에서 부를 빼앗아 오는 것이다. 둘째, 혁신과 지식을 기반으로 부를 창출하는 것이다. 후자야말로 오늘날 세상 전체의 부를 창조하는 진정하고 유일한 방식이다.

개인의 경우도 마찬가지다. 개인도 다른 사람을 착취함으로써 부유해질 수 있다. 법치주의가 자리 잡지 않은 사회에서는 일반적으로 폭력을 통해, 혹은 불공정한 법치주의 사회에서는 노예제를 통해 타인을 착취한다. 그러나 오늘날 미국 경제에서 착취는 좀 더 교묘한 방식으로 이뤄진다. 그들은 시장 지배력을 기반으로 소비자에게 높은 가격을 부과함으로써 그들을 착취한다. 가령 의료 분야의 경우처럼 불투명한 가격 구조를 통해 높은 요금을 매긴다. 또한 약탈적 대출, 시장 조작, 내부자 거래, 혹은 금융 분야의 상징이 되어버린 다양한 관행(이에 대해서는 5장에서 자세히 다룬다)을 활용한다.[9] 〈부의 수탈〉은 주로 부패의 형태로 나타난다. 산업화가 완전히 이뤄지지 않은 국가에서 부패는 종종 뇌물의 형태를 취한다. 그러나 〈미국식 부패〉는 이보다 훨씬 더 복잡하다. 예를 들어 정부에 공급하는 물건의 가격을 더 높게 요구할 수 있는 법률(방위 산업체나 제약 회사의 경우), 혹은 당연하게도 공공에 귀속된 천연자원을 헐값에 사들이도록 허용하는 법률(석유와 석탄 기업, 혹은 공공 토지를 활용하는 벌목 기업의 경우)을 통과시키는 방식으로 이뤄진다.[10]

그 대신 우리는 신상품을 개발하고, 다른 이들이 모방하거나 추가적인 혁신을 통해 가치를 상승시키기 전에 높은 수익을 올리는 방식으로 부를 창출할 수 있다. 이러한 형태의 부의 창조는 국가 경제의 파이를 더 크게 만든다. 이것이야말로 우리가 원하는 형태의 부의 창조다.

착취를 통해 부를 얻는 것은 부의 재분배에 불과하다. 이는 종종 피라미드 하층에서 돈을 끌어와서 상층으로 올리는 방식으로 이뤄지며, 그 과정에서 부는 실제로 파괴된다. 금융가들은 약탈적 대출이나 악의적인 신용카드 관행, 시장 조작, 내부자 거래를 통해서 그렇게 했다. 부자들이 다른 사람을 착취하기 위해 활용하는 다양한 방법에 대해서는 다음에 다시 살펴보도록 하자.

시장 지배력과 국가의 파이 나누기

자유시장 경제학자들은 국민소득이라는 파이의 분할을 비인격적인 시장의 힘의 결과물로 설명하고자 한다. 여기서 시장의 힘이란 물리학에서 말하는 힘과 비슷하다. 중력의 법칙을 비난하는 사람은 없다. 체중이 많이 나간다고 해서 중력을 탓하는 사람은 없다. 다만 잘못된 식습관을 원망할 뿐이다. 그러나 경제학 법칙은 물리학 법칙과는 다르다. 시장은 공공 정책에 의해 구축되며, 대부분의 시장은 완전 경쟁과 거리가 멀다. 공공 정책은 누가 얼마나 많은 시장 지배력을 확보할 것인지를 결정한다.

자유시장 옹호자들은 개인과 기업은 이기심을 추구하는 과정에서 보이지 않는 손에 의해 사회의 이익을 높이게 된다는 애덤 스미스의 말을 종종 인용한다. 하지만 그들은 스미스가 남긴 경고의 말에는 좀처럼 주목하지 않는다. 스미스는 말했다. 〈동일 업종에 종사하는 사람들은 유흥이나 오락을 즐기기 위해 함께 모이는 일이 드물다. 그러나 일단 모이게 되면 그들의 대화는 대중에 대한 음모나 가격 담합의 주제로 흘러간다.〉[11] 이 말은 125년 전 의회가 경쟁을 방해하기 위한 음모를 예방하고 경쟁에 반하는 행위를 제한하는 독점 금지법을 통과시키도록 만든, 언제나 존재하는 위험에 대한 인식을 드러내는 것이었다.[12]

국민소득이라는 파이는 근로 소득과 자본 소득, 그리고 그 나머지로 구성된다. 경제학자들은 그 나머지 대부분을 일컬어 〈지대〉라고 부른다. 토지 임대야말로 지대의 대표적인 사례다. 또한 천연자원으로부터 얻은 수익, 독점 수익, 지적 재산권(특허권과 저작권)에 따른 수익 역시 〈지대〉 범주에 포함된다. 근로 소득과 지대 소득의 차이점은 이런 것이다. 근로자가 더 열심히 일할 때 국가의 파이는 더 커진다. 완전 시장의 경우, 근로자는 전체 파이에 기여한 만큼 수익을 얻는다. 반면 토지, 혹은 지대를 만들어 내는 자산을 소유한 사람은 그가 토지와 자산을 소유하고 있다는 사실만으로 돈을 번다. 토지 공급은 고정되어 있으며(소유주가 노력한다고 해서 전체 파이가 커지지는 않는다), 그래서 그들은 많은 돈을 벌 수 있다. 이들이 벌어들이는 돈은 그가 토지나 자산을 소유하지 않았더라면 다른 사람에게 돌아갔을 돈이다. 독점 역시 마찬가지다. 독점가의 힘이 클수록 그는 더 많은 독점 수익(혹은 독점 지대)을 챙길 수 있다. 그러나 파이의 크기는 줄어든다. 그 이유는 자신의 시장 지배력을 확대하기 위해 의도적으로 공급을 줄이기 때문이다.

그러므로 지대는 기껏해야 성장과 효율에 도움이 되지 않으며, 나쁜 경우에는 사회적으로 피해를 입히게 된다. 지대 추구는 경제를 왜곡시키고 부의 창조의 근간이 되는 〈건전한〉 경제 활동을 위축시키기 때문이다. 우리는 더 많은 지대를 통해 더 높은 소득을 추구하는 행위를 〈지대 추구〉라고 부른다. 사회의 많은 인재들이 지대 추구에 관심을 집중하게 되면(독점적인 지위를 이용해 더 많은 돈을 벌어들이는 것이든, 금융 분야에서 다른 사람을 상대로 사기를 치는 것이든, 혹은 다른 사람이 도박을 비롯한 여러 다양한 부정한 활동에 참여하라고 부추기는 것이든 간에) 기초 연구에 참여하는 인재, 사람들이 실제로 원하고 필요로 하는 재화와 서비스를 공급하고 국가의 실질적인 부를 늘리는 여러 다양한 활동에 참여하는 인재의 수는 줄어들 것이다. 게다가 은퇴 생활을 위해 혹은 유산을 물려주기 위해 돈을 저축한 이들이 지대를 양산하는 토지와 같은 자산에만 투자한다면, 근로 생산성을 향상시키는 공장이나 설비와 같은 형태의 자산은 관심에서 밀려날 것이다.

그렇기 때문에 지대가 증가할 경우, 우리는 걱정을 해야 한다. 특히 지대를 양산하는 활동이 사회에 피해를 입힌다면 더욱 그렇다. 그것이 강화된 독점적 지위든, 아니면 일반 소비자에 대한 심화된 착취든 간에 말이다. 사실 이는 다름 아닌 오늘날 미국 경제의 이야기다.

노동과 자본의 줄어드는 몫, 그리고 증가하는 지대의 몫

불평등이 심각해지고 있다는 사실은 국민소득에서 근로자에게 돌아가는 몫이 감소하고 있다는 점에서 분명히 나타나고 있다(앞 장에서 설명했다). 그리고 자본으로 향하는 몫 역시 줄어들고 있다.

자본의 몫이란 가령 기계나 건물, 혹은 지적 재산권(보이지 않는 자본이라고도 하는)을 소유한 이들에게 돌아가는 국민소득의 일부를 말한다. 이를 쉽게 확인할 수 있는 객관적인 데이터는 없지만, 그럼에도 우리는 어느 정도 정확하게 추정할 수 있다. 예를 들어 국민소득 데이터를 가지고 자본의 증가를 확인할 수 있다. 국가 내에서 투자는 매년 증가하지만, 또한 매년 오랜 자본의 일부는 사라진다. 이를 통해 우리는 매년 총자본이 얼마나 증가했는지 추정할 수 있으며, 이로부터 특정 시점에 경제 내 전체 자본의 규모를 구할 수 있다.

총자본 소득을 구하려면 이렇게 구한 자본의 값을 수익률로 곱해야 한다. 그러나 다시 한번 안타깝게도 〈자본 수익률〉을 확인하기 위해 참조할 수 있는 확실한 데이터 원천은 없다. 일반적으로 실제 수익에 관한 데이터에는 자본의 실제 수익(저축과 투자에 따른)과 시장 지배력에 따른 수익이 모두 포함되어 있다. 여기서 우리의 과제는 그 두 가지를 구분하는 것이다. 사실 이론은 간단하다. 안전 자산에 대한 수익(정부가 국채에 대해 지불하는 이자율)은 쉽게 구할 수 있다. 문제는 이것이다. 위험을 보상하기 위해 필요한 추가적인 수익, 즉 〈위험 프리미엄〉은 얼마인가? 무위험 자본 수익률은 최근 중국과 같은 신흥 국가에서 자본이 밀려오면서 떨어지고 있으며, 특히 2008년 금융 위기 이후로 뚜렷한 하락세를 보이고 있다. 전 세계적으로 실질 이자율(인플레이션을 감안한 이자율)은 제로 혹은 마이너스로 떨어졌다. 마찬가지로 위험 프리미엄 역시 위험 관리 기술이 발전하면서 떨어지고 있다.[13] 안전한 수익률과 위험 프리미엄을 더하면 총자본 수익률을 구할 수 있다. 그리고 오늘날 총자본 수익률을 구성하는 두 가지 요소 모두 떨어지면서 총자본 수익률 역시 떨어졌다. 이렇게 구한 자본 수익률에다가 앞서 추산한 자본의 값을 곱하면 총자본 소득을 구할 수 있다.

이렇게 구한, 국민소득에서 자본 소득이 차지하는 비중은 최근 크게 떨어지고 있고, 여러 연구 결과에서 이를 확인할 수 있다. 이들 연구 중 일부는 기업 분야를, 다른 일부는 제조 분야를, 또 다른 일부는 경제 전반에 초점을 맞추고 있다.[14]

근로 소득과 자본 소득의 비중이 모두 떨어졌다는 것은 지대 소득의 비중이 커졌다는 것을 의미한다. 미국에서 토지와 지적 재산권 지대에서 일부 증가가 있었지만, 지대 증가의 거대한 원천은 수익에 있다(경쟁적인 경제에서 벌어들일 수 있었던 것을 초과하는 수익).[15]

우리는 다른 방식으로 문제를 들여다봄으로써 정확하게 똑같은 결과에 도달할 수 있다. 국부는 국가의 자본(공장, 설비, 상업 및 주거용 부동산을 포함하는), 토지, 지적 재산권 등을 모두 합친 것이다. 많은 연구 결과는 대부분의 선진국에서 국부가 자본보다 훨씬 더 많이 증가했다는 사실을 보여 준다. 실제로 미국을 포함한 일부 국가에서 자본-소득 비율이 감소하고 있는 반면, 부-소득 비율은 증가하고 있다.[16] 부와 자본의 실제 가치 사이의 중요한 차이는 지대를 만들어 내는 자산의 가치다. 이러한 자산의 가치는 GDP를 기준으로 하더라도 엄청나게 증가했다.[17]

〈지대 부rent wealth〉의 다양한 원천을 살펴보는 동안, 우리는 그 증가를 이루는 큰 부분이 시장 지배력에서 비롯된 초과 수익의 성장이라는 사실을 확인할 수 있다. 그리고 자본화된 수익 가치에서 증가의 큰 부분은 첨단 기술 기업이 차지하고 있다. 최근 스탠퍼드 대학의 모데카이 커즈Mordecai Kurz는 상장 기업의 주식 가치에서 약 80퍼센트가 지대로부터 비롯된 것이라는 사실을 보여 주었다. 이는 총부가가치의 약 4분의 1을 차지하는 것으로, 그중 상당 부분

이 IT 분야에 집중되어 있다. 이 모두는 30년 전과는 완전히 달라진 모습이다.[18]

시장 지배력과 수익 증가에 대한 설명

이러한 수익의 증가는 결코 놀라운 일이 아니다. 여기에는 동전의 양면이 존재한다. 우선 노동조합의 힘이 위축되었고, 특히 세계화가 진행되면서 근로자의 힘은 크게 위축되었다. 이에 대해서는 다음 장에서 자세히 살펴보도록 하자.[19] 다음으로 각 시장마다 경쟁자의 수가 줄어들거나 매출이 몇몇 기업에 집중되고 있다. 혹은 두 가지 현상이 동시에 나타나고 있다. 그 과정에서 시장 집중이 일어나고 있다.[20] 전체 산업 분야 중 75퍼센트는 1997~2012년에 집중이 더욱 강화되었다.[21] 그리고 그 과정에서 시장 지배력이 높아졌다.[22] 기업은 이처럼 강화된 시장 지배력을 활용해서 비용 대비 가격(소위 〈마크업 markup〉이라고 하는)을 높이고 있다.[23] 이는 곧 수익의 증가로 이어진다. 그 결과 대기업은 국민소득 파이에서 더 많은 몫을 가져가고 있으며 수익률을 갱신하고 있다. 예전에 평균 약 10퍼센트이던 수익률은 최근 16퍼센트에 육박하고 있다.[24] 한 추산에 따르면, S&P 500에 포함된 28개 기업이 2016년도 전체 기업 수익에서 50퍼센트를 차지했다. 이 모든 사실은 오늘날 시장 지배력이 예전에 비해 훨씬 높아졌음을 말해 준다.[25]

시장 지배력의 강화와 시장 집중을 보여 주는 또 다른 증거

미국 경제 내에서 경쟁이 위축되고 있다는 사실을 말해 주는 증거는 널려 있다. 가령 케이블 TV나 인터넷, 통신 서비스에서 소비자는 대단히 제한된 선택지에 직면하고 있다. 세 개 기업이 SNS 시장에서 89퍼센트의 시장 점유율, 주택 개조 시장에서는 87퍼센트, 심박 조율기 시장에서는 89퍼센트, 맥주 시장에서는 75퍼센트를 차지하고 있다. 그리고 네 개 기업이 건식 고양이 사료 시장에서 97퍼센트, 젤리 시장에서 85퍼센트, 국내선 항공 시장에서 76퍼센트를 차지하고 있다.[26] 게다가 이와 같은 증거는 개 사료나 배터리, 관(棺)과 같은 특수 시장에서도 똑같이 확인할 수 있다.[27] 일부 경우에서 시장 집중은 불투명한 형태로 이루어진다. 예를 들어 실질적으로 하나의 기업이 제약 시장에서 거대한 부분을 차지하고 있지만, 여러 가지 비즈니스를 각각 다른 이름으로 운영하고 있다.

시장에 단 하나의 기업만 존재할 때, 우리는 이를 독점이라고 부른다. 반대로 아주 많은 기업이 존재하고 어느 기업도 가격을 결정할 힘을 갖지 못할 때, 이를 완전 경쟁이라고 부른다. 완전 경쟁 시장에서 한 기업이 기존 가격보다 더 비싸게 팔 경우, 매출은 0으로 떨어진다. 물론 현실에서는 이와 같은 완전 경쟁 모형에 근접할 정도로 충분히 많은 경쟁자가 존재하지 않는다. 경쟁자가 전혀 없는 시장도 거의 없다. 다시 말해 우리가 살아가는 세상은 완전 경쟁과 완전 독점 사이의 중간 지대에 걸쳐 있다. 몇몇 경쟁자가 존재할 때에도 기업은 가격을 결정하는 데 어느 정도 영향력을 행사할 수 있다. 생산 비용보다 높게 가격을 인상할 때, 매출이 어느 정도 감소하기는 하지만 극단적이지는 않으며, 여전히 수익을 어느 정도 유지할 수 있다.[28] 일반적으로 경쟁자가 적을수록 경쟁은 위축되고, 비용 대비 가격은 상승한다.[29] 가격을 비용보다 높게 유지할 수 있는 힘은 시장 지배력을 반영하는 것이다.

IT 분야의 거물 기업들이 휘두르는 시장 지배력을 비판하는 것에 대해 이런 반론의 목소리가 나온다. 구글이 온라인 검색 시장을 독점하고 있지만 그래도 여전히 광고 지면을 놓고 페이스북과 경쟁을 벌이고 있으며, 마찬가지로 애플은 스마트폰 시장에서 삼성과 경쟁을 벌이고 있다는 것이다. 여기서 내가 언급하는 시장 지배력이란 절대 권력이 아니다. 이는 어디까지나 제한적인 힘이다. 그러나 〈어느 정도〉 경쟁이 있다고 해서 시장 지배력이 존재하지 않는 척하는 것은 어불성설이다. 그리고 시장 지배력이 어느 정도 존재하는 한, 착취와 초과 수익의 가능성은 언제나 열려 있다.[30]

우리는 높은 가격과 초과 수익 이외의 형태로도 시장 지배력의 존재를 확인할 수 있다. 여기에는 기업이 소비자를 대하는 방식이 포함된다. 예를 들어 많은 기업은 소비자가 분쟁 조정을 위해 공식적인 법적 체계를 활용하지 못하도록 압박한다(민주주의 사회에서 모두의 권리임에도 불구하고). 대신에 그들은 기업에 유리하도록 편향된 비공식적인 중재위원회를 활용한다.[31] 신용카드를 수령할 때, 은행 계좌를 개설할 때, 인터넷 서비스를 신청할 때, 혹은 이동통신 사업자를 선택할 때, 우리 대부분은 의도하지 않게 소비자 권리를 포기해 버린다. 실질적으로 이들 기업 모두 서로 엇비슷한 조항을 강요한다. 경쟁 시장의 덕목은 소비자에게 폭넓은 선택권을 준다는 것이다. 그러나 위에서 언급한 영역을 비롯한 다양한 영역에서 소비자 선택권은 실질적으로 존재하지 않는다.[32]

우리는 시장 지배력의 존재와 그 강도를 또 다른 곳에서도 발견할 수 있다. 경쟁 시장에서 기업은 동일한 재화에 대해 서로 다른 소비자를 대상으로 서로 다른 가격을 부여하지 못한다. 여기서 가격은 소비자가 해당 재화에 부여하는 가치가 아니라 (한계) 생산 비용에 의해 결정된다. 하지만 가격을 차등 적용하는 모습은 오늘날 디지털 경제에서 보편적으로 나타나고 있다. 이에 대해서는 6장에서 자세히 다룬다.

시장 지배력을 창조하는 혁신

시장 지배력이 높아지고 있다는 사실은 의문의 여지가 없다. 여기서 질문은 그 이유가 무엇인가이다. 앞서 나는 수익을 유지하기 위한 최고의 방법에 대한 워런 버핏의 견해를 소개했다. 그것은 비즈니스 주변을 해자로 둘러싸서 새로운 진입자로 인한 경쟁으로 수익이 떨어지지 않도록 만드는 것이다. 최근 미국에서 등장한 수익성 높은 〈혁신〉 가운데에는 이러한 해자를 구축하고 넓히는 기술과 그에 따른 시장 지배력을 활용하는 기술을 강화하는 것이 포함되어 있다.

일반적인 경제 모형에서 기업은 더 나은 제품을 개발한다고 해서 유지 가능한 수익을 보장받지 못한다. 조만간 다른 기업이 진입해 수익을 놓고 경쟁을 벌일 것이기 때문이다. 경쟁이 치열할 경우 기업은 그들이 투자한 자본과 감수한 위험에 대한 일반적인 수준의 수익밖에 거두지 못한다. 〈초과〉 수익은 없다. 당연하게도 기업은 이러한 상황을 좋아하지 않는다. 그렇기 때문에 혁신적인 기업 전략에서 핵심적인 부분은 진입 장벽(워런 버핏이 말한 해자)을 구축해서 다른 기업과 수익을 놓고 경쟁을 벌이지 않는 것이다.

마이크로소프트와 같은 기업은 그들을 앞서 간 반경쟁적인 거물들의 어깨 위에서 새로운 진입 장벽 구축과 기존 경쟁자를 몰아내는 교묘한 방식을 통해 20세기 말 발전을 일구어 냈다. 1990년대 인터넷 브라우저 전쟁사는 이를 잘 보여 준다. 당시 넷스케이프는 브라우저 시장에서 강력한 혁신 기업으로 자리 잡았다. 이에 대해 마이크로소프트는 개인용 컴퓨터 운영 체제 시장에서 그들이 유지하고 있던 독점에 가까운 상황이 위협받을 수 있다고 우려했다. 그들은 넷스케이프를 시장에서 내쫓기로 결정했다. 그리하여 많은 이들이 생각하기에 넷스케이프보다 성능이 떨어지는 제품인 인터넷 익스플로러를 개발했다. 실제로 인터넷 익스플로러는 기능적인 측면에서 넷스케이프를 따라잡지 못했다. 그럼에도 마이크로소프트는 미국의 개인용 컴퓨터 운영 체제 시장에서 확보하고 있던 지배력을 발휘해 거의 모든 개인용 컴퓨터에 인터넷 익스플로러를 밀어 넣었다. 그들은 인터넷 익스플로러를 그들의 운영 체제인 윈도우와 묶어서 무료로 배포했다. 공짜 브라우저와 경쟁해서 어떻게 이길 수 있단 말인가? 하지만 마이크로소프트는 이러한 방법만으로는 충분하지 않다고 느꼈는지 넷스케이프와 윈도우의 호환 문제와 관련해 FUD(fear: 두려움, uncertainty: 불확실성, doubt: 의심)까지 만들어 냈다. 다시 말해 소비자들에게 호환성 문제를 경고함으로써 그들이 넷스케이프를 설치하면 컴퓨터에 이상이 생길지도 모른다고 걱정하게 만들었던 것이다.[33] 결국 마이크로소프트는 여러 다양한 반경쟁적 전략을 통해 넷스케이프를 시장에서 쫓아냈다. 21세기가 동틀 무렵 사람들은 넷스케이프를 거의 사용하지 않게 되었다. 세 대륙에 걸친 각국의 규제 기관이 마이크로소프트의 반경쟁적 행위를 금지한 후에도, 그리고 결국 새로운 진입자(구글, 파이어폭스)가 브라우저 시장을 비집고 들어올 때까지, 그들은 독점적 지위를 누렸다.

오늘날 새롭게 등장한 기술 거물들 역시 시장 지배력을 남용하고 있다. 유럽 대륙의 각국 규제 기관은 구글과 같은 기업이 반경쟁적 행위를 하고 있다는 사실을 계속해서 밝혀내고 있다. 구글은 가장 먼저 인터넷 검색에서 자신들의 서비스를 우선적으로 배치했고, 다음으로 모바일 시장에서 지배력을 남용했다. 이 두 사건에 대해 유럽연합은 각각 28억 달러와 51억 달러라는 기록적인 벌금을 부과했다.

특허 시스템 남용은 경쟁을 무력화하는 또 다른 분야다. 특허는 일시적인 진입 장벽이다. 누구도 특허 받은 제품과 동일한 제품을 만들어 팔 수 없다. 특허권의 목적이 무엇인지 생각할 때, 사람들은 대부분 대기업에게 아이디어를 빼앗기지 않도록 법적 보호를 받는 취약한 발명가의 모습을 떠올릴 것이다. 하지만 오늘날 상황은 그리 간단하지 않다. 특허권은 실질적인 진입 장벽으로 기능하고 있다. 오늘날 많은 혁신은 수천 가지는 아니라고 해도 수백 가지 특허를 요구한다. 이러한 상황에서 기업이 신제품을 개발할 때(가령 새로운 칩), 수많은 특허 중 하나를 의도치 않게 침범할 위험이 있다. 이처럼 다양한 특허의 존재를 확인할 수 있는 능력을 확보한 것은 대기업뿐이다. 게다가 대기업은 종종 서로 거래를 한다. 즉 특허권을 공유한다. 그렇지 않으면 그들은 소송에서 영원히 벗어나지 못할 것임을 알기 때문이다. 하지만 특허는 새로운 진입자에게 높은 장벽을 의미한다. 새로운 진입자는 대기업 클럽의 회원이 아니다. 그들은 무엇을 하든 간에, 아무리 혁신적이고 조심스럽게 개발에 성공하든 간에 어디선가 고소를 당할 위험이 존재한다는 사실을 알고 있다. 그들은 법정에서 대기업을 이길 재정적 자원을 확보하고 있지 않다. 이로 인해 많은 잠재적 혁신가들은 그들이 법률적으로 조금 유리한 위치에 있다고 해도 자칫 자신을 파산으로 몰아갈 엄청난 소송의 위협 앞에서 쉽게 좌절하고 만다.[34] 대기업은 특허 소송의 위협만으로도 젊은 발명가의 등골을 오싹하게 만들 수 있다.

〈특허 침해〉라고 검색하면 수많은 사례를 찾아볼 수 있다. 퀄컴과 애플, 혹은 애플과 삼성 등 천문학적인 금액의 소송을 쉽게 확인할 수 있다. 이 싸움에서 유일한 승자는 변호사들이다. 패자는 소비자와 시장에 진입하지 못한 소기업이다. 이것이야말로 21세기의 미국식 자본주의다.

〈혁신적인〉 기업의 반경쟁적 활동은 여기서 끝나지 않는다. 그들은 시장 지배력을 강화하기 위해 새로운 계약 조항을 만들어 낸다. 예를 들어 신용카드의 경우, 새로운 계약 조항은 매장이 혜택이 높은(그리고 가맹점 수수료가 높은) 신용카드를 사용하는 소비자에게는 수수료를 부과하지 못하도록 하고 있다. 신용카드 회사들은 사실상 가격 경쟁을 무력화해 버렸다.[35] 이로 인해 지배적인 기업들(비자, 마스터카드, 아메리칸 익스프레스)은 서비스를 제공하는 비용의 몇 배에 달하는 수수료를 가맹점에 부과한다.[36] 물론 이 비용은 결국 소비자가 이들 카드를 가지고 구매하는 제품과 서비스의 가격에 고스란히 반영된다. 그렇기 때문에 신용카드가 혜택을 제공한다고 해서 소비자에게 정말로 유리한 것인지는 장담할 수 없다. 또한 이는 현금을 지불함으로써 신용카드 혜택을 받을 수 없는 사람들이 아메리칸 익스프레스를 비롯해 프리미엄 신용카드를 사용하는 고소득 소비자에게 보조금을 지급하고 있다는 사실을 의미한다.[37] 거래 비용의 일부로서 1~2퍼센트 혹은 3퍼센트는 그리 많아 보이지 않을 수 있지만, 여기에 총 거래 금액인 수조 달러를 곱하면 수수료 수입은 수백억 달러에 이른다. 이는 곧 소비자 주머니에서 금융 기관의 금고로 곧바로 넘어가는 돈이다.[38]

각각의 산업 분야는 시장 지배력을 유지하기 위해 그들 나름의 방법을 발견하는 과정에서 창의력을 보여 주었다. 가령 제약 회사들은 가격을 낮추고, 그래서 거대 제약 회사의 수익성을 갉아먹는 제네릭 기업*이 시장에 들어오지 못하게 막는 데에서 대단히 혁신적이었다. 그들은 제네릭 기업을 매수함으로써 아예 시장에 들어오지 못하게 했다. 하지만 그것은 독점 금지법을 위반하는 행위로 밝혀졌다.[39] 또한 제약 회사들은 특허권 기간을 실질적으로 연장하는 방법

---

* generic firm. 의약품의 특허 기간이 끝난 뒤 공개된 기술을 이용해서 복제 의약품을 만드는 기업.

(소위 〈에버그리닝evergreening〉)도 개발했다.[40]

시장 지배력을 유지하기 위해 창의력을 발휘한 또 다른 사례로 새로운 기술 거물을 꼽을 수 있다. 그들이 개발한 전략은 선제 합병이다. 이는 신생 기업이 경쟁자로 떠오르기 전에, 그리고 합병이 경쟁을 피하기 위한 행위로 의심되어 정부의 면밀한 감시를 받기 전에 이들 기업을 서둘러 사들이는 전략이다. 신생 기업의 젊은 기업가들은 구글이나 페이스북과 맞서 싸움을 벌이는 위험을 감수하는 대신, 자신의 야심 찬 꿈을 기꺼이 엄청난 보상과 맞바꾸려 한다.[41]

시장 지배력이 증가한 또 다른 이유

시장 지배력을 어떻게 구축하고 유지할 것인지 알아내는 과정에서 많은 기업이 보여 준 혁신 이외에도, 시장 지배력이 증가한 데에는 여러 가지 이유가 있다. 시장 지배력이 증가한 것은 부분적으로 우리 경제의 진화의 산물이기도 하다. 여기에는 지역적 명성에 기반을 둔 기업의 시장 지배력이 크게 드러나는 영역으로의 수요 이동이 포함된다. 예를 들어 특정 지역에 오직 하나의 포드 영업소, 혹은 하나의 존디어 트랙터 서비스 센터만 존재할 수 있다. 소비자는 자신의 차량이나 트랙터의 서비스를 받기 위해서 지역의 영업소를 찾아야 하고, 그렇기 때문에 포드와 존디어는 지역적인 시장 지배력을 확보할 수 있다. 이들 기업은 비록 경쟁에서 이기기 위해 제조 분야에서 수익과 가격을 낮춰야 하지만, 그럼에도 이러한 지역적 시장 지배력을 활용해서 높은 수익을 올릴 수 있다.

마찬가지로 소위 〈자연적인〉 독점의 중요성이 점점 증가하는 산업 분야도 있다. 단일 기업이 시장을 지배하면서 비용을 절감할 때, 자연적인 독점이 발생하게 된다. 가령 생산 규모가 증가하면서 평균 비용이 떨어지는 상황이 그렇다.[42] 지역을 막론하고 단일 기업이 전기나 물을 공급하도록 하는 편이 더 유리하다. 100년 전에는 철강이나 자동차 같은 주요 산업 역시 소수의 기업이 지배했다. 새로운 진입자가 비용 절감을 위한 충분한 규모에 도달하기 어려웠기 때문에 경쟁은 다분히 제한적이었다. 하지만 오늘날 세계화로 인해 시장 규모가 크게 확장되었다. 경쟁력 있는 자동차 기업이 되기 위해서는 적어도 수십만 대 이상의 자동차를 생산해야 한다. 그리고 거대한 글로벌 시장 덕분에 많은 자동차 기업이 규모의 경제에 도달하고 있다.[43]

오늘날 〈신경제〉 속에서도 경쟁은 제한적으로 나타나고 있다. 많은 새로운 혁신 경제에서 기본적인 비용은 선행 투자한 연구·개발비다. 추가적인 소비자에게 서비스를 제공하는 과정에서 발생하는 추가 비용은 없다.[44]

게임의 규칙 바꾸기

그러나 시장 지배력 증가의 상당 부분은 게임의 암묵적 규칙을 바꾸는 데에서 비롯된다. 중요한 규칙 중에는 시장 경쟁을 유지하도록 설계된 것들이 있다. 가령 앞서 언급했던 독점 금지법이 그렇다. 그러나 완화된 반독점 기준은 시장 지배력의 창조와 남용, 활용을 더욱 쉽게 만들어 주고 있다.[45] 게다가 기존의 독점 금지법은 변화하는 경제를 제대로 따라잡지 못하고 있다.

규칙의 느슨한 집행 역시 중요한 역할을 한다.[46] 조지 W. 부시 행정부 시절 독점 금지법 관련 소송은 기록적으로 낮은 건수를 보였다. 이후 오바마 행정부가 들어서면서 조금 증가하기는 했다. 2015년 인수·합병(기업들이 하나로 뭉쳐 비즈니스 규모와 시장 지배력을 강화하는) 시장의 규모는 역사적으로 가장 높은 4조 7천억 달러를 기록했다. 물론 모든 인수·합병이 경쟁에 부정적인 영향을 미치는 것은 아니지만, 대체로 그렇다. 또한 미흡한 경쟁 관련 정책 역시 구글과 페이스북, 아마존 등 어느 정도 시장 지배력을 확보한 기업이 그 힘을 발휘하고 강화하고 확장하고 지속적으로 행사하도록 내버려 두고 있다.

성장과 시장 지배력

시장 지배력이 어떻게 불평등을 심화시키는지 이해하기는 어렵지 않다. 시장 지배력은 경제 성장을 둔화시키고 경제 성과에 부정적인 영향을 미친다. 이러한 시장 지배력은 시장 시스템의 왜곡으로 발생하며, 이는 경제의 효율성을 떨어뜨린다.[47] 런던 정치경제대학교의 데이비드 바카이David Baqaee와 하버드 대학의 에마뉘엘 파리Emmanuel Farhi는 시장 지배력이 경제에 얼마나 큰 피해를 입히는지 보여 주었다. 두 사람의 주장에 따르면, 경쟁이 사라지면서 발생한 초과 수익을 제거한다면 미국 경제의 생산성을 약 40퍼센트 끌어올릴 수 있다.[48]

진입 장벽을 구축하는 일은 시장 지배력에서 핵심적인 부분을 차지한다. 반대로 역동적이면서 경쟁적인 경제는 새로운 기업의 자유로운 진입과 퇴출을 특징으로 한다. 일반적으로 이러한 경제에서 신생 기업이 차지하는 비중은 상당히 높다. 그러나 미국의 경우, 신생 기업의 비중은 다른 나라에 비해 대단히 낮다. 소위 〈구유럽〉에 속하는 국가(스페인, 스웨덴, 독일)는 물론 브라질과 같은 신흥 시장보다 훨씬 낮으며, 과거의 미국과 비교해도 마찬가지다. 이러한 결과는 경쟁이 줄어들고 있는, 그리고 성공한 기업이 스스로를 넓고 깊은 해자로 둘러싸면서 거대한 진입 장벽을 구축하는 경제에서 비롯되었다.[49]

시장 지배력의 뚜렷한 증가는 경제의 생산성에도 피해를 입힌다. 또한 소비자 수요에도 중대한 영향을 미친다. 돈이 경제 피라미드의 하층에서 상층으로 이동하는 과정에서 전체적인 소비 규모는 줄어들게 된다. 그 이유는 상위 계층은 하위 계층(살아가기 위해 사실상 소득의 전부를 소비해야 하는 사람들)에 비해 소득에서 더 낮은 비중을 소비하기 때문이다.

나아가 시장 지배력이 증가할 때, 추가적인 생산에 따른 추가적인 수익은 떨어지기 때문에 투자는 위축된다. 독점 경제에서는 더 많이 생산할수록 가격은 떨어지므로, 개별 기업의 생산량 증가가 가격에 실질적인 영향을 미치지 못하는 경쟁 시장에 비해 수익 증가는 낮다. 이러한 사실은 최근 나타나고 있는 비정상적인 상황을 잘 설명해 준다. 미국의 투자율(GDP 대비)은 수익률이 아주 높았음에도 불구하고 1960~1970년대의 17.2퍼센트에서 2008~2017년 동안 15.7퍼

센트로 떨어졌다. 이렇게 줄어든 민간 투자는 미래 성장에 먹구름을 드리운다.[50]

앞서 언급한 요인 역시 추가적인 영향을 미친다. 더 나은 제품을 생산하기 위한 효과적인 방법을 개발하는 방향으로 나아가야 할 혁신이 시장 지배력과 소비자 착취를 만들어 내고 강화하는 방향으로 나아가고 있다. 노벨상 수상자 조지 애컬로프와 로버트 실러가 『피싱의 경제학』(2015)에서 분명하게 보여 주었듯이,[51] 금융 기업은 후자의 혁신에서 탁월한 능력을 발휘하고 있다. 또한 앞서 우리는 담배와 제약, 식품 기업이 중독적인, 그리고 필요하지 않을뿐더러 심지어 건강에 해로운 제품을 생산함으로써 막대한 수익을 거두고 있다는 사실을 살펴보았다.

우리는 높은 수익이야말로 미국 경제가 성공적으로 돌아가고 있다는, 즉 더 나은 제품과 서비스를 생산하고 있다는 신호라고 생각해 왔다. 그러나 이제 우리는 높은 수익이 소비자를 착취하고 가격을 차별화하는 방법을 통해, 즉 〈소비자 잉여〉*를 뽑아냄으로써 나타날 수 있다는 사실을 알고 있다. 착취는 소득을 소비자에게서 슈퍼리치에게로, 그리고 그들이 소유·통제하는 기업에게로 흘러가게 함으로써 우리 경제에 지대한 영향을 끼친다.

---

* consumer surplus. 소비자가 경쟁 시장에서 특정 재화나 서비스에 대해 기꺼이 지불하고자 하는 가격과 실제로 지불해야 했던 가격의 차이 — 원주.

근로자의 시장 지배력 약화

이처럼 기업이 시장 지배력을 활용하는 것은 전체 이야기의 절반에 불과하다. 다음으로 수요 독점, 다시 말해 기업이 제품과 서비스를 구매하는 이들에 대해, 특히 근로자에 대해 독점적인 지배력을 발휘하는 측면을 살펴보자.[52] 여기서 수요 독점이란 시장에 단 하나의 구매자 혹은 고용주가 존재하는 상황을 말한다. 판매자가 하나(독점)인 시장이 거의 없는 것처럼, 구매자가 하나인 시장도 거의 없다. 앞서 언급했던 독점력은 기업이 경쟁적인 수준 이상으로 가격을 인상할 수 있는 〈강력한〉 시장 지배력을 의미한다. 앞서 우리는 경제 내부의 변화가 적어도 경제의 많은 중요한 분야에서 시장 지배력의 증가를 촉발했다는 사실을 살펴봤다. 여기서 우리가 우려하는 바는 근로자의 교섭권 위축과 임금 삭감이다.

일반적인 경쟁 모형은 〈수많은 구성원으로 이뤄진〉 노동 시장을 말한다. 시장에서 임금은 노동력에 대한 수요와 공급이 만나는 지점에서 결정된다. 여기서는 어느 누구도 시장 지배력을 확보하지 못한다. 가령 한 근로자가 직장을 그만두더라도 해당 기업은 아무런 영향을 받지 않는다. 기업은 노동 시장에서 동일한 임금에 동일한 기술을 가진 근로자를 쉽게 발견한다. 보다 중요하게, 기업이 한 근로자를 해고한다고 해도 그는 아무런 영향을 받지 않는다. 동일한 조건의 일자리를 쉽게 구할 수 있기 때문이다.

그러나 우리가 살아가는 현실은 그렇지 않다. 물론 항상은 아니라고 해도 대부분의 경우에 기업은 대체 인력을 쉽게 찾을 수 있다.

반면 근로자는 동등한 조건의 일자리를 쉽고 빠르게 찾지 못한다. 특히 실업률이 높은 상황에서는 더욱 어렵다. 가용한 일자리가 있다고 해도 거리가 상당히 멀 수 있다. 그러한 일자리를 잡기 위해서는 이사를 가야 하고, 이사는 근로자와 가족 모두에게 큰 비용을 요구한다. 그렇다고 해서 마냥 쉴 수는 없다. 대출 이자와 자동차 할부금, 그밖에 다양한 요금을 매달 납부해야 한다. 결론적으로 말해서 시장 지배력과 관련해서 기업에 유리한 방향으로 뚜렷한 불균형이 나타나게 된다.[53]

제품 시장(재화와 서비스 시장)에서 시장 지배력을 확보한 기업이 그러한 지배력이 없을 때 결정되는 수준 이상으로 생산 비용을 훌쩍 넘어서 가격을 인상할 수 있는 것처럼, 노동 시장에서 시장 지배력을 확보한 기업은 그러한 지배력이 없을 때 결정되는 수준보다 임금을 더 인하할 수 있다.

많은 앞서 가는 기업은 담합을 통해 은밀하게 임금을 낮게 유지하고 있다. 물론 이러한 행위는 불법이다. 그러나 기업의 부당 행위를 밝혀내기 위해서는 오직 소송에만 의존해야 한다. 스티브 잡스 시절 애플은 구글과 인텔, 어도비와 손을 잡고 서로 직원을 빼앗아 가지 않기로 합의했다. 다시 말해 노동 시장에서 경쟁을 하지 않기로 합의한 것이다. 그들의 담합에 피해를 입은 근로자들은 기업의 반경쟁적 음모에 대해 소송을 제기했고, 결국 4억 1500만 달러의 합의금을 받아냈다. 디즈니를 비롯한 많은 영화사 역시 불법적 담합으로 엄청난 합의금을 물어야 했다. 심지어 패스트푸드 프랜차이즈 계약에도 이와 비슷한 조항이 담겨 있다. 이들 기업은 상호 경쟁이 임금 상승을 촉발할 것이라는 사실을 잘 알고 있었다. 많은 근로 계약에는 근로자가 경쟁사의 일자리 제안을 받아들여서는 안 된다는 제한 조항이 포함되어 있다. 이러한 방법 역시 경쟁을 위축시켜 임금을 낮추는 기능을 한다.[54]

애덤 스미스는 기업이 담합을 통해 가격을 인상할 위험을 잘 알고 있었던 만큼 그들이 함께 임금을 삭감할 위험에 대해서도 우려했다.[55]

기업은 임금 인상을 막기 위해 언제나 암묵적이면서도 지속적이고 일관적인 방식으로 결탁을 맺고 있다. (……) 그들은 때로 임금을 더 인하하기 위해 함께 뭉친다. 이러한 일은 언제나 최대한 은밀하고 조용하게 이뤄진다.

스미스는 아마도 실리콘밸리와 할리우드를 비롯해 21세기 비즈니스를 이끌어 가는 리더들의 행태를 정확하게 꿰뚫고 있었던 것 같다.

기업의 시장 지배력에 대한 추가적인 증거

우리는 기업이 노동 시장에서 시장 지배력을 확보하고 있다는 것을 일상적으로 확인한다. 기업은 직원에게 분할 근무(가령 오전에 4시간 일하고 3시간 쉬었다가 오후에 다시 4시간 일하는 방식)를 요구한다. 혹은 전일 근무를 원하는 직원에게 파트타임 형태로만 고용함으로써 의료보험 혜택을 제공하지 않는다. 또는 매주 업무 일정을 변경하고, 주말에 가까워서야 다음 주 일정을 공지한다(소위 〈대기 근무제〉). 또한 종종 초과 근무 수당을 지급하지 않으면서 야근을 강요한다.[56] 기업의 이러한 행태는 가정의 삶을 파괴하고 근로자를 무력하게 만든다.[57]

제도(노동조합의 위축[58])와 규칙, 규범, 그리고 관행에서 나타나는 다양한 변화는 근로자의 교섭권을 위축시키는 방향으로 작용하고 있다. 노동조합이 근로자를 대표해서 협상에 임할 때, 공장 내 모든 근로자가 이익을 얻는다(조합에 소속되지 않은 사람도). 그런데 일부 근로자는 조합비를 내지 않고 이익만 누리는 〈무임승차〉를 원한다. 그래서 노동조합은 종종 근로자 전원이 의무적으로 노동조합에 가입하도록 하는 소위 〈유니언숍〉*을 놓고 기업과 협상을 벌인다. 그리고 이를 통해 노동조합이 교섭 과정에서 어떤 입장을 취해야 하는지, 근로자에게 가장 중요한 것이 무엇인지에 대해 전체 근로자들을 대상으로 투표를 실시한다.

기업은 당연하게도 근로자를 최대한 낮은 임금에 고용하기를 원하므로 노동조합을 달가워하지 않는다. 기업은 근로자를 마음대로 해고할 수 있기를, 그래서 온순한 작업장을 만들고 근로자가 경제 변동의 비용을 감수하기를 원한다. 기업은 어떤 개별 근로자도 기업 및 경영진과 협상할 힘이 없다는 사실을 알고 있다. 그러나 근로자는 집단적으로 교섭권을 갖는다.[59] 그래서 기업은 무슨 수를 써서

* union shop. 모든 근로자가 노동조합에 가입하도록 강제하는 제도.

라도 노동조합을 무력화하고자 한다. 이를 위한 한 가지 간단한 방법은 노동조합이 회비를 거두지 못하도록 방해하는 것이다. 즉 근로자에게 무임승차를 장려함으로써 조합에는 기여하지 않은 채 임금 인상 같은 이익은 똑같이 누리라고 부추긴다. 물론 재원이 부족한 상태에서 노동조합은 근로자들이 원하고 필요로 하는 것을 효과적으로 얻어 내지 못한다. 그래서 미국의 많은 주에서 기업들은 정부가 노동권법(무임승차권법이라는 표현이 더 적절한)에서 유니언 숍을 불법으로 규정해 주기를 요구하고 있다.[60]

노동조합이 교섭력을 잃으면서 근로자 임금은 떨어졌을 뿐 아니라,[61] 근로자와 기업에 대한 투자를 희생으로 고액의 연봉을 챙겨 가는, 그래서 기업의 미래를 위험에 빠뜨리는 경영진의 횡포를 막을 수 있는 방법도 사라졌다. 20세기 중반 경제학자 존 케네스 갤브레이스John K. Galbraith가 대항적 권력에 기반을 두고 있다고 설명했던 경제는 이제 대기업과 금융 기관, 더 나아가 CEO를 비롯한 경영진의 지배에 기반을 둔 경제로 전락하고 말았다.[62]

시장 지배력 억제하기: 21세기를 위한 독점 금지법 개선

19세기 미국은 시장 지배력이 증가하고 불평등이 심화되면서 오늘날과 비슷한 상황에 직면했다. 의회는 시장 지배력과 그 남용을 억제하기 위해 다양한 법을 통과시켰다. 1890년에 셔먼법Sherman

Antitrust Act이 통과된 이후로 25년 동안 시장 경쟁을 강화하기 위한 다양한 입법이 뒤를 이었다. 중요하게도 이러한 입법은 경제적 힘이 집중되면 필연적으로 정치적 힘도 따라서 집중될 것이라는 우려에서 비롯되었다. 미국의 독점 금지 정책은 정교하게 다듬어진 경제 분석에 기초하지 않았다. 이는 미국 사회와 민주주의의 본질에 관한 것이었다.[63]

독점 금지법은 일정 기간 동안 효과를 보였다. 거대 독점을 허물어뜨렸고, 새로운 독점으로 이어질 위험이 있는 합병을 사전에 막았다. 하지만 이후 수십 년에 걸쳐 변호사와 보수주의 경제학자로 이뤄진 집단이 나서서 독점 금지법의 적용 범위를 축소했다. 그들은 시장 지배력이 미국 경제와 민주주의에 미칠 광범위한 영향에 대해 걱정하지 않았다. 그들이 원했던 것은 다만 기업과 비즈니스 세상을 자유롭게 풀어주는 것이었다.

일부 경제학자는 이를 위한 학술적 기반을 제공했다. 시카고 대학의 밀턴 프리드먼Milton Friedman은 경제는 본질적으로 경쟁적인 시스템이므로 독점을 걱정할 필요가 없다고 주장하는 경제학자들을 끌어 모았다.[64] 그들은 혁신적인 경제에서 독점 권력은 일시적이며, 독점을 차지하기 위한 경쟁은 혁신을 자극하고 소비자 복지를 높일 것이라고 주장했다.[65] 그들의 핵심 전제는 정부는 악하고 민간 분야는 선하다는 생각이었다. 그들이 보기에 시장의 완벽한 기능을 방해하는 정부의 노력(독점 억제를 포함해)은 불필요할뿐더러 비생산적인 것이었다. 그렇기 때문에 독점 금지법을 시행하는 이들은 독점이 사실상 효율적 시장이 작동하는 복잡한 방식을 반영하는 것일 때, 비경쟁적 행위를 방치하는 위험보다 비경쟁적 행위를 적발하는 활동의 역효과를 더 걱정해야 했다.[66]

시카고학파는 정치와 사법부에 강력한 영향력을 행사했다. 법원이 시장은 경쟁적이고 효율적인 공간이며, 반경쟁적으로 보이는 모든 행동이 사실은 시장의 새로운 복잡성에 대한 효율적인 대응이라고 판단하면서 독점 금지법은 힘을 잃었다. 특정 기업이 반경쟁적 행위에 관여하고 있다고 주장하는 사람들은 스스로 과중한 입증 부담을 져야만 했다. 미국 연방 통상위원회(시장 경쟁을 강화하기 위한 정부 기관)의 한 전직 인사는 이렇게 표현했다. 〈우리는 항상 물이 젖어 있다는 사실을 입증하는 데 모든 에너지를 쏟아야 했기 때문에 경쟁에 관한 실질적인 문제를 해결할 자원은 하나도 남아 있지 않았다.〉

약탈적 가격 결정predatory pricing이라고 하는 일반적인 형태의 반경쟁 행위를 살펴보자. 시장을 지배하며 막강한 자본력을 가진 대기업이 가격 인하를 비롯한 다양한 방법을 통해 경쟁자를 시장에서 몰아낸다. 그들은 단기적으로 손해를 보지만 장기적으로 더 많은 돈을 벌어들인다. 가령 신생 항공사가 진입할 때, 아메리칸 에어라인은 시장 지배를 유지하고자 특정 구간의 승객 수송량을 늘리고 가격을 낮춘다. 일반적으로 신생 항공사가 기권하고 철수하기까지는 그리 오랜 시간이 걸리지 않는다. 그리고 나면 아메리칸 에어라인은 다시 수송량을 줄이고 가격을 올린다. 이러한 발 빠른 움직임을 〈약탈〉이라 부른다.

〈시카고〉 이론에 따르면, 가격을 비용보다 높게 인상하려는 모든 시도는 새롭게 시장에 진입한 기업의 맹공에 즉각 직면하게 된다. 그렇기 때문에 약탈 가격 전략은 기업 이익에 도움이 되지 않는다. 경쟁적인 수준보다 더 높게 가격을 인상함으로써 초반의 손실을 회복할 수 없기 때문이다. 이러한 시카고 이론을 받아들인 법원은 기업이 약탈 행위를 했다고 주장하는 이들에게 입증 책임을 물었다. 그 책임은 너무도 과중해서 기업을 상대로 소송에서 이기기란 거의 불가능했다.[67]

지금 필요한 것은 시장이 본질적으로 경쟁적이라는 생각을 전제로 한 이러한 〈가정〉(그리고 그에 따른 입증의 책임)을 수정하는 것이다. 시장 경쟁을 위축시키는 반경쟁적 행위는 (a) 뚜렷한 효율성 이득이 있고 그 혜택의 상당 부분이 기업이 아닌 다른 이들에게 발생하며, (b) 이러한 효율성 이득을 경쟁적인 방식으로는 얻을 수 없다는 강력한 증거가 제시되지 않는 한, 불법적인 것으로 간주해야 한다.[68] 가정의 수정과 관련해서는 앞으로 계속해서 많은 논의를 이어 나갈 것이다.

정부는 단지 합병을 제한하고 특정한 반경쟁적 행위를 금지하는 데서 멈추지 않고 광범위한 유형의 도구를 적극적으로 활용해야 한다. 정부가 스탠더드 오일과 같은 독점 기업을 해체한 것은 오래전의 일이었다. 지금은 페이스북이 인스타그램과 왓츠앱을 매각하도록 해야 할 것인지 고려해야 할 시점이다. 거대한 이해 상충을 촉발할 위험이 있는 합병은 금지해야 한다(가령 인터넷 서비스 사업자가 엔터테인먼트 콘텐츠를 생산하는 기업을 인수하는 경우). 이미 허용을 했다면, 다시 분리하는 방안을 검토해야 한다. 마찬가지로 시장 지배력을 가진 기업이 기존 고객의 이해와 상충할 위험이 있는 비즈니스 분야에 진입하지 못하도록 막아야 한다.[69] 이러한 새로운 정책은 구조적 개혁에 해당한다.

앞서 언급했듯이 시장 지배력이 일단 형성되면 오랫동안 지속된다. 그렇기 때문에 시장의 경쟁이 회복될 때까지 정부가 나서서 규제함으로써 시장 지배력의 남용을 억제해야 한다. 예를 들어 도드-프랭크 금융 개혁법Dodd-Frank financial regulation bill의 더빈 수정안Durbin Amendment은 상인들에게 부과하는 직불카드 수수료를 규제하도록 연방준비제도에 권한을 부여하고 있다. 비록 훨씬 더 높은 신용카드 수수료는 규제 대상에서 제외하기는 했지만 말이다.[70]

모든 시장 지배력을 점검하기

시장 지배력이 어디서, 혹은 어떻게 모습을 드러내든 간에 우리에게 필요한 것은 새로운 정책을 통해 과도한 시장 지배력을 제어함으로써 경제 내에서 경쟁을 회복하는 일이다. 시장 지배력을 어떻게 확보했든 간에 그 힘을 남용하는 행위는 독점 금지법 위반으로 간주해야 한다. 그리고 경쟁을 위축시키는 모든 행위를 불법으로 규정해야 한다.

미국에서 반경쟁적 행위에 관여하지 않고서 시장 지배력을 합법적으로 얻은 기업은 가격을 높이는 것은 물론 반경쟁적인 계약을 강요하는 것에 이르기까지 광범위한 영역에서 그 지배력을 활용하고 있다. 반면 유럽의 경우 그러한 기업도 시장 지배력을 남용한 행위로 고소를 당할 수 있다.

희귀 간질환인 윌슨병 환자들의 생명을 살리는 약품인 사이프린 Syprine의 FDA 승인을 받은 유일한 제약 회사인 밸리언트Valeant는 2015년에 시장 지배력을 활용해서 일부 국가에서 1달러에 팔리던 그 약의 가격을 터무니없이 인상했다. 새롭게 올린 그 약의 1년치 약값은 무려 30만 달러에 달했다.[71] 이는 제약 시장의 수많은 지배력 남용 사례 중 하나에 불과하다.[72]

일반적인 독점 금지 정책은 단기적 관점, 그리고 앞서 언급했듯이 시장은 본질적으로 경쟁적이라는 강력한 전제를 바탕으로 소비자에게 집중한다. 법원은 가격을 인상할 수 있는 지배적인 지위를 차지하기 위해 경쟁자를 몰아내는 약탈적인 행위를 판단하면서, 장기적인 피해는 거의 고려하지 않고 소비자 가격의 인하라는 단기적인 혜택에만 주목했다.

단기적인 소비자 관점은 또한 구매자 독점이 존재하는 상황에서도 문제에 봉착한다. 월마트는 거대한 비즈니스 규모 덕분에 납품 업체에 지불하는 가격을 낮출 수 있는 강력한 힘을 갖고 있다. 또한 실업률은 높고 일자리는 많지 않은 상황에서 월마트는 경쟁적인 경제일 때보다 낮은 수준의 임금과 근로 조건을 제공할 수 있는 힘도 갖고 있다. 비록 월마트가 시장 지배력(수요 독점)으로부터 얻은 이익의 일부를 소비자와 공유한다고 해도, 이는 그 자체로 경제를 위해 좋지 않다. 따라서 시장 지배력을 오로지 소비자에게 미치는 영향의 관점에서만 바라보는 것은 잘못된 접근 방식이다. 월마트는 수익을 쟁취하기 위한 가차 없는 정복의 과정에서 경제를 왜곡시키고 있으며, 그 과정에서 월마트가 얻은 것(소비자와 공유하는 것을 포함해)은 경제의 나머지 부분이 잃은 것보다 훨씬 적다.

합병

우리의 진화하는 경제는 일반적인 독점 금지 정책에 대한 또 다른 도전 과제에 직면하고 있다. 전통적으로 독점 금지법은 인수·합병을 통한 시장 지배력 강화에 주목해 왔다. 그러나 여러 산업 분야에서 시장 집중이 위험한 수준에 이르기까지 합병은 허용되었다(항공사와 텔레콤 분야는 좋은 사례다). 이러한 사실은 제한을 더욱 강화해야 한다는 것을 말해 준다.

물론 기업은 그들이 제안하는 인수·합병이 규모의 경제를 통해 경제 전반에 도움을 줄 것이라고, 즉 더 큰 기업이 더 생산적이라고 주장한다. 그러나 수평적인(비즈니스의 경쟁자들 사이에서) 합병과 수직적인(공급업체나 서비스 고객 업체와의) 합병 모두 그 진정한 이유는 시장 지배력을 강화하기 위함이다. 기업은 합병으로 얻을 수 있는 효율성 이득을 입증하기 위한 보다 설득력 있는 주장을 내놓아야 한다. 만일 합병 이후에 제품 가격이 상승한다면, 이는 시장 지배력 강화가 그 목적이었음을 말해 주는 경고 신호일 것이다.[73]

우리는 합병으로 인한 이해관계 충돌에 관심을 기울일 필요가 있다. 예를 들어 인터넷 기업이 온라인 콘텐츠 제작 업체와 합병할 때, 비록 〈중립적〉 입장을 취하겠다고 약속한다고 해도 그들은 아마도 인터넷 분야의 시장 지배력을 바탕으로 다른 콘텐츠 제작사에 비해 유리한 지위를 누리게 될 것이다. 이러한 점에서 이해 충돌 가능성이 내재된 합병을 사전에 금지한다면, 우리 경제는 보다 역동적이고 경쟁적인 상태를 유지할 것이다. 기업이 주장하는 효율성 이득은 장기적인 반경쟁적 효과로 인해 위축될 것이다.[74]

더 나아가 합병에 대한 규제는 시장의 미래를 고려해야 한다. 오늘날 합병을 금지하는 경우는 시장에서 경쟁이 심각하게 위축될 위험이 있을 때뿐이다. 그러나 역동적인 분야에서 중요한 것은 합병이 향후 시장에 미칠 영향이다. 기술 거물은 시장의 규칙을 잘 이해하고 있으며 효과적으로 운용해 가고 있다. 앞서 언급했듯이, 그들은 독점 금지법에 해당되지 않을 정도로 충분히 작은 규모의 기업을 합병하는 선제 합병 전략을 활용한다. 미래에 나타날 문제의 소지를 사전에 제거하기 위해서다. 예를 들어 페이스북은 인스타그램(2012년, 10억 달러)과 왓츠앱(2015년, 190억 달러. 이는 그 플랫폼에서 활동하는 사용자 1명당 40달러에 해당하는 금액이다)을 인수했다. 물론 페이스북은 그와 유사한 플랫폼을 구축하는 기술을 확보하고 있었다. 설령 그러지 않았다고 해도 엔지니어를 고용해서 얼마든지 확보할 수 있었을 것이다. 그럼에도 페이스북이 합병에 그렇게 많은 돈을 쏟아부었던 유일한 이유는 경쟁을 사전에 차단하기 위해서였다.

우리는 이러한 선제 합병을 막아야 한다. 예측 가능한 미래에 경쟁을 위축시킬 상당한 위험이 존재하는 합병을 금지해야 한다.[75]

새로운 기술과 새로운 도전 과제

독점 금지법이 20세기 후반부에 진화하는 동안 잘못된 부분이 없다고 해도, 시장 지배력을 구축하고 확대하는 과정에서 진화하는 경제와 새로운 기술, 새로운 계약, 새로운 혁신이 부과한 도전 과제를 제대로 따라잡지 못한 것은 명백한 사실이다.

이제 우리는 다양한 행위와 계약 조항이 어떻게 경쟁을 위축시키는지 더 잘 이해하고 있다. 지배적인 기업은 모든 경쟁자의 가격에 대응할 것이라고 위협함으로써 진입 자체를 위축시킨다. 신규 진입자는 자신이 결코 이길 수 없다는 사실을 안다. 앞서 우리는 근로자에 대한 경쟁을 약화시키는 노동 계약상의 여러 가지 조항을 살펴보았다.[76] 가령 중재 조항*은 근로자와 소비자가 기업의 착취적 행위에 대해 적절한 보상을 받지 못하도록 막고 있다. 신용카드 회사와 가맹점 간의 계약, 항공사와 컴퓨터 예약 시스템 업체 간의 계약은 경쟁을 위축시키고 엄청난 수익을 한쪽으로 몰아준다. 우리는 이러한 반경쟁적 행위를 면밀히 들여다봐야 하고, 또한 불법으로 간주해야 한다.

기술 거물들은 다양한 영역에서 어떻게 지배력을 행사해야 하는지 알고 있다.[77] 아마존은 수천 개의 일자리라는 달콤한 유혹을 활용해서 미국 전역에 걸친 수많은 도시들이 가령 세금을 낮추는 방법을 동원해(물론 세금 부담을 다른 곳으로 돌리면서) 두 번째 본사 유치에 경쟁적으로 뛰어들도록 했다. 소기업은 절대 이러한 일을 벌일 수 없다는 점에서 아마존은 이 전략을 통해 지역 유통 기업보다 훨씬 강력한 경쟁 우위를 확보할 수 있다. 우리는 이러한 출혈 경쟁을 막을 법적 기반을 마련해야 한다.[78]

* arbitration clauses. 분쟁 당사자가 중재에 의해 문제를 해결하기로 약속하는 조항.

지적 재산권과 경쟁

정부가 독점을 허용하는 분야가 있다. 특허가 주어졌을 때, 혁신가는 한시적인 독점권을 얻는다. 우리 사회가 점차 지식 기반 경제로 이동하면서 지적 재산권의 중요성은 점점 더 커질 것이다.

독점력이 존재할 때 지식은 효율적으로 활용되지 않으며, 가격은 독점이 없을 때에 비해 상승한다. 효과적으로 설계된 지적 재산권 제도는 그에 따른 상당한 비용과 그 권리가 부여하는 혁신의 동기에 따른 다양한 혜택 사이에서 균형을 잡는다. 그러나 최근 많은 기업이 시장 지배력을 강화하는 방향으로 지적 재산권을 수정하기 위해 성공적으로 로비를 벌이면서 이러한 균형이 무너지고 말았다. 그 무너진 정도가 너무도 심각해서 이제 미국의 지적 재산권 제도가 혁신을 자극하는지, 아니면 오히려 질식시키는지 의문스럽기까지 하다.[79] 저자 사후 70년까지 저작권 기간을 늘린 것이 사회에 어떤 혁신적인 혜택을 가져다주는지에 대한 증거는 전혀 없다. 1998년 저작권 보호 기간 연장법Copyright Term Extension Act에 담긴 이 조항은 〈미키마우스 법〉이라고 불렸다. 이는 미키마우스에 대한 저작권을 갖고 있던 디즈니로부터 강력한 지지를 받았다. 하지만 이 조항은 어떠한 사회적 혜택도 가져다주지 못했고 오히려 지식의 자유로운 흐름이라는 차원에서 상당한 사회적 비용을 부과했을 뿐이다.[80]

실제로 현행 지적 재산권 제도가 가격 상승을 촉발하는 것은 물론 혁신을 질식시킨다는 증거가 나와 있다. 대법원이 자연 발생적 유전자를 특허의 대상으로 삼을 수 없다고 판결을 내렸을 때, 그 효과는 즉각적으로 나타났다. 그전에 특허를 받았던 유방암과 관련된 중요한 유전자 검사 가격이 갑작스럽게 떨어졌고 품질은 향상되었다.[81]

역사적으로 독점 금지법 관련 당국은 시장 지배력을 구축하고, 강화하고, 그 기간을 늘리는 특허의 위력에 민감하게 대응해 왔다. 1956년 미국 정부는 AT&T의 특허권을 풀어서 모두가 접근 가능하도록 만들었다. 마이크로소프트의 독점력을 억제하는 한 가지 방안 역시 특허권 기간을 제한하는 것이었다.[82] 이러한 방식으로 지적 재산권을 제한함으로써 경쟁과 혁신을 강화할 수 있다.

독점 금지법 적용 범위 확장하기: 제품을 넘어 아이디어 시장으로

시장 집중에 대해 생각할 때, 언론은 특히 각별한 주의를 기울여야 할 분야다.[83] 전통적으로 언론 집중의 효과는 종종 협소하게 정의된 광고 시장에서의 지배력을 기준으로 평가되었다. 언론사 간의 합병(가령 방송국과 신문사)은 광고 시장에서 어느 정도 경쟁이 남아 있다는 이유만으로 허용되었다. 그러나 이는 잘못된 판단이다. 아이디어 시장만큼 경쟁이 중요한 영역도 없다. 민주주의가 제대로 기능하기 위해서는 충분한 정보를 가진 시민 집단이 반드시 존재해야 한다.[84] 몇몇 기업이나 부자가 언론을 통제할 때, 국가적 담론은 그들의 지배를 받을 것이다.

많은 유권자가 소수의 뉴스 원천(주로 TV)으로부터 정치적 정보를 얻는다. 오늘날 미국 전역에 걸친 지나치게 많은 공동체 내에서 극단적인 보수 세력이 언론을 장악하고 있다.[85]

경쟁은 차이를 만들어 낸다. 도시 내에서 대안적인 신문은 시 의회와 지배적인 신문사 모두를 견제할 수 있다. 더 나아가 언론이 집중될 때, 부유한 개인이 이를 장악할 위험이 높아진다. 따라서 언론사의 합병과 시장 지배력의 남용은 다른 분야보다 더 높은 기준을 적용할 필요가 있다.[86]

시장 지배력과 관련해 특히 눈에 띄는 사례로 학술지의 과점 시장을 꼽을 수 있다. 1장에서는 행복 증진에서 지식이 차지하는 중요한 역할에 주목했다. 지식이 발전하기 위해서는 아이디어가 확산되어야 한다. 그러나 시장 기반 경제에서 아이디어의 확산은 대부분 시장에 맡겨져 있으며, 그 시장은 대단히 집중되고 고도로 수익성 높은 과점의 형태를 취하고 있다. 다섯 개 출판사가 발표된 전체 논문의 절반 이상을 발행하고 있으며, 사회과학의 경우 그 비중은 70퍼센트에 달한다. 아이러니한 사실은 이들 출판사는 무료로 논문을 받고(일부 경우에는 출판 비용까지 받는다), 발표된 연구는 일반적으로 정부 지원을 받으며, 출판사는 대부분의 편집 작업(논문 검토)을 학자에게 무료로 맡기고, 교육 기관과 도서관(일반적으로 정부 지원을 받는)은 출판사에 돈을 지불한다는 것이다. 물론 높은 가격과 과도한 수익은 연구 지원비가 줄어든다는 것을 의미한다.[87]

결론

시장이 재화와 서비스의 생산을 조직화하는 강력한 제도라는 확신은 많은 영향력을 발휘했다. 우선 이러한 생각은 자본주의의 지적 기반을 제공했다. 그러나 2세기에 걸친 연구는 왜 애덤 스미스의 보이지 않는 손이 정말로 보이지 않는지에 대해 우리에게 말해 주었다. 그 이유는 애초에 존재하지 않았기 때문이다.[88] 기업은 종종 더 나은 제품을 개발하기보다 더 강력한 시장 지배력을 구축하기 위해 노력한다. 지금까지 우리는 미국 기업이 이런 일에 대단히 유능하다는 사실을 살펴보았다. 그들은 시장 지배력을 바탕으로 소비자와 직원, 그리고 정치 시스템을 착취해 왔고, 이로 인해 혁신적인 경제에도 불구하고 성장은 지지부진했다. 더 나쁜 것은 성장의 열매가 사회 일부에게만 돌아갔다는 사실이다. 실제로 기업의 경영자들은 주주를 착취하고, 기업을 규제하는 법망의 허점을 이용해 엄청난 보상을 거머쥐는 방법을 발견했다.[89]

독점 금지법이 처음 도입된 이후로, 그리고 시카고학파의 주장이 학계를 장악한 이후로 미국의 경제는 크게 변했다. 경제에 대한 이해 수준도 달라졌다. 이제 우리는 기존의 법적 기반을 더 잘 이해한다. 하지만 입법을 추진하는 힘과 착취에 대한 근본적인 정치적·경제적 우려는 그대로 남았으며, 심지어 점점 더 커지고 있다. 경쟁에 관한 법은 지나치게 협소하게 적용되고 있으며, 경쟁 시장에 대한 추정으로부터 지나치게 많은 영향을 받고 있다. 오늘날 우리는 경쟁 관련 법률과 독점 금지법 적용을 개혁해야 하며, 21세기의 현실과 현대 경제학의 지혜를 하나로 통합해야 한다.

그러나 시장 지배력을 억제하는 것은 경제의 영역을 넘어서는 일이다. 즉 가격을 올리고 임금을 낮추는 힘, 혹은 다양한 방식으로 소비자와 근로자를 착취하는 힘을 다루는 영역이다. 계속해서 살펴보고 있는 것처럼 시장 지배력은 정치적 힘으로 이어진다. 오늘날 미국 사회가 특징적으로 보여 주는 것처럼, 시장 지배력과 부가 엄청나게 집중된 상황에서 우리는 진정한 민주주의를 누리지 못한다.[90] 그리고 보다 광범위한 사회적 중요성이 있다. 그것은 힘의 반대편에 〈무력함〉이 있다는 사실이다. 많은 미국인은 의료보험 회사와 인터넷 서비스 업체, 항공사, 이동통신 회사, 은행을 상대하면서 무력감을 느끼고 그 사실에 대해 분개한다. 이는 개인뿐만 아니라 정치와 사회의 모든 측면에 중대한 영향을 미친다.[91] 사람들은 아주 많은 영역에서 선택권을 누리지 못한다. 가령 은행의 직원으로서, 혹은 고객으로서 그렇다. 그들은 법적 분쟁을 다룰 수 있는 권리를 한 번의 서명으로 양도해 버리고, 앞서 살펴보았듯이 기업 친화적인 중재 기구의 판결을 받아들이는 수밖에 없다.

나는 이 장에서 시장 지배력을 억제할 수 있는 쉬운 방법이 있다는 사실을 보여 주었다. 지금까지 우리는 재화와 서비스 시장을 좀 더 경쟁적으로 만드는 방법을 집중적으로 살펴보았다. 반면 기업이 근로자에 대해 갖고 있는 힘을 억제하기 위해서는 법적 기반에서 변화를 모색해야 한다. 더 중요하게는 근로자 스스로 그들의 이익을 지키기 위해 함께 행동할 수 있도록 해야 한다. 또한 기업이 소비자를 착취할 때(종종 그러하듯), 상황을 바로잡기 위해 소비자들이 함께 행동할 수 있도록 만드는 더 나은 방법을 찾아야 한다. 이는 법원과 의회가 집단 소송의 범위를 축소하면서 벌어졌던 상황과 정반대되는 방향이다.[92] 또한 우리는 기업 경영자가 주주와 근로자, 그리고 기업이 비즈니스를 운영하는 공동체를 포함해 다양한 비즈니스 관계자를 희생함으로써 그들 자신의 이익을 추구하려는 힘을 억제해야 한다.[93] 이를 위해서는 투명성을 높이고 의사결정 과정에서 더 다양한 의견을 반영하도록 해야 한다.[94]

이 모든 개혁 과정에서 우리가 추구하는 것은 완벽이 아니라 다만 21세기 미국 자본주의가 극단으로 빠지는 상황을 막는 것이다. 카터와 레이건, 그들의 후임자들은 자본주의 규칙을 보다 불안정하고 덜 효율적이고 더 불평등한 경제, 그리고 시장 지배력이 만연한 경제로 이어지는 방식으로 새롭게 썼다.[95] 이제 규칙을 다시 한번 새롭게 써야 할 시점이 되었다. 물론 쉽지 않은 도전 과제다. 그 이유는 정치를 수반하기 때문에, 그리고 경제적 불평등이 정치적 불평등으로도 이어졌기 때문이다. 이 주제는 2부에서 자세히 살펴볼 것이다. 하지만 먼저 경제의 세계화와 금융화가 어떻게 시장 지배력과 착취에 기여했으며, 기술 발전이 어떻게 이 문제를 더 심화시켰는지 살펴보도록 하자.

4
세계화를 둘러싼 갈등

세계화는 미국 경제 위기의 중심에 자리 잡고 있다. 한편에서 세계화를 반대하는 자들은 중산층이 고통을 겪는 이유로 세계화를 지목하고 있다. 트럼프 대통령의 주장에 따르면, 미국의 무역 협상가들은 다른 나라의 똑똑한 협상가들 때문에 곤경에 처했다. 그들은 사악한 무역 협정에 서명했고, 이로 인해 미국의 산업은 일자리를 잃었다.[1] 세계화에 대한 이러한 비판은 특히 탈산업화를 경험한 일부 시민들로부터 큰 반향을 얻었다.

반면 세계화를 옹호하는 자들은 이 모든 비난이 말도 안 되는 소리라고 주장한다. 그들의 주장에 따르면, 미국은 세계화로부터 이익을 봤다. 반면 보호주의 정책은 미국이 무역을 통해 얻은 모든 것을 위험에 빠뜨렸다. 그들은 세계화로 인해 일자리를 잃은 사람들에게, 혹은 월급이 줄어든 사람들에게 보호주의는 결국 아무런 도움이 되지 않을 것이라고 말한다. 보호주의는 미국을 비롯해 전 세계를 더욱 어렵게 만들 것이라고 주장한다. 세계화를 옹호하는 이들은 탈산업화와 사회적 불안의 원인을 다른 곳에서 찾는다. 그들의 주장에 따르면, 비숙련 근로자가 겪는 해고와 임금 하락의 진정한 원인은 기술 발전이며, 세계화는 아무런 잘못이 없다.

나는 20년 넘게 미국이 세계화에 대처하는 방식을 비판해 왔다. 하지만 그건 완전히 다른 시각에서였다. 세계은행 수석 경제학자의 눈으로 바라볼 때, 전 세계적인 게임의 규칙이 기울어져 있다는 것은 분명한 사실이다. 물론 개발도상국들의 희생에 의해서 미국을 비롯한 다른 선진국에게 〈유리하게〉 기울어져 있었다. 무역 협정은 불공정하다. 물론 미국과 유럽에 유리하고 개발도상국에게 불리한 방식으로 말이다.

미국의 무역 협상가들이 궁지에 몰렸다는 주장은 말도 안 되는 소리다. 미국은 20세기 말에 이뤄진 무역 협상에서 원하는 거의 모든 것을 얻었다.[2] 개발도상국들을 상대로 미국은 강력한 지적 재산권을 보장받았다. 물론 그것은 개발도상국의 지적 재산권이 아니라 선진국의 지적 재산권을 보호하기 위한 것이었다. 그리고 개발도상국이 미국 금융 기업에게 문을 열도록, 심지어 미국의 금융 위기가 발생하는 데 핵심적인 역할을 했던 대단히 위험한 파생상품과 다양한 금융 상품까지 받아들이도록 만들었다.

물론 미국 근로자들이 불리한 상황에 처했다는 것은 사실이다. 특히 비숙련 근로자의 임금은 부분적으로 세계화로 인해 줄어들었다. 하지만 이는 또한 부분적으로 미국 협상가들이 그들이 요구한 것을 얻었기 때문이기도 하다. 이 문제는 미국이 세계화를 어떻게 다뤘으며, 이를 통해 무엇을 원했는지와 관련 있다. 무역 협정은 개발도상국과 선진국 근로자 모두를 희생함으로써 기업의 이익을 높였다. 하나의 국가로서 미국은 세계화로 인해 피해를 입은 근로자들을 돕기 위해 마땅히 해야 할 일을 하지 않았다. 미국은 세계화가 모두에게 이익이 될 수 있도록 대처할 수 있었다. 그러나 기업의 탐욕이 너무나 컸다. 승자는 열매를 패자와 나누려 들지 않았다. 실제로 기업은 미국 근로자가 개발도상국의 근로자와 경쟁을 하면서 임금이 하락하는 상황을 반겼다. 그 결과 기업의 이익은 더 늘었다.

트럼프와 내가 세계화에 반대한다는 점에서 같은 편으로 보일 수 있지만, 그건 명백한 착각이다. 근본적으로 나는 법치주의, 다시 말해 국제 무역을 지배하는 법 기반의 시스템을 믿는다. 우리가 자국 경제 내에서 법치주의를 필요로 하는 것처럼(그것 없이는 어떤 사회도 제대로 돌아가지 않는다) 우리는 법 기반의 국제 시스템을 필요로 한다.[3] 반면 트럼프는 정글의 법칙에 주목한다. 여기서 두 나라 사이에 무역 분쟁이 일어날 때, 그들은 〈끝장을 볼 때까지 싸우고〉 결국 강한 자가 살아남는다. 하지만 트럼프의 착각은 미국이 어느 나라보다 강하기 때문에 모든 싸움에서 이길 것이며, 이를 통해 미국의 이익에 부합하는 새로운 국제 무역 질서를 창조할 수 있다는 것이다. 여기서 트럼프는 두 가지 중요한 점을 놓쳤다. 첫째, 왜 다른 나라들이 서로를 존중하는 무역 및 다양한 경제적 관계에 초점을 맞추는 것이 아닌, 미국에게 이용만 당하는 시스템을 받아들인단 말인가? 둘째, 다른 나라들이 함께 뭉칠 가능성이 있다. 미국이 경제 규모에서 중국 및 유럽과 크게 다르지 않은 상태에서(비록 조만간 중국의 경제 규모가 미국보다 30퍼센트 더 커질 것으로 예상되고는 있지만) 그들이 손을 잡는다면, 혹은 둘 중 하나가 〈제3세계〉의 많은 나라와 손을 잡는다면 미국의 우위는 곧 사라질 것이다.

트럼프는 불공정한 무역 원칙이든 원치 않는 이민자든 간에 미국 사회가 겪고 있는 어려움이 세계화 때문이라고 비난했다. 그러나 이는 잘못이었다. 세계화를 옹호한 자들 역시 틀렸다. 그들은 소득의 정체나 감소를 겪는 인구의 많은 비중이 겪고 있는 곤궁에 대해 세계화가 아무런 영향을 미치지 않았으며, 우리가 비난해야 할 것은 단지 기술 발전이라고 주장했다. 그러나 진정한 비난의 대상은 미국 그 자체여야 한다. 미국 사회는 세계화와 기술 발전의 흐름에 제대로 대처하지 못했다. 만약 효과적으로 대처했더라면 세계화와 기술 발전을 옹호하는 자들이 주장하는 축복을 만들어 냈을 것이다.

더 나은, 더 공정한 국제 무역 원칙이 필요하다. 하지만 미국 사회가 무엇보다 필요로 하는 것은 세계화와 기술 발전이 몰고 온 변화에 효과적으로 대처하는 것이다. 여기에 대안이 있다. 이는 나중에 살펴볼 진보적 의제를 말한다.

이 장에서는 세계화가 왜 그 약속을 실현하지 못했으며, 왜 트럼프는 문제를 더 악화시키고만 있는지 간략하게 설명하고자 한다. 여기서 나는 대안적인 형태의 세계화를 그려 보고 있다. 대안적 세계화는 부자 나라와 가난한 나라 모두에게, 특히 근로자에게 더 많은 이익을 가져다줄 것이다. 세계화의 흐름을 주도해야 하는 것이 반드시 대규모 다국적 기업일 필요는 없다.

세계화에 따른 고통

세계화는 일자리와 임금에 영향을 미친다. 우리는 그 영향을 미숙련 근로자에게서 쉽게 확인할 수 있다. 미국과 같은 선진국이 노동 집약적 제품을 수입할 때, 미국 내에서 미숙련 노동에 대한 수요는 줄어든다. 수입하는 만큼 그러한 제품을 덜 생산하기 때문이다. 완전 고용 상태라면 미숙련 근로자의 실질 임금(인플레이션을 고려한)은 떨어질 수밖에 없다.[4] 만약 임금이 충분히 떨어지지 않는다면 실업이 증가할 것이다. 이는 명백한 사실이다. 수요와 공급의 법칙을 신봉하는 사람이라면 왜 세계화(그 영향력에 대처하는 정부 프로그램이 없는 한)가 미숙련 근로자들에게 피해를 입히는지 이해할 것이다.

노동에 대해서 보다 일반적으로 말할 수 있다. 미국이 노동 집약적 제품을 수입하면 무역 자유화(관세를 비롯한 다양한 무역 장벽을 낮춤으로써 미국 시장을 외국에 개방하는)는 미국 내 노동에 대한 전반적인 수요를 떨어뜨리고, 또한 균형 상태에서 (실질) 임금도 떨어뜨린다. 그리고 다시 한번, 임금이 떨어지지 않는다면 고용이 감소할 것이다.

마찬가지로 무역 옹호자는 무역이 경쟁 우위(전문화 혹은 보유 자원)를 기반으로 국가의 GDP를 높여 줄 것이라고 주장한다. 그리고 신비로운 과정을 거쳐 모두가 더 잘 살게 될 것이라고 강조한다(트리클다운 경제를 신봉하는 또 다른 사례). 하나의 사회로서 미국이 더 잘 살게 된다고 해도, 이는 단지 모두가 더 잘 살게 될 가능성이 높아진다는 뜻일 뿐이다. 승자가 패자와 이익을 공유한다면 모두가 잘 살 수 있다. 하지만 이는 승자가 자신의 이익을 다른 사람과 기꺼이 공유할 것이라는 사실을 의미하지는 않는다. 특히 이기적인 미국식 자본주의에서는 그럴 가능성이 낮다.

더 나아가 세계화 옹호자들은 수출이 어떻게 일자리를 창출하는지를 강조한다. 하지만 그들은 수입이 파괴한 일자리의 규모에 대해서는 언급하지 않는다. 무역이 대략적으로 균형을 이루고 수입이 수출에 비해 더 노동 집약적이라면, 무역은 전반적으로 일자리를 감소시킬 것이다.

금리를 인하하는 통화 정책을 실시하고 이를 통해 투자와 소비를 늘린다면, 완전 고용은 회복될 것이다. 그러나 통화 정책은 때로 제대로 작동하지 않거나, 적어도 완전 고용을 회복할 정도로 충분히 작동하지는 않는다. 이러한 사실은 2001년 중국이 WTO에 가입한 이후로 점점 더 많이 수입되는 중국산 제품과 경쟁해야 하는 제품을 생산하는 지역에서 실업률이 증가하고 임금이 떨어진 이유를 잘 설명해 준다.[5]

통화 정책과 재정 정책이 제대로 작동해서 마침내 완전 고용 상태를 회복했다고 해도, 세계화는 종종 단기적인 차원에서 일자리를 파괴한다. 이는 수입의 맹공으로부터 비롯된 일자리 감소가 추가적인 수출에 따른 일자리 창출보다 더 빨리 나타나기 때문이다. 특히 은행이 가령 새로운 무역 협정에 따른 기회를 활용하려는 기업에게 충분한 돈을 빌려주지 않을 때 더욱 그렇다.[6]

더 나아가 무역 협정과 세법은 실질적으로 많은 기업이 공장을 해외로 이전하면서 미국 내 일자리를 줄이도록 만들었다. 무역 협정은 낮은 세금과 더불어 일반적으로 미국 기업이 자국 내에서보다 해외에서 더 안전하게 재산권을 보호받게 해준다.[7] 무역 협정은 일반적으로 규제 변화로부터 기업을 보호한다. 이는 미국 내에서는 얻을 수 없는 혜택이다. 규제 변화로 인해 기업이 현재 혹은 미래의 수익에서 피해를 입었다면, 그들은 표준적인 투자 협정 조항을 근거로 소송을 제기할 수 있고, 기업 친화적인 중재위원회가 이들의 목소리에 귀 기울여 줄 것이다.[8] 역사적으로 기업이 임금이 낮은 개발도상국이 아니라 미국 내에 자리 잡고 있는 이유 중 하나는 〈안전하다〉고 느끼기 때문이다. 미국 정부는 임의적으로 기업의 재산을 빼앗지 않는다. 재산권 보장은 미국의 강점 중 하나였다. 그러나 무역 협정은 이러한 상황을 바꾸었다. 가령 멕시코나 다른 국가에 투자한 미국인은 비슷한 조항을 기반으로 강력한 보호를 받을 수 있다. 해외 정부는 투자자의 재산을 제대로 된 보상 없이 함부로 빼앗을 수 없을 뿐 아니라, 규제를 임의로 바꾸지 못한다. 반면 미국 정부는 아무런 보상 없이도 규제를 수정할 수 있다. 다시 말해 미국은 법치주의와 재산권 보장에서 비롯된 중요한 제도적 장점을 잃어버리고 말았다.

그런데 왜 미국은 그러한 경쟁 우위를 기꺼이 포기한 것일까? 미국 기업은 〈단기적 이익〉에 주목했기 때문에 그러한 조항을 원했다. 덕분에 기업은 해외는 물론 미국 안에서도 값싼 노동력을 구할 수 있게 되었다. 그 이유는 그 조항이 근로자의 교섭권을 위축시켰기 때문이다. 기업이 해외로 이전하겠다는 협박은 이제 현실적인 위협

이 되었다. 이는 아마도 기업이 근로자의 교섭권을 약화시키기 위한 가장 좋은 방법이었을 것이다.[9]

세계화는 또 다른 방식으로, 즉 세수를 낮춤으로써 일반적인 미국인에게 피해를 입혔다. 기업은 실제로 비즈니스를 운영하는 해외 국가와 미국으로부터 수익에 대해 두 번 과세를 당하지 않도록 대처하는 데 성공했다. 반면 기업이 적어도 한 번은 세금을 물게 하는 법은 없었다. 기업은 세계화를 이용해서 각국 정부가 서로 게임을 벌이도록 만들었다. 즉 기업은 각국 정부를 상대로 법인세를 인하하지 않으면 비즈니스를 다른 곳으로 옮기겠다고 협박했다. 실제로 몇몇 자유로운 기업이 협박을 실행으로 옮기면서 그들의 주장에 신빙성을 더했다.[10] 물론 기업은 특정 국가의 법인세율을 낮추고 난 이후에도 다른 국가로 눈길을 돌림으로써 법인세를 추가로 인하하지 않으면 떠나겠다고 으름장을 놓고 있다. 당연하게도 기업은 각국 정부가 출혈 경쟁을 벌이는 상황을 반긴다.[11]

공화당은 2017년 법인세율을 35퍼센트에서 21퍼센트로 인하하면서, 이는 다른 국가와 경쟁하기 위해 필요한 조치라고 해명했다.[12] 그들은 앞서 2001년과 2003년에 자본 이득과 배당금에 대한 세금을 낮추면서도 똑같은 논리를 제시했다. 하지만 당시의 세금 인하는 효과를 드러내지 못했다. 즉 저축과 노동 공급의 증가, 혹은 더 높은 성장으로 이어지지 못했다.[13] 물론 2017년 감세가 그러한 효과를 나타내리라고 기대할 근거는 없다. 오히려 이로 인해 향후 10년 동안 미국인의 소득이 줄어들 것이라고 예상할 만한 근거는 있다.[14] 기업을 끌어들이기 위해서 정말로 중요한 것은 교육 받은 노동력과 훌륭한 사회 기반 시설과 같은 것이다. 그리고 이를 마련하기 위해서는 세수가 필요하다. 기업은 기본적인 공공 투자의 재정을 뒷받침하는 다른 기업들 사이에서 무임승차를 원한다.

기업들은 각국 정부의 출혈 경쟁을 부추기는 것만으로는 충분하다고 생각하지 않았던지 세법상 애매모호한 조항(일반적으로 기업이 고용한 로비스트에 의해 입법화된)을 활용해서 〈공식적인〉 세율보다 한참 더 낮은 세율로 세금을 내고 있다. 어떤 경우에는 세율이 거의 제로에 가깝다. 다국적 기업에 부여하는 미국의 실질 법인세율(전체 수익 대비 세금의 비율)은 크게 떨어졌으며, 2012년을 기준으로 공식적인 최고 세율의 절반을 약간 넘는 수준이었다.[15] 구글과 애플은 그들의 엄청난 수익이 아일랜드에서 일하는 몇몇 직원에게서 비롯된 것인 양 행세하면서 수익의 0.005퍼센트만 세금으로 물었다.[16] 이러한 제도적 허점을 제거하기는 그리 힘들지 않다. 게다가 2017년 세법은 그렇게 하겠다고 약속했다. 그러나 운전석에 앉은 기업들이 세법을 새롭게 쓰면서 약속은 지켜지지 못했다. 오히려 문제는 더 심각해졌다. 예전에는 최저한세라는 조항이 있어서 기업이 세금 제도를 악용할 수 있는 범위를 제한할 수 있었다. 당시 필요했던 것은 이 조항을 강화하는 것이었다. 그러나 대신에 그들은 이 조항을 완전히 삭제해 버렸다.

그러나 미국 기업과 갑부들은 낮은 세율과 거대한 허점만으로는 만족하지 못했다. 그들은 세금을 회피할 목적으로 파나마와 영국령 버진아일랜드 같은 곳에 〈조세 천국〉을 세웠다.[17] 조세 천국의 문을 닫는 것은 그리 어려운 문제가 아니다. 이를 위해 필요한 것은 그 은행들이 미국의 금융 제도에 적용되는 투명성을 비롯한 다양한 규제에 동의하지 않는 한 미국 금융 시스템으로부터 차단해 버리는 것이다. 실제로 여기서 내가 제안하는 여러 가지 방안은 어렵지 않다. 그러나 계속해서 언급하듯이 문제는 정치에, 즉 〈이익〉을 지키기 위해 수단과 방법을 가리지 않는 갑부의 영향력에 있다. 미국과 유럽의 은행들은 갑부 고객과 그들 스스로를 위한 〈서비스〉의 일환으로 조세 천국을 구축하는 데 일조했다.[18]

세계화와 기술 발전이 진짜 범인인가?

앞서 언급했듯이 세계화를 옹호하는 사람들은 근로자 임금의 삭감과 일자리 축소의 원인으로 기술을 꼽는다. 기술은 근로자, 특히 제한적인 기술을 가진 근로자에 대한 수요를 위축시키고, 이는 다시 임금 삭감과 실업률 증가를 촉발한다.[19] 많은 경제학자들이 세계화가 실업률 증가와 임금 하락에 어느 정도 영향을 미쳤는지 분석하고자 시도했다. 하지만 세계화와 기술 발전은 밀접하게 얽혀 있기 때문에, 내가 보기에 그 영향을 구분하는 것은 본질적으로 불가능한 과제다. 여기서 중요한 사실은 기술 발전이 이뤄지지 않았다고 해도 세계화는 그 자체로 정부의 도움이 없는 한 미국 근로자들을 곤경에 빠뜨렸으리라는 점이다. 게다가 기술 발전이 근로자를 힘들게 만드는 상황에서 세계화는 그들의 곤경을 배가시킬 뿐이다.

각국 정부는, 특히 미국 정부는 근로자를 도와주기는커녕 정반대되는 일을 했다. 세계화는 근로자의 교섭권을 약화시켰고, 노동조합과 근로자 권리에 영향을 미치는 입법이 그 힘을 더욱 약화시켰다. 경제 성장 속도에 맞춰 최저임금을 인상했다면 최하위 계층을 보호할 수 있었을 것이다. 하지만 최저임금의 인상 속도는 인플레이션조차 따라잡지 못했다.[20] 결론적으로 정책과 기술, 세계화 모두가 긴밀하게 얽혀서 오늘날의 문제를 촉발한 것이다. 노동조합이 기술 발전과 세계화의 흐름에서 제대로 힘을 발휘하지 못했다는 사실은 그들을 더욱 무력화했다. 실질 임금 하락을 막지 못하는 노동조합에 누가 회비를 낸단 말인가? 노동조합의 약화는 불균형한 무역 협정과 정체된 최저임금으로 이어졌다. 누구도 근로자들을 위해 싸우지 못했고, 누구도 기업의 엄청난 영향력을 막아서지 못했다. 무역 협정은 경제적 힘에서 점점 더 커지는 불균형의 결과이자 원인이다. 여기에 세계화에 대처하는 방식은 문제를 더욱 악화시켰다. 즉 기술 발전에 따른 탈산업화로부터 어려움을 겪는 근로자들의 고통을 더욱 심화했다.

21세기 무역 협정

지난 60년 동안 관세는 크게 낮아졌다. 오늘날 무역 협상은 일반적으로 규제를 비롯한 다양한 〈비관세〉 무역 장벽[21]과 지적 재산권, 투자를 포함하는 다른 사안에 집중한다. 전 세계 무역의 44퍼센트를 차지하는 환태평양경제동반자협정(TPP)(미국은 2016년에 가입했지만 트럼프는 취임 첫날 탈퇴를 선언했다)은 이러한 사실을 잘 보여 준다. 그 명칭에서 〈무역〉이라는 용어가 빠졌다는 사실은 기존 관점과는 달리 무역이 협상의 핵심이 아니라는 점을 암시한다.[22] 미국 정부의 예측에 따르면, 이 협정이 충분히 실행되었을 때 미국의 성장에 미치게 될 순영향은 GDP의 0.15퍼센트밖에 되지 않을 것이다. 어느 정도 공정한 다른 기관은 그 낮은 수치마저도 심한 과장이라고 예측하고 있다.[23]

TPP를 비롯해 최근 다양한 협정이 핵심적으로 무역에 관한 것이 아니라면 무엇에 관한 것인가? 이러한 협정은 투자와 지적 재산권, 규제, 그리고 기업이 주목하는 다양한 사안에 주목한다. 이처럼 새로운 사안을 둘러싼 무역 협정은 관세를 둘러싸고 벌어지는 기존의 분쟁과는 확연히 다르다. 관세 인하는 자국 생산자(보호를 원하는)의 이익과 해외 생산자(새로운 시장을 원하는)의 이익이 상충하도록 만들었고, 이러한 상황에서 소비자는 가격 인하로 이익을 얻었다. 더 최근에 그 분쟁은 한 국가의 상업적 이익과 다른 국가의 상업적 이익 사이에서가 아니라, 양국 소비자의 이익과 상업적 이익 사이에서 벌어지고 있다. 일반 시민은 환경에 유해하고 안전하지 않고 건강에 해로운 제품으로부터 보호받기를 원한다. 전 세계 기업은 단지 이익을 극대화하고자 하며, 비양심적인 기업은 이 싸움에 정부를 끌어들여 출혈 경쟁을 벌인다. 규제적 조화의 추구(공통적인 〈표준〉을 가진)는 일반적으로 가장 낮은 차원에서의 조화를 의미한다. 그러한 조화의 혜택은 다분히 제한적이며, 특히 기업이 그들 뜻대로 하고 공통적인 표준이 낮을 때 비용은 상당히 높을 수 있다. 가령 많은 유럽인은 유전자 가공 식품(GMO)을 걱정한다. 그들은 이를 금지하거나 적어도 분명하게 표기하기를 원한다. 반면 미국은 GMO 표기를 하면 유럽인들이 미국 제품을 사지 않게 될 것이라고 주장한다. 그 주장은 옳다. 그렇기 때문에 미국은 GMO 표기가 일종의 무역 장벽이라고 주장한다. 하지만 이 주장은 틀렸다. 각국 정부는 그들이 적절하다고 판단하는 방식으로 시민과 환경, 경제를 보호할 권리가 있다. GMO 공개는 보호주의가 아니라, 시민의 건강에 대한 진정한 우려를 반영하는 것이다. 마찬가지로 미국은 지난 사반세기 동안 다른 나라들이 그들의 파생상품(2008년 금융 위기에서 핵심적인 역할을 했던 금융 상품)에 시장을 개방하도록 압박했다. 이는 이러한 상품이 이들 국가의 경제에 중대한 위험을 부과함에도 불구하고 오로지 미국 금융 기업의 수익을 높이기 위한 것이었다. 파생상품을 제한하는 많은 국가의 정책 역시 〈보호주의〉가 아니다. 그것은 자국 경제를 정말로 위험한 금융 상품으로부터 지키기 위한 것이다. 나는 모든 정부가 자국의 경제와 시민을 보호할 수 있는 권리를 가져야 한다고 믿는다. 그리고 이러한 권리를 제한하는 무역 협정에 반대하는 정부를 지지한다.

지적 재산권

오늘날 중요한 무역 관련 사안 중 하나가 지적 재산권이다. 빅파마Big Pharma(값비싼 브랜드 의약품을 생산하는 제약 회사)는 무역 협정에 있는 지적 재산권 조항을 이용해서 가격이 훨씬 싼 제네릭 의약품을 막고자 했다. 가령 경쟁자의 진입을 최대한 연기하도록 압박하는 등 그들이 할 수 있는 최선을 다했다.

지적 재산권에 관한 강력한 국제적 합의를 이루는 것은 다국적 기업의 꿈이었다. 1995년에 이들 기업은 〈무역 관련 지적 재산권에 관한 협정(TRIPS)〉을 통해 그들이 원하는 것의 일부를 얻었다.[24] 이 협정의 목적은 혁신을 자극하는 것이 아니었다. 3장에서 우리는 지적 재산권이 독점을 가능하게 만들어 기업의 수익을 증가시키며, 허술하게 설계된 지적 재산권 제도는 혁신을 자극하지 못한다는 사실을 살펴봤다. TRIPS의 목적은 빅파마를 비롯한 몇몇 다른 산업 내 기업의 이익을 높이는 것이었다.[25] 그리고 가난한 개발도상국과 신흥 시장으로부터 미국으로 돈이 흘러들도록 만들기 위한 것이었다.[26] 놀랍지 않게도 이는 지적 재산권의 영역 안에서조차 평등한 협정이 아니었다. 이 협정은 개발도상국의 지적 재산권, 다시 말해 아주 많은 이들이 보존을 위해 노력하는 생물 다양성, 혹은 전통적인 지식에 존재하는 고유한 자원의 지적 재산권을 인정하지 않았다.[27]

보호주의는 답이 아니다

세계화, 그리고 특히 허술하게 관리된 자유 무역주의가 탈산업화와 실업, 불평등의 문제를 심화시키는 동안 트럼프의 보호주의 정책은 이 문제들 중 어느 것도 해결하지 못할 것이다. 사실 원칙 기반의 세계적인 시스템을 되돌리려는 그의 무모한 시도는 문제의 일부를 더욱 심각하게 만들 것이다. 무역 협정을 재협상한다고 해서 무역 적자를 줄일 수도 없고, 제조업 분야의 일자리를 되찾지도 못할 것이다. 그 이유는 무역 적자를 결정하는 것은 무역 협정이 아니라 거시 경제적 요인이기 때문이다. 거시 경제적 요인은 환율(다른 통화에 대한 한 통화의 가치)을 결정하고, 환율은 수출과 수입을 결정하는 과정에서 중요한 역할을 한다. 달러 가치가 높을 때, 미국은 적게 수출하고 많이 수입한다.[28]

미국과 같은 국가에서 너무 적게 저축을 해서 빈약한 투자조차 저축을 초과할 때, 그 부족분을 메우기 위해 자본을 해외로부터 들여와야 한다. 해외 자본이 유입될 때, 투자자들이 그들의 통화를 지역 통화로 바꾸면서 환율이 상승하게 된다. 다시 말해 자본이 미국으로 흘러 들어올 때, 달러 가치는 가령 유로에 비해 상승한다. 그러면 미국의 제품과 서비스는 유럽에 비해 더 비싸지고 그만큼 미국의 수출은 감소한다. 이는 또한 유럽 제품의 가격이 떨어지고, 그래서 미국은 더 많이 수입을 하게 된다는 것을 의미한다. 이는 정말로 골치 아픈 문제다. 수입이 늘어나면서 수입 제품과 경쟁하는 산업의 일자리는 줄어든다. 이 때문에 미국 내 기업들은 〈보호〉를 강력하게 요구한다. 그들은 수입량을 제한하거나 관세를 부과함으로써 수입으로부터 보호해 줄 것을 요구한다. 대단히 경쟁적인 시장에서는 낮은 관세로도 실질적으로 수입을 차단할 수 있다.[29]

전체적인 무역 적자는 국내 투자에 대한 국내 저축의 부족분과 동일하기 때문에, 무역 적자를 결정하는 데에서 중요한 역할을 하는 정책은 국가 전체의 저축이나 투자에 영향을 미친다. 이러한 점에서 2017년 세법은 그 어떤 양자 간 무역 협정보다 저축이나 투자에 더 많은 영향을 미칠 것이다. 그 시나리오는 이렇게 흘러간다. 2017년 세법이 통과되었을 때, 이는 정부의 미래 적자를 크게 증가시켰고, 동시에 미국 정부가 이를 메우기 위해 결국 해외에서 들여와야 할 자본의 규모도 증가시켰다. 그 결과 달러 가치가 높아지고 (자본 유입이 증가하지 않았을 때와 비교해서) 무역 적자가 커질 것이다. 이는 단순한 관계다. 재정 적자의 증가는 일반적으로 무역 적자의 증가로 이어진다.[30] 그리고 이는 트럼프가 무역 협정을 재협상하는 과정에서 그 성공 여부와 무관하게 진실이다.

무역 협정은 무역 적자보다 무역 패턴의 측면에서 더 중요하다. 무역 패턴의 변화는 〈다자간〉 무역 적자(전체적인 무역 적자로서 총수출 가치와 총수입 가치 사이의 차이)에는 전반적으로 영향을 미치지 않는다고 해도 〈양자 간〉 무역 적자(두 나라 사이의 무역 적자)에는 영향을 미친다. 예를 들어 미국이 중국에 25퍼센트 관세를 부과할 때, 미국은 중국에서 수입하는 의류의 양을 줄이고 가령 말레이시아와 같은 나라에서 더 많이 의류를 들여올 것이다. 그리고 비교 가능한 말레이시아 의류가 중국에서 생산되는 의류보다 약간 더 비싸기 때문에(그렇지 않다면 미국은 애초에 말레이시아에서 의류를 수입했을 것이다) 미국 시장에서 의류 가격은 상승할 것이며, 그만큼 미국인의 생활수준은 떨어지게 된다.

중요한 사실은 무역 협정 재협상에서 트럼프의 성공 여부와 상관없이 제조업 일자리가 미국으로 돌아오는 것은 다분히 제한적일 것이라는 점이다.[31] 일자리가 돌아온다고 해도, 대단히 자본 집약적인 공장에서 소수의 근로자만 고용하는 그런 일자리일 것이다. 게다가 새로운 일자리가 사라진 일자리와 같은 곳에서 등장할 것인지는 알 수 없다. 결국 보호주의는 제조업에서 일자리를 잃어버린 이들의 문제를 해결하지 못한다.

미국과 캐나다, 멕시코 간에 체결된 새로운 무역 협정에 대해 생각해 보자. 이는 멕시코산 자동차 부품의 수입이 소폭 감소하도록 설계되었다. 그 조항이 의도한 대로 효력을 발휘한다고 해도, 미국 자동차는 여전히 더 비싸고 덜 매력적일 것이다. 미국은 자동차 부품 생산에서 조금 더 많은 일자리를 얻을 것이다. 하지만 자동차 생산에서 많은 일자리를 잃을 것이다. 미국에서 생산한 자동차의 매출이 감소할 것이기 때문이다.

또 다른 사례로 눈을 돌려 2018년 미국이 중국의 태양광 패널에 관세를 부과했던 유명한 조치에 대해 생각해 보자. 이 관세 부과는 석탄 산업의 부활로 이어지지는 않을 것이다. 미국 시장에서 태양광 패널 산업의 등장으로도 이어지지 않을 것이다. 중국은 태양광 패널 생산에서 이미 선두를 차지하고 있으며, 앞으로 미국이 따라잡기는 힘들어 보인다. 특히 미국의 높은 임금 수준을 고려한다면 더욱 그렇다. 게다가 미국이 사용하는 태양광 패널은 앞으로 계속해서 중국에서 생산될 것이다. 하지만 이에 부과된 관세는 패널의 가격을 높일 것이며, 그래서 미국 소비자와 기업에 대한 매력도를 떨어뜨릴 것이다. 그리고 높은 관세를 부과하기 전 미국 내 광부보다 두 배나 더 많은 노동자를 고용했던, 비록 초창기이지만 급속히 발전하고 있는 태양광 패널 설치 산업에서 일자리를 파괴할 것이다. 관세 부과는 이러한 친환경 분야에서 고용 규모를 위축시킬 것이며, 이는 곧 친환경 에너지 생산의 감소를 의미한다.

세계화 과정에서 일자리는 분명히 파괴될 것이다. 하지만 트럼프가 추진하는 무모한 탈세계화의 과정에서 일자리는 다시 한번 파괴될 것이다. 세계는 효율적인 글로벌 공급망을 구축했고, 현명한 국가들은 이를 적극 활용하고 있다. 그러나 미국이 이러한 공급망에서 스스로를 고립시킨다면, 미국 기업의 경쟁력은 떨어질 것이다. 더 중요하게, 엄청난 적응의 대가가 따를 것이다. 세계화에 적응하기는 힘들었으며, 그 과정에서 미국 사회, 특히 근로자는 이미 높은 대가를 지불했다. 하지만 다시 탈세계화에 적응하려면 또 한 번 엄청난 대가를 치러야 할 것이다.[32]

21세기 글로벌 협력

보호주의는 미국 사회는 물론 탈산업화로부터 어려움을 겪는 미국 시민들에게도 도움을 주지 못할 것이다. 동시에 미국의 무역 파트너와 세계 경제에 근본적으로 부정적인 영향을 미칠 것이다. 국제 공동체는 지난 70년 동안 무역과 협력을 활성화하는 규칙 기반의 시스템을 구축했고, 미국은 그 시스템을 구축하는 과정에서 핵심적인 역할을 맡았다. 물론 미국은 이타적인 차원에서 그렇게 한것이 아니라, 그러한 시스템이 미국을 포함해 전 세계에 도움이 될 것이라고 판단했기 때문이다. 무역과 교류는 국경을 뛰어넘어 이해를 증진시키고, 평화에 기여하고, 지난 세기의 재앙이었던 전쟁의 위험을 낮출 것으로 기대를 모았다. 또한 경제적 차원에서도 도움이 된다. 효과적으로 관리된 규칙 기반의 세계화는 모든 국가에게 이익을 나눠 줄 잠재력을 지니고 있다. 실제로 미국 경제는 전반적으로 세계화의 흐름으로부터 도움을 받았다. 문제는 성장의 열매를 평등하게 분배하지 못했다는 것이다.

무역 전쟁과 글로벌 협력

오늘날 이러한 규칙 기반의 세계 무역 시스템이 공격을 받고 있다. 트럼프가 처음으로 중국과의 무역 전쟁을 선포했을 때, 미국 내외의 사람들은 반신반의했다. 결국 무역 전쟁은 양측의 이익에, 특히 오랫동안 미국의 국제적 경제 정책을 좌지우지했던 기업의 이익에 크게 반하는 것으로 보였다. 하지만 트럼프는 합리성이나 일관성과는 거리가 먼 인물로 유명하다. 2018년에 철강과 알루미늄, 세탁기, 태양광 패널을 중심으로 마찰이 시작되었고, 이후 미국이 중국 제품에 2천억 달러가 넘는 관세를 부과하고 중국이 이에 맞서 보복을 감행하면서 전면전 양상으로 확대되었다. 트럼프는 미국의 승리를 확신했다. 그건 미국이 중국에 수출하는 것보다 더 많은 양을 중국으로부터 수입하고 있었기 때문이다. 하지만 여러 가지 이유에서 그의 판단은 잘못된 것이었다. 여기서 중요한 것은 양측이 선택할 수 있는 방안, 의지, 상대방에게 피해를 입힐 수 있고 상대방으로부터 받은 피해를 만회할 수 있는 역량, 그리고 국가 내부적인 지지다. 중국은 여전히 미국보다 더 통제된 경제를 유지하고 있기 때문에, 더 집중적으로 정책을 실행에 옮길 수 있을 뿐 아니라 그 과정에서 피해를 입은 분야에 효과적으로 도움을 줄 수 있다. 중국은 수출 의존도를 낮추고 싶어 했고, 미국은 단지 그 과정을 가속화하고 있

을 뿐이다. 게다가 기술적 역량을 끌어올리고자 하는 중국의 의지
도 강화하고 있다. 더 나아가 실질적인 〈중국산〉 제품의 수출 규모
는 미국의 수출보다 훨씬 더 적고, 그렇기 때문에 수출 감소는 중국
보다 미국 경제에 훨씬 더 큰 영향을 끼칠 것이다.[33]

또한 중국은 많은 국민의 지지를 등에 업고 무역 전쟁을 시작했
다. 반면 미국은 대다수가 반대하는 상황에서 전쟁을 선포했다.[34]
마지막으로, 중국은 자국에서 비즈니스를 운영하는 미국 기업들을
압박하는 것에서부터 남중국해에서 보다 적극적으로 활동하는 것
에 이르기까지 다양한 경제적·비경제적 행동을 취할 수 있다.

물론 모두는 결국 패자가 될 것이며, 보호주의는 직접적인 경제
적 측면을 넘어서서 광범위한 부정적 영향을 끼칠 것이다. 우리는
무역 이외에 다양한 측면에서 국제적 협력이 필요하다. 예를 들어
북한 문제를 다루기 위해 한국과 중국의 도움이 절실하다. 또한 러
시아를 다루기 위해서 유럽의 도움이 필요하다. 그러나 무역 전쟁
을 벌여서는 도움을 받기 힘들다.

다양한 가치 체계가 공존하는 세계화

무역 전쟁의 위협 아래에는 그 대처 방식에서 어려움을 겪는 사
람들을 넘어서는, 글로벌 무역 시스템에 대한 깊은 불만이 자리 잡
고 있다. 세계화를 지지하는 이들은 가치 체계가 완전히 다른 국가
들까지 포함하는 자유로운 무역 시스템을 구축할 수 있을 것이라고
확신했다. 가치는 우리 경제와 비교 우위에 전반적이고 중요한 방
식으로 영향을 미친다. 가령 덜 자유로운 사회가 인공지능과 같은

핵심 분야에서 더 높은 성과를 달성할 수 있다. 또한 빅데이터의 경우, 중국은 데이터를 수집하고 활용하는 데 제약을 덜 받는다. 일반적으로 수감자는 최저임금보다 훨씬 낮은 임금을 받는다는 점에서, 유럽인들은 미국이 수감자들의 노동력을 활용함으로써 불공정한 우위를 얻고 있다는 사실에 대해 불만을 제기해야 할까(수감자는 미국 산업 노동력에서 거의 5퍼센트 비중을 차지한다)? 혹은 미국은 탄소 배출에 대해 사실상 제약을 부과하지 않음으로써 불공정한 우위를 유지하고 있는가?

사반세기 전 미국과 서구 사회가 중국과 점진적으로 교역을 시작하면서, 이러한 관계가 중국의 민주화를 가속화할 것이라고 기대했다. 앞서 언급한 것처럼 서구 사회, 특히 미국은 경제적, 정치적으로 승리하면서 철의 장막을 걷어 버리는 데 크게 기여했다. 북한 등 몇몇 국가를 예외로 하고, 모두가 미국식 민주주의와 자본주의를 받아들이는 것은 단지 시간문제로 보였다.

하지만 그것은 미국식 자본주의의 한계를 드러냈던 2008년 금융 위기, 미국식 민주주의의 한계를 드러냈던 트럼프 당선, 그리고 우리가 기대한 것처럼 중국이 전제주의로부터 빨리 벗어나지 않을 것이며 실제로 다른 방향으로 나아갈 것임을 보여 주었던 시진핑 국가주석의 임기 제한 철폐 이전이었다. 중국의 독특한 경제 모형(일부는 이를 국가 자본주의라고 부르고, 중국은 〈중국적 특색을 가미한 사회주의 시장 경제〉라고 부른다)은 대단히 강력한 것으로 드러났다. 실제로 중국은 2008년 금융 위기를 다른 어떤 나라보다 잘 버텨 냈다. 이제 성장세가 조금 주춤해지기는 했지만, 그래도 중국 성장률은 유럽의 세 배가 넘고 미국의 두 배다. 방대한 규모의 해외 원조 프로그램과 더불어 중국의 성공은 스스로 경제 모형을 선택하고자 하는 제3세계의 많은 국가에게 매력적인 모델로 드러나고 있다.

40년 전 중국이 시장 경제를 향해 발걸음을 떼기 시작할 무렵, 어느 누구도 그 가난한 나라가 반세기가 안 되는 세월에 미국에 견줄 만한 GDP를 달성하리라고는 상상하지 못했다. 중국이 인공지능이나 사이버 보안과 같은 몇몇 첨단 분야에서 성공을 거두면서, 미국 내에서는 경제적인 경쟁뿐만이 아니라 국가 안보와 관련된 우려가 제기되었다. 중국을 바라보는 기업의 열정은 차츰 식어 갔다. 예전에 미국 기업은 중국을 금광으로 여겼지만, 점차 임금은 상승하고, 환경을 비롯한 다양한 규제 기준이 강화되고, 중국 기업과의 경쟁은 더욱 치열해졌다. 이 모두는 중국이 더는 예전만큼 수익성 높은 시장이 아니며, 앞으로의 전망도 그리 밝지 않다는 사실을 보여 주는 것이었다.

미국 기업들은 중국이 그들의 시장에 진입하는 조건으로 합작투자(지적 재산권의 공유를 포함해)를 요구하는 것이 불공정한 처사라고 불만을 토로한다. 반면 중국은 어느 누구도 중국 시장에 들어오라고 강요하지 않았다고 맞받아치고 있다. 기업들은 그러한 조건을 알면서도 중국 시장에 진입한 것이다.[35] 중국은 비록 거대하기는 하지만 1인당 국민소득이 미국의 5분의 1 정도에 불과한 개발도상국이다. 그들은 선진국과의 격차를 좁히기 위해 안간힘을 쓰고 있다. 특히 지식 분야에서의 격차에 주력하고 있으며, 몇몇 중요한 분야에서는 상당 부분 따라잡았다. 합작투자와 그에 따른 조건을 금

지하는 국제법이나 규범 같은 것은 없다.[36]

그러나 오늘날 중국이 거둔 성공은 단지 서구 기업과의 합작투자나 이를 통한 지적 재산권 훔치기에 의존한 것이 아니라, 광범위한 영역에 그 기반을 두고 있다. 특히 소셜 미디어나 인공지능 같은 몇몇 분야에서는 크게 앞서 나가고 있다. 게다가 중국이 취득하는 특허권 규모도 급증하고 있다.[37] 중국은 이미 다양한 분야에서 선진국과 지식 격차를 좁히는 데 성공하고 있다. 트럼프 행정부는 중국과의 교역에서 소 잃고 외양간 고치는 식의 노력을 하고 있는 셈이다.[38]

중국과의 무역이 그 나라를 민주주의 사회로 재빨리 이동시킬 것이라는 우스꽝스러운 생각은 일단 접어 두고, 한 가지 중요한 질문으로 시선을 돌려 보자. 미국과는 완전히 다른 경제 시스템을 가진 나라와 어떻게 완전히 개방된 무역 협정을 맺을 수 있을까? 가령 프라이버시 문제에 별 관심이 없고 정치적으로 불쾌한 웹사이트를 검열하거나 차단하려는 강력한 의지를 지닌 국가와의 관계에서 〈운동장을 수평으로 맞추기〉란 과연 무엇을 의미할까? 사실 이 문제는 비공식적인 차원에서 오랫동안 논의되어 왔다. 신흥 시장과 개발도상국들은 미국과 유럽연합이 전 세계 수십억 명의 빈곤 인구가 생계를 위해 의존하는 농업 분야에 보조금을 지급하는 한 공정한 글로벌 무역 시스템은 불가능하다고 주장한다. 반면 미국은 중국 경제에 드러나지 않은 보조금이 만연하다고 주장한다. 이에 대해 중국은 그러한 보조금은 농업 분야의 대규모 보조금을 포함해 금융 분야의 방대한 구제 프로그램, 방위 분야에 대한 엄청난 연구비 지원(이러한 지원 중 일부는 보잉사의 상용 항공기처럼 소비재로 이어지는)과 마찬가지로 모든 경제에 보편적으로 존재하는 것이라고 주장한다. 또한 미국이 에어버스에 대한 유럽의 노골적인 지원에 불만을 제기하고 있는 것처럼, 유럽은 항공기 산업에 대한 미국의 드러나지 않는 지원에 이의를 제기하고 있다.

다른 국가들은 앞으로 고유한 가치와 믿음을 기반으로, 그들의 경제를 근본적으로 다른 형태로 구축해 나갈 것이다. 모두가 기업 지배와 불평등을 특징으로 하는 미국식 자본주의를 원하는 것은 아니다. 또한 모두가 중국처럼 정부가 경제를 통제하거나 프라이버시에 무관심한 방식을 원하는 것도 아니다. 아무런 규제가 없고, 각국의 고유한 가치를 충분히 반영하지 못한 세계화 시스템은 제대로 기능하지 않을 것이다. 동시에 몇몇 국가가 게임의 규칙을 지배하는 세계화 시스템도 제대로 돌아가지 못할 것이다. 그러므로 우리는 완전히 다른 경제 시스템을 기반으로 삼으면서도 상업적으로 성과를 올릴 수 있는 거대한 공통분모가 분명히 있다는 인식을 바탕으로, 평화로운 공존에 기반을 둔 새로운 형태의 세계화를 모색해야 한다. 이를 위해 최소한의 규칙이 필요하다. 이는 법치주의의 기반으로서 기본적인 교통 법규와도 같은 것이다. 미국은 다른 나라에게 미국의 규제 시스템을 받아들이라고 강요할 수 없다. 마찬가지로 다른 나라로부터 그들의 시스템을 받아들이도록 강요당해서도 안 된다. 세계적이고, 다각적이고, 모든 나라가 합의할 수 있는 규칙을 마련한다면, 우리 모두는 훨씬 더 잘 살게 될 것이다.

세계화 고치기

보호주의는 미국을 비롯한 전 세계가 직면하는 문제의 해답이 아니다. 그렇다고 해서 지금까지 해왔던 그대로 세계화의 흐름을 이어 나가는 것 역시 해답이 될 수 없다. 지난 30년 동안 통했던 방식은 앞으로 점점 그 힘을 발휘하지 못할 것이다. 결국 더 많은 고통과 더 많은 정치적 혼란을 야기할 뿐이다.

앞서 우리는 세계화가 일련의 잘못된 가정에서 출발했다는 사실을 살펴봤다. 그 가정이란 세계화에서는 모두가 승자이며(정부 개입이 없을 때 대부분 패자만 남는다), 우리 경제에 긍정적인 영향을 미친다는 것이다(실제로 미국이 세계화를 추진했던 방식은 특정 분야에서 노동자들의 교섭권을 위축시키고 기업의 힘을 강화했던 비즈니스 세상의 정치적 의제를 뒷받침했다). 세계화라는 명목(각국을 보다 경쟁적으로 만드는)으로 근로자는 낮은 임금과 열악한 근로 환경, 그리고 그들이 의존하는 주요 사회복지의 감축을 받아들여야 했다. 이러한 상황에서 어떻게 근로자의 삶이 나아질 수 있겠는가? 이제 우리 모두는 산업화된 선진국에서 성장에 따른 이익이 과대평가되었고 분배 효과는 과소평가되었다는 사실을 잘 알고 있다.

물론 세계화 흐름에 잘 대처했던 중국과 같은 신흥 시장은 오늘날 엄청난 번영을 누리고 있다. 중국은 단기적 자본 흐름(하룻밤 사이에 들어왔다 빠져나가는 핫머니)에 따른 불안정성으로부터 비교적 멀리 떨어져 있었다. 이러한 사실은 해외 투자자들이 뛰어들도록 만들었고, 중국은 그 과정에서 기존 선진국과의 지식 격차를 좁힐 수 있었다. 또한 전반적으로 안정적인 환율을 바탕으로 수출에 박차를 가했고, 그 화폐 가치는 개발 초창기에 비해 약간 더 낮은 수준으로 유지했다. 더 중요한 사실은 불평등이 증가하도록 용인했음에도 거의 모두가 세계화로부터 이익을 얻도록 했다는 점이다(앞서 언급했듯 7억 4천만 인구를 가난으로부터 구제하면서).

중국의 성장이 선진국의 희생으로 이뤄진 것이라는 주장은 솔깃하게 들린다. 하지만 사실이 아니다. 무역이 〈양측 모두에게〉 이익을 준다는 일반적인 주장은 전반적으로 옳다(정부가 위험과 기회를 잘 관리한다면). 하지만 정부가 그에 따른 피해를 상쇄할 만한 적절한 정책을 실행하지 않을 때, 국가 내 거대한 집단이 손해를 입을 수 있다. 실제로 미국 정부는 필요한 수단을 취하지 않았고, 그 결과는 모두가 충분히 예상할 수 있는 것이었다.[39]

세계화가 미치는 영향의 범위는 경제를 훌쩍 넘어선다. 의학의 발전이 전 세계로 확산되면서 기대수명이 크게 늘었다. 그리고 성의 권리에 대한 개념이 세계적으로 확산되면서 이에 대한 인식이 높아졌다. 우리는 세계를 무대로 이뤄지는 세금 회피가 각국 정부로부터 기본적인 공공 서비스를 제공하기 위해 필요한 수입을 앗아간다는 사실을 살펴봤다. 또한 정부가 세계화에 대처하는 방식은 종종 특정 공동체를, 어떤 경우에는 사회 전체를 약화시킨다. 가령 지역 상인들은 공동체 경제의 근간을 이룬다. 그러나 오늘날 해외에서 값싼 물건을 사들이는 데에서 독보적 경쟁력을 갖춘 거대한 체인 기업이 진입하면서 지역 상인들은 시장에서 내몰리고 있다.

일반적으로 체인 기업은 공동체보다 기업의 이익을 우선시하며, 특정 지역에 뿌리를 내릴 정도로 한곳에 오래 머물지 않는다.

세계화의 규칙은 이상과 거리가 멀었다. 지금까지 세계화의 규칙은 근로자와 소비자, 환경, 그리고 경제를 희생함으로써 기업의 이익을 지켜 주었다. 빅파마는 전 세계 수많은 인구의 생명을 희생함으로써 값비싼 의약품을 지속적으로 판매할 수 있도록 강력한 보호를 받았다. 대기업은 소기업에 비해 그들에게 유리하게 기울어진 지적 재산권 제도를 누리고 있으며, 생명과 환경, 장기적 성장과 혁신보다 기업의 이익만을 추구하고 있다. 또한 다국적 기업이 세금을 쉽게 회피할 수 있도록 허용하면서 근로자와 소기업이 더 많은 세금 부담을 떠안게 되었다. 게다가 투자 협정을 통해 미국 내에서보다 해외에서 투자에 대한 재산권을 더 안전하게 보장해 준다는 것은 말이 안 된다.

우리에겐 개혁을 위한 쉬운 목록이 있다. 투자 협정은 한 가지에 초점을 맞춰야 한다. 바로 미국 기업이 차별받지 않도록 하는 것이다.[40] 또한 무역 협정의 지적 재산권 조항은 빅파마의 높은 수익을 보장하는 것이 아니라, 제네릭 의약품에 대한 접근을 보장하는 데 초점을 맞춰야 한다. 더 나아가 세계화를 세금 회피의 수단으로 활용하지 못하도록 면밀한 주의를 기울여야 한다.

보다 공개적이고 민주적인 과정을 거쳐 국제 무역의 규칙을 마련한다면, 우리는 틀림없이 더 나은 시스템을 만들 수 있을 것이다. 현재 미국의 무역 협정에 대한 논의는 미국 무역대표부에서 부분적인 비공개 방식으로 이뤄지고 있다. 비록 무역대표부가 협상 지위에 대한 공유를 거부하면서 의회의 접근이 거부되는 경우가 종종 발생하고 있지만, 그럼에도 무역대표부가 협상 내용을 기업 대표들과 함께 논의하기 때문에 기업은 실질적으로 협상 테이블에서 자리를 차지하고 있다.[41]

더 중요하게, 변화가 세계화에 따른 것이든 아니면 기술 발전에서 비롯된 것이든 간에 우리 사회는 일반 시민이 변화하는 경제에 적응하도록 실질적인 도움을 주어야 한다.[42] 시장에만 의존해서는 변화를 이끌어 내고 경제를 혁신하기 힘들다. 국민이 변화의 흐름에 적응하도록 도움을 주고 있는 스칸디나비아의 일부 국가(가령 스웨덴이나 노르웨이)는 역동적인 경제와 변화에 개방적으로 대처하면서, 시민의 삶을 향상시키기 위해 노력하고 있다. 이를 위해 정부는 적극적인 노동 시장 정책을 기반으로 사람들이 새로운 일자리를 쉽게 찾을 수 있도록 해야 한다. 또한 효과적인 산업 정책을 통해 기존 일자리가 사라지는 속도만큼 빨리 새로운 일자리를 창출함으로써 대규모 일자리 파괴로 어려움을 겪는 지역이 새로운 경제적 기회를 발견하도록 해야 한다.[43] 아울러 어떤 구성원도 배제하지 않는 효과적인 사회보장 시스템이 필요하다. 그러나 세계화를 이끌어 가는 이들과 미국의 경제는 이러한 프로그램이 가장 필요한 시점에 오히려 축소를 요구해 왔다(세계화된 세상과 경쟁해야 한다는 이유로).

적어도 경제적 관점에서 볼 때, 세계화의 규칙을 새롭게 쓰고 세계화를 더 잘 관리해 나가는 것은 그리 어려운 과제가 아니다. 이 책의 후반부(9장)에서는 세계화와 기술 변화를 효과적으로 관리함으로써 모두가 혹은 적어도 대다수의 시민이 도움을 받을 수 있도록, 그리고 뒤처지는 사람이 거의 없도록 하는 방안에 대해 논의할 것이다.

금융, 그리고 미국의 위기

미국의 경제 위기가 10년 가까이 이어지면서 불평등이 심화되고 성장이 둔화되는 가운데, 금융은 오늘날 경제적·사회적·정치적 불안을 자극하는 핵심 요인으로 자리 잡고 있다. 미국의 사회적 자원(뛰어난 젊은이들을 포함해)은 오랫동안 〈실물〉 경제가 아닌 금융 쪽에 집중되었다. 제품과 서비스의 효율적인 생산이라고 하는 목적을 달성하기 위한 수단이었던 금융 분야는 오늘날 그 자체로 목적이 되어 버렸다. 현대 경제가 제대로 돌아가기 위해서는 사회에 봉사하는 효율적인 금융 시장이 필수적이다. 따라서 금융 분야를 개혁함으로써 그것이 다른 방식이 아니라 사회를 위해 봉사하도록 만드는 노력이 반드시 필요하다.

건국 이후 미국 사회에서는 강력한 은행이 민주주의를 위협할 수 있다는 우려가 제기되었다. 이 때문에 많은 이들이 제1은행First National Bank 설립에 반대했으며, 앤드루 잭슨 대통령은 그 은행의 20년 승인 기간이 끝나는 1836년에 연장을 거부했다. 그때의 우려

는 2008년 금융 위기의 재발을 막기 위해 은행을 규제하려는 시도
와 함께 지금까지도 이어져 오고 있다. 미국인의 4분의 3 이상이 은
행을 강력하게 규제해야 한다고 생각한다. 그러나 의원 한 명에 다
섯 명의 로비스트가 달라붙으면서, 미국의 10대 은행은 2억 5천만
명의 시민보다 더 강력한 영향력을 행사했다. 금융 위기를 촉발한
문제를 해결하기 위해 도입된 도드-프랭크 법이 2년 만에 통과되었
지만(최종적으로 2010년에 발효되었다), 사실 그 법은 당시 미국
사회가 필요로 했던 것과 거리가 멀었다. 로비스트 군단은 그 법안
의 잉크가 채 마르기도 전에 적용 범위를 축소하기 위해 나섰다. 그
리고 결국 2018년에 큰 성공을 거두면서 대다수의 은행이 엄격한
감독에서 해방되었다.[1]

2008년 금융 구제는 그 자체로 은행의 힘을 보여 주었다. 미국 정
부는 위기의 주범인 이들 은행과 은행가에게 엄청난 혜택을 베풀었
다. 이들은 스스로 촉발했던 위기에 대해 아무런 책임감 없이 그 혜
택을 누렸지만, 금융가들이 벌인 탐욕의 전쟁 속에서 피해를 입은
근로자와 주택 소유자들은 거의 도움을 받지 못했다. 경제 회복 방
안을 마련하기 위해 노력했던 오바마와 재무장관 팀 가이트너Tim
Geithner를 만난 이들의 기록은 그 협상 테이블에 누가 있었는지를
잘 말해 준다. 그 자리에 대형 금융 기업은 있었다. 그러나 어려움에
봉착한 일반 주택 소유자들은 없었다.[2]

당시 은행을 살리고 신용(경제의 혈관이라 할 수 있는)의 흐름이
계속해서 이어지도록 만드는 것은 미국 경제의 필수 과제였다. 하
지만 미국 정부는 은행가와 주주 및 채권자를 구제하지 않고서도

얼마든지 은행을 살릴 수 있었다. 다시 말해 자본주의 규칙을 어기지 않으면서도 은행을 살릴 수 있었다. 은행을 포함해 어떤 기업이든 빚을 갚지 못할 때, 주주와 채권자는 납세자에게 돈을 내놓으라고 요구하기에 앞서 당연하게도 가지고 있던 모든 것을 잃는다.[3]

더 나아가 미국 사회는 막대한 재정 지원을 통해 은행의 채권자와 주주를 살려 주면서 조건을 요구할 수 있었다. 즉 구제 금융을 가지고 주택 소유자와 소기업을 돕고, 은행가에게 거액의 보너스를 지급하지 않도록 약속을 받아 낼 수 있었다. 하지만 그러지 않았다. 오바마와 그의 팀은 은행가를 신뢰했다. 지난 10년 동안 절대 믿어서는 안 되는 수많은 이유를 보여 주었던 그들을 말이다. 오바마와 그의 팀은 은행과 채권자, 주주에게 충분한 돈을 주면 어떻게든 아래로 흘러내려 모두가 이익을 볼 것이라고 생각했다. 하지만 이야기는 그런 식으로 흘러가지 않았다. 경기 회복의 첫 3년 동안 성장의 91퍼센트는 상위 1퍼센트에게로 돌아갔다. 그 모든 사태를 일으킨 은행가들이 수백만 달러의 보너스 잔치를 벌이는 동안 수백만 명의 시민이 집과 일자리를 잃었다. 정부 지원은 효과적으로, 공정하게 분배되지 않았다. 이는 저울이 은행 쪽으로 크게 기울어진 민주주의 사회에서 누구나 예상할 수 있는 결과였다.

금융 분야가 사회에 미치는 피해를 막기

대서양을 사이에 두고 이뤄진 금융 개혁은 대부분 은행이 사회 전반에 피해를 입히지 못하도록 막는 데 집중되었다. 오랫동안 은행은 무모한 대출뿐만이 아니라 약탈적 대출, 허술한 신용카드 시스템, 그리고 강력한 시장 지배력을 통해 사회에 엄청난 피해를 입혔다. 2008년 금융 위기가 터진 이후에도 은행은 우리가 상상할 수 있는 것보다 훨씬 더 나쁘게 행동했다. 자산 규모를 기준으로 미국에서 세 번째로 큰 은행인 웰스파고Wells Fargo는 고객의 동의 없이 개인용 계좌를 마구 개설했고, 많은 은행이 외환 및 금리 시장에서 착취에 관여했으며, 신용 평가 기관과 대부분의 투자은행은 거대한 규모로 사기를 저질렀다.

금융 분야의 만연한 도덕적 타락은 앞으로 우리 사회가 가장 중요하면서도 힘든 과제에 착수해야 한다는 사실을 말해 주고 있다. 그것은 금융 산업의 규범과 문화를 바꾸는 일이다.[4] 은행가들은 미국 사회의 법률 시스템이 거대한 사기나 계약 위반을 다루기에 충분하지 않다는 사실을 잘 알고 있었다. 그들은 약속한 계약을 지키지 않았다.[5] 그러고는 이런 태도를 취했다. 〈법대로 하시오.〉 그들은 정의를 실현하는 과정이 대단히 느리게 진행된다는 것도 알고 있었다. 그리고 그럴듯한 주장으로 은행 친화적인 판사를 설득하고자 했다. 법정에서 은행이 이길 가능성은 컸다. 설령 패한다고 해도 벌금을 물면 그만이었다. 대형 은행에 비해 자금력이 부족한 개인은 소송을 끝까지 밀어붙일 여력이 없었고, 마땅히 받아야 할 금액의 일부로 합의를 봐야 했다. 이는 은행가에게 유리한 일방적인 내기였다. 그 반대편에는 은행의 계약 보증을 믿었던 이들이 있었다. 그들에게 지연된 정의는 곧 거부된 정의를 의미하는 것이었다.

더 중요하게 경제 시스템은 신용 없이 돌아가지 않는다. 이 사실은 특히 은행에게 중요하다. 우리는 자신이 원할 때 은행이 예금을 돌려줄 것이라고 믿는다. 복잡한 금융 상품에 가입할 때, 은행이 자신을 속이지 않을 것이라고 믿는다. 하지만 은행가들은 그들이 신뢰할 만한 존재가 아니라는 사실을 계속해서 보여 줌으로써 전반적인 경제의 기능을 위축시켰다. 근시안에 사로잡힌 은행가들은 최소한 겉으로나마 〈평판〉에 신경을 쓰는 모습조차 보여 주지 않았다. 피터 틸이 경쟁은 패자를 위한 것이라고 선언했던 것처럼, 골드만 삭스 회장을 지낸 로이드 블랭크파인Lloyd Blankfein은 정직과 신뢰에 대한 평판(전통적으로 은행의 가장 중요한 자산으로 여겨졌던)은 그저 과거의 보잘것없는 유물에 불과하다는 점을 분명히 밝혔다. 골드만 삭스는 애초에 실패하도록 설계된 증권을 개발했다. 그들은 이 상품을 팔면서 그것이 실패할 것이라는 쪽에 내기를 걸었다(소위 〈공매〉를 통해). 물론 그 상품이 실패하도록 설계되었으며, 그들이 반대로 내기를 걸었다는 사실은 고객에게 알리지 않았다. 만약 골드만 삭스의 이러한 행동을 비도덕적이라고 생각한다면, 당신은 아마도 시대에 뒤떨어진 사고를 가졌으며 지금보다 지나간 세월에 더 잘 어울리는 99퍼센트 인구 중 한 사람일 것이다. 블랭크파인은 (결과적으로) 은행가를 믿는 사람은 바보라고 선언함으로써 은행가를 신뢰할 수 있다는 생각에 종지부를 찍었다.[6]

또한 다음 분기를 생각하지 않는 금융 분야의 근시안은 미국 경제를 위축시켰다.[7] 근시안에 사로잡힌 은행들은 투자자(골드만 삭스)나 일반 예금자(웰스파고)를 속였고, 그들의 장기적 평판을 희생해 당장의 이익을 추구했다. 많은 투자은행과 신용 평가 기관이 사기를 벌일 수 있었던 것은 바로 그러한 근시안(혹은 근시안으로도 잘 해낼 것이라는 믿음) 때문이었다.

고장 난 금융, 고장 난 경제

금융 분야의 핵심 기능 중 하나인 중개는 잉여 자금을 가진 사람과 자금을 필요로 하는 사람을 연결해 주는 일을 말한다. 중개는 대단히 오래된 금융 활동이다. 가령 원시 농업 경제에서는 잉여 종자를 가진 농부가 이를 이웃에게 빌려주었다. 현대 경제에서 중개는 주로 은퇴나 주택 구입, 혹은 자녀의 학자금 마련을 위한 가구의 저축으로부터 돈을 가져와서, 이를 투자 대상인 기업 분야로 넘겨주는 활동으로 이뤄진다.

금융 산업이 진화하면서 중개 활동은 점차 예금주와 비즈니스를 확장하고 새로운 일자리를 창출하고자 하는 기업 사이를 연결하는 일에서 멀어지기 시작했다. 그 대신 은행들은 예금주와, 가령 신용카드 대출을 받아 수입보다 지출을 많이 하려는 가구 사이를 연결하는 일에 집중했다. 신용카드 대출은 꽤 수익성이 높았다. 그만큼 고객을 이용하기가 대단히 쉬웠기 때문이다. 은행은 고객에게 아주 높은 금리를 적용하고, 연체료(연체하지 않았을 때조차)와 당좌대월 수수료를 비롯한 다양한 수수료를 부과했다. 이러한 현상은 규제 완화를 통해 은행의 약탈적인 비즈니스 활동을 막는 제한이 풀리면서 더욱 뚜렷하게 나타났다. 은행은 시장 지배력을 기반으로 고객과 가맹점에 〈동시에〉 높은 수수료를 부과함으로써 최대한 돈을 긁어모았다. 더 나아가 대출을 통해 기업보다 개인 고객을 더 쉽게 착취했다. 그들은 중소기업에 돈을 빌려주는 것보다 일반 고객에게 대출을 함으로써 더 쉽게 돈을 벌어들였다. 그만큼 중소기업은 특히 대형 은행으로부터 돈을 구하기가 힘들어졌다. 금융 위기 이후 어느 정도 세월이 흐른 2016년에 중소기업에 대한 대출(인플레이션을 감안하지 않은)은 2008년에 비해 14퍼센트나 하락했다. 일부 유럽 국가의 경우 하락 폭은 더욱 컸다.[8]

또한 은행은 중개가 필요한 핵심 영역에서 제대로 기능하지 못했다. 여기서 핵심 영역이란 장기 예금주와 장기 투자자 사이를 연결하는 일을 말한다. 전 세계적으로 저축은 대부분 장기적으로 이뤄진다. 가령 연금 기금과 대학 및 재단 기금, 미래 세대를 위해 국가의 돈을 보유하는 국부펀드가 그렇다. 투자 역시 대부분 장기적으로 이뤄진다. 예를 들어 사회 기반 시설을 구축하거나 기후 변화의 현실을 반영해 전 세계 에너지 시스템을 새롭게 바꾸는 프로젝트가 그렇다. 하지만 장기 투자와 장기 저축 사이에 놓여 있는 것은 근시안적인 금융 기관이었다. 은행가들은 장기적인 자원 할당과 관련해 의사결정을 내리는 과제를 떠안으려 하지 않았다. 그들은 다만 단기적인 프로젝트를 통해 빨리 수익을 실현하고자 했다. 장기적인 위험 관리를 위한 금융 상품을 개발하는 일도 외면했다.

오늘날 점차적으로 세계은행과 아시아인프라투자은행, 신개발은행(브릭스 은행이라고도 불리는[9]), 장기 개발에 집중하는 아프리카 개발은행과 같은 공식적인 다국적 개발 은행이 핵심 영역에 발을 들이고 있다. 하지만 이들 은행은 충분한 자본을 확보하고 있지 않으며, 고장 난 민간 금융 시스템을 대체하기에 충분치 않다.

더 적은 중개와 더 많은 도박, 그리고 시장 지배력을 위한 더 많은 노력

은행들은 또한 중개보다 더 돈이 되는 활동으로 눈을 돌렸다. 즉 거대한 도박판에 집중했다. 라스베이거스에서는 도박이라 불리는 것이 월 스트리트에서는 근사한 이름으로 불린다. 가령 〈파생상품〉(금리나 환율, 유가의 변동에 대해 내기를 거는)이나 〈신용 부도 스와프credit default swap〉(기업이나 은행이 파산이나 그 직전까지 갈 것인지에 대해 내기를 거는) 등으로 말이다. 이 도박은 동전을 넣는 슬롯머신과는 차원이 다르다. 일반적으로 그 규모는 수백만 달러에 달한다. 이러한 도박 시장이 존재할 수 있는 부분적인 이유는 정부가 뒷받침을 해주고 있기 때문이다. 막대한 손실이 발생할 경우, 정부는 은행에 구제 금융을 베풀어 줄 것이다. 이는 일방적으로 유리한 도박과는 또 다른 방식이다. 도박판이 은행에 유리하게 돌아갈 때, 그들은 수익을 챙기고 걸어 나간다. 그렇지 않을 때, 정부로부터 지원을 받는다. 또한 이 도박판에 상대편이 기꺼이 들어오는 이유 역시 정부가 이들 은행을 보호해 주기 때문이다. 그래서 상대편은 무슨 일이 벌어져도 약속이 지켜질 것이라고 확신한다.

미국 사회는 도드-프랭크 법을 통해 정부가 보증하는, 그리고 돈이 너무 많이 드는 이러한 도박을 중단시키고자 했다. 결국 AIG 하나만 구제하는 데에도 1800억 달러가 들어갔다. 이 일회성 기업 복지에는 아동 복지 프로그램을 운영하는 데 미국 정부가 10년 동안 지출했던 것보다 더 많은 돈이 들어갔다.[10]

공공의 부담으로 도박판을 마무리 짓고자 했던 은행의 뻔뻔한 태도는 참으로 놀라운 것이었다. 2014년 시티그룹 로비스트들은 실질적으로 정부가 손실을 보전하도록 함으로써 그들이 도박판을 다시 벌일 수 있도록 허용하는 조항을 집어넣었고, 이를 통과시켜야 할 정부의 자금 지원 법안의 수정안으로 상정시켰다.[11]

놀랍게도 은행은 담보 대출 발행에 따른 위험을 감수하는 것조차 거부했다. 금융 위기 이후 10년, 주택 시장 거품이 터지고 12년이 흘러 미국 정부는 지금도 여전히 대부분의 담보 대출을 보증하고 있다. 은행은 담보 대출 발행으로 수수료를 챙기면서도 담보를 잘못 평가함으로써 발생하는 손실에 대해서는 책임지려 들지 않는다. 그들은 부실 대출에 따른 손실을 정부가 인수해 주길 바란다. 자본주의를 근간으로 삼은 나라에서, 민간 분야가 대출 발행에 따른 위험을 감수하는 단순한 과제가 그들의 활동 범위를 넘어선 것이라고 주장하는 것은 참으로 아이러니한 일이다. 담보 대출 시장을 개혁해야 한다는 모든 주장은 담보 대출 발행에 따른 위험을 감당할 능력이나 의지가 없다는 은행의 변명 앞에서 힘을 잃고 있다.

은행이 주목했던 수익성 높은 또 다른 변화의 흐름은 〈인수·합병〉이다. 합병을 활성화하는 것은 대기업이 더 커지도록, 그래서 이미 높은 시장 집중과 지배력을 더 강화하도록 만든다. 은행은 한 번의 인수·합병만으로 수억 달러에 달하는 수수료를 챙긴다. 앞서

3장에서 우리는 이러한 지배력 응집이 사회적, 경제적으로 어떤 영향을 미치는지, 그리고 이러한 경제 흐름 속에서 은행은 비록 선동자는 아니라고 해도 공범이라는 사실을 살펴봤다.

수익률이 엄청나게 높은 은행의 또 다른 비즈니스 분야는 특히 우리 사회에 많은 피해를 입힌다. 그것은 다국적 기업과 개인 갑부들이 세금을 회피하도록 하고, 세율이 높은 지역에서 낮은 지역으로 옮겨 가도록 하고, 법을 위반하는 것까지는 아니라고 해도 회피할 수 있도록 도움을 주는 일을 말한다.[12] 은행은 동시에 세금 및 금융 시스템을 개혁하기 위한 세계적인 노력에 저항하고 있으며, 그 과정에서 매년 수백억 달러 규모의 조세 회피가 이뤄지고 있다.

은행이 어떻게 세금 회피를 부추기는지를 보여 주는 사례가 있다. 애플은 금융 분야와 더불어 일을 하면서 소비자로부터 사랑받는 제품을 개발하는 일뿐만이 아니라, 세금을 회피하는 일에서도 놀라운 창조성을 발휘했다. 애플의 일부 주주는 애플이 깔고 앉아 있던 보물 금고를 발견하고는 당장 손에 넣고자 했다. 기존(2017년 이전) 세법에 따르면 그 돈이 해외에 있기만 하다면, 애플은 세금을 낼 필요가 없었다. 하지만 미국으로 가져올 때 애플은 수익에 대해 법인세를 물어야 했다. 그래서 애플은 금융 시장으로 눈을 돌렸다. 그들은 배당금을 지급하기 위해 돈을 빌리는 방식으로 케이크를 만들고 또한 이를 먹었다. 다시 말해 수익을 미국으로 가져오지 않음으로써 세금을 피했다. 그러면서도 주주들은 그들이 원했던 것, 즉 주머니 속 현금을 얻었다.

애플이 수익을 아일랜드에 남겨 두는 방식으로 세금을 회피한 것과 같은 사례에서 우리는 기업의 양심을 찾아볼 수 없다. 애플의 성장이 미국 정부가 개발하고 재정을 지원한 기술을 근간으로 삼았음에도 불구하고, 그들은 기업의 사회적 책임을 중요하게 생각하는 척하면서 은행과 마찬가지로 받기만 하고 주려고 하지 않았다. 내가 생각하기에 기업의 사회적 책임의 첫 번째는 세금을 내는 것이다.

탈중개화의 가속화

오늘날 금융 분야는 돈을 가구 영역에서 기업 영역으로 옮기는 전통적인 중개 역할을 포기한 채 정반대되는 일을 벌이고 있다. 즉 돈을 기업 영역에서 다시 가구 영역으로 이동시킴으로써 부자들이 더 큰 부를 누리도록 돕고 있다. 그 한 가지 방식(뚜렷한 세금 혜택과 더불어)[13]은 애플 사례가 잘 보여 주듯이 기업에게 돈을 빌려줘서 자사 주식을 도로 사들이도록 하는 것이다. 그 과정에서 돈은 기업으로부터 흘러나온다. 즉 미래를 위해 투자할 자금이 줄어든다. 일자리 창출도 위축된다. 물론 이 과정에서 수혜자는 갑부의 비중이 지나치게 높은 주주 집단이다.[14] 오늘날 자사주 매입은 거대한 규모로 이뤄지고 있으며, 최근 들어서 비금융 기업의 투자(자본 형성) 속도를 연신 앞지르고 있다. 이러한 상황은 2차 세계 대전 이후와 극명한 차이를 보인다.[15] 2017년 12월 공화당 세법이 통과된 이후로 자사주 매입이 크게 증가했고, 2018년 그 규모는 기록을 갱신했다.[16]

전통적인 금융에서 고장 난 금융 시스템으로

금융 분야가 지금처럼 항상 제 기능을 발휘하지 못했던 것은 아니다. 금융 시장의 규모가 1945년 GDP의 2.5퍼센트에서 금융 위기 무렵 8퍼센트로까지 성장하면서, 경제는 좋은 성과를 보여 주지 못했다. 성장은 사실상 느려졌고 경제는 더 불안정해지면서 결국 75년 만에 최악의 위기를 맞이했다.

금융 분야의 결함은 지난 사반세기에 걸쳐 전통적인 형태로부터 벗어나면서 서서히 나타났다. 앞서 살펴봤듯이 전통적인 금융 시스템에서는 개인이 은행에 예금을 하면, 은행은 이를 기업에 빌려주고, 기업은 그 돈을 가지고 더 많은 직원을 고용하고 더 많은 기계를 사들였다. 이 과정에서 은행은 그 돈을 가장 잘 활용할 수 있는 이들에게 나눠 주었다. 그들은 지금처럼 돈을 빌리는 사람, 즉 차용자로부터 마지막 한 푼까지 짜내려고 하지 않았다. 이자율을 높이면 차용자가 더 높은 위험을 감수해야 한다는 것을 은행은 잘 알고 있다.[17] 더 나아가 은행은 차용자와 장기적인 관계를 맺었고, 그들이 좋은 시절과 힘든 시절을 겪는 것을 모두 지켜봤다. 이러한 유형의 금융을 관계형 금융relationship banking이라 부른다.

그러나 현대 금융은 이를 다양한 방식으로 바꿔 놓았다. 전통적인 금융에서 은행가는 따분하지만 존경받는 사람이었다. 그들은 공동체의 기둥과 같은 존재로서 믿음직한 이미지를 보여 주었다. 누구든 믿고 돈을 맡길 수 있는 신뢰할 만한 사람임을 보여 주었다. 그리고 부실 대출에 따른 위험을 감수했다. 만약 상환 능력이 없는 사람에게 대출을 해줬다면, 그로 인한 손실은 스스로 떠안았다.

21세기에 금융 시장을 지배한 새로운 〈발행-분배originate-to-distribute〉 모형에서,[18] 은행은 대출을 발행하지만 이를 다른 은행에게 넘긴다. 그렇게 대출을 인수한 은행이 부실 대출에 따른 위험을 떠안는다. 이러한 모형에서 은행은 차용자에게서 받는 이자와 예금자에게 지급하는 이자의 차액으로부터 돈을 버는 것이 아니라, 대출을 발행하고 넘기는 모든 단계에서 부과하는 수수료로 돈을 번다.

정부가 보증하는 대출

은행의 대출 규모는 예금 보유고의 제한을 받지 않는다. 이 점에서 앞서 설명했던 단순한 농경 시대와는 상황이 크게 다르다. 〈종자은행〉은 농부에게서 씨앗을 빌려서 가지고 있을 때에만 더 많은 파종을 원하는 다른 농부에게 씨앗을 빌려줄 수 있다. 그러나 은행은 수백 년에 걸쳐 언제든 계정의 일부만 인출된다는 사실을 깨달았다. 우리 사회는 부분 지급 준비 제도라고 하는 시스템으로 진화했다. 이 시스템을 통해 은행은 예금의 일부만 현금 보유고로 남겨 두고 나머지 전액을 대출에 사용할 수 있다. 오늘날 이 시스템이 제대로 돌아갈 수 있는 이유는 정부가 나서서 은행이 충분한 보유고를 유지하고 보유고 이외의 현금을 신중하게 관리하도록 하고, 부족분이 발생했을 때 정부가 직접 개입하기 때문이다.

비록 대출이 은행의 비즈니스 활동 중 가장 수익성이 높은 것은 아니라고 할지라도, 은행가들은 대출을 통해서 아주 많은 돈을 벌었다. 그것은 예금자에게 지급하는 이자보다 더 높은 이자를 차용자에게서 받을 수 있을 뿐 아니라, 본질적으로 대출을 무로부터 창출할 수 있기 때문이었다. 가령 예금자가 은행에 10만 달러를 예금했다고 해보자. 어떤 측면에서 은행은 이 예금자에게 그만큼 빚을 지고 있는 것이다. 그러나 은행이 그 돈을 대출하면 그에 상응하는 자산, 즉 대출을 창출하는 것이다. 예금자는 자신이 발행한 수표를 다른 사람이 받아들일 것이기 때문에 예금을 중요하게 여긴다. 다른 사람이 그의 수표를 기꺼이 받는 이유는 정부가 은행을 보증하기 때문이다. 실제로 은행은 정부에 대한 신뢰를 기반으로, 혹은 그 신뢰를 이용해서 돈을 번다. 이 말은 대출에 문제가 발생했을 때, 납세자가 그 비용을 떠안는다는 뜻이다. 은행은 대출을 통해 많은 돈을 벌고 있고, 더 많이 빌려줄수록 더 많은 돈을 벌기 때문에, 예금 보유고가 그리 많이 필요한 것은 아니라고 정부를 설득하려 한다.[19] 이는 2008년 금융 위기 이후로 심화된 논의의 출발점이었다. 보유고가 적을수록 은행의 수익은 커지고, 납세자가 떠안아야 할 위험은 높아진다. 사회적 관점에서 볼 때, 이는 위험을 은행과 은행가로부터 정부로 전가하는 문제 이상의 것이다. 더 높은 보유고를 요구함으로써 은행이 더 높은 위험을 떠안도록 할 때, 그들은 더 신중하게 자금을 운용할 것이다. 그리고 더 합리적으로 대출을 할 것이며, 우리 경제의 성과는 더 나아질 것이다.

민간의 이익과 사회의 이익의 충돌

물론 은행가는 전반적인 경제 성과에 관심이 없다. 그들은 수익 창출에만 관심이 있다. 여기서 다시 한번, 민간의 이익과 사회의 이

익은 충돌한다. 미국 연방준비제도 이사회 의장을 지낸 앨런 그린
스펀Alan Greenspan은 금융 위기의 원인과 관련해서 대정부 증언을
하면서 은행가들이 위험을 더 잘 관리할 것으로 기대했다고 말했다.
그러나 이는 논리적으로 중대한 〈결함〉이었다. 그리고 이 결함으로
인해 세계 경제는 수조 달러의 비용을 치러야 했다.[20] 그린스펀은
놀랐다. 나는 그가 놀랐다는 사실에 놀랐다. 은행과 은행가가 직면
한 경제와 동기를 이해하는 사람이라면 아마도 그들이 과도한 위험
을 기꺼이 감수하려 했다는 사실을 쉽게 짐작할 수 있었을 것이다.
그린스펀 역시 그랬어야 했다.[21]

금융 분야는 레이건 시대에 유행했던 믿음의 희생양이 되었다. 그
믿음이란 기업은 주주의 이익을 추구해야 하며, 이는 결국 모든 이
해관계자와 경제 전반의 행복으로 이어질 것이라는 확신이었다.[22]
그러나 여기서 말하는 주주의 이익이란 몇 년 혹은 몇십 년 동안 기
업이 창출할 부에 관심을 기울이는 장기적 투자가 아니라, 오늘 주
가에만 관심이 있고 마지막 한 푼까지 짜내면서 장기적 결과에는
관심 없는 단기적 투기를 의미하는 말이 되었다. 금융 분야의 유인
구조incentive structure는 이러한 단기적 관점을 강화했고, 이는 결국
75년 만에 최악의 금융 붕괴로 이어졌다.

다른 분야로의 전염

금융 분야의 병폐는 그 자체로 충분히 나쁘다. 그러나 안타깝게
도 오늘날 많은 다른 분야 역시 금융 분야의 관행을 그대로 따라가
고 있다. 많은 기업이 근시안적인 행동을 촉발하는 높은 보상과 유

인 구조를 그대로 따라가면서, 장기적인 성장보다 오늘 주식 시장 성과에 더 주목한다. 게다가 그들은 주주의 관점에 필연적으로 민감하다. 그렇기 때문에 주주가 근시안적이라면 기업 역시 그럴 수밖에 없다. 이러한 점에서 금융 분야는 미국식 자본주의의 병폐를 널리 확산하는 데 중요한 역할을 했다. 그것은 어느 기업도 분기별 지평을 근간으로 사람과 기술, 공장에 장기적인 투자를 하지 못한다는 것이다. 투자의 지평이 단기적일 때, 경제 성장은 더딜 수밖에 없다.

결론

금융 분야는 다양한 측면에서 미국 경제의 결함을 보여 주었다. 특히 극단적인 지대 추구의 사례를 잘 보여 주었다. 은행가는 사회의 나머지를 희생시킴으로써 부를 쌓았고, 이는 명백하게도 네거티브섬 게임*인 것으로 드러났다. 이 게임에서 사회의 나머지가 잃은 것은 은행가가 얻은 것보다 훨씬 더 컸다. 그들은 금융 지식이 부족한 사람들을 노골적으로 착취했다. 그들은 또한 서로를 착취했다. 미국 경제는 여러 가지 측면에서 피해를 입었다. 금융 분야의 규모가 계속 성장하고, 나라의 가장 뛰어난 인재들을 끌어 모으면서 부의 창조에 기여했던 자원이 착취로 흘러 들어가고 말았다. 그러나

---

* negative sum game. 게임 이론에서 참가자의 선택과 무관하게 참가자의 이득과 손실의 총합이 마이너스가 되는 게임.

미국 사회가 결과적으로 보여 준 것은 성장 둔화와 불확실성의 증가, 불평등의 심화뿐이었다. 또한 금융 분야는 고삐 풀린 시장의 폐해를 잘 보여 주었다. 은행가의 무분별한 이기심 추구는 사회 번영 대신에 75년 만의 최대 금융 위기로 이어졌다.

돈이 지배하는 정치판에서 은행가는 막대한 부를 기반으로, 가령 규제 철폐를 통해 다른 이들을 희생함으로써 스스로 더 많은 돈을 벌 수 있도록 허용하는 법을 통과시켰다. 그 결말이 파국에 이르렀을 때, 그들은 또다시 영향력을 발휘해서 세계 역사상 최대의 공적 구제 금융을 얻어 냈고, 그들이 먹잇감으로 삼았던 주택 소유주나 근로자들 대부분은 알아서 살아남도록 내버려 두었다.

돈을 향한 집착이 모든 악의 근원이라고 말할 수는 없겠지만, 금융은 미국 사회의 다양한 병폐의 근원이었음이 분명하다. 근시안과 돈만 추구하는 은행가의 도덕적 타락이 다른 분야로도 널리 퍼지면서 경제와 정치, 사회에 많은 영향을 미쳤고, 미국인의 정체성을 더 물질적이고 이기적이고 근시안적으로 바꿔 놓았다.

정치적 입장을 떠나 많은 유권자는 대형 은행과 금융 분야의 부도덕한 행위에 넌더리를 내고 있다. 오바마 행정부가 은행들에게 잘못에 대한 책임을 묻지 않으면서(1조 달러에 육박하는 구제 금융을 베풀면서) 국민들은 정부에 대한 환멸을 키웠고, 이는 먼저 티파티 운동으로, 그리고 결국 트럼프의 등장으로 이어졌다.[23] 트럼프의 〈적폐 청산〉 슬로건은 무엇보다 월 스트리트의 영향력에 주목하는 것으로 기대를 모았지만, 그는 전례 없이 많은 부유한 금융가들로 자신의 행정부를 꾸렸다.

대형 은행을 향한 대중의 분노는 정당한 것이었다. 은행은 시장 지배력을 기반으로 경제를 볼모로 삼아 사회에 피해를 입혔다. 시장 지배력과 정치적 힘이 없었더라면, 은행은 그들의 잘못된 행동에 대한 책임을 면제받을 수 없었을 것이다. 효율적이고 경쟁적인 시장이라면, 대형 은행이 지금껏 해왔던 대로 평판을 더럽힌 기업은 살아남지 못했을 것이다. 그러나 그들은 살아남았다. 심지어 기록적인 수익을 벌어들이고 있다.[24] 미국 사회는 잘못에 대해 은행을 처벌하는 대신 그들을 구제했으며, 심지어 보상까지 제공했다. 지난 수십 년 동안 금융 분야가 보여 준 무모하고 비난받을 만한 행동에 대해 해당 기업과 개인은 책임을 져야 한다. 미국의 정치 시스템은 그들의 잘못을 제대로 처벌하지 못한 대가를 지금 치르고 있다. 이는 양당의 정치인이 우리 사회의 정치·금융 시스템이 봉사하는 것이 아니라 은행가의 눈치를 살피고 있다는 사실을 말해 준다.

그래도 금융은 경제에서 대단히 중요하다. 비즈니스를 시작하고 확장하고, 일자리를 창출하기 위해서는 신용이 필요하다. 금융은 중요하다. 하지만 금융 분야가 지금처럼 거대해야만 그 기능을 제대로 할 수 있는 것은 아니다. 오늘날 지나치게 비대해진 금융 분야는 정작 해야 할 일은 하지 않으면서 하지 말아야 할 일은 너무 많이 하고 있다. 그들은 거대한 영향력을 이용해서 우리 사회가 아니라 그들 자신의 이익만을 추구하고 있다.

이제 우리는 금융 분야가 우리 사회에 피해를 입히기 위해 활용하는 다양한 방법을 알고 있다. 물론 새로운 형태의 독창성과 도덕적 부패 사례가 하루가 멀다 하고 터져 나오고 있기는 하지만 말이다. 또한 직접적인 착취와 무모한 대출을 통해 금융 분야가 사회에 미친 피해를 실질적으로 줄여 줄 일련의 규제가 필요하다는 사실에 대한 전반적인 공감대가 형성되어 있다. 이러한 사회적 인식을 실행에 옮기는 것은 그리 어렵지만은 않다.[25] 은행이 지나치게 비대해지고 서로 얽혀서 그냥 무너지도록 내버려 둘 수 없는 지경에 이르지 않도록, 과도한 위험을 감수하고 시장과 그들의 시장 지배력을 남용하고 악의적이고 포식적인 행동에 관여하지 못하도록 막을 수 있는 포괄적 규제가 필요하다.

그러나 은행의 가장 중요한 실패는 그들이 다른 이를 속이고 착취했던 다양한 방식, 혹은 세계 경제를 허물어뜨린 과도한 위험 감수가 아니라, 그들이 해야만 하는 일을 하지 않았다는 사실에 있다. 그들이 해야만 하는 일이란 투자가 필요한 기업에 합리적 조건으로 자금을 제공함으로써 경제를 성장시키는 것이다. 이 일은 장기적 차원에서 이뤄진다. 그러나 은행은 지금까지 근시안에 사로잡혀 보다 쉬운 수익 원천에만 주목했다. 은행이 사회에 피해를 입히지 않도록 막기 위해 많은 노력을 기울이는 동안, 우리 사회는 중요한 한 가지, 즉 금융 분야가 실제로 해야 할 일을 하도록 만드는 과제를 놓치고 말았다.

금융 분야가 위험하고 사회에 피해를 입히는 방식으로 이익을 추구하지 못하도록 제한함으로써 우리는 금융 분야가 그들이 해야 하는 일에 더 집중하도록 만들 수 있다. 하지만 그것만으로는 충분하지 않다. 우리는 또한 금융 분야를 더 경쟁적으로 만들어야 한다.

전 세계 각국 정부는 소규모 신생 기업을 위해, 사회 기반 시설을 비롯한 장기 투자를 위해, 고위험 기술 프로젝트를 위해, 그리고 낙후된 지역 사회를 위해(차별 금지법에도 불구하고 은행은 차별을 일삼아 왔다) 자금을 사회적으로 분배하는 과제에서 적극적인 역할을 맡아야 한다. 가장 자본주의적인 나라인 미국에서조차 정부는 자금 지원과 관련해 오랫동안 적극적인 역할을 맡아 왔다. 정부는 앞으로 더 적극적으로 나서야 한다. 얼마나 더 적극적으로 나서야 할지는 우리 사회가 얼마나 성공적으로 규제를 개혁할 것인지, 은행이 얼마나 성공적으로 자기 개혁을 수행할 것인지에 달렸다. 공적 분문을 통한 자금 지원(가령 담보 대출)은 민간 영역을 더 경쟁적으로 만들어 줄 것이며, 이는 아마도 금융 분야의 착취를 막는 것과 관련해서 규제를 통해 경쟁과 책임을 강화하려는 시도보다 효과적일 것이다.

문제는 경제가 아니라 정치다. 돈이 지배하는 금융 시스템에서 돈의 원천은 필연적으로 거대한 정치적 권력을 갖는다. 안타깝게도 은행은 나쁜 관행을 억제하고 올바른 행동을 강화하려는 규제에 필사적으로 맞설 것이다. 이러한 점에서 경제는 쉽지만 정치는 어렵다. 동시에 이는 미국 건국 무렵에 제기되었던 우려, 즉 거대한 금융 분문이 과도한 정치적 영향력을 휘두르는 데 대한 우려를 잘 보여 준다. 그리고 반드시 필요한 경제 개혁을 이룩하고자 한다면 먼저 정치를 개혁해야 한다는, 이 책의 마지막 핵심 주제를 잘 보여 준다.

6
신기술의 도전 과제

실리콘밸리와 거기서 비롯된 기술 발전은 미국의 혁신과 기업가 정신의 상징이 되었다. 스티브 잡스와 마크 저커버그 같은 전설적인 인물은 전 세계 소비자가 사랑하고, 서로 잘 소통하도록 도움을 주는 제품을 세상에 내놓았다. 인텔은 기술 제품이 전 세계에서 가장 빠른 두뇌보다 더 빨리 〈사고〉하도록, 즉 더 빨리 연산 작업을 수행하도록 만들어 주는 칩을 개발했다. 오늘날 인공지능은 체스와 같은 비교적 단순한 게임은 물론 바둑과 같은 더 복잡한 게임(가능한 경우의 수가 우주 원자보다 많은)에서 인간을 압도하고 있다.[1] 빌 게이츠는 미국 정신의 정수를 보여 주었다. 그는 약 1350억 달러에 달하는 부를 쌓았으며, 이후 전 세계 질병과 맞서 싸우고 미국 내 교육 환경을 개선하기 위해 노력하는 과정에서 엄청난 돈을 사회에 기부했다.

그러나 이러한 모든 가치에도 불구하고 기술 발전에는 어두운 측면이 존재한다. 기술은 일자리를 파괴할 것이라는 사회적 우려를

낳았다. 더 나아가 시장 지배력 확대에서 프라이버시 침해, 정치적
악용에 이르기까지 다양한 폐해에 대한 우려를 자극하고 있다.

첨단 기술 세상에서의 완전 고용

오늘날 고용 시장에 대한 불안이 크다. 20세기에 우리는 인간보
다 더 강력한 기계를 개발했다. 이제 우리는 일상적인 작업을 인간
보다 더 효율적으로 수행하는 기계를 만들어 내고 있다. 동시에 인
공지능은 우리에게 거대한 도전 과제를 안겨다 주고 있다. 우리는
프로그래밍된 과제를 인간보다 더 잘 수행할 뿐 아니라, 적어도 특
정 분야에서는 더 잘 학습하는 기계까지 만들어 내고 있다.

기계는 많은 주요 업무에서 인간을 앞선다. 이러한 상황에서 고
등 교육과 근로자를 위한 직업 훈련은 단기적인 처방이 될 수 있다.
하지만 컴퓨터는 언젠가 방사선 전문의를 대체할 것이며, 박사 학
위도 안전한 대피처가 되지 못할 것이다. 몇 년 후에는 자율 주행 자
동차와 트럭이 운전자를 대체할 것이다. 그게 사실이라면 심히 우
려스럽다. 오늘날 트럭 운전은 고졸 이하 남성들에게 가장 거대한
고용 원천이기 때문이다.

인간의 노동을 대체하는 기계들은 특히 미숙련 근로자의 임금을
삭감하고 실업률을 높일 것이다. 이에 대한 당연한 해결책은 근로
자의 기술을 향상시키는 것이다. 하지만 많은 분야에서는 이것만으
로 충분하지 않다. 인공지능을 탑재한 로봇은 고등 교육을 받은 인

간보다 더 빨리 복잡한 과제를 학습할 수 있고 더 높은 성과를 보여 줄 수 있다.

그러나 걱정할 필요가 없다고 말하는 사람도 있다. 그들은 말한 다. 과거를 돌아보라. 경제 구조가 새롭게 재편될 때, 시장은 언제나 새로운 일자리를 만들어 냈다. 더 나아가 기술 낙관주의자들은 변화의 속도가 사실은 과장된 것이라고 주장한다. 거시적 데이터도 그렇다고 말해 준다. 최근 생산성 증가는 1990년대에 비해, 그리고 2차 세계 대전 이후의 몇십 년 동안에 비해 크게 낮다. 노스웨스턴 대학의 로버트 고든Robert Gordon은 자신의 베스트셀러『미국의 성장은 끝났는가』에서 혁신의 속도가 실제로는 느렸다고 주장한다.[2] 그렇다. 비록 우리에게는 페이스북과 구글이 있지만, 이러한 혁신은 전기의 발명, 혹은 인류의 건강과 수명을 개선하는 과정에서 중요한 역할을 한 실내 화장실과 깨끗한 식수에 비하면 초라해 보일지 모른다.

하지만 과거의 경험이 미래를 위한 좋은 지침이 될 수는 없다. 반세기도 더 전에, 20세기 중반의 앞서 가는 수학자였던 존 폰 노이만John von Neumann은 인간을 고용하고 훈련하는 것보다 인간을 대체할 기계를 만드는 것이 비용 측면에서 더 유리할 시점[3]이 있을 거라고 주장했다. 이러한 기계는 다시 그것을 생산하는 방법을 학습하는 다른 기계에 의해 만들어질 것이다. 인간 근로자 대신에 기계를 사용하기로 결정한 기업의 판단에서 중요한 기준은 생산성 향상은 물론, 적절한 기계의 설계와 생산, 관리에 따른 용이성과 경제성이다. 예를 들어 기계는 파업을 하지 않는다. 근로자의 불만을 달래기 위한 인사 팀도 필요하지 않다. 기계는 감정에 의해 방해받지 않는다. 노이만의 예측은 이미 특정 분야에서 현실로 드러나고 있다. 앞서 언급했듯이 기계는 이미 방사선 전문의의 역량을 넘어서고 있다. 게다가 지난 5년 사이 인공지능 분야의 진보를 감안할 때, 이러한 영역의 범위와 일자리 대체 규모는 앞으로 급속하게 커질 것으로 보인다.[4]

물론 인공지능의 발전은 부분적으로 노동을 대체하는 것이 아니라 인간의 성과를 높이는 방향으로 이뤄질 것이다. 이를 일컬어 IA(intelligence-assisting, 지능 보조) 혁신이라고 한다. 이러한 유형의 혁신은 노동 수요를 높이고 임금을 상승시킬 수 있다. 실제로 혁신의 상당 부분이 바로 이러한 방식으로 이뤄졌다. 그러나 나는 이러한 혁신의 흐름이 앞으로 계속될 것이라고 보지 않는다. 일자리 문제와 관련해서 오히려 상황이 악화될 위험이 있다. 기술은 경제학에서 말하는 〈양극화〉를 수반하는 형태로 진화할 가능성이 있다. 다시 말해 최첨단 기술을 요구하는 일자리와, 기술을 거의 요구하지 않는 저임금 일자리만 상대적으로 증가할 가능성이 있다.[5]

기계가 노동을 대체하면서 실업이 증가하는 상황은 그 출처가 확실하진 않지만 종종 언급되는 포드 자동차 임원과 노동조합 위원장의 대화에서 엿볼 수 있다. 포드 공장에서 대부분의 자동차는 기계로 생산된다. 포드 임원이 이렇게 빈정거렸다. 「로봇한테는 어떻게 노동조합 회비를 받을 겁니까?」 노동조합 간부가 대답했다. 「로봇은 조합에 가입하지 않을 겁니다. 그런데 그들이 어떻게 포드 자동차를 사도록 만들 겁니까?」[6]

일자리 부족은 수요 부족으로 이어질 것이며, 경제는 (강력한 정부의 개입이 없다면) 구조적인 장기 침체로 접어들 것이다. 최고의 아이러니는 실제로 이러한 상황이 벌어진다면 기술 진보는 번영의 확대가 아니라 경제적 고통으로 이어질 것이라는 사실이다. 일부는 이것이 정확하게 대공황에 이르기까지 미국에서 벌어졌던 상황이라고 주장한다.[7] 농업 분야에서 일어난 급속한 혁신은 대공황이 시작되기 전 몇 년 동안 일부 농산물의 가격 폭락을 촉진했다.[8] 그 결과 농가의 순소득(총수입에서 비용을 제외한)은 1929년에서 1932년 사이에 70퍼센트 넘게 하락했다.[9] 소득의 급격한 감소와 그에 따른 농가의 부의 감소(농지와 주택 가치의 하락)는 여러 가지 심각한 결과로 이어졌다. 도시로 이주할 여력이 없는 농부들은 소득이 떨어지자 더 열심히 일하고 더 많이 생산했으며, 이는 다시 가격 하락이라는 의도치 않은 결과를 낳았다. 게다가 소득이 감소하면서 농부들은 자동차처럼 도시에서 생산된 제품을 살 수 없었다.[10] 농부들의 고통은 빠른 속도로 도시로 확산되었고, 이는 다시 농촌으로 되돌아왔다. 도시의 소득 감소는 농산물에 대한 수요 감소와 가격 하락으로 이어졌으며, 이는 다시 농부들에게 더 심한 고통으로 돌아왔다. 경제는 저수준 균형의 덫low-level equilibrium trap에 갇혔고, 이러한 상황은 결국 2차 세계 대전으로 이어졌다. 이후 각국 정부가 방대한 규모로 개입(전쟁을 치르기 위한)하면서 농부들은 시골을 떠나 도시로 이동했고, 그들은 새로운 일자리를 잡기 위해 직업 훈련을 받았다. 이러한 변화는 전후 번영의 시대로 이어졌다.

이러한 경험이 주는 교훈은 혁신을 제대로 관리하지 못할 때, 그 혁신은 모두에게 번영을 가져다주는 것이 아니라 오히려 역효과를 낼 수 있다는 것이다. 오늘날 경제가 발전하면서 우리는 혁신에 직면해서 어떻게 그것을 관리해야 할지 더 잘 이해하게 되었다. 여기서 관건은 완전 고용을 유지하는 것이다. 통화 정책(금리 인하나 여신 확대)이 작동하지 않을 때, 우리는 재정 정책(감세나 정부 지출 확대, 특히 공공 투자의 확대는 경제를 자극하는 효과적인 방법이 될 수 있다)을 통해 완전 고용을 달성할 수 있다. 통화 정책과 재정 정책 모두 총수요를 자극함으로써 경제를 완전 고용 상태로 회복시킬 수 있다.[11]

이 점에서 첨단 기술에 따른 〈일자리〉 문제는 정치적인 것이다. 맹목적 이데올로기가 천박한 정치와 만날 때, 재정적 자극 요법은 정치적 차원에서 난관에 봉착한다.[12] 우리는 이러한 상황을 대침체 동안에 확인했다. 당시 연방준비제도는 금리를 제로로 낮췄지만 이는 완전 고용을 회복하기에 충분하지 못했다. 그럼에도 공화당을 비롯한 강경론자들은 충분한 재정적 자극을 위한 노력을 거부했다. 그들의 반대는 특히 당시 정부는 마이너스 실질 금리(물가 상승을 고려할 때)로 자금을 구할 수 있었고, 또한 미국이 절실하게 필요로 했던 공적 투자를 실행하기에 적절한 시점이었다는 점에서 분통이 터지는 것이었다.

통화 정책에 지나치게 의존할 경우 한 가지 추가적인 문제에 봉착한다. 자본 비용이 아주 낮은 상황에서 통화 정책은 기업이 노동을 대체하는 기계에 투자하도록 부추긴다는 것이다. 기업은 희귀한 자원과 자금을 어떻게 할당해야 할지 결정해야 한다. 이때 그들은 비용에서 큰 비중을 차지하는 요소에 집중한다. 연방준비제도가 장기간에 걸쳐 금리를 아주 낮게 유지하는 상황에서 자본 비용은 노동 비용에 비해 크게 낮았다. 그러자 기업은 당연하게도 인건비 절감에 주목했다. 이에 따라 완전 고용을 유지하는 데 이미 충분하지 않은 노동 수요는 더욱 시들해졌다.[13]

임금 하락과 불평등 심화

완전 고용을 유지하는 것만으로는 충분하다고 볼 수 없다. 기계가 노동을 〈대체〉할 때, 그 정의에 따라 임금 수준과 상관없이 노동 수요는 줄어들게 되고, 이러한 상황에서 완전 고용을 회복하려면 임금이 떨어져야 한다. 이는 수요와 공급의 법칙을 직접적으로 적용한 것에 불과하다. 그러나 이 말은 정부가 개입하지 않으면 경제의 상당 부분이 더 악화될 것이라는 의미이기도 하다.[14]

물론 이론적으로 기술 진보는 세계화와 마찬가지로 우리 모두를 더 잘 살게 만들 수 있다. 국가 전체의 파이는 더 커지고, 그만큼 모두가 더 큰 조각을 얻을 수 있다. 하지만 기계가 노동을 대체한다면, 그런 일은 일어나지 않을 것이다. 노동에 대한, 특히 비숙련 노동에 대한 수요가 감소하면서 임금은 낮아질 것이며, 설령 국민소득이 증가한다고 해도 근로자 소득은 줄어들 것이다. 세계화의 경우와 마찬가지로 트리클다운 경제는 작동하지 않을 것이다.

그래도 정부는 모두가, 적어도 대부분의 인구가 더 잘 살 수 있도록 만들 수 있다. 이를 위해 요구되는 정책의 유형에는 적어도 네 가지가 있다. (1) 게임의 규칙을 더욱 공정하게 만드는 것이다. 다시 말해 게임이 근로자에게 불리하지 않도록, 더 중요하게는 대형 기술 기업이 신기술을 이용해서 기업의 시장 지배력을 확장하지 않도록(이 장의 후반부에 설명하는 방식을 통해서) 만드는 것이다. 근로자의 교섭권을 강화하고 기업의 독점력을 제어함으로써 좀 더 평등하면서 효율적인 경제를 창조해야 한다. (2) 정부가 지원하는 기초 연구를 기반으로 하는 진보의 열매를 광범위하게 공유하는 방향으로 지적 재산권 제도를 새롭게 설계해야 한다. (3) 진보적인 세금 및 지출 정책으로 소득 재분배를 강화해야 한다.

마지막으로, (4) 제조업에서 서비스 분야로 경제를 재편하는 과정에서 정부의 역할에 주목할 필요가 있다. 이 변화는 한 세기 전 경제가 농업에서 제조업으로 이동하던 시절에 나타났던 구조적 변화와 유사하다. 그러나 오늘날의 구조적 변화에서 정부는 그때보다 더 많은 일을 해야 한다. 의료나 교육처럼 점차 확장되는 다양한 서비스 분야에서는 정부의 재정적 지원이 핵심적인 역할을 할 수 있기 때문이다. 예를 들어 정부가 더 많은 근로자를 고용해서 나이 많고, 아프고, 장애가 있는 사람을 돌보거나 학생을 교육하도록 하면서 이들에게 충분한 급여를 지급한다면,[15] 경제 전반에 걸쳐 임금 상승을 유도할 수 있을 것이다. 우리 사회가 집단적인 차원에서 아이들과 환자, 노인을 소중하게 생각한다면, 정부가 그들을 위해 더 많은 돈을 투자하길 원할 것이다. 가령 아이들에게 양질의 교육을 제공하고자 한다면, 더 많은 교사를 고용하고 그들에게 더 높은 급여를 지급해야 할 것이다. 높은 급여는 특히 더 많은 인재가 교단에 서도록 만들 것이다. 물론 이를 위해서는 더 많은 세수가 필요하다.

그러나 기술 진보가 가져다준 더 큰 파이, 즉 늘어난 소득은 우리 사회의 자본가와 혁신가들이 그러한 세금을 부담하고 나서도 지금보다 더 잘 살 수 있도록 해줄 것이다.

간단하게 말해서, 기술 발전에 따른 실업과 임금 하락, 근로자의 고통 증가는 쉽게 해결될 수 없다. 다만 문제 해결을 위한 강력한 정치적 의지가 필요하다. 이를 위한 효과적인 방안은 2부에서 자세히 살펴보기로 한다.

시장 지배력과 인공지능

우리는 앞서 경제의 많은 분야에서 시장 지배력이 강화되고 있으며, 경제 전반의 성과 하락과 불평등 심화가 시장 지배력 강화와 밀접한 관계가 있다는 사실을 살펴보았다. 이 문제는 3장에서 살펴보았듯이 특히 신기술 산업에서 뚜렷하게 나타나고 있다.

빅데이터(아마존과 구글, 페이스북 등이 수집하는 엄청난 규모의 개인 정보)와 인공지능은 시장 지배력의 위험성을 더욱 높이고 있다. 구글이나 페이스북, 아마존과 같은 기업이 특정 분야에서 데이터를 수집할 수 있는 지배적인 지위를 확보한다면, 그 데이터를 다른 기업과 공유하지 않는 한(그들이 그렇게 할 아무런 이유가 없다) 이들 기업은 다른 기업에 비해 개인에 대해 더 많은 것을 알게 될 것이다. 빅데이터 옹호자는 이러한 데이터를 활용해서 소비자의 요구와 기호에 맞춘 제품을 개발할 수 있다고 주장한다. 또한 빅데이터가 맞춤형 의료 산업의 가능성을 높여 줄 것이라는 희망의 목소리도 있다. 그리고 검색 엔진 기업은 빅데이터를 활용해서 보다 효과적으로 광고를 하고 소비자에게 유용한 정보를 제공할 수 있다고 주장한다.[16] 이는 빅데이터의 긍정적인 가능성이다. 그러나 동시에 지배적인 기업은 인공지능을 통해 수집한 데이터를 활용해서 시장 지배력을 강화하고 소비자를 착취함으로써 수익을 높일 수 있다.

새로운 기술 거물들이 확보한 시장 지배력의 잠재적 영향력은 20세기 초에 비해 더욱 크고 파괴적이다. 스위프트, 스탠더드 오일, 아메리칸 토바코, 아메리칸 슈거 리파이닝 컴퍼니, US스틸과 같은 기업은 시장 지배력을 바탕으로 식품, 철강, 담배, 설탕, 석유 가격을 마음대로 올릴 수 있었다. 그러나 이제 문제는 가격을 넘어서고 있다.

오늘날 우리는 페이스북이 그들의 알고리즘, 즉 사용자가 무엇을, 어떤 순서로 볼 것인지를 결정하는 기준을 바꿀 때마다 신기술 거물의 시장 지배력의 존재를 분명하게 확인하게 된다. 이들의 새로운 알고리즘은 언론 매체의 힘을 크게 위축시킬 수 있으며, 혹은 완전히 새로운 방식으로 대규모 청중에게 다가갈 수 있다(가령 페이스북 라이브처럼).

이러한 시장 지배력 때문에 당국은 기술 거물들의 움직임을 예의주시해야 한다. 당국은 이들 거물에게 기존의 도구를 활용하는 것을 넘어서서 시장 지배력을 확장하려는 그들의 혁신적인 방법에 맞서 싸울 새로운 도구도 개발해야 한다. 앞서 언급했듯이 우리는 페이스북에서 왓츠앱과 인스타그램을 분리하는 방안을 진지하게 검토해야 한다. 또한 구글이 그들의 플랫폼에서 광고를 하는 이들과 직접 경쟁하기 위해 온라인 스토어를 열었을 때 제기되었던 것처럼 이해 충돌의 위험을 사전에 막아야 한다.

더 나아가 데이터에 대한 접근과 활용도 제한해야 한다. 지금부터는 이를 위한 몇 가지 현실적인 아이디어를 살펴보고자 한다.

빅데이터와 소비자 타기팅

기업은 인공지능과 빅데이터를 활용해서 소비자가 특정 제품을 얼마나 가치 있게 생각하고, 그 제품에 얼마나 많은 돈을 지불할 의사가 있는지 파악할 수 있다. 이를 통해 가격을 차별화하고, 특히 그 제품을 더 가치 있게 생각하거나, 혹은 다른 선택권이 없는 소비자에게 더 높은 가격을 부과한다.[17] 그러나 가격 차별화는 불공정한 처사일 뿐만 아니라 경제의 효율성까지 침해한다. 일반적인 경제 이론은 차별적인 가격 정책이 없는 상태를 전제로 한다.[18] 모든 구매자는 동일한 가격을 지불한다. 그러나 인공지능과 빅데이터는 각 구매자에게 다른 가격을 지불하게 할 가능성의 문을 열어 놓는다.

기술 기업은 인공지능과 빅데이터를 활용해서 우리 사회의 전체 생산량에서 더 많은 부분을 가져가고, 사회의 나머지(일반 소비자)를 불리한 위치에 남겨 둔다. 예를 들어 세계 최대 사무용품 유통 업체인 스테이플스Staples는 특정 지역에 경쟁 제품을 판매하는 매장이 있는지를 파악하고 있다. 만약 그런 매장이 없을 때, 스테이플스는 그 지역의 인터넷 사이트에서 가격을 올린다.[19] 마찬가지로 보험 회사는 고객이 어느 지역에 살고 있는지 파악하고, 이에 따라 보험료를 차등 적용할 수 있다. 다시 말해 가입자의 위험 수준을 기준으로 삼는 것이 아니라, 그들의 시장 지배력과 더 높은 가격을 부과할 수 있는 능력을 기준으로 보험료를 산정하는 것이다. 실제로 소비재와 보험 분야에서 기업들은 주로 소수 민족이 거주하는 지역에 더 높은 가격을 부과한다. 이러한 점에서 인공지능과 빅데이터는 새로운 인종 차별 도구다.

21세기 디지털 경제에서 기업은 목표로 삼는 소비자를 다양한 방식으로 공략한다.[20] 기업은 개인의 약점을 활용한다. 예를 들어 인공지능으로 도박 중독성이 높은 이를 찾아내서 그들을 라스베이거스나 가까운 카지노로 유인할 수 있다. 사회학자 제이넵 투펙치 Zeynep Tüfekçi는 기업이 개인의 약점, 새로운 신발이나 핸드백, 따뜻한 해변으로의 여행에 대한 비이성적 욕망을 이용할 수 있으며, 특정한 정보를 제공함으로써 감성적 자아가 이성적 자아를 압도하도록 해서 쓸데없이 돈을 낭비하도록 만들 수 있다고 설명한다.[21] 노벨상 수상자 리처드 탈러 Richard Thaler는 연구를 통해 개인의 서로 다른 정체성 사이에서 벌어지는 싸움을 바라보는 방식에 대해 설명한다. 오늘날 신기술은 이 싸움에 개입해서 더 취약한 자아의 편을 든다. 여기서 가장 우려스러운 부분은 기업이 빅데이터와 인공지능을 활용해서 이러한 심리적 역동성을 완벽하게 파악하고, 이를 통해 소비자의 행동에 영향을 미침으로써 수익을 극대화할 수 있다는 사실이다.

빅데이터는 또한 다양한 연구 분야에서 그 가치가 높다. 가령 유전자를 연구하는 기업은 더 많은 데이터를 확보할수록 개인의

DNA를 더 정밀하게 분석할 수 있고, 특정 유전자의 보유 여부를 더 정확하게 판단할 수 있다. 그렇기 때문에 기업은 수익을 극대화하기 위해 개인에 대한 데이터를 최대한 많이 수집하려고 한다. 그렇게 수집한 데이터는 나머지 사회와 공유하려 들지 않는다. 그러나 이로 인해 우리 사회는 살릴 수 있는 많은 목숨을 잃게 된다. 우리는 이러한 사실을 다음 사례에서 확인할 수 있다. 인간의 유전자 배열을 밝혀내기 위한 국제적인 대규모 연구, 즉 인간 게놈 프로젝트가 1990년에 출범했다. 그 결과는 대단히 성공적이었다. 이 프로젝트는 2003년에 완성되었다. 그러나 그 과정에서 몇몇 기업은 자신들이 그 프로젝트의 속도를 추월한다면 자신들이 밝혀낸 모든 유전자에 대해 특허권을 얻을 수 있으며, 이는 금광과 같은 가치가 있을 것이라고 생각했다. 예를 들어 유타주에 위치한 미리어드Myriad는 BRCA1과 BRCA2, 두 개의 유전자에 대해 특허권을 따냈고, 그 유전자의 보유 여부를 판별하는 검사법을 개발했다. 이 유전자를 가진 여성은 유방암에 걸릴 확률이 높다는 점에서 그들의 발견은 대단히 의미 있는 것이었다. 이후 미리어드는 전체 유전자 배열을 분석하는 검사에 2,500~4,000달러의 높은 가격을 부과했다. 대다수 사람들에게는 부담스러운 비용이었다. 게다가 미리어드의 검사는 가격이 비쌀 뿐 아니라 완벽하지 못했다. 그런데 예일 대학 연구원들이 더 정확한 검사법을 개발해 더 낮은 가격으로 내놓으려 했다. 그러자 특허권의 〈소유자〉인 미리어드는 반발했다. 그 이유는 수익의 손실을 막기 위한 것은 물론, 그들이 관련 데이터를 소유하길 원했기 때문이다. 그래도 그 결말은 해피엔딩이었다. 분자병리

학협회Association for Molecular Pathology가 미리어드를 상대로 소송을 제기하면서 자연 발생적 유전자는 특허 대상이 될 수 없다고 주장했다. 2013년 6월 13일, 미국 연방 대법원은 만장일치로 분자병리학협회의 손을 들어주었다. 이후로 검사 비용은 떨어졌고 품질은 높아졌다. 이 사례는 특허가 혁신에 부정적인 영향을 미칠 수 있다는 사실을 잘 보여 주는 명백한 증거다.[22]

물론 기업이 이러한 유형의 착취를 실행에 옮기기 위해서는 개인에 관한 엄청난 양의 데이터를 수집해야 한다. 이는 프라이버시에 대한 위협을 의미한다. 일부는 잘못을 저지른 사람만이 프라이버시 유출을 걱정해야 한다고 주장한다. 하지만 그 말은 틀렸다. 특정 개인에 대한 방대한 데이터를 확보한 누군가는 고의적으로 정보의 일부만을 유출함으로써 그 사람의 이미지를 훼손시킬 수 있다. 독재자와 전제주의자는 오래전부터 이러한 정보의 위력을 잘 알고 있었다. 그래서 동독과 시리아의 비밀경찰을 비롯해 다양한 비밀 정보기관은 정치적으로 중요한 인물에 관한 광범위한 정보를 수집하는 데 집중했다. 이들 정보기관은 정보 수집을 위해 광범위한 첩보망을 필요로 했다. 하지만 오늘날 기업과 정부는 빅데이터와 정보 기술을 바탕으로 동독의 비밀경찰보다 훨씬 더 방대한 정보를 쉽게 확보할 수 있게 되었다. 이러한 현실은 권위적인 정부가 일당 독재의 길로 들어설 위험을 높이고 있다.

일부는 빅데이터가 정부의 손이 아니라 구글이나 페이스북, 아마존 등 민간의 손에 있다는 사실에 안도한다. 나는 그렇게 생각하지 않는다. 사이버 보안 문제에서 공공과 민간의 경계는 뚜렷하지 않다. 예를 들어 에드워드 스노든Edward Snowden의 폭로는 정부가 이미 방대한 개인 정보를 수집하고 있으며, 또한 민간 기업이 어떤 정보를 갖고 있든 미국 국가안전보장국(NSA)은 그 데이터를 쉽게 넘겨받을 수 있다는 사실을 분명하게 보여 주었다.[23] 또한 페이스북이 어떻게 그 데이터를 활용하고 다른 이(가령 케임브리지 애널리티카Cambridge Analytica)가 이를 활용하도록 허용하는지에 대한 폭로,* 그리고 그 데이터를 보호하기 위해 페이스북이 취한 보안 조치는 우리 모두를 불안에 떨게 만든다.

조지 오웰의 디스토피아 소설 『1984』와 더 최근 작품인 데이브 에거스Dave Eggers의 『더 서클The Circle』은 사람들을 지배하는 빅브라더 정부와, 그들에게 오웰의 상상력을 훌쩍 뛰어넘는 통제력을 가져다주는 빅데이터에 대한 우리의 두려움을 잘 보여 준다.[24]

결론적으로 우리는 분명히 프라이버시 문제를 걱정해야 한다. 프라이버시는 권력에 관한 것이다. 빅데이터 기업은 이 사실을 잘 이해하고 있다. 하지만 그들이 먹이로 삼고 있는 우리는 그렇지 못한 것 같다.

기업은 그 힘을 다양한 방식으로 활용하고, 또한 남용할 수 있다. 앞서 언급했듯이 방대한 정보에 접근할 수 있는 페이스북과 아마존, 구글과 같은 기업은 정보 우위를 활용해서 시장에서 경쟁자보다 유

* 페이스북-케임브리지 애널리티카 정보 유출 사건. 2018년 케임브리지 애널리티카 회사가 페이스북 가입자 수백만 명의 프로필을 동의 없이 수거해서 정치적 선전 목적으로 이용하려고 한 사건.

리한 지위를 확보할 수 있으며, 시장 지배력을 다른 영역으로 확대할 수 있다. 더 많은 데이터 확보에 따른 엄청난 경쟁력은 다른 경쟁자의 진입을 힘들게, 어쩌면 불가능하게 만들 수 있다. 경제 이론과 역사는 절대적 지위에 올라선 독점 기업은 혁신을 등한시한다는 사실을 우리에게 말해 준다. 그들은 에너지의 많은 부분을 소비자에게 더 나은 제품을 제공하는 것이 아니라, 시장 지배력을 강화하고 확대하는 데 집중할 것이다.[25]

러시아의 대미 첩보 활동보다 더 무서운 것은 페이스북이 정치적 목적으로 그들의 데이터를 활용하는 것이다.

데이터와 그 활용에 대한 규제

소수의 기업이 방대한 규모의 데이터를 손에 넣고 있다는 점에서 시장 지배력과 프라이버시, 그리고 보안은 우리 사회에 중대한 영향을 미친다. 우리는 이러한 사실을 우려해야 하고, 정부는 대처 방안에 대해 고민해야 한다. 가령 데이터 소유권을 할당하거나 데이터 사용 방식을 규제하는 등 적극적으로 나서야 한다.[26]

유럽은 먼저 그 첫걸음을 뗐다.[27] 기술 대기업들은 유럽의 각국 정부가 미국에 반대하기 때문에 그러한 행동을 취한 것이라고 불만을 토로한다. 하지만 그 말은 틀렸다. 유럽 정부가 대응에 나선 것은 그들의 법이 시장의 경쟁을 유지하도록 요구하며, 프라이버시에 대한 마땅한 우려가 유럽 전역에 퍼져 있기 때문이다. 미국은 최근에서야 서서히 그 뒤를 따르고 있다. 그 부분적인 이유는 기술 거물의 정치적 영향력 때문이다.[28]

기술 거물의 힘과 그 남용을 억제하기 위한 한 가지 방안은 개인 정보에 대한 소유권을 개인에게 주는 것이다. 이 말은 개인 정보를 활용하고자 하는 모든 기업은 돈을 지불하고 데이터를 얻어야 하며, 또한 개인은 자신에 관한 정보를 악의적으로 활용하지 못하도록 요구할 권리를 갖고 있다는 뜻이다. 이는 데이터의 가치가 기술 기업이 아니라 개인에게서 비롯된다는 것을 의미한다. 개인 정보에 대한 권리를 당사자에게 부여하려는 시도는 이전에도 이미 있었다. 가령 유럽에서 구글은 개인 정보를 활용하기 위해 먼저 당사자로부터 명시적인 허가를 구해야 한다. 자유시장을 지지하는 사람들 역시 개인이 스스로 결정하도록 하는 이러한 접근 방식을 환영한다. 일부 인터넷 기업은 개인 정보 활용에 동의한 고객에게 요금을 소폭 할인해 주는 정책을 실시하고 있으며, 대부분의 사용자가 동의하고 있다. 한 기업의 대표는 비즈니스에서 대단히 중요하고 성공적으로 현금화할 수 있는 데이터를 얼마나 저렴한 가격에 구했는지 내게 자랑했다.

　일부는 그냥 내버려 두는 게 좋다고 말한다. 다른 이에게 자신의 데이터를 넘기는 것은 개인이 알아서 할 문제라는 것이다. 하지만 우리 사회는 다양한 영역에서 개인의 자유로운 의사결정에 개입한다. 이를 통해 개인이 피해를 입는 것을 막고자 한다. 예를 들어 사람들이 피라미드 사기나 장기 매매에 연루되지 않도록 보호한다. 우리는 이와 똑같은 주장을 데이터에도 적용할 수 있다. 게다가 개인의 데이터가 다른 이들의 데이터와 합쳐질 때, 기업은 경제 구성원 모두를 착취할 수 있는 힘을 갖게 된다는 점에서 더욱 그렇다. 개인은 기업이 자신의 데이터를 가지고 무슨 일을 할지 알지 못한다. 개인 정보가 악의적인 조직에 넘어갔을 때는 특히 그렇다. 또한 사람들은 그들의 데이터를 수집한 기업의 보안 정책이 철저한지도 알지 못한다. 데이터 유출과 관련해 어떠한 책임법이 있으며, 데이터 유출의 영향이 어느 정도일지 알지 못한다. 미국의 불공정한 법적 시스템을 감안할 때, 문제가 이미 벌어진 상황에서 이를 바로잡으려면 엄청난 비용이 들 것이다. 특히 세계적인 소비자 신용 정보 회사인 에퀴팩스Equifax의 사례는 미국 기업의 속임수를 잘 보여 준다. 개인의 허락 없이 데이터를 수집해 왔던 에퀴팩스가 2017년에 방대한 규모의 데이터를 도난당하면서 1억 5천만 명에 달하는 미국인의 개인 정보가 한꺼번에 유출되는 사고가 있었다. 에퀴팩스는 고객의 데이터를 지키지 못했을 뿐만 아니라, 나중에 이를 이용해 돈을 벌려고까지 했다. 그들은 개인 정보가 유출되었는지 확인하려는 고객에게 데이터에 대한 권리를 포기하도록 서명을 강요했다.[29]

　우리는 다양한 형태로 기업의 데이터 활용을 규제할 수 있다. 우선 온건한 형태의 규제는 기업이 프라이버시 및 보안 관련 정책을 투명하게 밝히도록 요구하는 것이다. 다음으로 엄격한 형태는 강력한 감시와 금지를 기반으로 특정 형태의 데이터 활용 및 판매를 막는 것이다. 예를 들어 개인 정보를 가지고 무슨 일을 하는지 당사자에게 고지하도록 의무화할 수 있다. 기업이 수집한 데이터의 규모에 따라 프라이버시 침해 및 착취의 위험성이 증가한다는 사실을 감안할 때, 데이터베이스를 합치는 소위 〈응집agglomerating〉 행위를 제한할 수 있다. 또한 개인 정보 활용에 앞서 당사자의 〈사전 동의〉

를 반드시 받도록 요구할 수 있다. 문제는 사전 동의가 무엇을 의미하는지 분명하게 밝히고, 개인의 의사를 존중하는 것이다. 많은 페이스북 사용자는 그들이 프라이버시를 높은 수준으로 설정했다고 생각하고 있었음에도 자신의 데이터가 광범위하게 활용되고 있다는 사실을 알고는 충격을 받았다.

더 나아가 정부는 개인 정보를 활용하는 기업을 대상으로 보상 차원에서 개인 정보의 최저 가격을 설정하거나, 기업의 비즈니스 활동에 비추어 필요 이상으로 오랫동안 개인 정보를 저장하지 못하도록 제한할 수 있다.[30]

또한 우리는 조사 작업을 실시할 수도 있다. 즉 방대한 규모의 개인 정보를 수집한 모든 기업을 대상으로 그들이 데이터를 어떻게 활용하는지 조사위원회에 모두 공개하도록 요구하는 것이다. 물론 일부 기술 거물의 대단히 부정직한 과거 행태를 감안할 때, 공개와 관련된 모든 속임수에는 강력한 처벌이 뒤따라야 할 것이다.

추가적인 대책은 더 남아 있다. 데이터의 활용과 저장에 세금을 부과하는 방안도 있다(방대한 데이터의 수집과 저장, 활용을 가능하게 하는 기술은 쉬운 과세도 가능하게 해준다). 또한 데이터를 개인 식별자 없이 통합적인 형태로만 저장하도록(데이터 익명화data anonymization) 요구할 수도 있을 것이다. 그럴 경우, 데이터 분석가는 행동 패턴에 대한 정보를 수집할 수 있지만, 특정 개인을 추적할 수는 없다.[31]

한 걸음 더 나아가, 데이터가 일종의 공공재라는 인식을 바탕으로 누구나 저장된 모든 데이터(가공된, 혹은 가공되지 않은)에 접근할 수 있도록 허용함으로써 오늘날 기술 거물이 데이터 우위를 활용해서 기존의 독점력을 강화하지 못하도록 막을 수 있다. 그러나 여기서 우리는 프라이버시라는 난제에 맞닥뜨리게 된다. 몇몇 대규모 기술 기업이 빅데이터를 통제할 때, 그들은 엄청난 시장 지배력을 확보하게 된다. 반면 모두가 데이터에 접근하도록 허용할 때, 우리는 기술 거물의 시장 지배력을 허물어뜨리고, 또한 거대한 공용 데이터 풀을 얻게 된다. 하지만 많은 새로운 진입자들이 이러한 데이터를 활용해서 경쟁적으로 더 많은 가치를 추출해 내고자 할 때 (앞서 설명한 것처럼 데이터를 활용해서 소비자를 이용하는 것까지 포함해서) 거대한 공용 데이터 풀은 광범위한 프라이버시 침해와 착취의 위험성을 높일 것이다. 이는 분명하게도 데이터 남용의 가능성을 열어 놓는다. 그렇기 때문에 이러한 접근 방식을 실행하고자 한다면 데이터의 활용과 응집을 구체적으로 제한해야 할 것이다.

신기술, 그리고 민주주의에 대한 위협

신기술이 우리 경제와 프라이버시에 미치는 잠재적 위협보다 더 위험한 것은 민주주의에 대한 위협이다. 신기술은 양날의 검이다. 신기술을 옹호하는 사람은 그 긍정적인 측면에 주목한다. 가령 신기술을 통해 모두가 자신의 의견을 개진할 수 있는 거대한 공적 공간을 구축할 수 있다는 점을 강조한다. 그러나 우리는 러시아가 서구 민주주의에 대한 신뢰성을 떨어뜨리기 위해 선거에 지속적으로 개입한 사례에서 신기술의 부정적 측면을 이미 확인했다. 신기술은 조작에 활용될 수 있다. 경제적 수익을 높이기 위해서만이 아니라,

특정 견해를 옹호하고 의혹을 퍼뜨리기 위해서도 활용될 수 있다. 돈이 많을수록 조작은 쉬워진다. 2016년 선거를 조작하기 위한 은밀하고 파괴적인 시도로서 케임브리지 애널리티카에 투자했던 로버트 머서Robert Mercer 가문을 비롯한 다른 많은 이들은 조작이 어떻게 이뤄지는지 잘 보여 주었다. 이러한 점에서 신기술은 권력과 돈이 더 많은 권력과 돈을 창출할 수 있는 새로운 통로를 열어 놓았다고 하겠다.

이에 대해 다양한 개혁안이 제시되었지만 어느 것도 실행에 옮겨지지 못했다. 일부는 플랫폼에 문제가 있다고 지적한다. 그 역사를 감안할 때, 특히 독일 정부는 혐오 발언의 유포에 대해 강경한 입장을 고수하고 있다. 일부 경우에는 단지 속도를 늦추는 것(인터넷을 느리게 만들거나 잘못된 정보가 입소문을 타고 퍼질 가능성을 낮추는 것)만으로도 효과가 있다. 다른 한편으로 팩트체크 시스템을 도입할 수 있을 것이다. 재전송하는 기사에 팩트체크 여부를 표기하는 방식도 효과가 있을 것이다.

소셜 미디어를 통해 실제 뉴스인 것처럼 퍼뜨리고자 하는 유료 광고에서 출처를 공개하도록 요구하는 것도 도움이 될 것이다. 마찬가지로 국내 선거와 관련하여 해외에서 지원받은 광고를 제한하는 것 또한 의미가 있을 것이다. 비록 페이스북과 트위터가 수익의 일부를 잃어버린다고 해도 이러한 제한은 반드시 이뤄져야 한다. 다음으로 은행이 테러와 돈세탁을 위한 자금의 통로가 되지 않기 위해서, 우리 사회는 은행이 〈고객을 알도록〉 요구해야 한다. 이 같은 자격 요건을 페이스북과 트위터를 비롯한 여러 다양한 기술 플랫폼에도 부과해야 한다. 이러한 정책을 적절하게 실행에 옮긴다면, 그것만으로도 러시아가 미국을 비롯한 다른 나라의 선거에 개입하지 못하도록 막을 수 있을 것이다.

소셜 미디어 플랫폼은 사실상 언론사로서 기능한다. 뉴스를 전송하고 광고를 게재한다. 신문은 기사에 대해 책임을 진다. 반면 기술 거물들은 막강한 정치적 영향력을 방패 삼아 책임을 회피하고 있다.[32] 이들이 언론사와 똑같은 책임을 지도록 한다면, 어떤 정보를 배포하는지에 관심을 기울이면서 자체 검열에 더 많은 투자를 할 것이며, 그만큼 우리 사회는 더 안전하고 정직한 인터넷 세상을 누릴 수 있다.[33]

우리는 또한 사람들이 분별 있는 정보의 소비자가 되도록 만들 수 있다. 이탈리아와 같은 일부 국가는 공공 미디어(소셜 미디어를 포함해) 교육을 확대하고 있으며, 이를 통해 사람들이 잘못된 주장을 현명하게 가려내도록 도움을 주고 있다.[34]

공적 지원을 받는 언론은 이러한 시도, 가령 미국 정치에 간섭하려는 러시아의 시도를 널리 알리는 중요한 역할을 할 수 있다. 러시아의 개입이 성공적일 수 있었던 것은 아마도 드러나지 않았기 때문일 것이다. 앞서 언급했듯이 집단행동을 위해 무엇보다 중요한 것은 집단적인 의사결정의 합리성과, 그러한 합리성을 뒷받침하는 정보의 온전함이다. 언론은 공공재이며 공적 지원을 필요로 한다. 스웨덴과 영국을 비롯한 많은 나라에는 공적 지원을 받으면서도 대중의 신뢰를 받는 적극적이면서 독립적인 언론사들이 많이 있다. 그러나 우파 진영은 성공적인 공적 언론의 규모를 축소시키기 위해 노력하고 있다. 아마도 그들이 진실을 두려워하고, 그들과 같은 편에 설 가능성이 높은 부호가 통제하는 언론(가령 루퍼트 머독과 그의『폭스 뉴스』)을 선호하기 때문일 것이다. 우리 사회는 이러한 시도를 막아야 한다. 실질적으로 독립적이면서 동시에 충분한 재정 지원을 받는 공공 언론 기관이 없는 국가라면, 이러한 기관을 설립하는 방안을 진지하게 모색해야 할 것이다.

안타깝게도 신기술을 활용해 조작을 도모하는 이들은 미국 사회의 규제 시스템의 한계를 잘 알고 있으며, 그 안에 있는 모든 허점을 활용하기 위해 애를 쓴다. 이는 전쟁 상황을 방불케 하며, 지금 시점에서는 민주주의를 억압하고자 하는 이들이 우세를 점하고 있는 것으로 보인다.

그것은 미국 사회가 언론의 자유를 보장하기 위한 시도에서 스스로에게 수갑을 채웠기 때문이다. 언론의 자유를 원칙으로 삼는 대법원조차 사람들로 붐비는 극장 안에서 거짓으로 〈불이야〉를 외칠 수 없다고 판결했다(셴크 대 미합중국Schenck v. United States, 1919). 대중에게 충분한 정보를 제공하기 위한 이 전쟁에서, 나는 허위 정보를 이용해 민주주의를 약화시키려는 이들의 파괴적 시도를 막기 위해 작은 타협안을 제시하고자 한다. 아마도 여기에는 추가적인 행동이 따라야 할 것이다.

결국 사회적 번영이라는 관점에서 볼 때, 페이스북과 같은 플랫폼의 시장 지배력과 그 남용의 위험성은 지나치게 크다. 스탠더드 오일이 지나치게 비대하고 강력해졌을 때, 미국 사회는 이 기업을 분할했다. 그러나 이 경우에는 거대한 규모의 경제도 없었고, 이를 위해 필요한 경제적 비용도 제한적이었다. 반면 페이스북은 앞서 언급했던 자연적 독점의 사례에 해당한다.[35] 페이스북은 분할하기도 힘들고, 그 활동을 규제하기도 어렵다. 더군다나 그 조직을 분할한다면 규제는 더욱 까다로워질 것이다. 그렇다면 엄격한 감시와 더불어 페이스북을 공익 사업이라고 선언하는 것 외에 다른 대안은 없을 듯하다.[36]

이러한 방안을 비판하는 사람들은 혁신에 미칠 부정적 영향을 우려한다. 물론 나는 우리 사회가 강력한 규제와 동시에 혁신을 위한 충분한 동기를 제공할 수 있다고 믿지만, 그래도 규제를 비롯한 다양한 방안이 혁신에 미칠 수 있는 부정적 영향에 대해 걱정을 해야 하는지 생각해 볼 필요가 있다. 앞서 언급했듯이 이러한 혁신이 갖는 전반적인 사회적 가치는 실리콘밸리 기업가들이 주장하는 것보다 훨씬 낮을 것이다. 우리는 보다 엄격한 공적 감시(혹은 소유권 제도)를 기반으로 혁신을 더욱 건설적인 방향으로 나아가게 만들 수 있다. 광고를 통해 소비자를 공략하고, 혹은 더 많은 소비자 잉여를 추출하는 방법을 발견하는 것은 기업에게 중요한 일이다. 이는 수익의 중요한 원천이 될 수 있다. 하지만 이는 사회적 이익과 기업의 이익이 조화를 이루지 못하는 또 하나의 사례에 불과하다. 차별적인 가격 정책과 다양한 형태의 소비자 착취에 따른 사회적 이익은 실제로 마이너스다.[37]

나는 미국을 비롯해 강력한 민주주의 전통을 지닌 국가의 경우, 소셜 미디어를 사회적으로 다루기 위한 모든 시도에 대한 사법부와 입법부의 강력한 감시(프라이버시 침해와 정치적 조작, 시장 착취를 막기 위한)가 시민 사회의 공개적이고 투명한 참여와 더불어 효과를 발휘할 수 있다고 믿는다. 나아가 우리 사회는 혁신이 요구되는 분야에서 혁신을 지속적으로 이끌어 나갈 효과적인 규제 시스템을 구축할 수 있다.[38] 이는 미래의 민주주의와 우리 사회를 위해 중요한 현실적 과제다.

인공지능 시대의 세계화

프라이버시 및 사이버 보안과 관련해서 전 세계적으로 나타나고 있는 서로 다른 견해는 향후 세계화를 가로막는 중요한 장애물로 보인다. 중국과 미국, 유럽이 각자 서로 다른 법적 시스템으로 이동하는 가운데, 일부는 우리가 〈스플린터넷〉*으로 나아가고 있다고 주장한다.[39] 인공지능과 빅데이터가 일부 주장만큼 중요하다면, 프라이버시 우려가 없는 중국은 거대한 우위를 확보하고 있는 셈이다. 미국 기업은 중국 정부가 프라이버시에 대한 우려를 제기하지 않기 때문에 중국 기업이 그들을 앞서 가고 있으며, 그러므로 어떤 형태로든 보호가 필요하다고 주장한다. 하지만 똑같은 이유로 유럽 기업은 미국 정부의 느슨한 프라이버시 및 보안 관련 법률을 거론하면서 미국 기업으로부터 보호를 요구할 것이다.

기술 거물들이 강력한 영향력을 행사하는 가운데, 미국은 모두가 미국의 표준에 따라야 한다고, 그리고 유럽은 프라이버시 보호를 위한 규제를 철폐해야 한다고 주장할 수 있다(실제로 트럼프 행정

---

* splinternet. 〈splinter〉와 〈internet〉의 합성어로 인터넷 세상이 분열되는 현상을 의미한다.

부하에서 미국은 그렇게 요구하고 있다).[40] 그러나 이는 편협한 관점에 지나지 않는다. 유럽이 프라이버시를 우려하는 데에는 정당한 근거가 있다. 미국 시민의 진정한 우려에 의한 것이든, 아니면 돈이 지배하는 정치 상황에서 거대 기술 기업의 힘에 의한 것이든 간에, 유럽은 미국 정부의 요구를 그대로 받아들일 이유가 없다. 그렇다고 해서 중국의 방향이 선택지가 될 수는 없다(그래서도 안 된다). 나는 빅브라더를 두려워한다. 미국은 유럽과 손을 잡고 프라이버시를 보호하기 위한 강력한 정책을 마련해야 한다. 필요하다면, 누군가 빅데이터에 자유롭게 접근함으로써 확보하는 모든 우위를 상쇄시킬 수 있는 방안을 모색해야 할 것이다.[41]

결론

이 장에서는 신기술이 어떻게 앞서 살펴봤던 모든 문제를, 특히 일자리와 임금, 불평등, 시장 지배력과 관련된 문제를 더욱 심각하게 만들고 있는지 들여다보았다. 신기술은 또한 프라이버시나 사이버 보안과 관련된 새로운 문제까지 안겨다 주고 있다. 문제에 대한 분명한 〈해결책〉은 아직 나와 있지 않다. 그래도 분명한 사실은 문제를 시장에만 맡겨 둬서는 안 된다는 점이다.

앞선 장에서 우리는 시장 경제, 즉 자본주의 시스템이 어떻게 우리의 정체성을 형성하는지에 대해 논의했다. 그 시스템은 많은 이를 더 이기적이고 덜 도덕적인 존재로 만들고 있다. 신기술이 유발하는 한 가지 골치 아픈 문제는 개인의 정체성은 물론, 우리가 속한 사회의 정체성까지 바꾸고 있다는 사실이다.

신기술이 개인에게, 그리고 다른 사람과의 상호작용에 다양한 방식으로 영향을 미치고 있다는 사실을 말해 주는 증거가 속속 나오고 있다. 우리의 집중력은 점점 짧아지고 있으며, 짧은 집중력으로는 힘든 문제를 해결할 수 없다. 개인 간의 교류는 점점 드물어지고 있으며, 교류를 할 때에도 자신과 비슷한 사람들하고만 하려는 경향이 강하다. 이로 인해 우리 사회는 더욱 극단적인 형태로 변화하고 있다. 이제 우리는 저마다의 반향실(反響室)에 갇혀 살아간다. 이러한 세상에서 공통 기반을 찾기란 점점 더 어려워지고, 그에 따라 사회적 협력도 점점 더 힘든 과제가 되어 가고 있다. 약자를 괴롭히는 영역이 점점 더 늘어나고 있다. 즉 우리 안에서 최악의 모습을 이끌어 내고, 그러한 모습이 사회적 교정 시스템이 존재하지 않는 사적 영역에서 나타나도록 내버려 두고 있다. 우리는 피상적인 차원에서 다른 이와 쉽게 관계를 맺지만, 사회적 교류의 깊이와 질은 떨어지고 있다.

우려의 목소리는 기술 공동체 구성원에게서도 나오고 있다. 지금의 흐름이 우리를 어디로 데려갈지 알 수 없다. 그러나 한 가지 사실만큼은 분명하다. 그것은 전투 진영으로 분열된 미국 사회, 세상을 바라보는 서로 완전히 다른 렌즈, 그리고 〈대안적 사실〉의 정당성에 대한 논쟁은 합의를 통한 정책 수립과 자립적인 정치를 더욱 어렵게 만들고 있다는 것이다.[42]

이 책의 핵심 주제는 우리 사회가 계속해서 이러한 흐름으로 나아가지 않아도 된다는 것이다. 기술 발전은 축복이 되어야 한다. 우리는 기술 발전을 통해 모두가 인간다운 삶의 기본적인 조건을 누릴 수 있도록 해야 한다. 하지만 오늘날 기술 발전으로 많은 인구가 궁핍한 삶으로 내몰리고 있으며 위험은 점점 더 높아만 간다. 우리가 강력한 집단행동을 취하지 않는다면 이러한 흐름은 계속될 것이다. 다음 장에서는 왜 우리가 함께 행동에 나서야 하는지를 살펴본다. 시장 혹은 개인의 힘만으로는 지금의 문제를 해결할 수 없다.

7
왜 정부인가?

인류는 혼자서 일하는 것보다 함께 협력할 때 더 많은 것을 성취할 수 있다는 사실을 오래전부터 알았다. 쌀농사를 시작하면서 관개 시설에 의존했던 사회는 아마도 대규모 〈집단행동〉이 필요하다는 사실을 처음 깨달았을 것이다. 모든 구성원은 관개 시설을 구축하고 유지함으로써 도움을 받았고, 이를 위해 조직과 재정을 마련해야 했다. 물이 부족한 지역에서는 물을 공평하게 공유하기 위한 규칙을 세워야 했다. 이 역시 집단적으로 해결해야 할 과제였다. 다른 지역에서는 약탈자로부터 공동체를 지키기 위해서 집단행동을 해야 했다. 사람들은 힘을 합침으로써 혼자일 때보다 더 효과적으로 스스로를 지킬 수 있었다.

미국 헌법은 독립적인 주의 시민들이 집단행동의 필요성을 이해하고 있었음을 말해 준다. 그 전문에는 이렇게 나와 있다.

우리 연합 주의 인민은 더욱 완벽한 연방을 형성하고, 정의를 확립하고, 국내의 안녕을 보장하고, 공동의 방위를 도모하고, 국민의 복지를 증진하고, 우리와 우리의 후손에게 자유의 축복을 확보할 목적으로 미국을 위해 이 헌법을 제정한다.

이러한 과제들은 함께 힘을 모아야만 가능한 일이었다. 그리고 자발적인 연합의 형태를 넘어서서 권력을 지닌 〈정부〉를 중심으로 힘을 집결함으로써 모두가 이익을 얻을 수 있었다. 사회적 안녕은 자유주의 꿈을 추구하는 농민과 상인의 노력에 의해서만이 아니라, 구체적이면서도 제한된 권력을 지닌 강력한 정부를 통해서 실현이 가능했다.

그러나 집단행동의 필요성은 때로 미국의 개인주의, 즉 우리(적어도 일부 성공한 사람들)는 스스로의 힘으로 성공을 거뒀고, 정부의 간섭이 없을 때 더 큰 성공을 거둘 수 있다는 믿음과 충돌하는 것으로 보였다. 하지만 이러한 믿음은 미신에 불과하다. 누구도 혼자서는 성공할 수 없다. 생물학적 과정이 이를 허락하지 않는다. 가장 뛰어난 천재도 자신의 성취가 다른 사람의 성취에 기반을 두고 있다는 사실을 알고 있다.[1] 단순한 사고실험은 우리를 겸손하게 만든다. 〈파푸아뉴기니나 콩고의 오지 마을에서 태어났다면 나는 무엇을 성취할 수 있었을까?〉 미국의 모든 기업은 법치주의와 사회 기반 시설, 그리고 수 세기 동안 발전해 온 기술로부터 이익을 얻는다. 스티브 잡스는 그 안에 집약된 모든 발명이 없었더라면 아이폰을 만들어 낼 수 없었을 것이다. 이들 발명 중 많은 부분이 지난 반세기에 걸쳐 공적 지원을 받은 연구 성과를 바탕으로 한 것이다.

사회가 제대로 기능하려면 개인의 행동과 집단적 행동 사이에서 균형을 유지해야 한다. 사회주의 혁명 이후 몇십 년 동안 소련과 중국은 그 균형을 잃어버렸다. 오늘날 우려는 우리 사회가 다른 측면에서 균형을 잃어버리고 있다는 것이다.

이 장에서 나는 집단적 행동의 필요성과 그 한계를 다뤄 보고자한다. 앞 장에서는 세계화와 금융화에 따른 문제를 살펴봤다. 기업의 힘이 커지고 근로자의 힘이 위축되는 상황도 확인했다. 또한 이러한 상황이 어떻게 불평등 심화와 성장 둔화로 이어지는지와 더불어, 인구의 많은 부분이 점점 더 궁핍해지고 있다는 사실을 살펴보았다. 그리고 기술 발전이 얼마나 더 문제를 악화시킬 위험성을 내포하고 있는지 들여다보았다. 하지만 우리는 이러한 상황을 얼마든지 피할 수 있으며, 변화에 다른 방식으로 대처할 수 있다. 그렇게 함으로써 승자는 더 많아지고 패자는 더 줄어들 것이다. 시장은 게임의 규칙이 허용하고 부추긴 것을 했다. 지금 우리에게 필요한 것은 다른 게임의 규칙이다. 시장 경제를 〈개혁〉하려면 집단행동이 필요하다. 나는 각 장에서 이를 위한 구체적 방안을 제시했다. 이 장에서는 집단행동의 중요성을 생각해 보도록 하는 일련의 원칙을 들여다봄으로써 모든 방안을 하나로 연결해 보고자 한다. 먼저 일반적인 원칙을 살펴본 후에, 진화하는 경제 속에서 우파의 많은 이들이 주장하는 것처럼 정부 역할의 축소가 아니라, 확대를 요구하는 목소리가 높아지고 있다는 사실을 살펴볼 것이다.

집단행동의 필요성

지난 반세기 동안 경제학자들은 사회적 목적을 달성하기 위해 집단행동이 요구되는 상황에 대해, 그리고 시장이 그 자체로 효율적이고 공정한 결과를 만들어 내지 못하는 상황에 대해 더 깊이 이해하게 되었다.[2] 나는 이 책에서 사회적 이익과 개인의 이익 사이에 존재하는 괴리에 계속해서 주목하고 있다. 예를 들어 규제가 없는 상황에서 개인은 자신의 경제적 계산에 오염에 따른 비용을 포함시키지 않을 것이다. 시장은 오염과 불평등, 실업을 너무 많이 양산하는 반면, 기초 연구에 대한 투자는 터무니없이 부족하다.

우리 모두는 국가 안보로부터 이익을 얻는다. 이처럼 모두에게 이익을 가져다주는 재화나 서비스를 일컬어 공공재라고 한다.[3] 공공재의 공급은 집단적인 차원에서 이뤄져야 한다. 만약 공공재를 민간 영역에 의존한다면, 공급 부족 사태가 벌어질 것이다. 개인이나 기업은 광범위한 사회적 이익보다 그들 자신의 이익을 우선시할 것이기 때문이다.[4]

국가 안보 외에도 공공재의 사례는 많다. 가령 농경 사회는 관개 시설로부터 이익을 얻는다. 또한 우리는 도로, 공항, 전기, 물, 위생 등 다양한 양질의 사회 기반 시설로부터 이익을 얻는다.

지식의 발전 역시 공공재다. 1장에서 나는 지식의 발전이 어떻게 생활수준을 높이는 중요한 원천이 될 수 있는지를 살펴봤다. 우리 모두는 트랜지스터나 레이저와 같은 혁신으로부터 이익을 얻는다. 이러한 점에서 기초 연구에 대한 지원은 정부를 통해 이뤄져야 한다.

가장 중요한 공공재 중 하나는 효율적이고 공정한 정부다. 우리 모두는 이러한 정부로부터 이익을 얻는다.[5] 우리가 훌륭한 정부를 세우고자 한다면, 공공의 이익과 관련해서 개인과 기관(독립적인 언론과 싱크탱크를 포함해)의 공식적인 지지가 반드시 필요하다.

시장이 결코 하지 않는, 집단행동이 행복을 높일 수 있는 다양한 영역이 존재한다. 우리 사회가 다양한 사회보장 제도(퇴직연금에서 노령자를 위한 의료보험, 실업보험에 이르기까지)를 운용하는 이유는 분명하다. 그것은 개인의 행복에 엄청난 영향을 미치는 거대한 위험에 맞서기 위해서다. 하지만 정부가 나서기 전에 시장은 이러한 위험에 맞서기 위한 보험 서비스를 제공하지 않았다. 혹은 높은 거래 비용이 따르는 대단히 높은 가격으로 제공했다.[6]

역동적인 경제는 항상 변화한다. 그러나 시장은 변화에 스스로 잘 대처하지 못한다. 우리 사회는 제조업 경제에서 세계화와 도시화된 서비스와 혁신 경제로 이동하고 있으며, 그에 따라 인구 구성이 눈에 띄게 재편되고 있다.

거대하고 복잡한 경제를 효과적으로 관리하는 것은 힘든 일이다. 거시 경제를 관리하는 적극적인 정부 정책이 나오기 전에, 광범위한 실업이 종종 오랫동안 이어졌다. 케인스 정책은 경기 침체를 보다 짧게, 경기 성장을 보다 길게 만들었다. 오늘날 모든 거대한 국가는 중앙은행을 운영하고 있으며, 경제 안정화는 정부의 몫이라는 주장을 진지하게 받아들인다.

시장이 효율적이고 안정적이라고 해도 너무 많은 인구가 기아에

허덕이고, 국가의 부가 사회적으로 용인하기 힘들 정도로 지나치게 소수에게 집중되는 현상이 나타날 수 있다. 이러한 상황에서 정부의 핵심 역할은 기회의 균등과 모두를 위한 사회 정의를 보장하는 것이다. 시장의 결함은 불행하게도 가난한 가정에서 태어난 사람들이 그들 자신, 혹은 부모가 가진 자원으로는 개인의 잠재력을 실현할 수 없다는 것을 의미한다. 이는 불공정하고 비효율적인 상황이다.

정부는 이러한 상황에 개입해야 한다. 이는 논란의 대상이 아니다. 물론 정부의 개입은 대단히 복잡한 방식으로 이뤄진다. 일부 분야에서 정부는 민간보다 훨씬 더 효율적인 생산자임을 입증하고 있다. 가령 사회보장 제도를 통한 연금보험, 혹은 메디케어를 통한 의료보험이 그것이다.[7]

예를 들어 사회 기반 시설 구축과 같은 일부 사례에서 공공-민간 협력은 서비스를 제공하기 위한 효과적인 방식인 것으로 드러나고 있다. 여기서 민간 부문은 공공 토지에 도로를 건설하기 위한 자본을 투자하고, 가령 30년 동안 도로를 관리하고 난 뒤 이를 공공에 되돌려 줄 수 있다. 하지만 이러한 협력 관계는 정부가 위험을 감수하고 민간이 이익을 챙기는 형태로 나타날 때가 많다. 가령 비용보다 높은 금액으로 입찰을 따낼 경우, 기업은 계속해서 수익을 얻을 수 있다. 이는 불공정한 내기다.[8]

이러한 사례들 뒤에 숨은 한 가지 원칙이 있다면, 정부는 생산과 서비스 제공을 조직화하는 최고의 방법에 대해 항상 열린 사고를 해야 한다는 것이다. 여기서 이념은 아무런 도움이 되지 않는다. 언제 어디서나 기업이 정부보다 낮다는 종교에 가까운 믿음은 잘못된

것이며, 심지어 위험하기까지 하다.[9]

규제, 그리고 게임의 규칙을 쓰기

많은 분야에서 생산을 민간 부문에 맡기는 것이 최고의 방법이다. 그렇다고 민간 부문이 원하는 모든 것을 하도록 허용해야 한다는 뜻은 아니다. 우리는 민간 부문을 규제해야 한다. 규제가 왜, 언제 필요한지, 규제 시스템을 잘 관리하는 방법은 무엇인지, 왜 많은 분야에서 아직도 과잉 규제가 아니라 과소 규제가 문제로 드러나고 있는지도 이해해야 한다.

상호 의존적인 사회에서 규제는 반드시 필요하다.[10] 그 이유는 명백하다. 한 사람의 행동이 다른 사람에게 영향을 미치기 때문이다. 규제가 없는 상태에서 사람들은 이러한 영향을 고려하지 않는다.[11] 가령 오염 물질을 배출하는 기업은 폐질환의 위험을 높이고 사람들의 수명을 단축시킨다. 물론 한 기업이 미치는 영향은 미미하지만, 수백만 개 기업이 오염 물질을 배출할 때 그 영향력은 엄청나다. 단지 수익 창출에만 집중하는, 도덕적 책임감이 없는 기업은 오염 물질을 줄이는 데 돈을 투자하지 않을 것이다.

십계명 역시 소박한 사회에서 모든 구성원들이 평화롭게 살 수 있도록 보장하기 위해 설계된 일련의 규제다. 신호등은 여러 방향으로 달리는 차들이 순서를 지키도록 만드는 단순한 시스템이다. 이러한 규제의 효과를 확인하고자 한다면, 개발도상국 대도시로 가서 신호등이 없을 때 발생하는 혼란을 살펴보라.

현대 사회가 제대로 기능하기 위해 필요한 규제는 대단히 복잡하다. 은행은 포식적이며 속임수를 쓰는 대출을 통해서 고객을 이용한다. 너무 거대해서 절대 실패할 수 없으며, 문제에 봉착해도 결국에는 구제될 것임을 아는 대형 은행은 무모한 위험도 기꺼이 감수한다. 2008년 금융 위기는 정부가 이들을 구제해야 했던 마지막 사례였을 뿐이다. 그렇다면 은행이 과도한 위험을 감수하지 못하도록, 그리고 다른 이들을 이용하지 못하도록 규제하는 것은 우리 사회의 당연한 과제일 것이다. 은행은 규제 철폐를 주장했다. 그들이 다른 이를 이용하지 못하게 막는, 그리고 과도한 위험을 감수하지 못하게 막는 규제를 없애 달라고 요구했다. 그러나 정작 파산에 직면했을 때 근로자를 비롯한 다른 모두에 앞서 그들의 파생상품(2008년 금융 위기 촉발에 중대한 역할을 했던 위험한 상품)을 우선적으로 보장하는 법안의 통과를 소리 높여 외쳤고, 결국 얻어 냈다. 이를 통해 그들은 정말로 원하는 것, 즉 은행에 특권을 부여하는 일련의 규칙과 규제를 이끌어 냈다. 2008년을 비롯해 다른 금융 위기 때에도 은행들은 항상 정부 구제를 외쳤다.

은행이 그토록 염원했던 규제 철폐는 사실 대형 은행에 유리한 규제 시스템을 마련하기 위한 것이었다. 그들에게 중요한 것은 단순한 규제 철폐가 아니라, 어떤 규제가 필요한 것인가였다. 어떤 국가나 경제도 법과 규제 없이는 제대로 돌아가지 않는다. 은행은 책임 없는 권리, 다시 말해 다른 이를 착취하고 과도한 위험을 기꺼이 감수하도록 허용하는, 그러면서도 행동에 따른 책임은 묻지 않는 규제와 정책을 요구했다.

한 사람의 〈자유〉는 다른 사람에게 〈비자유〉가 될 수 있다. 오염할 수 있는 권리는 오염으로부터 죽지 않을 〈권리〉와 상충한다. 금융 시장 자유화는 은행에게 다른 이를 착취할 권리를 주었으며, 어떤 측면에서 모든 사람에게서 돈을 빼앗을 권리를 부여했다. 결국 금융 위기가 발생해 미국 사회에 1조 달러에 달하는 비용을 안겼다.

우리 사회는 더 좋은 제품을 개발하거나 사회에 다양한 방식으로 기여함으로써가 아니라, 착취(시장 지배력과 불완전한 정보를 통한 착취, 그리고 가난하고 교육을 받지 못한 취약 계층에 대한 착취)함으로써 부자가 되길 바라는 사람이 있다는 사실을 고통스러운 경험을 통해 배웠다. 한 가지 전통적인 사례를 살펴보자. 정육업자들이 소비자를 속여 썩은 고기를 팔고 있었을 때, 업턴 싱클레어는 자신의 저서 『정글』(1906)을 통해 그 사실을 폭로했다. 그 책은 대중의 분노를 자극했고, 이후 정육업계는 소비자의 신뢰를 회복하기 위해 그들의 산업을 규제해 달라고 정부에 요청했다. 다른 사례도 살펴보자. 대부분의 부모는 자녀가 굶어 죽지 않도록, 그리고 자녀가 아프면 꼭 필요한 약을 사기 위해 최선을 다할 것이다. 상황이 좋지 않다면 고리대금까지 쓰려고 할 것이다. 그래서 많은 국가와 종교는 고리대금의 폐해를 막기 위한 법과 규칙을 마련하고 있다. 풍족하고 인간적인 사회는 그 구성원이 다른 이에게 착취당하는 극단적인 상황으로 내몰리지 않도록 한다. 보다 일반적으로 말해서 교섭력에서 지나치게 큰 비대칭이 나타날 때 사회는 항상 이를 우려하고, 또한 그래야만 한다.

규제를 비판하는 이들은 법률 시스템만으로도 착취를 막을 수 있다고 주장한다. 그들은 다른 이를 이용했던 버니 메이도프*와 같은 범죄자의 사례가 그러한 사실을 보여 준다고 말한다. 하지만 그들의 주장은 사실이 아니다. 우리에게 필요한 것은 나쁜 행동이 애초에 실행으로 옮겨지지 않도록 막을 수 있는 규제다. 사건이 터지고 수습하는 것보다 사전에 예방하는 것이 중요하다. 메이도프 사례가 보여 주듯이 사기로 인한 사회적 피해를 완전히 회복하기는 힘들기 때문이다. 마찬가지로 우리 사회는 단지 앞서 나가려는 사람들의 욕망을 이용하면서 아무런 실질적 가치를 제공하지 않는 대학의 사례나 금융 위기 이전 담보 대출 시장과 오늘날 소액 단기 대출 시장의 사례에서 뚜렷하게 드러나는 포식 행위를 막기 위한 규제가 필요하다.

결론적으로 말해서 우리 사회는 시장이 마땅한 방식으로, 즉 경쟁적이고 거래 당사자가 충분한 정보를 갖고 있고, 한 사람이 다른 사람을 이용하지 못하는 방식으로 돌아가도록 만들기 위해서 규제를 필요로 한다. 충분한 규제가 이뤄지고 있다는 믿음이 없을 때, 시장은 사라질 수도 있다. 항상 사기를 걱정해야 한다면 누가 거래를 하려 들겠는가?

규제 시스템

훌륭하고 효율적인 규제 시스템을 설계하기란 힘든 일이다. 그럼

---

* Bernie Madoff. 미국의 유대계 증권 거래인. 역사상 최대 규모의 폰지 사기(피해액 650억 달러)를 저질러 150년 징역형을 선고받았다.

에도 우리 사회는 전문성, 그리고 견제와 균형을 조합하는 훌륭한 일을 해냈다. 또한 우리는 규제 시스템이 정치적으로 변질되는 것을 최대한 막고자 했다. 의회는 독립적이면서 책임 있는 정부 기관의 세부적인 사항에 대한 역할과 더불어 규제의 목표와 대상을 정의하고, 이들 기관은 의회의 취지에 따라 최대한 공정하게 규제를 실행하게 된다(적어도 이론적으로). 우리 사회는 규제를 설계하고 이를 공정하고 효율적으로 실행에 옮기기 위한 규제도 마련했다. 예를 들어 모든 주요 규제에 대해 우리 사회의 시스템은 비용-편익 분석, 즉 규제에 따른 비용과 편익을 평가하는 작업을 요구한다. 일반적으로 편익은 비용의 몇 배에 이른다. 규제는 〈공지와 논평〉의 대상이다. 이는 규제에 대해 우려하는 사람이 반대 의견을 제시할 수 있는 투명한 과정을 뜻한다. 논평자는 개선과 변경을 제안할 수 있다(물론 특수 이해관계가 공공의 이익보다 앞설 때, 기업 친화적인 규제 시스템으로 이어지게 된다).[12] 특정한 규제를 내놓은 정부 기관은 다양한 비판과 제안에 대응하는 과정을 거쳐 최종적인 형태를 확정한다. 여기서 규제에 반대하는 이들은 의회의 취지와 조화를 이루지 못한다거나, 정부의 여러 다른 규칙과 규제 및 지침에 위배된다고, 혹은 규칙을 공지하는 절차가 적법하게 이뤄지지 않았다고 법정에서 주장함으로써 맞설 수 있다. 결론적으로 우리 사회는 규제 시스템 내부에 민주주의 안전망을 충분히 확보해 놓았다. 물론 그렇다고 해서 모든 규칙이 이상적이라는 의미는 아니다. 시장이 진화하는 방향에 관한 완벽한 정보와는 거리가 먼 경우가 많고, 세상은 종종 우리가 기대했던 것과는 다른 것으로 드러난다. 세상은 변화하고, 한 시점에서 유효한 규칙이 다른 시점에서는 그렇지 않다.[13] 인간이 만든 모든 제도는 오류를 범할 수 있다. 그럼에도 우리는 제대로 기능하는 체제를 구축하는 데 신뢰할 만한 일을 해냈다.[14]

개별적인 차원에서, 그리고 하나의 원칙으로 규제를 회복하기

우리 경제는 전반적으로 지금 당장 더 많은 규제를 필요로 한다. 특정 핵심 분야는 더욱 그렇다. 경제는 빨리 변화하고 있으며, 규제는 그 속도를 따라잡아야 한다. 예를 들어 우리는 20년 전 탄소 배출에 따른 위험을 깨닫지 못했다. 이제 우리는 그 사실을 알고 있으며 이를 반영하는 규제를 필요로 한다. 20년 전 비만은 사회적 문제가 아니었다. 이제 우리는 비만이라는 유행병에 기여하는 중독적인 달고 짠 식품으로부터 아이들을 보호해야 한다. 20년 전에는 제약 산업이 생산해 낸 진통제의 오남용 문제는 없었다. 또한 20년 전에는 학생과 그들이 받는 정부 대출을 이용하려는 영리 목적의 교육 기관이 지금처럼 번성하지 않았다.[15]

망 중립성net neutrality을 둘러싼 갈등은 기업이 자신의 이익을 위해 시스템을 조작하는 방식과 그에 대한 규제의 필요성을 보여 주는 생생한 사례다.

망 중립성이란 인터넷을 통제하는 사업자(미국에는 컴캐스트와 차터, AT&T, 세 개의 주요 인터넷 사업자가 있다. 경쟁적인 시장과는 거리가 멀다)가 모든 인터넷 사용자들을 동등하게 대우해야 하며, 특히 특정인에게 인터넷 속도에서 우위를 제공해서는 안 된다는 개념이다.[16] 2015년 미국 연방 통신위원회가 〈공개 인터넷 원칙

Open Internet Order〉을 발표하면서 망 중립성은 국가의 법이 되었다. 이에 따라 인터넷은 실질적으로 일종의 공익 시설로서 규제를 받고, 사용자를 차별하는 행위는 금지된다(〈망 중립성〉의 정의). 하지만 2년이 흐른 2017년 12월에 트럼프의 연방 통신위원회 의장인 아짓 파이Ajit Pai는 망 중립성 원칙을 폐기했다. 이로써 인터넷 사업자는 다양한 온라인 기업에 제공하는 속도를 통제하는 과정에서 아무런 법적 제약을 받지 않게 되었다.[17]

망 중립성의 폐기는 최근에 벌어진 일이라 아직 그 결과에 대해 말하기는 힘들다. 그러나 인터넷을 본질적으로 공익 시설로 바라보는 많은 소비자와 경제학자는 정글의 법칙을 기반으로 한 세상에서 힘 있는 자가 지배하게 될 것이라는 우려를 공유하고 있다. 대기업은 인터넷 사업자와 유리한 조건으로 계약을 맺을 것이다. 그리고 인터넷 사업자는 스스로에게 우위를 제공할 것이다. 그들은 인터넷 시장의 지배력을 활용해서 콘텐츠(가령 엔터테인먼트) 시장에서도 지배력을 확보하고자 할 것이다.

스트리밍 비디오 서비스는 망 중립성 원칙의 폐기가 어떻게 경쟁을 파괴하는지를 잘 보여 준다. 이 사례에서는 거대하고 강력한 기업도 불이익을 받을 수 있다. 넷플릭스는 그야말로 데이터 집약적인 비즈니스다. 소비자가 이 서비스에 대해 갖는 매력은 빠르고 완벽한 영상 전송에 기반하고 있으며, 이를 위해서 방대한 데이터를 신속하게 가정으로 흘러 들어가게 만들어야 한다. 그렇기 때문에 넷플릭스가 활용하는 인터넷 서비스의 속도를 느리게 만드는 것은 비즈니스의 생존에 치명적인 타격을 입힐 수 있다. 이러한 상황에서 만약 인터넷 사업자가 넷플릭스와 경쟁하는 비디오 스트리밍 서비스를 운영한다면, 그들은 넷플릭스의 광대역망 접근을 제한하는 방식으로 스스로에게 우위를 제공할 수 있다.

망 중립성이 사라진 상황에서 독점 인터넷 사업자는 넷플릭스와 같은 사용자에게 빠른 속도의 접근에 대해 프리미엄 요금을 요구함으로써 수익의 많은 부분을 앗아 갈 수 있다. 넷플릭스가 요구에 응하지 않는다면, 인터넷 사업자는 넷플릭스가 몸값을 지불할 때까지 용량 문제가 전혀 없는 상황에서도 인터넷 속도를 느리게 할 수 있다.

망 중립성을 비판하는 사람들은 시장이 문제를 해결해 줄 것이라고 주장한다. 소비자가 원하는 것을 얻지 못할 때, 그들은 빠른 속도를 제공하는 다른 인터넷 사업자로 바꿀 것이다. 하지만 전국적으로 주요 인터넷 사업자가 세 곳밖에 없는 상황에서 소비자의 선택은 지극히 제한적일 수밖에 없다. 게다가 미국의 많은 지역에서는 광대역 인터넷 서비스와 관련해 소비자에게 오직 하나의 선택권밖에 존재하지 않는다.[18] 장기적인 차원에서 신뢰할 만한 인터넷 사업자가 새롭게 진입할 수 있겠지만, 케인스가 다른 맥락에서 언급한 것처럼, 장기적인 차원에서 우리 모두는 죽는다. 넷플릭스는 그때까지 기다릴 수 없을 것이다. 인터넷 사업자가 시장 지배력을 갖고 있다는 사실은 산업 전체에서 혁신을 위축시킬 것이다. 그 결과는 불평등의 심화, 혁신의 감소, 성장 둔화로 나타날 것이다.[19]

정부 실패

지금까지 우리는 왜 집단행동이 필요한지 살펴보았다. 하지만 집단행동은 결코 쉽지 않으며 언제나 성공을 거두는 것도 아니다. 집단행동은 다양한 형태와 정도로 나타난다. 가령 비정부 기구나 자선 단체는 사회에 공공재를 제공하는 역할을 한다. 자발적 기부로부터 많은 지원을 받는 하버드나 컬럼비아 같은 비영리 교육 기관은 지식을 생산하고 이를 후세에 전하는 가장 성공적인 사례로 꼽힌다.

그래도 집단행동을 위한 가장 중요한 기구는 다름 아닌 정부다.[20] 그러나 여기에 문제가 따른다. 정부는 사회적 번영을 추구하기 위한 권력을 일부 집단이나 개인이 다른 사람을 희생함으로써 자신의 이익을 추구하도록 행사할 수 있다. 이러한 상황을 시장 실패에 견주어서 〈정부 실패〉라 부른다. 정부 행동을 비판하는 이들은 시장 실패를 해결하기 위해 정부에 의존하는 방법은 질병보다 더 나쁜 치료제이며, 이러한 정부 실패는 도처에 만연하다고 주장한다. 앞서 주장했듯이 정부 없이 우리가 할 수 있는 일은 없다. 우리는 정글로 되돌아갈 수 없다. 우리는 정부 활동을 필요로 한다. 여기서 질문은 정부의 행동이 사회 전체의 이익에 봉사하도록 하는 최고의 방법이 무엇인가이다. 성공적인 국가란 이 질문에 대한 해답을 모색하고, 강력하고 효율적인 정부를 가진 국가다. 예를 들어 가난한 개발도상국에서 몇십 년 만에 강력한 신흥 시장으로 급부상했던 동아시아 국가들의 사례에서 정부가 핵심적인 역할을 맡았다.[21] 마찬가지로 미국 정부 역시 경제 개발의 역사 전반에 걸쳐 중요한 역할을

수행했다.[22]

경제학자는 정부 개입이 언제 성공을 거두었으며 언제 실패했는지 분석함으로써 정부 실패를 예방하는 방법을 이해할 수 있다. 정부 실패의 많은 사례는 소위 〈포획capture〉, 다시 말해 민간 기업과 부유한 개인이 돈과 영향력을 활용해 정부가 그들의 이익을 우선시하도록 포섭하는 행위와 깊은 관련이 있다. 우리는 이러한 위험성을 지속적으로 경계해야 하며, 이러한 활동을 보다 어렵게 만들기 위한 규칙과 제도를 마련해야 한다.

미국 건국의 아버지는 비판적이고 독립적인 언론이 건강한 민주주의의 핵심이라는 사실을 잘 알고 있었다. 성공적인 민주주의의 또 다른 핵심 특성은 투명성이다.

여기서 내가 취한 입장을 비판하는 많은 이들은 정부에 대한 회의주의와 시장에 대한 믿음(더 중요하지만 검증되지 않은)을 조합한다. 앞서 나는 시장 근본주의(혹은 신자유주의)의 개념에 대해 언급했다. 이는 자유로운 시장이 그 자체로 효율적이고 안정적이며, 따라서 시장이 그 놀라운 힘을 발휘해서 경제를 성장시키도록 내버려 둘 때 모두가 이익을 얻는다(트리클다운 경제)는 주장이다. 나는 앞선 장에서 이러한 주장의 실체를 폭로했다. 2008년 금융 위기처럼 간헐적으로 치솟는 높은 실업률과 엄청난 불평등은 그 한 가지 증거에 불과하다. 만일 정부의 개입이 없었더라면 상황은 더 심각했을 것이다.

앞서 언급했듯이 가장 기본적인 차원에서 시장은 규칙과 규제를 기반으로 삼아야 한다. 이는 적어도 특정 집단이나 개인이 다른 이를 이용하고 다른 이에게 비용을 전가(가령 오염 물질을 배출함으로써)하는 것을 막기 위함이다. 우리는 규칙과 규제를 〈공식적인 차원에서〉 마련해야 한다.

게다가 환경 보호에서 교육과 연구, 사회 기반 시설에 대한 투자, 그리고 앞서 살펴본 것처럼 중요한 사회적 위험에 대해 보험을 제공하는 것에 이르기까지 시장이 자발적으로 하지 않는 일은 무척이나 많다.

정부 역할을 둘러싼 끊이지 않는 논쟁

21세기 미국의 〈진정한 정치〉란 생활수준을 유지하고자 하는, 그리고 내가 이 책에서 강조한 가치를 지키고자 하는 이들이 미국이 현재 나아가고 있는 궤도, 다시 말해 트럼프의 이민 배척주의와 보호주의, 혹은 레이건이 40년 전에 시작했던 〈시장 근본주의〉와 달리 그들의 이해관계 및 가치와 조화를 이루는 대안적인 정책이 존재한다는 사실을 사회 전반에 걸쳐 설득하는 것이다. 그러나 안타깝게도 낙태나 동성애 권리와 같은 사회적 문제가 기본적인 경제학을 다루는 우리의 능력, 다시 말해 평등과 성장을 동시에 추구하는 길에 걸림돌이 되고 있다.[23]

그러나 내가 제시한 주장의 사회적 수용을 가로막고 있는 주요한 방해물은 무엇보다 정부에 대한 불신이다. 집단행동이 요구되는 상황에서도 우파 인사들은 정부에 대한 광범위한 불신을 조장하고 있다.

정부에 대한 신뢰는 정치적 시스템이 공정하고 사회 지도자들이 그들 자신을 위해서만 일하지는 않는다는 믿음이 있을 때라야 가능하다. 위선이나 지도자의 공약과 실천 사이의 괴리만큼 정부에 대한 신뢰를 치명적으로 파괴하는 것은 없다. 미국의 엘리트 집단과 정치 지도자(양당 모두)는 트럼프 행정부가 들어서기 전에 그들 자신에게 이익이 되는 정책과 더불어 정부를 불신하는 분위기를 조성했다. 그들이 1980년대와 1990년대에 걸쳐 밀어붙였던 정책의 진정한 수혜자는 바로 그들 자신이었다. 모두에게 이익이 될 것이라는 그들의 주장은 아무런 의미 없는 말장난에 불과했다. 이러한 정책이 몰고 왔던 2008년 대침체 상황에서도 바로 그 엘리트 집단은 스스로를 구제했다. 수백만 명이 집을 잃고 수천만 명이 일자리를 잃는 동안에도 은행가는 자리를 보전하고 보너스까지 챙겼다.[24] 이로 인해 상황은 더욱 악화되었다. 하지만 그것은 천 년에 한 번 있는 홍수와 같은 자연재해가 아니었다. 은행과 은행가가 저지른 잘못된 행동에 대한 폭로가 연일 터져 나오는 상황에서도 책임을 지는 사람은 없었다. 우리 사회는 분명하게도 그들의 행위를 위법으로 규정했어야 했다. 그러나 정부는 소규모 중국 은행이나 중간 규모의 은행처럼 몇몇 〈본보기〉 사례만 처벌했다. 은행이 거둔 〈성공〉으로 엄청난 보상을 받았던 이들은 아무런 피해를 입지 않았다. 은행의 수익에 대한 공을 주장했던 그들은 실패에 대해서는 책임지려 하지 않았다.[25]

미국 사회는 소득과 부, 권력에서는 물론 정의에서도 불평등한 시스템을 구축했다. 당연하게도 많은 이들은 이러한 사실에 분노하고 있다.

그러나 그들의 분노가 반드시 정부를 향한 것일 필요는 없었다. 분노의 대상은 위축된 중산층이 직면한 빈곤에 대해 책임을 져야 할 이들, 즉 무차별적 세계화와 금융화를 주장하면서 동시에 세계화로 인해 일자리를 잃거나 금융화와 금융 규제 철폐로 인해 피해를 입은 근로자들을 위한 이직 프로그램이나 지원에 반대했던 이들이 되어야 마땅했다.[26] 왜 그들의 분노가 완벽하지는 않더라도 그들과 이해관계를 〈좀 더〉 같이하는 이들을 향해 공격적으로 표출되었는지는 앞으로 계속 논의해야 할 질문일 것이다. 어쩌면 〈클린턴〉과 〈오바마〉의 민주당이 위선적으로 보였기 때문인지 모른다. 공화당은 적어도 일반 근로자를 위하는 척하지 않았다. 혹은 그저 운이 좋지 않았던 것인지 모른다. 다시 말해 〈똑똑한〉 엘리트 집단에 대해 일반 대중이 느낀 배신감을 정확하게 포착하고 이를 이용해 공화당을 적대적으로 매수한 선동가의 등장 때문인지 모른다. 하지만 엄밀히 말해서 그건 진정한 적대적 매수는 아니었다. 그 이유는 공화당 인사 대다수가 트럼프의 편협함과 여성 혐오, 이민자 반대, 보호주의, 그리고 전시와 침체기가 아닌 시기에 그들이 원하는 것, 즉 기업을 위한 감세와 규제 철폐를 얻어 내기 위한 전례 없는 재정 적자 증가에 동조했기 때문이다. 그들은 악마와 거래하는 과정에서 그들이 진정으로 추구하는 가치와 우선순위가 무엇인지 분명하게 드러냈다.

특정 장소와 시점에 모습을 드러낸 생각이 어떻게 확산되는지는 우리에게 미스터리로 남아 있다. 이러저러한 결과를 더욱 가능성 있어 보이게 만드는 사전 조건이 존재한다고 해도, 그 어떤 결과도 필연적으로 보이지는 않는다. 가령 독일이 히틀러의 악몽을 겪어야만 했던 것도 필연은 아니었다. 비즈니스 엘리트 집단이 히틀러에게 맞설 기회는 여러 시점에 있었다. 만약 그런 일이 일어났다면 어떻게 되었을지 누구도 알 수 없다. 역사의 궤도는 아마도 크게 바뀌었을 것이다. 지금으로부터 반세기 뒤에 오늘날 미국의 비즈니스 공동체에 대해서도 누군가 이와 비슷한 글을 쓰고 있지 않을까?

정부 개입을 요구하는 목소리

21세기 경제는 20세기와는 확연히 다르다. 공화국이 동틀 무렵에 애덤 스미스가 이야기했던 경제와는 더더욱 다르다. 이러한 사실은 정부가 앞선 시대보다 훨씬 더 큰 역할을 맡아야 한다는 과제를 우리 사회에 남기고 있다. 여기서 나는 경제가 변화하는 여섯 가지 방식에 대해 설명하고자 한다. 각각의 방식은 더 많은 집단행동을 요구한다.

1. 혁신 경제. 지식의 생산은 철강이나 다른 일반적인 상품의 생산과는 다르다. 시장은 그 자체로 모든 발전의 원천인 기초 연구에 충분한 투자를 하지 않을 것이며, 그렇기 때문에 정부는 적어도 기초 연구를 지원하는 데에서 중추적인 역할을 맡아야 한다.

2. 도시 경제. 산업화를 지나 후기 산업 사회로 접어들면서 우리 사회는 도시화되었다. 도시 밀집에 따른 장점은 분명하다. 하지만 그 장점을 제대로 관리하기는 힘들다. 밀집된 공간에서 한 사람의 행동은 다른 사람에게 큰 영향을 미친다. 가령 교통 법규가 없다면 도로 정체와 수많은 사고가 일어날 것이다. 환경 및 건강 관련 규제가 없다면 도시는 과거에 그랬던 것처럼 수명은 짧고 질병은 만연한 불쾌한 공간이 될 것이다. 소음 공해는 삶을 더 피곤하게 만들 것이

다. 아무런 계획 없이 개발된 신흥 시장의 도시 풍경은 제대로 구획되지 않은 도시가 얼마나 참기 힘든 공간이 될 수 있는지 보여 준다.

3. 지구의 한계로 둘러싸인 경제. 스미스가 살았던 시대에는 환경적 위험성에 대한 인식은 거의 찾아볼 수 없었다. 오늘날 우리는 생물권의 한계를 점점 잠식해 들어가고 있다. 시장은 그 자체의 힘만으로 도시를 살아갈 만한 공간으로 만들어 주지 않는다는 사실이 드러나고 있다. 가령 런던이나 로스앤젤레스의 짙은 스모그를 떠올려 보자. 시장은 이러한 도시를 자체적으로 정화하지 않았다. 행동 변화를 강제했던 것은 정부 규제였다. 개인과 기업은 적은 비용을 부담했던 반면, 엄청난 혜택이 모두에게 돌아갔다.

4. 복잡한 경제. 애덤 스미스가 설명한 농장과 핀 공장의 세상에서 경제를 관리하는 것은 세계화와 금융화가 이뤄진 후기 산업 사회의 경제를 관리하는 것과 다르다. 과거에 경기 변동은 전반적으로 기후에 달렸다. 그러나 이후 200년 동안 거대한 경기 변동이 일어나면서 엄청난 사회적 비용을 발생시켰다. 2008년 금융 위기는 신의 저주가 아니라 인재였다. 즉 우리가 설계한 시스템이 우리 자신에게 미친 피해였다. 우리의 시스템은 실패했고, 지금 우리는 그 실패에 따른 다양한 경제적·정치적 영향으로부터 어려움을 겪고 있다. 복잡하고 서로 긴밀하게 얽혀 있는, 모든 시장의 참여자가 마지막 한 푼까지 짜내려고 애를 쓰는 시스템은 대단히 위태로운 경제 시스템인 것으로 드러나고 있다.[27]

5. 유동적인 경제. 경제는 언제나 변화한다. 우리 사회는 농업 경제에서 제조업 경제로, 그리고 서비스업 경제로 이동했다. 그리고

세계화되고 금융화되었다. 이제 우리는 범지구적 차원에서, 세대에 걸친 소득 및 행복의 분배라는 새로운 도전 과제를 안겨 주는 급속한 인구 노령화와 더불어 복잡한 도시 경제를 관리하는 방법을 배워야 한다. 앞서 언급했듯이 시장은 그 자체로 변화에 잘 대처하지 못한다. 그 부분적인 이유는 침체에 빠진 분야나 지역의 구성원은 미래 지향적인 분야로 넘어가기 위해 필요한 투자를 뒷받침할 충분한 자원을 갖추고 있지 않기 때문이다. 디트로이트와 미시간, 혹은 내 고향인 인디애나 게리는 경제를 시장에 맡겨 두었을 때 무슨 일이 벌어지는지를 보여 주는 좋은 사례다. 스웨덴처럼 일반 시민과 어려움을 겪는 지역이 변화하는 경제에 적응하도록 도움을 주는 국가의 경제는 보다 역동적이며, 또한 정치는 변화에 열려 있다.

6. 세계화된 경제에서 국가 내부에서 벌어지는 일은 국경 외부에서 벌어지는 일로부터 큰 영향을 받는다. 우리 사회는 더욱 상호 의존적으로 바뀌어 가고 있으며, 사람들 대부분이 개인의 능력으로는 대처할 수 없는 위험에 노출되고 있다. 이러한 상호 의존성과 위험에 대처하기 위해 세계적인 차원에서 집단행동의 필요성이 높아지고 있다. 하지만 경제적 세계화의 속도는 정치적 세계화, 즉 경제적 세계화를 관리하기 위한 제도의 개발 속도를 훌쩍 앞서고 있다. 그러한 제도의 개발은 각국 정부의 과제로 남았다. 하지만 과제에 대한 부담이 커지는 동안, 정부의 능력은 특히 이러한 과제에 대응하지 말아야 한다고 주장하는 보수주의자 집단에 의해 더욱 위축되고 있다. 그 과정에서 세계화는 중요한 역할을 했다. 세계화는 세금 회피를 위한 새로운 기회가 되었다. 그리고 일부는 세계화된 세상에

서 살아남으려면 세금을 삭감하고 정부 프로그램을 줄여야 한다는 (잘못된) 주장을 내놓고 있다.

결론

이 장에서 우리는 집단행동의 필요성에 대해 논의했다. 협력할 때 우리는 더 많은 것을 성취할 수 있다. 사람들은 아주 다양한 방식으로 협력한다. 그들은 협력 관계와 기업을 조직해서 생산하고, 클럽과 사회 조직을 통해 교류하고, 자발적 연합이나 비정부 기구를 통해 함께 신념을 추구한다. 또한 조합을 조직해서 단체 교섭권을 행사하고 집단 소송에 참여한다. 이는 기업으로부터 피해를 입은 사람은 혼자 힘으로는 아무것도 바로잡을 수 없다는 깨달음에서 비롯된 집단행동이다.[28] 이에 대해 기업과 우파가 선택한 전략은 집단행동을 더욱 어렵게 만들고, 근로자가 조합을 결성하는 것을 방해하고, 개인이 집단 소송에 참여하거나 재판을 활용하는 것을 가로막음으로써 힘의 불균형 상태를 그대로 유지하는 것이었다.

정부는 우리가 협력하는 가장 중요한 방식 중 하나다. 정부, 그리고 그밖에 다른 모든 형태의 협력 사이의 차이는 강제력에 있다. 정부는 개인과 조직이 특정 행동을 하지 못하도록(이웃을 죽이거나 피해를 입힐 수 있는 총기 소지 등), 혹은 특정 행동을 하도록(나라를 지킬 군대를 유지하기 위해 세금을 내도록) 강제할 수 있다. 우리는 현대 사회에서 아주 다양한 방식으로 서로에게 도움을 주거나 피해를 입힐 수 있기 때문에, 정부는 필연적으로 거대하고 복잡할 수밖에 없다. 〈무임승차 문제〉 때문에(많은 이들은 군사와 치안, 소방 활동으로부터 정부가 운영하는 연구 기관이 축적한 지식에 이르기까지 공적으로 제공되는 제품이나 서비스에 따른 비용의 공정한 몫을 지불하지 않으면서 그에 따른 이익은 얻고자 한다) 비용에 대한 지불, 즉 과세는 강제적인 것이 되어야 한다. 정부가 무슨 일을 하고 무슨 일은 하지 말아야 할지, 어떻게 일을 처리할 것인지, 누가 부담을 질 것인지에 대한 의사결정은 정치적 절차를 통해 이뤄져야 한다.

정치 제도는 시장 제도와 마찬가지로 복잡하다. 정치 제도는 도움은 물론 피해를 줄 수 있는 힘을 갖고 있다. 가난한 계층에서 중산층과 부유층에 이르기까지 사회 전반에 걸친 재분배에 기여할 수 있다. 또한 기존 권력 관계를 유지하고 강화할 수 있다. 게다가 사회 부조리를 완화하기보다 오히려 심화시킬 수 있다. 착취를 막기 위한 수단이 아니라 착취를 위한 도구가 될 수 있다.

정부가 선을 위한 강력한 권력이 될 수 있도록 공적 제도를 구축하는 일은 민주주의 사회가 처음부터 직면한 도전 과제였다. 이는 오늘날 미국 사회가 직면한 과제이기도 하다. 다음 장에서는 민주주의 제도가 상층의 소수가 아니라 시민 대다수를 위해 효과적으로 작동하도록 만드는 데 필요한 핵심적인 개혁 방안에 대해 살펴보고자 한다. 이어지는 장들에서 새롭게 구축한 민주주의를 기반으로 어떻게 경제를 더 경쟁적이고 역동적이고 평등하게 재편할 수 있을지, 그래서 중산층의 삶이 다시 한번 우리 대다수에게 실현 가능한 꿈이 되도록 만들 수 있을지 살펴보고자 한다.

2부

정치와 경제의 재건: 앞으로 나아갈 길

8
민주주의 회복

미국은 대의민주주의를 기반으로 건국되었다. 대단히 중요하게
도 강력한 견제와 균형 시스템, 권리장전*은 다수로부터 소수의 권
리를 보호하도록 보장하고 있다. 하지만 미국은 실질적으로 소수가
다수를 향해 권력을 휘두르는 사회로 진화하고 말았다. 21세기에
미국의 대선 시스템이 배출한 세 대통령 중 두 명은 과반수의 표를
얻지 못하고서도 권력의 자리에 올랐다. 더 나아가 민의를 밀접하
게 반영해야 할 통치 기구인 하원에서는 게리맨더링이 자행되었다.
이로 인해 2012년 선거에서 민주당은 공화당보다 140만 표를 더 얻
었음에도 하원 의석에서 과반을 확보하지 못했다. 모든 주를 평등
하게 대하기 위해 정교하게 설계된 상원은 적어도 국가 전체의 관
점으로 봤을 때, 인구 집중의 결과로 인해 소수당이 지배하는 문제
를 더욱 심화시키고 말았다. 미국은 현대 민주주의와 민주주의 제

* 미국의 권리장전은 수정헌법 가운데 국민의 기본권을 명문화한 1~10조를 말
한다.

도를 구축함으로써 세계를 이끌어 왔다. 그러나 이제는 세계의 흐름에 오히려 뒤처지고 있다. 그렇게 권력을 잡은 대통령과 의회가 대다수의 지지를 얻지 못했다는 사실에 겸손함을 가지고 국정을 운영했다면 상황은 지금과 같지 않을 것이다. 대신에 그들은 승자 독식 정치의 새로운 극단을 개척했다. 소수가 다수를 지배하는 국면은 명백히 비민주적이며, 유권자를 좌절시키고 미국 정부의 정당성을 국내는 물론 해외에서까지 약화시켰다. 총기 규제나 최저임금, 강력한 금융 규제와 같은 사안은 오늘날 미국인 대다수의 지지를 받고 있음에도 해결되지 않고 있다. 나는 이 책의 앞부분에서 2017년 세법에 대해 간략하게 언급했다. 일반적으로 감세 정책은 국민의 압도적 지지를 받는다. 하지만 이번에 미국 유권자들은 그것이 중산층과 미래 세대를 희생함으로써 부자를 위하는 정책이라는 사실을 알아챘다. 대다수는 이를 그 어떤 감세 정책보다 더 부정적인 시선으로 바라봤다.[1]

공화당의 목표가 소수에 의한 다수의 지배를 영구화하려는 것임이 점점 더 분명하게 드러나고 있다. 역진세(부자에게 더 낮은 세율을 적용하는 과세 방식)에서 사회보장과 메디케어를 삭감하고, 정부의 규모를 전반적으로 축소하는 방안에 이르기까지 대다수의 유권자가 혐오하는 정책을 공화당은 추진하고 있다. 공화당은 다수가 권력을 잡지 못하도록 막아야 한다. 그리고 다수가 권력을 잡았을 때, 다수가 좋아하고 다수의 이익을 높일 수 있는 정책을 실행에 옮기지 못하도록 막아야 한다. 듀크 대학의 역사학 교수 낸시 맥린Nancy MacLean의 표현대로 공화당은 〈민주주의에 족쇄를 채워야 한다〉.[2]

우리는 이러한 의제가 얼마나 진척되었는지 검토함으로써 내가 이 책에서 주장하는 지속적인 경제 개혁의 필수 조건인 정치 개혁에 대한 뚜렷한 그림을 확인할 수 있다. 이 장에서는 특히 세 가지에 주목하고자 한다. 즉 공정한 투표를 보장하고, 통치에서 효율적인 견제와 균형 시스템을 유지하고, 정치에서 돈의 힘을 제어하는 것이다.

투표 개혁과 정치적 절차

소수의 권리를 보호하기 위한 시스템이 변질되고 말았다. 물론 공정한 민주주의 사회에서 소수의 권리를 보호하는 것은 중요하다. 하지만 다수의 권리를 보호하는 것 역시 중요하다.

소수의 정치적 의지에 특권을 부여하려는 시도는 투표를 통제하는 것으로 시작된다.[3] 오늘날 분열된 미국 사회에서 벌어지고 있는 투표와 대의를 둘러싼 정치적 싸움(누구에게 투표를 허용할 것인가)은 생소한 일이 아니다. 남부 주를 대표하는 이들은 헌법의 기반을 마련하는 과정에서 노예를 자유인의 5분의 3으로 인정할 것을 요구함으로써(노예는 투표를 할 수 없었음에도 불구하고) 그들 자신의 대표성을 강화하는 데 성공했다.[4] 그러나 최근 당파주의가 심화되면서 이 싸움은 추한 국면으로 접어들고 있다. 공화당은 자신들을 지지하지 않을 이들로부터 선거권을 빼앗는 방법을 모색하고 있다. 사실 미국은 선거권 박탈의 오랜 역사를 갖고 있다. 그중 가장 생생한 사례로는 유죄 판결을 받은 중범죄자의 투표를 금지하는 것으로, 이미 여러 주에서 실행되고 있다. 집단 감금에는 아마도 많은 동기가 작용했겠지만,[5] 분명하게도 그 한 가지 효과는 집단 선거권 박탈로 나타나고 있다. 아프리카계 미국인의 7.4퍼센트(총 220만 명)는 이들 주의 법에 따라서 2016년 선거에서 투표를 할 수 없었다.[6]

공화당이 장악하고 있는 주에서[7] 투표 통제에 대한 시도가 이뤄지고 있다. 가령 직장인들이 유권자 등록을 하거나 투표소에 가는 것을 힘들게 만드는 식이다. 인종 차별을 인정했던 남부 주들이 과거에 그랬던 것처럼 공화당은 오늘날 인두세를 부과할 수는 없지만, 유권자 등록과 투표의 절차를 최대한 까다롭게 만들 수 있으며, 실제로 이는 효과적인 방해물로 작용하고 있다. 유권자 등록을 최대한 쉽게 만드는 것(시민의 기본권 행사를 위해)이 아니라, 가령 운전 면허증을 발급받으면서 등록하도록 요구하는 식으로 그 절차를 최대한 어렵게 만들 수 있다. 혹은 발급받기 까다로운 신분 증빙 서류를 요구하는 방법도 있다.

역사적으로 어느 당도 선거권을 박탈하기 위한 시도에서 독점을 확보하지는 못했다. 앞서 언급했듯이 민주당이 남부 지역을 장악했을 때, 그들은 아프리카계 미국인과 가난한 이들의 투표를 방해하고자 했다. 그러나 선거권 박탈에 대한 견해를 놓고 분열이 일어나고 있다. 오늘날 안타깝게도 선거권 박탈은 전반적으로 일당이 주도하는 싸움이다.[8]

다음으로 선거는 일반 근로자가 투표하기 힘든 방식으로 치러진다. 일부 경우에는 투표소 운영 시간을 단축하고(인디애나주의 경우 오후 6시에 닫는다[9]), 다른 경우에는 등록 절차를 까다롭게 만든다. 투표소 수를 줄이고 위치도 불편한 곳으로 지정하기도 한다. 미국은 대부분의 사람이 일을 하지 않는 일요일에 투표를 하지 않는 국가들 중 하나다.

미국의 선거 제도는 여러 다양한 측면에서 불공정하다. 예를 들어 게리맨더링은 일부 유권자의 투표가 다른 유권자의 투표보다 더 중요하게 만든다.[10]

이러한 상황에서 변화를 위한 여섯 가지 개혁 방안은 다음과 같다. (1) 일요일 투표(혹은 우편을 통한 투표를 허용하거나 아니면 선거일을 공휴일로 지정하기). (2) 투표하는 사람에게 돈을 지불하기(혹은 오스트레일리아의 경우처럼 투표를 하지 않는 사람에게 벌금 부과하기). (3) 유권자 등록 절차를 간편하게 만들기. (4) 수감 중인 사람들의 선거권 박탈을 중단하기. (5) 게리맨더링을 중단하기. (6) 드리머Dreamer(미국에서 자라고 미국을 고향으로 생각하는 젊은이들)의 시민권을 보장하기.

이러한 개혁 방안은 단순한 원칙을 기반으로 삼는다. 즉 모든 미국 시민은 투표를 해야 하고, 모든 투표는 동등하게 취급되어야 한다는 것이다. 미국의 투표율은 실망스러울 정도로 낮다.[11] 우리는 위에서 제시한 개혁 방안으로 상황을 바꿀 수 있다. 또한 돈의 위력을 억제할 수 있다. 모든 선거 운동에서 돈이 많이 드는 부분 중 하나는 자신의 후보자를 지지할 유권자를 확인하고, 이들이 실제로 투표를 하도록 만드는 일이다. 더 많은 투표 참여는 통치 기관의 대표성을 높인다. 투표는 시민의 덕목이다. 우리는 투표에 시간이 든다는 사실을 알고 있다. 일반 근로자에게 투표 시간은 종종 적지 않은 비용이 될 수 있다. 투표를 장려하기 위해 인센티브를 지급하는 것이 표준인 사회에서, 민주적 권리를 행사하는 개인에게 혜택을 주는 것은 투표를 방해하기 위해 구축된 장벽과는 달리 작은 대가로 보인다.

대표자 없는 과세는 미국 독립전쟁에 불을 붙인 모토였다. 하지만 미국 사회는 많은 인구가 세금을 내면서도 대표를 뽑지 못하는 선거 제도를 구축했다. 앞서 언급했듯이 수감 중인 죄수와 임시 이민자들이 그렇다. 워싱턴 DC나 푸에르토리코에 사는 미국 시민도 마찬가지다.

차를 몰고 캘리포니아 센트럴밸리를 달리다 보면 농장에서 일하는 이민 노동자들의 모습을 볼 수 있다. 그들은 이동식 주택에서 살면서 오염된 물을 마시고, 높은 질병률에 고통을 겪고, 정치적으로 아무런 목소리도 내지 못한다.[12] 이들 중 많은 이는 종종 국경을 넘나드는 노동자 세대 출신으로, 이들이 정치적 권리에 접근할 수 있는 길은 막혀 있다. 어떤 면에서 이들이 일하는 모습은 남북전쟁 이전에 남부 지역의 목화밭을 떠올리게 한다. 더욱 나쁘게, 오늘날 미국의 정치 및 경제 시스템은 이러한 극단적인 부조리를 계속해서 이어 나가도록 만들고 있다. 집단 수감은 값싼 노동력을 제공하고, 또한 민주당에 투표할 이들이 투표를 하지 못하게 한다. 시민권을 누리지 못하는 임시 이민자는 그들 자신의 힘에만 의존해서는 근로자로서의 불만을 정치적 과정에 반영시키지 못한다. 비록 매년 돌아온다고 해도, 미국이 그들의 유일한 생계의 원천이라고 해도 이들은 임시 이민자에 불과하다. 그것은 미국이 시민권을 누리고 정치적 목소리를 낼 수 있는 기반이 되는 영주권을 그들에게 허용하지 않기 때문이다. 물론 기업은 이러한 상황을 반긴다. 그 이유는 값싸고 온순한 노동력을 확보할 수 있을 뿐 아니라, 이들의 낮은 임금은 다른 분야의 임금까지도 떨어뜨리기 때문이다.

정치권력의 남용 막기: 견제와 균형 시스템

우리는 오랜 민주주의 경험을 통해 견제와 균형의 시스템이 얼마나 중요한지 배웠다.[13] 민주주의는 특정 개인이나 집단이 과도한 권력을 차지하지 못하도록 막는 제도다. 또한 미국의 권리장전 역시 대다수가 소수로부터 특정한 자유를 박탈하지 못하도록 막기 위해 마련되었다. 그 이유는 과도한 권력은 종종 남용되기 때문에(액턴 경Lord Acton의 유명한 말처럼, 〈권력은 부패하기 마련이며, 절대 권력은 절대적으로 부패한다〉.) 그리고 모든 개인과 제도는 결함이 있기 때문이다. 견제와 균형 시스템은 권력의 집중과 남용을 막기 위한 핵심이다. 그러나 놀랍게도 트럼프 대통령은 그러한 시스템과, 공적 절차의 지나친 정치화를 막기 위한 핵심인 전문적 관료 제도를 허물어뜨리고 있다. 예를 들어 공무원을 해고할 수 있는 재량권을 확대하겠다고 선언함으로써 정부의 탈정치화를 위한 한 세기가 넘는 노력을 거꾸로 되돌리고 있다. 미국을 통치하는 규칙과 규제를 포함해 일련의 정책은 정치적 절차를 거쳐 마련된다. 하지만 정책의 집행은 비정치적인 관료 시스템을 통해 공정하고 객관적으로 이뤄져야 한다. 미국의 경쟁력 중 하나는 유능하고 청렴한 관료 조직이다. 그러나 트럼프는 이를 망가뜨리고 있다.[14] 우파는 오랫동안 정부의 무능함을 비판해 왔다. 오늘날 그들이 내세우고 있는 〈개혁〉이란 더 무력하고 정치화된 정부로 이어지게 될 통합적인 의제의 일환으로서 그들의 자기 충족적인 예언을 실현하기 위한 것으로 보인다.

당연한 말이지만, 진보적인 정치 의제의 핵심은 미국의 시스템을 무력화하려는 시도에 저항하는 것이다. 우리는 견제와 균형의 시스템과 전문적인 관료 시스템, 독립적인 정부 기관의 힘을 강화해야 한다고 배웠다. 그리고 우리는 어떻게 민주적 책임을 유지할 수 있을지, 동시에 어떻게 정부의 정치화를 막으면서 전문성과 효율성, 역량을 강화할 수 있을지 고민해야 한다.[15] 다른 국가들의 사례는 그것이 충분히 실현 가능한 과제임을 말해 준다.

사법부

사법부를 향한 트럼프의 공격은 특히 가차 없다. 이슬람인의 입국 금지가 권력 남용이라는 취지(개인의 기본권 침해)의 판결이 잇달아 나왔지만, 트럼프는 마음에 안 드는 판결에 직면한 다른 대통령들처럼 이에 불복했다. 그리고 거기서 멈추지 않았다. 세계 도처에 존재하는 독재자들의 지침을 따라 사법부를 공격함으로써 사법부에 대한 신뢰와 공정한 중재자로서의 역할을 위축시켰다.[16]

대법원이 공정하고 현명한 중재자로서의 지위를 상실한 것은 트럼프의 임기와 더불어 시작된 것은 아니었다. 대신에 그들의 이념과 기존 엘리트 집단의 이익의 편에서 판결을 내릴 가능성이 높은 판사들로 사법부를 채우려는 공화당의 장기적 전략의 결과에 따른 점진적인 움직임이 이미 나타나고 있었다. 그 전략은 성과가 있었던 것으로 보인다. 최근 20년 동안 명백하게도 당파적인 판결이 잇달아 나왔다. 물론 대통령들은 자신의 입장을 지지하는 법원을 원했다. 하지만 전통적으로 그들은 공정하고 균형감 있고 현명한 중재자로 인정받는 법원을 유지하는 것이 중요하다는 사실도 또한 잘 알고 있었다. 조지 H. W. 부시는 자격 없는 판사인 클래런스 토머스를 임명하는 것으로 사법부 공격을 처음 시작했다는 점에서 비판을 받아야 마땅할 것이다.

당파적인 판사들로 사법부를 채우려는 공화당의 노골적인 시도는 가령 자유주의자와 트럼프의 보호주의를 지지하는 사람들, 그리고 기업 기득권층을 하나로 연결하는 그들의 기묘한 연합을 뒷받침하는 불완전한 일련의 〈원칙〉에서 비롯된 또 다른 문제를 촉발했다.[17] 이는 비록 조지 W. 부시가 뚜렷한 소수의 표를 확보하고는 있었지만, 대법원이 실질적으로 그를 대통령으로 선택했을 때처럼,* 대법원이 정치적 사안과 게임의 정치적 규칙을 기준으로 판단을 내렸을 때 가장 분명하게 드러났다. 일반적으로 공화당은 주들의 권리를 강력하게 신뢰한다. 그러나 〈부시 대 고어〉 판결에서 플로리다 주가 의지대로 했더라면, 고어가 당선되었을 것이다. 연방 대법원

* 2000년 대선에서 플로리다의 개표 결과 조지 W. 부시가 500여 표 차로 앞서는 것으로 나왔다. 고어 캠프에서는 수개표를 요구했으나 연방 대법원이 기각했다. 수개표가 이루어지면 결과가 뒤집힐 가능성이 높다는 전문가들의 의견이 많았다.

내 공화당 판사들은 그들이 원한 정치적 결과를 얻어 내기 위해 그들의 표준적인 가치를 거칠게 다뤘다.[18] 마찬가지로 법원이 〈시민연합 대 연방 선거관리위원회〉 판결에서 무제한적인 정치 기부금을 허용함으로써 정치 시스템 안에서 돈의 역할과 경제적 불평등을 강화했을 때, 그들은 돈이 (아직까지는) 미국 정치를 부패하게 만들지 않았다고 선언했던 것이다.

〈보수적인〉(공화당을 지지하는) 판사들이 직면하고 있는 도전 과제는 당파적 입장에 충실하면서 동시에 원칙 있고 일관적인 판결을 내리는 것이다. 그러나 공화당이 점점 더 원칙을 잃어 가면서 이 과제는 점점 더 힘들어지고 있다.[19]

그 결과 법원은 지혜로운 판결로 국가의 결속력을 강화하는 솔로몬의 기구가 아니라, 광범위한 당파 싸움에 뛰어든 또 하나의 기관이자 경제적·인종적 분열을 강화하고 이미 깊어진 정치적·이념적 분열을 더욱 악화시키는 기관이 되고 말았다.[20]

법원이 정치를 절대적으로 초월해야 한다는 것은 아마도 순진한 생각일 것이다. 하지만 균형 잡히고, 정치 싸움이 그토록 치열하게 일어나지 않는 법원은 얼마든지 가능하다. 이를 위한 단순한 제도 개혁으로 종신 재직권을 가령 20년 임기로 전환하는 방법이 있을 것이다. 이러한 방안은 수십 년 동안 제기되어 왔지만, 최근에 법원이 점점 더 분열되면서 보다 긴급한 사안으로서 지지를 얻고 있다.[21] 평균적으로 대략 두 명의 판사가 모든 대통령 임기(4년) 동안에 정년을 맞게 된다.[22] 또한 이 개혁 방안은 아마도 오바마가 지명한 자격 있는 후보자인 메릭 갈런드Merrick Garland를 의회가 고려조차 거

부했던, 오바마 행정부 말기에 뚜렷하게 드러났던 극단적인 당파주의를 억제할 수 있을 것이다.[23]

미국 헌법은 대법원 판사 수를 구체적으로 규정하고 있지 않다. 특히 갈런드 지명에 대해 검토조차 거부한 것처럼 공화당이 다양한 방식으로 전통적인 규범을 위반했다는 사실을 감안할 때, 민주당은 그들이 대통령과 상원, 하원을 모두 통제하고자 한다면 판사 수를 적어도 두 명 이상 늘리는 방식으로 맞서 싸워야 한다는 주장이 종종 제기되고 있다. 이는 매혹적인 방법으로 보이기는 하지만, 결국에는 민주주의 제도를 더욱 약화시키는 방향으로 이어질 것이다. 공화당과 민주당은 상대방이 권력을 잡을 때까지 법원을 장악하기 위해 더 많은 대법관을 추가하려 들 것이다. 사람들은 이미 법원을 하나의 당파적 무기로 바라보고 있다. 따라서 그와 같은 행위는 그러한 인식을 더욱 고착화할 뿐이다.

그럼에도 불구하고 소수가 권력을 차지하기 위해, 그리고 그들이 권력을 잃었을 때에도 자신들의 이해관계와 이념이 당파적인 판사 임명자를 통해서 계속 우세하도록 만들기 위해 우리가 앞서 설명한 모든 메커니즘을 노골적으로 활용해서 대법원을 채우도록 허용해서는 안 된다.

앞서 언급했던 대법원 판사의 임기는 아마도 이러한 문제를 해결하기 위한 최고의 방법일 것이다. 다음번 민주당 행정부는 그러한 수정안을 공식적으로 제안해야 할 것이며, 잠정적인 방안으로서 수정안이 통과되어 완전한 효력을 발휘할 때까지 법원 내 자리 수를 늘려야 할 것이다.

돈의 힘

미국 정치 시스템의 가장 큰 문제는 아마도 돈의 힘이 점점 더 커지고 있다는 사실일 것이다. 그 힘은 너무도 커져서 이제는 미국 정치 시스템의 원칙을 1인 1표가 아닌, 1달러 1표로 설명하는 게 오히려 나을 법하다. 우리 모두는 돈과 정치 사이의 끔찍한 연결 고리의 실체를 잘 알고 있다. 그것은 로비스트와 정치 기부금, 회전문, 그리고 갑부가 통제하는 언론이다. 부유한 개인과 기업은 그들의 재정적 지배력을 활용해서 정치적 지배력을 사들이고, 때로는 명백한 〈가짜 뉴스〉를 동원해서 그들의 주장을 퍼뜨린다. 이러한 측면에서 『폭스 뉴스』는 상징적인 존재가 되었고, 그 위력은 이미 충분히 입증되었다.[24]

돈을 가진 이들은 정치적 시스템을 통해 더 많은 부를 얻고자 한다. 가령 석유 기업은 국가 공유지에 대한 접근 권한을 확보함으로써 가치의 일부에 불과한 비용으로 석유를 비롯한 다양한 자원을 얻고자 한다. 이들 기업은 실제로 일반 시민들로부터 자원을 훔치고 있는 셈이다. 그러나 자신이 도둑을 맞고 있다는 사실을 아는 사람이 거의 없기 때문에, 이는 말하자면 은밀한 절도다. 클린턴 행정부는 이들 기업이 제값을 치르도록 압박했지만, 이들은 성공적인 캠페인을 통해 국가의 자원을 값싸게 얻을 수 있는 능력을 그대로 유지했다.

공공 자산에 대해 정부에 너무 적은 돈을 지불하고 있는 기업의 이면에는 민간 부문에서 사들이는 것에 대해 터무니없이 많은 돈을 지불하고 있는 정부가 있다. 제약 회사들은 메디케어하에서 고령자에게 의약품을 제공하면서 작은 조항을 법에 집어넣었다. 그것은 세계 최대의 의약품 구매자인 정부가 가격을 흥정하지 못하도록 금지하는 조항이었다. 이를 비롯해 여러 다른 조항들은 가격과 수익을 높이고자 하는 제약 회사들의 요구에 따른 것이었다. 그 조항은 실질적으로 효과가 있었다. 메디케어의 의약품은 가령 가난한 이들을 위한 메디케이드나 퇴역 군인을 위한 의료보험처럼 다른 정부 프로그램을 통해 공급되는 의약품에 비해 훨씬 더 비싸다. 〈동일한 브랜드 의약품에 대해 메디케어는 73퍼센트를 더 지불하고 있다.〉 그 결과 납세자들은 제약 회사에 매년 수백억 달러에 달하는 돈을 추가적으로 지불하고 있다.[25]

대통령은 물론, 특히 공화당의 최대 기부자 중 일부가 돈세탁을 비롯한 여러 다양한 불법적인 활동을 통해, 그리고 도박 중독을 악용한 것으로 악명 높은 카지노를 운영함으로써 막대한 돈을 벌어들일 때, 이는 우리의 정치 시스템에 대해 무슨 이야기를 들려주는가?[26] 그들은 자신의 부가 대중의 신뢰에 달려 있다는 사실을 안다. 정부가 돈세탁에 대해 대단히 공격적인 입장을 취할 때, 그들의 부는 줄어들 것이다. 역시 마찬가지로 부동산 개발업자들 역시 그들에게 특혜를 주는 세법(본질적으로 소기업과 동일하게 20퍼센트 이하의 세율을 부동산 신탁에 적용하도록 허용한 2017년 세법처럼)에 삽입된 작은 조항이 그들에게 부를 의미한다는 사실을 잘 알고 있었다.[27] 또한 그들은 규제에서 작은 변화(예를 들어 값비싼 부동산의 실구매자에 대한 정보 공개를 의무화함으로써 돈세탁을 위해 부동산을 활용하는 것을 완전히 막지는 못한다고 하더라도 억제하기 위한)[28]가 그들의 전반적인 비즈니스 모델을 파괴할 수 있다는 사실도 알았다. 여기서 소개하는 사례들은 아마도 가장 극단적이고 불쾌한 유형의 지대 추구일 것이다. 하지만 지대 추구자가 장악한 정부는 지대 추구자를 위한 정부가 될 것이며, 그 정부는 당연히 성장과 사회 정의를 구현하지 못할 것이다.

대법원이 정치에서 돈의 위력을 강화하다

언론의 자유에 대한 강한 확신과 더불어, 민주주의 틀 안에서 돈의 힘에 맞서 싸우는 것은 쉽지 않다. 그러나 민주주의와 언론의 자유에 대해 마찬가지로 강력한 의지를 지닌 많은 다른 국가는 현재 미국보다 더 잘 해나가고 있다.

전반적으로 미국의 문제는 스스로 만든 것이다. 좀 더 정확하게 말해서, 5 대 4의 근소한 차이로 극단적인 결정을 내린 연방 대법원이 만든 것이다. 〈시민 연합〉 판결은 그중 한 가지 사례다.[29] 이 판결에서 대법원은 기업, 비영리 단체, 조합이 PAC(political action committee, 정치 활동 위원회)에 기부금을 무제한으로 낼 수 있도록 허용했다. 다만 선거 캠프에 대한 직접적인 기부에만 제한을 두었다. 하지만 기업의 기부금 액수를 제한하는 것이 그들의 〈권리〉를 약화시키는 것이라는 주장은 어리석은 생각이다. 기업은 사람이 아니다. 사람에게는 권리가 주어진다. 그러나 기업은 국가의 창조물이며, 우리가 원하는 모든 특성을 〈부여〉할 수 있다. 기업의 기부를 제한한다고 해서 개인의 권리가 위축되는 것은 아니다. 오히려 그 반대의 주장을 할 수 있다. 나는 기업의 경제적 전망에 대한 판단을 기준으로 주식에 투자한다. 이때 기업 CEO의 정치적 입장까지 고려하는 접근 방식은 경제를 약화시킬 수 있다. 진실은 주주는 기업이 하는 일에 대해 거의 발언권이 없으며, CEO가 기업의 자금을 정치에 사용할 때 이는 그가 그 돈으로 자신의 잇속을 챙기는 것만큼 나쁘다는 것이다.[30]

대법원은 후보자와 직접적인 관계가 없다면 돈은 후보자에게 주어진 것이 아니기 때문에 그 기부는 〈부패나 부패처럼 보이는 것을 유발하지 않는다〉라는 판결을 내렸다. 그러나 이 마지막 주장은 명백한 오류다. 부패에 대한 인식조차 민주주의 제도에 대한 신뢰를 허물어뜨릴 수 있다. 대단히 많은 미국인이 정치 시스템이 조작되었다고 생각하는 한 가지 이유는 그 시스템이 돈에 의해 좌지우지되고 있다고 믿기 때문이다.[31] 명백하게도 미국인 대부분이 지금 벌어지고 있는 일을 부패라고 바라보고 있다. 특정 담배 회사가 담배 규제에 반대하는 후보를 지지한다는 사실이 알려질 경우, 이는 필연적으로 불균형한 영향력을 발휘하게 된다.[32] 예를 들어 후보자들이 담배 규제에 반대하는 입장을 취하도록 유도하게 된다. 이는 대단히 치밀하면서 또한 과거의 방식만큼이나 효과적인 부패의 한 형태다. 〈시민 연합〉 판결에 동의했던 다섯 명의 판사는 그밖의 나머지 미국인과는 완전히 다른 세상에서 살고 있는 듯 보인다. 아니면 공화당의 금전상 이해관계를 지지하는 주장과 보조를 맞추기 위해 최선을 다한 것일 수 있다.[33]

더 나쁜 것은 애리조나 사례다. 애리조나주 정부는 기부금이나 지출이 특정 기준을 초과할 때, 후보자 사이에서 운동장을 평평하게 하고자 이를 동등하게 만들고자 했다(가령 한 부유한 후보자가 선거 운동으로 경쟁자가 모금할 수 있는 것보다 더 많은 1억 달러를 썼다면, 애리조나주 정부는 경쟁자의 선거 운동 자금을 늘리려 할 것이다).[34] 대법원은 개인이 금전적 기부를 통해 기울어진 운동장을 만들 권리를 인정하는 판결을 내렸고, 애리조나주가 실질적으로 한 일은 그 권리를 부정하는 것이었다.[35]

정치에서 돈의 위력을 줄이기 위한 의제

정치에서 돈의 위력을 줄이기 위한 광범위한 의제가 있다. 여기에는 개인적인 자금 마련의 필요성을 줄이고, 투명성을 높이며, 기부를 비롯한 여러 다른 금전적 영향력의 원천을 제한하는 노력이 포함된다.

더 나은 공시법의 실행

공시법disclosure law은 돈의 힘을 억제할 것으로 기대를 모았다. 햇볕은 가장 강력한 살균제라는 말도 있다. 담배 규제에 반대해서 표를 던진 의원들은 그들이 담배 회사로부터 많은 기부금을 받았다는 사실이 알려지면 곤혹스러울 것이다. 하지만 투명성은 두 가지 이유에서 기대했던 것만큼 효과적이지 못한 것으로 드러났다. 첫째, 정치인과 그들이 중요하게 생각하는 이해관계는 사람들이 예상했던 것보다 훨씬 더 노골적이었다. 돈의 영향력은 너무도 만연해서, 한두 가지 사례에 대한 정보 공개는 주목을 받지 못한다. 〈다들 그렇게 한다.〉 둘째, 투명성 시스템 안에 존재하는 많은 허점이, 특히 악명 높은 PAC을 통해서 공시법을 무력화했다.

진실하고 완전한 투명성은 올바른 방향으로 나아가는 한 걸음이다. 비록 완전한 투명성을 확보하지는 못한다고 해도, 우리는 지금보다 투명성을 더 높일 수 있으며 이는 실질적인 힘을 발휘할 것이다. PAC의 기부자와 활동 내역을 완전히 공개하지 않을 이유는 없다.

선거 운동 지출에 대한 제한

그러나 공개만으로는 충분하지 않다. 무엇보다 선거 운동 지출 규모를 줄여야 한다. 여기서 자유로운 언론과 공정한 선거 원칙 사이에서 긴장이 형성된다. 둘을 조화시킬 최고의 방법은 자금의 필요성을 낮추고, 기부금의 이점을 줄이고, 부와 권력을 가진 이들이 특히 은밀한 PAC을 통해 무제한적으로 기부하는 것을 어렵게 만드는 것이다. 미국에서 부와 권력의 불균형을 감안할 때, 마지막 방법은 특히 중요하다.

공식적으로 선거 운동을 지원하도록 하고, 방송국(공중파와 케이블을 활용하는)이 후보자에게 충분한 시간을 할애하도록 함으로써 자금의 필요성을 크게 낮출 수 있다. 앞서 소개한 투표 의무제 역시 그러할 것이다(선거 운동 지출의 많은 부분이 후보자의 입장에 동의할 가능성이 높은 이들의 〈표를 이끌어 내는 데〉 들어간다).

공식적인 지출 규모 조정(재정적 자원이 부족한 후보자에게 공식적인 선거 운동 지원을 제공함으로써 특정 후보자에 대한 거대한 기부, 혹은 부유한 후보자에 의한 거대한 지출을 보충하는 시도) 역시 돈의 위력을 줄여 줄 것이다. 이를 위해서는 대법원 판결이 바뀌어야 하며, 이는 다시 한 표의 변화를 요구한다.

기업은 국가의 창조물이다. 그러므로 앞서 주장했던 것처럼, 기업은 국가가 부여한 권리만을 갖는다. 정치 기부금에 대한 기업의 권리를 제한하는 것은 헌법이 보장하는 개인의 권리를 제한하는 것과 다르다. 기업을 소유한 개인은 기부를 하도록 허용되지 않는다(물론 의회가 부과한 제한에 달렸다). 개인에 대한 이러한 제한은 합리적이다. 이는 돈의 위력을 억제하기 위한 효과적인 방법이다. 반면 기업과 은밀한 PAC에 더 엄격한 제한을 부과하지 않는 것은 합리적인 처사로 볼 수 없다.

간단하게 말해서 선거 운동에 대해 무제한적인 기부금을 실질적으로 허용한 대법원 판결(〈시민 연합〉)을 되돌려야 한다.[36] 하지만 그밖에도 할 수 있는 일이 많다. 가령 주주의 압도적 지지(가령 3분의 2)가 있을 때에만 기업이 정치 기부를 할 수 있도록 허용해야 한다. 귀를 기울여야 할 것은 단지 CEO의 목소리만이 아니다. 만약 주주가 스스로 기부하길 원한다면, 그건 또 다른 문제다. 그리고 이는 이미 충분한 규제를 받고 있다.

회전문 차단하기

영향력을 행사하는 가장 부정한 방법 중 하나는 〈회전문〉을 이용하는 것이다. 정치인과 고위 관료는 공직에서 내려왔을 때 민간 분야에서 좋은 일자리를 차지하는 식으로, 지금이 아니라 미래에 보상을 받는다.[37] 이러한 회전문은 도처에 만연하고, 우리 사회를 갉아먹고 있다. 재무부를 비롯해 여러 다양한 정부 기관에서 일하는 사람들은 국가를 위해 일을 하다가 어느 순간 월 스트리트로 훌쩍 넘어가 버린다. 이러한 관행은 그들이 애초에 월 스트리트를 위해 봉사해 온 것은 아닌지 의구심을 갖게 한다. 회전문은 정부 곳곳에 퍼져 있으며, 군대도 예외는 아니다. 장성을 비롯한 많은 고위 간부들 역시 국가를 위해 일을 하다가 곧바로 방위 산업체로 넘어간다.

지금까지 여러 행정부는 회전문에 대한 접근을 차단하기 위해 노력해 왔지만, 성과는 미미했다. 문제는 그 규칙이 무엇이든 간에 개인은 이를 우회하는 방법을 찾아낸다는 것이다. 일반적으로 자신이 몸담았던 기관과 직접 접촉하는 데에는 제한이 있을 것이다. 하지만 현재 자신이 속한 기업의 동료에게 누구와 이야기를 나눠 보라는 식으로 조언을 제공할 수 있다. 이처럼 그들은 아주 다양한 방식으로 존재감을 드러낼 수 있다.

공직은 무엇보다 올바른 규범과 윤리가 요구되는 분야다. 그러나 탐욕이 좋은 것이라는 21세기 미국 자본주의 윤리는 올바른 규범의 구축과 상충한다. 은퇴한 공직자, 특히 정치적 야심까지 있는 사람이라면 골드만 삭스에서 짧은 연설을 하고 고액의 수표를 받는 것이 적절해 보이지 않을 수 있다는 사실을 우려해야 한다. 전직 내무부 장관이나 국무장관, 혹은 전직 대통령의 경우라면 더욱 그렇다. 모든 공직자는 특히 공직에 머무르는 동안 했던 행위로부터 혜택을 입은 금융 기관에서 돈을 받는 것을 우려해야 한다. 특히 정부에 대한 회의적인 시각이 만연한 오늘날, 의식 있는 공무원이라면 자칫 부패로 비칠 수 있는 일에 대해서도 앞서 걱정을 해야 한다. 하지만 21세기 자본주의 규범 속에서 고액 연봉의 일자리를 마다한 전직 고위 관료는 바보 취급을 받을 것이다.

새로운 움직임에 대한 요구

미국이 비틀거리며 거쳐 온 골치 아픈 정치적·경제적 난관에 대해 곰곰이 생각해 볼 때, 우리는 무력감과 마비를 느낀다. 미국 사회가 직면한 다양한 문제는 서로 긴밀하게 얽혀 있다. 어디서부터 손을 대야 할지 도무지 알 수가 없다. 그러나 어떻게든 시작을 해야 하고, 그것도 특정한 영역이 아니라 모든 영역에서 그래야 한다. 이를 위해 새로운 정치가 필요하다. 투표와 대의 시스템에서 발생한 기능 이상은 미국의 정치 시스템이 작동하는 방식에서 발생한 기능 이상을 증폭시키고 있다.

미국의 정치 시스템은 사람들의 생각과 믿음, 주장을 정책으로 드러나도록 만들어야 한다. 사람들은 자신의 믿음과 부합하는 법안과 규제를 채택할 것으로 보이는 공직자를 선택한다. 그 과정에서 핵심은 정당이다. 하지만 오늘날 정당에 대한 환멸이 사회 전반에 퍼져 있다. 겉으로는 부패하지 않았다고 해도, 기회주의적이라는 인식이 팽배해 있다. 게다가 최근에는 티파티와 같은 공화당의 극

단적인 움직임이 예비 선거에서 적극적인 역할을 하면서 마치 원심력처럼 미국 사회를 분열시키고 있다.[38]

정당에 대한 환멸로 일부는 심지어 정당 무용론까지 제기하고 있다. 그들은 21세기 미국 사회에서 정당은 필요하지 않다고 말한다. 물론 그 말은 틀렸지만, 우리는 정당이 무엇보다 미국의 최고 가치에 기반을 두도록 만들기 위해 그 조직을 처음부터 새롭게 창조해야 한다.[39]

오늘날 사람들이, 특히 젊은이들이 정치에 참여하도록 동기를 부여하는 것은 특정한 목적에 집중하는 〈사회적 운동〉이다. 일부는 성의 권리에, 다른 일부는 경제적 기회에 관심을 갖고 있을 것이다. 어떤 이는 주택과 환경이나 총기 규제에 주목한다. 이렇게 사회적 운동은 서로 다른 주제를 부각시키고 있지만, 그래도 이들을 관통하는 공통 주제가 있다. 그것은 〈현재의 구조는 불공정하며, 일부 집단을 소외시키고 있고, 행복의 중요한 차원을 외면하고 있다〉는 인식이다. 다양한 운동이 함께한다면 효과는 배가될 것이다. 진보적인 운동이 공동의 연합을 형성한다면, 그 전체는 부분의 합보다 클 것이다. 민주당은 이러한 연합의 목소리를 반영해 스스로를 새롭게 구축해야 한다.

사회적 운동은 중요하다. 이는 사람들의 의식을 일깨우고 광범위한 지지 기반을 형성한다. 하지만 이러한 운동이 완전한 성공을 거두기 위해서는 일반적으로 정치적 행동이 필요하고, 정치적 행동은 다시 적어도 두 정당 중 하나로부터의 지지를 요구한다. 어떤 운동이든 그 자체로는 성공하기 어렵다. 많은 사안이 두 정당의 지지를 필요로 한다. 소수의 사안이 그러한 지지를 얻고는 있지만, 사실상 미국의 거대한 분열은 두 정당에 고스란히 반영되어 있다. 어떤 측면에서 상황은 더 나빠지고 있다. 나는 앞서 공화당이 종교적 우파, 불만 있는 블루칼라 노동자, 갑부들 간의 불편한 연합으로 이뤄져 있다고 언급했다. 이들의 이해관계는 상충한다. 불만 있는 노동자는 임금 인상을 원하지만, 기업과 갑부는 임금 삭감을 원한다. 근로자에 대한 기업의 교섭력은 시장 개방 및 실업률 증가와 더불어 더욱 높아졌고, 이는 불만 있는 블루칼라 노동자의 이익과 상충한다. 2017년 세법은 이러한 충돌이 실제로 어떻게 드러나는지 잘 보여주었다. 억만장자와 기업은 큰 기회를 얻었지만, 중산층은 더 많은 세금 부담을 짊어져야 했다.

진보적인 운동 사이에서는 이러한 갈등이 존재하지 않는다. 그들은 강화된 평등과 모두를 위한 행복과 더불어 더 나은 사회에 대한 비전을 공통적으로 갖고 있다. 차이가 있다면 우선순위와 전략에 관한 것이다. 독성 폐기물을 줄이고 총기 접근을 제한하는 것은 모두의 기대수명을 높이는 방법이다. 환경이 더 나아진다면, 모든 아이가 의료보험과 더 나은 교육을 누릴 수 있다면 삶의 질은 높아질 것이다.

그럼에도 불구하고 다양한 진보적 운동들 역시 때로 마찰을 빚는 것으로 보인다. 예를 들어 일부는 경제적 권한과 권리에 대한 강조는 인종 및 성의 권한과 권리에 대한 관심을 분산시킨다고 주장한다. 그러나 마틴 루서 킹은 경제적 정의와 인종적 정의를 따로 떼어놓을 수 없다는 사실을 이해했다. 그는 1963년 8월 워싱턴에서 열린 그 유명한 시위를 〈일자리와 자유를 위한 워싱턴 행진〉이라고 불렀다. 소득에서 인종 분열이 지속되는 한 가지 이유는 국가 내에서 경제적 분열이 증가하기 때문이다.

역시 마찬가지로 환경 차원에서 건전하지 못한 경제적 성장은 지속 가능하지 않다. 나쁜 환경(독성 폐기물 혹은 페인트에 들어 있는 납)은 가난한 사람들에게 더 직접적인 영향을 미친다. 이러한 점에서 환경 정의 운동과 사회적·인종적·경제적 정의 운동 사이에는 뚜렷한 상호 보완 관계가 존재한다. 간단하게 말해서 다양한 진보적인 운동은 상보적이고 함께할 수 있으며, 또한 그래야 한다.

예전에 미국 사회는 정당이 50개 주에 사는 모든 국민을 하나로 묶는 역할을 한다고 생각했다. 주마다 견해 차이는 존재했다. 가령 일부 지역은 다른 지역보다 더 자유로웠다. 그러나 21세기 전반적인 상황은 또 다른 정치적 국면을 보여 준다. 같은 주 안에서 도시와 시골에서 살아가는 사람들 사이보다, 미국 전역에 걸쳐 도시에서 살아가는 사람들 사이에서 더 뚜렷한 유사성이 존재하는 것으로 드러나고 있다. 도시에 사는 사람들은 특정한 유형의 문제에 직면하고 있다. 반면 시골 지역에 사는 사람들은 다른 유형의 문제에 직면하고 있으며, 교외 지역에 사는 사람들 역시 또 다른 유형의 문제에 직면하고 있다. 물론 정치가 지역적 특색을 잃어버릴 수는 없겠지만, 그럼에도 우리는 지역을 넘어서 보다 보편적이면서 오늘날 국가적·국제적 현안에도 관심을 기울이는 21세기의 자연스러운 정치적 정체성을 기반으로 정당의 개념을 새롭게 할 필요가 있다.

민주주의에서 부의 영향력 억제하기

나는 경제적 분열이 지나치게 클 때 민주주의 정치 시스템을 개선하는 노력만으로는 성공할 수 없다고 믿는다. 그렇기에 이 장에서 소개하는 개혁 방안은 반드시 필요하다. 하지만 부와 소득 분열이 지나치게 클 때, 여러 가지 측면에서 부유한 이들이 승리할 것이다. 루퍼트 머독과 같은 갑부는 라디오나 TV, 신문에 대한 공적 보조금과 더불어 개인적인 부를 활용해서 적어도 언론 시장의 일부를 장악할 수 있고, 이를 통해 왜곡된 견해로 가득한 일종의 숭배 문화를 창조할 수 있다.

고등 교육을 받은 이들에게 팩트체크 시스템은 대단히 효과적이다. 트럼프 추종자가 아닌 65~70퍼센트 인구는 팩트체크 전에는 그의 말을 진지하게 받아들이지 않는다. 트럼프의 말들 중 많은 부분이 거짓이며, 나머지도 절반 정도만 사실이라는 점을 알기 때문이다.[40] 그럼에도 트럼프와 『폭스 뉴스』는 진실을 외면하는 추종자 집단을 거느리고 있다. 이들 추종자는 진실을 외면하는 강력한 백신을 접종받았다. 트럼프와 『폭스 뉴스』의 목표가 국가 제도에 대한 사람들의 신뢰를 허물어뜨리는 것이라면, 그들은 단지 의심의 씨앗을 뿌리는 것만으로도 성공을 거둘 수 있다. 트럼프는 사람들이 자신의 말을 믿지 않는다고 해도, 자신을 비판하는 주장에 대해 회의를 품게 만들었다면 이를 성공으로 간주한다. 흡연자들이 흡연이 건강에 해롭다는 사실을 보여 주는 과학적 증거에 의문을 품도록 할 때, 담배 회사는 이를 성공이라고 여기는 것과 같다. 트럼프와 머독을 비롯해 미국의 제도를 파괴하려는 모든 이들은 사람들의 마음 속에 의심의 씨앗을 뿌리는 것만으로도 성공을 거둔 셈이다.

머독은 부자들이 여러 가지 방식으로 줄곧 해왔던 것을 투명하게 했다. 즉 돈의 힘을 활용해서 사회를 구축했다.[41] 부의 불평등이 높을 때, 부자들은 필연적으로 지나치게 큰 영향력을 행사한다. 대부분 공식적으로 지원이 이뤄지는 선거 운동 재정 시스템에서도 정당은 여러 다양한 유형의 물질적 지원을 제공해 줄 사람을 필요로 하며, 그들의 목소리에 귀를 기울인다.

물론 모든 사회에서 일부 시민은 더 분명하게 말하고, 일부는 더 현명하고, 일부는 무엇을 해야 할지 더 잘 이해한다. 완벽하게 평평한 운동장은 존재하지 않는다. 그러나 부의 지나친 불균형은 일부 사람들에게 편안한 삶을 허락하지 않는다. 또한 부자들이 사회와 정치에 지나치게 강력한 영향력을 행사하도록 허용한다. 어떤 점에서 이는 정부의 근본적인 왜곡이다. 정부는 스스로 살아갈 수 없는 사람들을 돕고, 취약 계층을 보호하고, 소득을 부자에게서 가난한 사람에게로 재분배하고, 또한 일반 시민을 공정하게 대우하는 규칙을 세워야 한다. 하지만 부의 균형이 지나치게 기울어진 사회에서 정부는 그와 반대되는 일을 한다. 일반 시민은 2008년 금융 위기 이후로 이러한 〈왜곡〉을 강력하게 느꼈다. 하지만 정부의 영향력을 줄이기 위한 티파티 운동은 잘못된 반응이었다. 정부가 없는 상태에서 부자들은 가난한 사람을 더 심하게 착취할 것이다. 정글의 법칙이 지배할 때 승리하는 쪽은 결국 부자와 힘 있는 자다.

우리가 이러한 디스토피아를 피하고자 한다면, 위험한 권력 집중이 없는 보다 평등한 사회를 구축해야 한다. 그러나 미국처럼 극단적으로 불평등한 사회는 이제 민주주의 정치에서 중대한 난관에 봉착하고 있다. 어떻게 우리는 이러한 평형 상태, 즉 정치적 불평등이 경제적 불평등을 유지하고 보존하고 심지어 강화하는 악순환에서 벗어날 수 있을 것인가?

그것은 충분히 가능한 일이다. 그러나 〈시민의 힘people power〉이라고 부르는 상쇄하는 힘이 존재할 때라야만 가능하다. 앞서 소개했던 사회적 운동(그리고 정당을 중심으로 하는 다양한 운동의 상호 협력)에 진정한 관심을 갖고 있는 많은 이들은 돈보다 중요한 역할을 한다. 실제로 밋 롬니Mitt Romney(2012년 총선)나 젭 부시(2016년 공화당 예비 선거) 같은 막강한 자본력을 갖춘 공화당 후보가 패배했다는 사실은 정치에서 돈이 전부가 아니라는 점을 분명하게 말해 준다. 돈이 경제와 사회를 왜곡시키는 모든 것이 되어야만 하는 것은 아니다.

그렇기 때문에 여기서 논의한 두 가지 형태의 개혁은 필수적이면서 상호 보완적이다. 우리는 돈의 영향력을 억제하기 위해 더 많은 일을 해야 하고, 부의 불균형도 줄여야 한다. 그렇지 않으면 정치에서 돈의 위력을 실질적으로 억제할 수 없을 것이다.

9
일자리와 기회로 가득한
역동적인 경제 회복하기

1부에서는 미국을 비롯한 많은 선진국이 빠져 있는 난관, 즉 느린 성장과 적은 기회, 증가하는 불안과 분열된 사회에 대해 집중적으로 살펴보았다. 우리 사회의 분열은 너무도 깊다. 그러나 수렁에서 빠져나오기 위한 의지를 모아야 할 시점에 정치는 교착 상태를 벗어나지 못하고 있다. 그래도 출구는 있다. 앞선 장들에서 우리는 금융화와 세계화, 그리고 기술이라는 도전 과제에 직면해 어떻게 경쟁과 고용을 강화하고, 거대한 번영을 공유하는 방식으로 대처해 나갈 것인지 살펴보았다. 하지만 앞서 강조했듯이 정치를 바꾸지 않으면, 우리가 원하는 경제 변화를 일구어 낼 수 없다.

이 장과 다음 장에서는 이미 대략적으로 살펴본 원칙을 기반으로 성장과 사회 정의를 회복하고 시민 대부분이 중산층의 삶을 누릴 수 있도록 하는 경제적 의제를 구체적으로 다뤄 보고자 한다. 이는 더 많은 집단행동이 이뤄질 때라야, 즉 정부가 더 큰 역할을 맡을 때라야 가능하다. 적절하게 규정되고 더 커진 정부의 역할은 사회를 억제하는 것이 아니라, 사회와 개인이 잠재력을 실현하도록 도움으로써 더욱 자유롭게 만든다. 더 나아가 다른 사람을 착취하는 힘을 제한함으로써, 정부는 그렇지 못할 때 보호적인 방안을 통해 항상 경계의 대상으로 삼아야 할 사람들을 자유롭게 해방시켜 줄 수 있다.

우리 경제가 원활하게 돌아가도록 시장을 관리하는 일은 미국을 다시 궤도에 올려놓기 위한 노력의 일부다. 시장은 놀라운 능력을 보여 줄 수 있다. 하지만 21세기 미국에서 모습을 드러낸 왜곡된 형태의 자본주의는 그렇지 못할 것이다. 우리는 앞서 시장이 제대로 기능하도록 만드는 방안에 대해 살펴봤다.[1] 무엇보다 강력하고 효과적으로 실행에 옮길 수 있는 경쟁 관련 법, 그리고 세계화와 금융 분야에 대한 보다 효과적인 관리를 포함하는 이러한 개혁은 필수적이다. 하지만 그것만으로는 충분하지 않다. 이러한 개혁은 아주 다양한 요소로 구성된 진보적인 경제적 의제의 일부에 불과하다.

이 장은 성장에 대한 논의, 다시 말해 사회의 일부가 나머지를 착취하지 못하도록 막는 규제를 철폐함으로써가 아니라, 1장에서 설명한 부의 진정한 원천을 회복함으로써 성장을 촉진하는 방법으로 시작한다. 다음으로 오늘날 도전 과제에 대한 해결책을 살펴본다. 다시 말해 일자리와 기회를 유지하고, 노인과 환자, 장애인에게 더 나은 사회보장을 제공하고, 모든 시민에게 더 나은 건강과 교육, 주택 및 금융 안정을 제공하는 방식으로 20세기 국가의 산업화 경제로부터 21세기의 서비스와 혁신, 친환경 경제로 이동하는 방법을 다룬다.

역동적이고 친환경적인 경제를 촉구하고, 더욱 거대한 포용 및 보장과 더불어 사회 정의를 강화하기 위한 다양한 의제는 따로 떼어 놓고 생각할 수 없다. 앞 장에서 나는 경제적 기회와 일자리, 인종 차별 문제는 동시에 해결해 나가야 한다는 마틴 루서 킹의 믿음에 대해 언급했다. 여기서 나는 그러한 믿음을 더 밀고 나아가 경제적 안정과 사회적 보호, 사회 정의를 보다 역동적이고 혁신적인 경제를 창조하고 환경을 보호하는 과제와 분리할 수 없다고 주장하고자 한다. 경제학자들은 종종 교환의 관점에서 생각한다. 그들은 한 가지를 더 많이 얻으려면 다른 것을 포기해야 한다고 말한다. 하지만 적어도 만연한 불안정 및 환경오염과 더불어 광범위한 인종 차별이 뚜렷하게 드러나는 오늘날의 대단히 불평등한 사회를 바라볼 때, 이러한 모든 과제는 실제로 상보적인 것이다.

성장과 생산성

앞의 2장에서 지난 40년 동안 어떻게 성장 속도가 느려졌는지 살펴보았다. 경제 성장은 두 가지 요인에 달렸다. 하나는 노동력 규모의 증가이고, 다른 하나는 생산성, 즉 시간당 생산량의 증가다. 둘 중 하나가 나타날 때, 경제의 생산량도 증가한다. 물론 중요한 것은 국가의 생산량이 아니라 일반 시민의 생활수준이다.[2] 그리고 생활수준이 높아지기 위해서는 생산량이 증가하는 것은 물론, 일반 시민이 그러한 증가로부터 공정한 몫을 가져갈 수 있어야 한다. 문제는 최근 몇십 년 동안 노동력 규모와 생산성 증가가 썩 좋은 성과를 보여 주고 있지 못한 가운데, 증가에 따른 혜택이 상위 계층에 집중되고 있다는 사실이다.

노동력 성장과 참여

노동력 성장은 부분적으로 정부가 많은 일을 할 수 없는 인구 통계적 요인, 즉 베이비붐 세대의 노화 및 출산율 감소와 관련 있다.[3] 그럼에도 정부는 이민과 노동력 참여에 관해서는 많은 일을 할 수 있다. 트럼프는 이민을 줄임으로써 성장 속도를 늦추고 있다. 노동력 참여에 대해서는 몇몇 매력적인 선택지가 있음에도 불구하고 아무런 의제도 내놓고 있지 않다. 우리는 가정 친화적인 정책(유연 근무제, 육아 휴직 정책, 아이 돌봄 지원)을 통해 더 많은 여성이 노동력에 참여하도록 만들 수 있다. 그리고 적극적인 노동 시장 정책을 통해, 오늘날 그 기술이 노동 시장과 일치하지 않는 많은 이들을 위해 좋은 일자리를 창출할 수 있다.

우리 사회는 노인을 제대로 대우하지 못하고 있다. 많은 경우에 우리는 노인들이 나이 들고 그들의 기술이 더 이상 필요 없게 되면, 그동안 수고했다고 말하며 그들을 시장에서 내쫓으려 한다. 하지만 일할 능력과 의지가 있는 사람에게 퇴직을 강요하는 것은 인적 자원의 낭비다. 물론 50세 이상 인구가 전체 노동력의 작은 일부일 때에는 이러한 낭비가 경제 전반에 미치는 영향은 그리 크지 않을 것이다. 하지만 이런 상황이 앞으로 계속되지는 않을 것이다. 지금 우리가 뭔가를 하지 않는다면, 빠른 혁신의 물결은 더 많은 사람을 조기 은퇴로 내몰 것이다. 인구가 노령화되면서 우리 사회가 감당해야 할 비용은 점점 더 증가할 것이다. 자녀가 있는 가정, 특히 여성을 수용하기 위해 일터를 바꿔야 하는 것처럼, 우리는 나이 많은 근로자를 수용하기 위해서도 그래야 한다. 유연성을 높이기 위한 노력(예를 들어 탄력적인 근로 시간, 파트타임 업무의 확대, 오늘날 인터넷 세상에서 보다 쉬워진 재택 근무 기회 확대)은 두 경우 모두에 도움이 된다. 다시 한번 안타깝게도 시장은 스스로 변화를 추구하지 않을 것이다. 근로자에 대한 기업의 힘은 너무도 크다. 기업은 절대 이러한 변화를 필요로 하지 않는다. 그리고 우리 사회 전반의 이익을 높이는 데 크게 신경 쓰지 않는다. 그렇기 때문에 변화를 추진하는 과정에서 정부가 주도적인 역할을 맡아야 하는 것이다.

　인구가 더 건강해지면 노동력 참여는 더 높아질 것이다. 미국 인구가 다른 선진국에 비해 수명이 짧고 건강하지 못한 것은, 그리고 적극적인 노동력 참여를 위한 능력과 의지가 약한 것은 기후나 숨쉬는 공기, 마시는 물 때문이 아니다. 중독적이고 건강에 해로운 식품을 유통함으로써 피해를 입히고 있는 식품 산업으로부터 우리 자신을 보호하기 위해서는 강력한 규제가 필요하다. 또한 다음 장에서 자세히 논의하겠지만, 더 나은 의료 시스템이 필요하다. 마지막으로, 노동 인구가 더 건강해지기 위해서는 한 세기의 3분의 1 동안이어진 나쁜 경제 정책이 몰고 온 절망[4]에서 벗어나야 한다. 비록인간의 고통에 관심을 기울이지 않는다고 해도, 우리는 순수하게 경제적 성장의 관점만으로도 이러한 정책을 주장할 수 있다.

생산성

생산성 또한 다양한 변수로부터 영향을 받는다. 건강하고 행복한 노동력은 생산적인 노동력이다. 그러나 소득이 하위 절반에 속한 미국 인구가 행복하지도 건강하지도 않다는 사실을 말해 주는 충분한 증거가 나와 있다. 마찬가지로 미국 노동 시장에 존재하는 만연한 차별은 그 피해자에게 좌절감을 안겨다 주는 것은 물론, 그들이 일자리에 적합하지 않다는 것을 의미한다.

앞의 장들에서는 시장 지배력이 어떻게 우리 경제를 왜곡하고 성장과 효율성을 위축시키는지를 집중적으로 살펴보았다. 독점은 혁신의 동기를 떨어뜨리고, 독점이 구축한 진입 장벽은 혁신을 질식시킨다. 시장 지배력을 억제하려는 노력은 권력과 불평등의 의제는 물론, 성장과 일자리 의제의 일부다.

최근 또 다른 중요한 문제는 사회 기반 시설에 대한 투자 감소다. 사회 기반 시설의 중요성에 대한 공감대가 형성되어 있기는 하지만, 이는 피상적인 수준에 머물러 있다. 공화당은 사회 기반 시설에 대한 투자보다 부유한 기업에 대한 감세를 더 중요하게 생각한다는 점을 분명하게 보여 주었다. 공화당 세법안(부자들에게 수조 달러를 베푼[5])이 2017년 말 통과되고 몇 주 후, 트럼프 행정부의 한 고위 관료는 이렇게 말했다. 〈사회 기반 시설은 여전히 우선순위에 있지만, 우리에게는 돈이 없다.〉[6] 그들은 이 문제를 더 일찍 고민했어야 했다. 실제로 2017년 세법은 지출 규모가 큰 주들이 지속적으로 세수를 높이는 것을 더욱 어렵게 만들어 놓았다.[7] 이는 그 법이 없을 때와 비교해서 거의 분명하게도 사회 기반 시설에 대한 지출 감소로 이어질 것이다. 또한 2017년 세법에서 비롯된 연방 정부의 막대한 재정 적자는 사회 기반 시설에 대한 향후 지출을 더욱 위축시킬 것이라고 쉽게 예상해 볼 수 있다.

학습하는 사회 창조하기

나는 이 책을 시작하면서 국부의 진정한 원천(그리고 생산성과 생활수준 향상)이 지식과 학습, 그리고 과학 기술의 발전에 있다는 사실을 강조했다. 이는 왜 지금의 삶이 200년 전보다 훨씬 더 좋은지(물질적 풍요뿐만이 아니라 길어진 수명과 삶 전반에 걸친 건강 개선의 차원에서)를 설명해 준다.

지식과 혁신 경제의 핵심에는 연구가 있다. 특히 기초 연구는 모두가 혜택을 입을 수 있는〈공공재〉로서의 지식을 양산한다. 공공재와 관련해서 경제학자들의 중요한 통찰은 시장은 그 자체로 공공재를 충분히 제공할 수 없다는 것이다. 더 나아가 기업이 지식을 생산할 때 그들은 이를 가급적 공개하지 않으려고 한다. 이러한 태도는 사회가 그 지식으로부터 얻을 수 있는 혜택을 제한하며, 동시에 시장 지배력의 위험을 높인다. 그렇기 때문에 연구에 대한 충분한〈공적〉투자가 반드시 필요하며, 특히 기초 연구와 지식의 발전을 뒷받침하는 교육 시스템에 대한 투자가 중요하다.

트럼프 행정부는 이 사실을 이해하지 못할 뿐 아니라, 지극히 적대적인 태도까지 보이고 있다. 사회 기반 시설과 관련해서 트럼프 행정부는 억만장자와 부유한 기업을 위한 감세에 수천억 달러를 지원할 의사가 있는 반면, 연구에 대한 투자에서는 엄청난 감축안을 제시하고 있다.

새로운 세법은 부동산 투기자에게 세금 혜택을 주는 반면, 주요 연구 대학에게는 오히려 세금을 부과하고 있다. 내가 알기로, 어떤 나라도 연구 대학에는 세금을 부과하지 않는다. 많은 국가는 대학이 경제 성장에서 차지하는 핵심적인 역할을 잘 알고 있기 때문에 공적 지원을 제공한다. 물론 트럼프 행정부가 대학에 부과하는 세금의 규모가 그리 큰 것은 아니라고 해도, 그러한 정책은 의미심장하고 위험천만한 가치를 드러내는 것이다. 어떤 거대한 국가도 부동산 투기를 경제 기반으로 삼아서는 번영할 수 없다. 물론 몇몇 개인은 잘 살게 될 것이다. 공화당의 세법은 분명하게도 국가의 부와 개인의 부를 구분하지 못한 채 투기를 조장하고, 연구와 교육을 약화시켰다.

더 나아가 2017년 세법에 숨어 있는 또 다른 심각한 오류에 주목할 필요가 있다. 공화당은 연구에 대한 공적 지원의 점진적 감축과 사회 기반 시설에 대한 공적 투자의 부족에도 불구하고, 감세 정책이 기업으로 하여금 더 많은 투자를 하도록 유도할 것으로 기대했다. 그러나 사실 미국은 이미 그전에 두 번이나 똑같은 실험을 시도했다. 그때에도 행정부는 더 낮은 세금이 성장과 저축, 투자에 박차를 가할 것으로 기대했다. 물론 두 실험 모두 실패로 돌아갔다. 앞서 언급했듯이, 레이건 행정부의 감세 정책 이후로 성장은 그가 약속했던 것보다 훨씬 낮았을 뿐만 아니라,[8] 이전 몇십 년보다도 더 떨어졌다. 다음으로 부시 행정부의 감세 이후에 저축은 하락했다(개인 저축률은 0에 가깝게 떨어졌다). 투자가 반등하는 모습을 보이기는 했지만, 이는 대부분 부동산 투자에 따른 것이었다. 간단하게 말해서 감세 정책은 제대로 작동하지 못했다.[9] 오늘날 전망은 훨씬 더 나쁜 것으로 보인다. 미국 경제가 완전 고용에 근접해 있다고 믿을 때, 연방준비제도는 금리를 더 빨리 인상하면서 민간 투자를 위축시킬 것이다(물론 트럼프가 벌인 무역 전쟁에 따른 불확실성이 세계적인 경기 침체를 촉발한다면, 연방준비제도는 금리를 인상하지 않거나 혹은 오히려 인하할 것이다. 감세에 따른 〈슈거하이〉*가 금방 사라지고, 감세의 역효과, 즉 경제 왜곡과 재정 적자가 엄청나게 증가하기 시작한다면, 더욱 그럴 것이다.)

지식 기반을 확대하기 위해서 미국 사회는 전 세계적인 아이디어와 인재에 문을 활짝 열어 놓아야 한다. 국경을 넘나드는 지식의 자유로운 흐름은 어떤 점에서 세계화의 가장 중요한 측면이다. 우리는 지식의 생산을 독점하고 있지 않다. 미국 사회가 스스로 문을 잠가 버리면, 미국과 나머지 세상 모두 어려움을 겪을 것이다.[10] 민간 및 공공 투자가 억제되고 투자의 분배가 왜곡된 상황에서, 그리고 트럼프가 해외의 최고 인재들로부터 국경을 차단한 상태에서, 우리는 그의 정책이 어떻게 생산성과 성장을 높일 수 있을지 이해하기 힘들다.

생산성을 높이길 원한다면, 우리 사회는 무엇보다 세법과 정부 지원을 통해, 고등 교육 기관에 대한 지원의 확대를 통해, 그리고 해

* sugar high. 경제 상황의 근본적인 개선 없이 경기가 일시적으로 좋아지는 현상.

외의 아이디어와 인재에 대한 열린 자세를 통해 연구를 촉진해야 한다. 더 나아가 세법을 되돌리는 것을 넘어서서, 투자하지 않고 일자리를 창출하지 않는 기업의 세금을 높이고, 그렇게 늘어난 세수를 사회 기반 시설과 과학 기술에 투자해야 할 것이다.

점점 더 빨라지는 탈산업화 흐름

미국은 대부분의 유럽 국가와 마찬가지로 탈산업화와 세계화를 비롯한 경제 및 사회의 여러 다양한 변화를 받아들이는 과정에서 많은 어려움을 겪고 있다. 이는 시장이 정부의 도움을 필요로 하는 또 다른 영역이다. 변화의 뒤를 쫓아갈 때, 많은 비용과 문제가 발생한다. 미국 사회는 세계화와 신기술로 일자리를 잃어버린 이들을 위해 더 많은 일을 했어야 했다. 하지만 공화당의 이데올로기는 이를 거부했고, 그들 스스로 살아남도록 방치했다. 미국 정부는 미래의 구조적 변화를 거시적인 차원에서 그려 나가야 한다. 기후 변화와 인구 구성의 변화에 경제가 적응해 나가도록 만드는 것은 앞으로 미국 경제와 사회가 직면하게 될 중요한 도전 과제다. 또한 6장에서 논의했던 신기술(로봇과 인공지능을 포함해) 역시 더 많은 도전 과제를 제시하고 있다.

이러한 변화와 관련해서 최근과 이전의 사례는 우리에게 한 가지 중요한 교훈을 알려 준다. 그것은 시장 그 자체로는 이러한 도전 과제를 제대로 달성할 수 없다는 사실이다. 그 분명한 이유는 이미 살펴보았다. 예를 들어 실직 등으로 가장 치명적인 타격을 받은 이들은 스스로 살아남기 어렵다. 그들이 보유하고 있는 기술은 변화에 의해 그 가치가 떨어진다. 그들은 새로운 일자리가 창출되는 영역으로 이동해야 한다. 하지만 재교육 이후에 취업 가능성이 높아진다고 해도, 그들은 재교육을 받기 위한 충분한 재원을 갖고 있지 않다. 게다가 금융 시장은 이들에게 아주 높은 금리로 돈을 빌려줄 것이다. 은행은 좋은 일자리와 우수한 신용 내역, 그리고 주택 소유에서 많은 지분을 확보하고 있는 이들, 다시 말해 돈이 별로 필요 없는 사람에게만 정상적인 금리로 돈을 빌려줄 것이다.

그렇기 때문에 정부는 변화를 촉진하는 과정에서 적극적인 노동 시장 정책을 통해서 주도적인 역할을 맡아야 한다. 이러한 정책은 새로운 일자리를 위해 개인을 재교육하고, 그들이 새로운 기회를 발견하도록 도움을 준다. 또한 정부는 새로운 산업 정책을 통해 경제가 나아가야 할 방향을 모색하고, 특히 중소기업의 설립과 확대를 지원해야 한다.[11] 스칸디나비아 국가들은 효과적으로 설계된 적극적인 노동 시장 및 산업 정책으로 일자리가 사라지는 것만큼 빠른 속도로 새로운 일자리를 창출할 수 있으며, 기존 경제 영역에 있던 노동력을 새로운 일자리 영역으로 이동시킬 수 있다는 사실을 보여 주었다. 물론 그 과정에서 어려움도 있었지만, 그것은 성공적인 정책을 위해 필요한 요소에 충분한 관심을 집중하지 못했기 때문이었다.[12]

지역 기반 정책

정부는 노동 시장 정책과 산업 정책을 추진하면서 지역의 문제에 대해서도 민감하게 반응해야 한다. 경제학자들은 종종 특정 지역에 기반을 둔 사회적 자본의 중요성을 무시하곤 한다. 가령 일자리가 한 지역에서 다른 지역으로 이동할 때, 사람들도 그 흐름에 따라 이동해야 한다고 주장한다. 하지만 가족이나 친구들과 관계를 맺고 있는 많은 미국인에게 이는 결코 쉬운 일이 아니다. 특히 자녀 양육에 많은 비용이 들어가는 상황에서 많은 이들은 일을 하러 나가기 위해 부모에게 의존하고 있다. 최근 연구 결과 역시 개인의 행복에서 사회적 관계와 공동체가 중요한 역할을 한다는 사실을 강조한다.[13]

일반적으로 어느 지역으로 이동할 것인가에 관한 의사결정은 효율적으로 이뤄지지 않는다. 너무 많은 이들이 거대한 도심으로 모여들기를 원하고, 이는 밀집 현상과 지역 사회 기반 시설의 한계를 드러낸다.[14] 많은 공장이 미국 중서부와 남부의 시골 지역으로 이전했던 이유는 임금이 낮고 교육 수준이 높으며 생산성의 관점에서 충분한 기술을 보유한 근로자를 확보할 수 있고, 또한 원재료를 공장으로 가져와서 최종 상품으로 완성하는 데 필요한 사회 기반 시설을 충분히 이용할 수 있기 때문이었다. 그러나 임금을 낮은 수준으로 유지했던 바로 그 요인이 지금은 탈산업화로의 이동을 가로막고 있다. 그 요인이란 다름 아닌 사회적 이동성의 결핍이었다. 사회가 완벽한 이동성을 유지한다면, 임금(기술 수준을 고려한)은 어디서나 똑같을 것이다. 여기서 이동성 결핍은 왜 탈산업화가 그토록 고통스러운 과정을 거치면서 진행되고 있는지를 이해하기 위한 열

쇠다.

간단하게 말해서 우리는 공동체를 회복하고 되살리기 위해서 특정한 장소(어려움을 겪고 있는 도시나 지역)에 집중하는 정책, 즉 지역 기반 정책이 필요하다. 몇몇 국가는 그러한 정책을 대단히 잘 실행하고 있다. 가령 19세기 세계 섬유 산업의 중심이었던 영국의 맨체스터는 정부 지원에 힘입어 교육과 문화의 중심지로 새롭게 태어났다. 물론 그 전성기 시절만큼 번영을 누린다고 할 수는 없지만, 미국 정부가 붕괴를 방치했던 디트로이트와 맨체스터의 사례를 비교함으로써 우리는 많은 교훈을 얻을 수 있다.

정부는 농업에서 제조업 경제로 이동하는 과정에서 핵심적인 역할을 수행했다. 이제 정부는 21세기 새로운 경제로의 이동에서 비슷한 역할을 맡아야 한다.[15]

사회적 보호

개인의 행복을 위축시키는 중요한 한 가지 요인은 불안이다. 불안은 성장과 생산성에도 영향을 미친다. 집과 일자리, 혹은 소득의 원천을 잃어버릴지 모른다고 걱정하는 근로자는 업무에 제대로 집중하지 못한다. 더 높은 안전을 느끼는 이들은 종종 더 높은 보수를 제공하는 업무도 기꺼이 맡으려 한다. 우리는 복잡한 사회 속에서 끊임없이 위험에 직면한다. 가령 신기술은 새로운 일자리를 창출하지만 기존 일자리를 앗아 간다. 최근 태풍이나 화재와 더불어 경험하고 있듯이 기후 변화는 암묵적인 형태로 새로운 위험을 안겨다 준다. 다시 한번, 실업과 건강, 퇴직과 관련된 중요한 위험은 시장이 제대로 다루지 못하는 위험이다.[16] 실업 및 의료와 같은 일부 경우에서 시장은 보험을 제공하지 못한다. 퇴직연금의 경우에는 대단히 높은 보험료를 요구하면서, 인플레이션 반영과 같은 중요한 조항은 포함하지 않는다. 그렇기 때문에 거의 모든 선진국은 이러한 위험을 보장하기 위해서 사회보험을 제공한다. 실제로 많은 정부가 이러한 보험을 대단히 효율적으로 제공하고 있다. 미국 사회보장 제도의 거래 비용은 비교 가능한 민간 보험에 비해 대단히 낮다. 그러나 우리는 사회적 보험 시스템 내에 거대한 허점이 존재한다는 사실을, 다시 말해 많은 시장 혹은 정부가 중요한 위험을 여전히 다 보장하지는 못하고 있다는 사실을 이해해야 한다.

실업보험

미국의 사회적 보호 시스템에서 가장 큰 허점은 실업보험 프로그램의 보장 범위가 상대적으로 협소하며(26주 동안의 실업 상태), 이보다 훨씬 더 심각한 장기 실업의 위험은 방치하고 있다는 점이다. 여기서 단순한 개혁은 장기적으로 더 높은 급여를 지급하고 더 많은 사람을 대상으로 하는 실업보험 프로그램을 대폭 강화하는 것이다. 다음으로 복잡한 개혁은 소득 조건부 대출 방식으로 혜택의 일부를 제공하는 것이다. 즉 미래 소득에 대해 대출을 허용하는 것이다. 짧은 기간의 실업은 개인의 평생 소득에 거의 영향을 미치지 않는다. 실질적인 〈시장 실패〉는 실직한 사람이 현재 가정의 생활수준을 유지하기 위해 미래 소득을 담보로 대출을 받지 못한다는 사실이다. 우리는 이러한 상황을 바꿀 수 있다.[17]

물론 우리는 일자리를 잃은 근로자가 새로운 일자리를 재빨리 찾을 수 있기를, 그리고 앞서 설명한 적극적인 노동 시장 정책이 실질적인 도움을 줄 수 있기를 바란다. 역시 마찬가지로 실직한 사람이 새로운 일자리를 잡을 수 있도록 장려하는 프로그램 또한 큰 도움을 줄 수 있다. 사람들은 종종 자신이 어느 정도의 임금을 받을 것인가에 대해 비현실적인 기대를 갖고 있으며, 일자리가 있는 것의 가치(단지 소득뿐만이 아니라 사회적 관계와 행복에 미치는 중대한 영향을 포함해)를 과소평가하고 지금의 실직이 미래의 고용 가능성에 미치는 영향 역시 과소평가한다.[18]

실업보험 프로그램에 대해 생각할 때, 우리는 이러한 프로그램에는 거시 경제적 혜택이 추가적으로 따른다는 사실을 명심해야 한다. 이 프로그램은 마치 자동 안전장치처럼 기능한다. 즉 경제가 둔화되고 일자리 창출 속도가 느릴 때, 이 프로그램이 자동적으로 가동하기 시작해 소득을 제공함으로써 경제적 안정을 유지하도록 한다.[19] 2008년 이후처럼 깊은 경기 침체에 대처하기 위한 프로그램을 마련하는 것은 합리적인 노력이다. 노동 시장 상황이 좋지 않을 때 이러한 사회적 보호는 많은 비용을 요구하지 않으며, 그럼에도 침체 기간 동안에 많은 이들을 구제한다. 이러한 프로그램이 없을 때, 경제의 둔화와 위축은 훨씬 더 심각해질 것이다. 미국의 사회적 안전망의 상대적 취약성은 2008년 대침체 때 처음에 더 큰 타격을 입었던 독일과 북유럽 국가에 비해 미국 사회가 훨씬 더 심각한 피해를 입었던 이유를 부분적으로 설명해 준다.

보편적 기본소득

일부, 특히 첨단 기술 공동체에 속한 사람들은 보편적 기본소득 universal basic income(UBI)이라는 흥미로운 제안을 기존 사회 안전 망의 보완책으로 제시한다. 일부는 심지어 기본소득이 기존의 다양한 사회적 지원 프로그램을 대체해야 한다고까지 주장한다. 기본소득은 본질적으로 모든 시민에게 돈을 지급하는 것이다. 가령 매달 첫째 날에 모든 사람은 정부로부터 돈을 받는다. 물론 좋은 일자리를 가진 사람은 기본소득으로 받는 것보다 훨씬 많은 돈을 세금으로 낼 것이다. 기본소득은 모두를 위한 안전망으로 기능하면서도, 실업보험이나 푸드스탬프처럼 지급 대상을 선별하는 데 따른 행정적 비용이 들지 않는다.[20]

기본소득에는 분명한 장점이 있다. 기본소득은 평등을 강화하고, 일자리를 얻지 못한 이들에게 안전장치로 기능한다. 게다가 푸드스탬프나 메디케이드처럼 다양한 사회 안전망과 사회적 보호 프로그램에 접근하는 과정에 수반되는 관료적 절차를 제거할 수 있다.[21]

하지만 나는 그저 소득을 제공하는 것만이 올바른 접근 방식이라고는 생각하지 않는다. 대부분의 사람에게 일은 삶의 중요한 부분이다. 이 말은 반드시 일주일에 40시간은 일을 해야 한다는 의미가 아니다. 주당 근로 시간이 60시간에서 40시간으로 줄어들었을 때에도 노동 인구는 살아남았고, 단순한 생존을 넘어 번영했다. 그 시간을 다시 한번 줄인다고 해도, 가령 주당 25시간으로 줄여도 살아남을 것이다. 근로 시간 단축은 실제로 생산성 향상으로 이어졌고, 전부는 아니라고 해도 많은 이들은 여가 시간을 생산적인 방식으로 활용하는 방법을 발견했다.

우리가 해야 할 일이 많이 남았다. 로봇이 할 수 없는 일은 많다. 우리는 도시를 아름답게 가꿔야 하고, 노인과 환자 등 취약 계층을 보살펴야 하며, 아이들에게 더 나은 교육을 제공해야 한다. 해야 할 일과 일을 하려는 사람이 존재하지만 시장이 그 둘을 연결하지 못할 때, 정부가 나서야 한다(일자리 프로그램에 대해서는 다음에 다시 살펴보도록 한다).

젊은 세대 중 많은 이들은 내게 일자리에 대한 집착은 20세기 사고에 불과하다고, 그리고 최저 기본소득이 있을 때 사람들은 공식적인 고용 없이도 정신적인 삶, 혹은 남을 돕는 삶을 추구할 수 있다고 말한다. 물론 그들의 생각을 무시해서는 안 된다. 그럼에도 나는 기본소득이 본질적인 경제 문제, 즉 실업이 인간 존엄성에 미치는 폐해를 해결해 줄 것이라고 생각하지 않는다. 일자리는 건강한 경제의 중추이며, 우리 사회는 내가 아래에서 살펴보고 있듯이 강력한 노동 시장을 뒷받침하기 위한 광범위한 의제를 필요로 한다.

이 주제로 넘어가기에 앞서, 기본소득의 한 가지 제약에 대해 언급해야겠다. 미국의 인색한 재정 정책을 감안할 때, 어떤 기본소득 시스템도 생존 수준에 가깝게 지급할 만큼 충분히 관대하지는 않을 것이다. 무엇보다 이를 위해서는 상당한 수준으로 세금을 인상해야 할 것이다.

훌륭한 근로 조건을 갖춘 인간다운 일자리

미국과 서유럽 사람들이 느끼는 불안의 한가운데, 그리고 역동적인 경제를 회복하는 과제의 중심에 일자리, 그것도 양질의 일자리에 대한 요구가 있다. 근로자는 이민자가 그들의 일자리를 차지하면서 임금이 떨어질 것이라고 걱정한다. 그리고 세계화의 흐름이 일자리를 해외로 내보낼 것이라고 우려한다. 그들은 기존 일자리가 사라지는 것만큼 새로운 일자리가 창조될 것이라는 일반적인 경제학자의 주장을 동화 속 이야기쯤으로 생각한다. 그러한 창조적 파괴가 부분적으로 일어난다고 할지라도, 분명하게도 많은 이들에게 적용되지는 않을 것이다.

사람들 대부분은 일과 삶의 균형을 잡는 데 어려움을 느낀다. 여성은 승진을 원하면서 동시에 행복한 가정을 꾸리고 싶어 한다. 남성들 역시 직업적 성공과, 삶의 다른 차원, 특히 가정에서 더 많은 시간을 보내는 것 사이에서 갈등을 한다. 그리고 많은 여성과 남성은 환경을 파괴하거나 사회적으로 마땅히 해야 할 긍정적인 역할을 외면하는 기업에서 일하는 것에 불편함을 느낀다.

시장은 그 자체로 완전 고용을 보장하지 않는다. 〈시장〉은 충분한 보상을 지급하는 일자리는 더욱 보장하지 않는다. 나아가 일과 삶의 균형을 유지해 주는 일자리는 더욱더 보장하지 않는다.

우리 경제가 세계화와 기술 발전의 결과로 더욱 부유해졌다면, 분명하게도 그 발전의 열매를 활용해서 방대한 대다수가 더 잘 살 수 있도록 만들어야 한다. 열매의 많은 부분이 1퍼센트에 집중된 현실은 피할 수 없는 것도, 필연적인 것도, 그리고 좋은 것도 아니다. 최근 GDP 성장의 상당 부분이 1퍼센트로 향하고 있다. 우리 사회가 옛날보다 훨씬 더 부유해졌다는 사실을 감안할 때, 우리는 확실히 많은 가구에게 피해를 입히지 않는 방식으로 경제 시스템을 관리할 수 있었다. 특히 〈가족의 가치〉에 경의를 표하는 미국 경제에서는 말이다. 여기서 나는 우리가 마땅히 이룩해야 할 경제를 구축하기 위해 정부가 나서서 할 수 있는 일에 대해 설명해 보고자 한다.

완전 고용 보장

평등과 성장, 효율성을 위해서 가장 중요한 정책은 완전 고용을 유지하는 것이다. 중산층의 라이프스타일에서 가장 중요한 요소는 인간다운 일자리를 갖는 것이다. 이를 위해서는 일자리, 즉 완전 고용을 보장하는 거시 경제적 기반이 존재해야 한다. 많은 보수주의 경제학자는 시장이 언제나 효율적으로 작동한다고 믿지만, 그럼에도 불구하고 시장은 그 자체로 오랜 기간에 걸쳐 완전 고용을 달성하지 못했다. 거대한 규모의 실업은 자원의 엄청난 낭비다. 많은 경제학자는 통화 정책(금리 인하)이야말로 우리가 의존해야 할 유일한 수단이라고 믿는다. 이들의 주장이 옳든 그르든 간에, 지난 10년처럼 통화 정책만으로 경제를 완전 고용 상태로 되돌리기에 충분하지 못했던 시절이 있었음은 분명하다.[22] 그러한 시기에는 강력한 재정 정책, 즉 정부 지출을 늘려야 한다. 비록 그 정책이 재정 적자로 이어진다고 해도 말이다.

대침체가 시작되고 10년이 흘러 미국 사회는 결국 완전 고용에 가까워졌다(2018년 9월에 노동력의 3.7퍼센트만이 실직 상태에 있었다). 그러나 이러한 통계 수치는 과장된 장밋빛 그림을 보여 준다. 실제로 전체 미국 노동 인구의 70퍼센트만이 일자리를 갖고 있으며, 이는 스위스(80퍼센트)나 아이슬란드(86퍼센트)보다 훨씬 낮은 수치다.[23] 약 3퍼센트에 달하는 미국인은 전일제 일자리를 잡지 못해서 비자발적으로 파트타임 형태로 일하고 있다. 게다가 수감되어 있는 사람들(다른 나라에 비해 훨씬 높은, 노동 인구의 1퍼센트에 달하는)까지 고려한다면 실질 실업률은 더 높아질 것이다.[24] 이러한 노동 시장의 취약성은 대침체 이후 오랜 시간이 흐른 뒤에도 실질 임금이 거의 오르지 않았다는 사실에 잘 반영되어 있다. 2017년 16세 이상 전일 근로자의 실질 임금은 겨우 1.2퍼센트 증가하는 데 그쳤다. 그리고 그렇게 증가한 임금은 2006년에도 미치지 못했다.[25]

재정 정책

통화 정책이 실패했을 때에도 재정 정책을 통해 경제를 자극할 수 있다. 2008년 금융 위기 이후에 그랬던 것처럼 수요 부족 현상이 발생할 때, 승수 효과가 높은 활동(유능한 교사를 채용하기 위해 더 많은 돈을 지출하는 것처럼 투자에 비해 경제를 더 크게 자극할 수 있는 활동)에 대한 지출을 늘리고 그렇지 못한 활동(해외 계약자에게 돈을 지불하고 해외에서 벌어지는 전쟁에 참여하도록 하는 것처럼)[26]을 축소함으로써 경제를 효과적으로 부양할 수 있다. 마찬가지로 조세 부담을 하위 계층과 중간 계층으로부터 납부 능력이 더 높은 상위 계층으로 이전함으로써 경기를 자극할 수 있다. 그것은 하위 계층이 상위 계층에 비해 소득의 더 많은 비중을 소비하기 때문이다. 물론 이러한 정책은 2017년 12월에 통과된 세법과 정면으로 충돌한다. 미국의 역진세 제도(상위 계층에게 중하위 계층보다 소득에 대해 더 낮은 비중을 세금으로 부과하는 조세 제도)는 불공정할 뿐 아니라 거시 경제를 위협하고 일자리를 파괴한다. 마찬가지로 갑부들이 탈세를 위해 활용하는 다양한 제도적 허점 역시 불평등을 심화할 뿐 아니라 경제를 왜곡하고 위축시킨다.

어떤 세금은 경제에 도움을 준다. 다른 세금은 경제를 자극하기까지 한다. 가령 탄소 배출에 세금을 부과하는 정책은 기업이 탄소 배출량을 줄이는 기술에 투자하도록 장려한다. 기업은 탄소 보조금을 최대한 받는 방향으로 적응하기 위해 노력한다.[27] 그러면 경제는 세 배의 이익을 얻게 된다. 그것은 더 나은 환경, 국가의 장기적 과제를 해결하기 위한 세수 증가, 그리고 더 많은 일자리와 더 높은 성장으로 이어지게 될 수요 증가를 말한다.[28]

재정 적자와 정부 부채에 대한 우려로 긴축 정책을 실행할 때조차, 우리는 적절하게 설계된 재정 정책을 통해 경제를 자극할 수 있다. 〈균형 잡힌 예산 원칙〉은 지출 증가에 상응한 세금 인상으로 경제를 자극할 수 있다고 말한다. 그리고 세수와 지출 규모를 신중하게 결정함으로써 거대한 규모로 경제(그리고 고용 시장)를 자극할 수 있다.[29]

재정 정책을 통해서 특히 거대한 이득을 얻을 수 있는 분야는 사회 기반 시설에 대한 투자다. 수년간 사회 기반 시설에 대한 투자는 충분히 이뤄지지 못했다. 이 말은 거대한 투자 수요가 존재하며, 추가적인 투자로 큰 수익을 얻을 수 있다는 것을 의미한다. 사회 기반 시설에 대한 투자는 기업이 시장에 더욱 효율적으로 접근하게 함으로써 민간 투자를 활성화할 수 있다. 이러한 점에서 공적 지출을 통해 민간 지출을 강화할 수 있다. 또 다른 혜택은 자원 절약이다. 거대한 규모의 〈민간〉 자원이 공항 혼잡이나 도로 정체로 낭비되고 있다.

효과적으로 설계된 사회 기반 시설 투자에는 추가적인 혜택이 따른다. 사람들은 일자리에 쉽게 접근할 수 있어야 한다. 그러나 대중교통 시스템이 부족하거나 아예 존재하지 않는 경우가 많다. 이러한 점에서 사람과 일자리를 연결하는 효율적인 공공 운송 시스템은 새로운 사회 기반 시설 프로그램의 일부가 되어야 한다.

특정한 목표를 기반으로 한 재정 정책을 통해 변화를 이끌어 낼 수 있는 또 다른 영역은 바로 연구 분야다. 민간 분야는 공적인 재정 지원을 통한 과학 기술의 발전을 근간으로 성장한다. 실제로 지난 75년간 인터넷에서 브라우저, 레이더 등 주요 발전의 상당 부분이 공적 지원으로 이뤄졌다.[30]

수요 부족 현상이 발생할 때 총수요를 자극하고 이를 통해 경제 성장을 강화하는 접근 방식은 동시에 국가의 잠재적 생산량을 증가시키는 공급 측면의 방안이기도 하다. 이는 공급 측면을 자극하는 (세금을 낮추고 규제를 철폐함으로써) 실패한 레이건의 접근 방식과는 달리, 실질적인 효과를 발휘할 수 있다.

다른 국가들, 특히 대부분의 유럽 국가는 정부 차원에서 사회 기반 시설 투자은행을 세우는 것이 다양한 투자를 위한 재정 지원에 도움이 된다는 사실을 확인했다. 예를 들어 유럽투자은행European Investment Bank은 유럽의 성장에 기여했으며, 매년 940억 달러가 넘는 돈을 주요 도시를 잇는 고속열차와 안전한 전력망, 효율적인 도로망 등 사람들의 생활수준을 향상시키는 프로젝트에 투자하고 있다.[31] 미국 역시 경제 발전에 따른 사회 기반 시설에 대한 수요를 충족하기 위해 많은 지출을 해야 하며, 또한 유럽과 비슷한 투자은행을 통해 재정적 자원을 제공해야 할 것이다.[32]

일할 의지가 있는 모두를 위한 일자리

지금까지 소개한 방안을 통해 우리는 대부분의 경우에 경제가 완전 고용을 달성하도록 만들 수 있다. 하지만 오늘날 우리 경제가 나아가는 방향은 이와 거리가 멀다. 〈시장 이데올로기〉의 영향력은 너무도 강력해서 경제학자 대부분 정부가 재정 정책과 통화 정책을 올바로 실행하기만 한다면, 완전 고용을 주로 〈민간〉 분야에 의존해서 달성할 수 있고, 또한 그래야만 한다고 믿는다. 그러나 그게 사실이 아니라면?

대안이 있다. 정부가 직접 근로자를 고용하는 것이다. 21세기 미국 사회는 새로운 권리, 즉 일할 의지와 능력을 가진 모든 사람이 일할 수 있는 권리를 인정해야 한다. 시장이 실패한다면, 재정 정책과 통화 정책 모두 실패로 돌아간다면, 정부가 적극적으로 나서야 한다. 사람들은 경제적 안전을 걱정한다. 정부는 적극적으로 개입해 경제적 안전을 높일 수 있으며, 이는 대단히 가치 있는 일이다. 게다가 해야 할 많은 일이 있다. 많은 학교가 노후화되어 보수가 필요하다. 적어도 페인트칠이라도 새로 해야 한다. 우리는 도시를 깨끗하게 청소하고 아름답게 가꿔야 한다.[33] 앞서 살펴봤듯이, 해야 할 일이 있고 일을 원하는 사람이 있음에도 우리의 경제와 금융 시스템이 사회와 개인을 실패로 몰아가고 있다는 사실은 참으로 안타까운 일이다.

인도는 이와 같은 보장 프로그램(100일 근로)을 단순 노동을 원하는 시골 지역 거주자들을 대상으로 제공하고 있다. 실제로 1년에 약 5천만 명의 인도 사람이 이 프로그램을 통해 일을 하고 있다. 인도와 같은 가난한 나라가 할 수 있다면, 미국도 할 수 있다. 여기에는 추가적인 이점도 있다. 즉 농촌 지역의 임금을 높이고 극단적인 빈곤을 개선할 수 있다. 그리고 하위 계층의 임금 수준을 끌어올림으로써 불평등 완화에 기여한다.[34]

더 나은 일자리와 일과 삶의 균형, 그리고 착취의 억제

비즈니스 세상과 가정의 본질은 2차 세계 대전 이후로 크게 달라졌다. 옛날에는 가구에서 한 사람(남성)이 돈을 벌고, 다른 한 사람(대부분 여성)이 집안일을 했다. 그러나 오늘날 많은 가구에서 두 명의 성인 모두 노동력에 참여한다. 이 말은 과거에는 없었던 형태의 유연성이 필요해졌음을 의미한다. 예를 들어 육아 휴직의 필요성이 증가했다. 기업은 업무 시간과 관련해서 보다 유연한 선택권을 제공해야 한다. 그리고 아이를 돌보는 일에서 정부 지원에 대한 요구가 높아지고 있다.[35] 그러나 무엇보다 중요한 사실은 3장에서

설명했던 것처럼, 대기 근무제나 분할 근무제와 관련해서 시장 지
배력의 남용을 막아야 한다는 것이다.

단지 기업을 설득함으로써 이 모든 것을 얻을 수 있다면 좋을 것
이다. 그러나 이 방법은 예전에도 통하지 않았고 앞으로도 그럴 것
이다. 앞서 설명했듯이, 근로자와 기업 사이에서 새로운 힘의 균형
이 중요하다. 노동 시장을 더 엄격하게 규제하는 것 또한 중요하다.
하지만 이것으로는 충분하지 않다. 규제와 인센티브, 그리고 보상
과 처벌이 필요하다. 이러한 방법을 통해 가구에 혜택을 제공하는
것은 물론, GDP 성장을 넘어서 번영하는 사회를 구축할 수 있다.
다시 말해 사회적 포용을 강화하고 임금과 소득에서 지속적으로 드
러나는 성 격차를 완화할 수 있다.

기회와 사회 정의의 회복

대부분의 시장 옹호자들조차 시장은 그 자체로 사회 정의와 기회
를 보장하지 않는다는 사실을 알고 있다. 특히 차별이 심한 지역이
나 미국처럼 5분의 1에 달하는 아이들이 빈곤 속에서 성장하는 사
회에서는 더욱 그렇다. 경쟁적인 노동 시장(항상 강조하듯이 노동
시장은 좀처럼 경쟁적이지 않다)에서 임금은 수요와 공급에 의해
결정된다. 시장의 여러 요인이 상호작용을 하면서 미숙련 근로자는
의미 있는 삶은 고사하고 생존하기에도 버거운 임금으로 살아간다.
사회 정의를 실현하기 위해 정부가 맡아야 할 중요한 역할은 모두

가 충분한 소득을 누릴 수 있도록 하고, 젊은이들이 성공을 위해 필요한 기술을 습득하도록 하고, 소득과 교육 수준, 사회적 지위 및 가정환경을 떠나 그들이 배운 기술과 어울리는 좋은 일자리에 접근할 수 있도록 하며, 일부 개인이나 기업이 시장 지배력을 활용해서 국가의 파이에서 지나치게 큰 몫을 가져가지 못하도록 막는 일이다.[36]

더 역동적인 경제로 나아가면서, 우리는 기회와 사회 정의라고 하는 광범위한 사회적 목표를 계획의 일부로 삼아야 한다. 가장 먼저 시장 소득의 분배를 보다 평등하게 만들어야 한다(종종 사전 분배라고 불린다). 그러나 이러한 노력에도 불구하고 시장 소득의 불평등은 거의 분명하게 높아질 것이다. 그러면 더 강력한 누진세와 양도세, 공적 지출 프로그램을 통해 생활수준을 평등하게 만들어야 한다.[37] 시장 소득을 더 평등하게 분배한다면, 재분배에 대한 부담은 가벼워진다. 그렇기 때문에 우리는 〈사전 분배〉를 강조해야 한다. 이는 소득의 공평한 분배가 단지 부자에게서 세금을 거둬들여 궁핍한 이들에게 나눠 주는 〈재분배〉의 문제만이 아니라는 점을 강조한다.

불평등은 소득이 창출되는 과정에서, 다시 말해 기업이 독점력을 휘두르거나 다른 이를 착취하면서(앞서 설명했듯이), 혹은 취약 계층이나 특정 인종, 민족 집단의 사람을 차별하면서 발생한다. 또한 불평등은 CEO가 기업 지배 구조의 허점을 이용해서 엄청난 보수를 챙기고 근로자의 급여나 기업에 대한 투자를 희생할 때에도 발생한다. 이러한 행동을 차단하고, 기업 지배 구조를 개혁하고, 개선된 노동법을 통과시키고, 차별 금지법과 경쟁법을 강화하고 시행하는 일은 소득 분배를 공정하게 만들기 위한 쉬운 방안이다(정치 문제는 접어 두고). 앞서 언급했듯이 시장은 진공 상태에서 존재하지 않는다. 시장은 규칙과 규제, 정책을 기반으로 구축된다. 일부 국가는 좀 더 효율적으로 시장을 구축하고 있으며, 이를 통해 더 높은 효율성과 평등한 시장 소득을 실현하고 있다.

불평등은 개인의 소득에 영향을 미치는 규칙뿐 아니라,[38] 기업이 착취하는 방식을 관리하는 규칙에 의해서도 발생한다. 현재 미국의 금융 시스템은 불평등을 강화하는 방향으로 설계되어 있다. 하위 계층의 사람은 돈을 빌릴 때 더 높은 이자를 지불하고, 은행에 저축할 때에는 더 낮은 이자를 받는다. 금융 분야의 〈개혁〉(이자율 상한선 철폐)은 문제를 더욱 심화할 것이다. 아직 금융 분야에 남아 있지만 점점 더 위축되어 가는 경쟁의 상당 부분은 경계심 없는 자들을 어떻게 이용해 먹을지 호시탐탐 노리고 있다.[39]

우리는 다양한 개혁을 통해 평등을 강화할 수 있다. 예를 들어 하위 계층을 돕기 위한 다양한 정책에는 최저임금을 인상하고, 임금 보조금과 근로 소득 공제를 제공하고, 민간 영역이 지급하는 것을 보충함으로써 급여 수준을 인간다운 삶을 영위할 수 있을 정도로 높이는 방안이 포함된다.[40]

유리한 출발과 불리한 출발

비록 부자의 높은 소득이 가난한 자에 대한 착취에서 비롯되지 않았다고 해도, 그 소득이 그들 자신의 노력이 아니라 유산에서 온 것이라면 우리는 이를 불공정하다고 간주할 수 있다. 여기서 우리는 유리advantage와 불리disadvantage의 세대 간 전달이라고 하는 핵심 사안을 다루고자 한다. 물론 더 많은 소득과 부, 더 높은 교육 수준을 가진 자가 자녀에게 더 많은 것을 베풀어 주는 것은 불가피한 일이다. 또한 소득과 부, 교육에서 불평등이 높을수록 그 격차는 다음 세대에서 더 크게 벌어질 것이다. 이러한 점에서 〈오늘날〉 불평등의 완화라고 하는 의제는 내일의 기회 평등에 대한 보장이라고 하는 의제의 일부인 셈이다.[41]

가난한 부모에게서 태어난 아이는 운명적으로 자신의 잠재력을 실현할 수 없다는 것은 우리 사회의 부조리한 현실이다. 우리는 불운이나 부모를 잘못 만난 것에 대해 아이를 비난할 수 없다. 다섯 명의 아이 중 한 명이 빈곤한 환경에서 자라나는 사회에서, 이는 결코 이론적인 물음이 아니라 현실적인 당면 과제다. 그렇기 때문에 아이들을 대상으로 하는 영양 및 건강 프로그램, 그리고 유치원에서 대학에 이르기까지 교육 기회를 개선하기 위한 프로그램이 중요한 것이다.

높은 수준의 무상 공교육은 사회 통합의 주요한 원동력이다. 50년 전 여성에 대한 차별은 많은 기회를 그들에게서 앗아 갔고, 덕분에 교육 분야는 유능한 여성을 낮은 보수로 쉽게 채용할 수 있었다. 그러나 성차별의 일부 측면이 완화되고 여성이 다양한 분야로 진출하면서, 교육 분야는 더 이상 상대적으로 낮은 보수로는 유능한 여성을 끌어들일 수 없게 되었다. 이와 같은 새로운 국면에서 교육의 질을 유지하기 위해서는 교사의 급여 수준(그리고 교육에 대한 지출)을 지금보다 훨씬 더 높여야 한다.

미국 사회가 경제적으로 분열되면서 점차 가난한 아이들끼리 이웃으로 살아가고 있는 상황에서 지역 교육 시스템은 전반적으로, 그리고 점점 더 심화되는 형태로 불평등하게 나아가고 있다.[42] 부유한 공동체 아이들은 가난한 공동체 아이들보다 더 좋은 교육을 받을 수 있다. 이러한 패턴은 대학까지 이어진다. 대학 등록금이 소득 사다리의 중하층에 있는 이들의 소득보다 훨씬 더 빠른 속도로 인상되면서, 가난한 가정 출신의 아이가 대학 교육을 받기 위해서는 종종 엄청난 대출을 받아야 한다. 이 아이들은 힘든 선택에 직면하게 된다. 대학을 포기하고 낮은 임금을 받는 삶에 자책할 것인가, 아니면 평생 이어질 채무 부담을 떠안고서 대학 교육을 받을 것인가?

그러므로 모두를 위한 양질의 공교육은 평등과 기회 균등이라는 의제의 중심을 차지한다. 이를 위해서는 정부 지출을 늘려야 한다. 교사의 보수와 금융을 비롯한 다른 분야의 보수가 크게 차이 난다면, 어떻게 교육 분야가 우수한 인재를 끌어들일 것이라 기대할 수 있겠는가? 지역 공동체 간에 자원 격차가 크게 벌어진다면, 어떻게 모든 지역에서 양질의 교육을 기대할 수 있겠는가? 이는 단지 교사에게 성과급을 지급하는 문제가 아니다. 가령 학생들이 더 좋은 성적을 올렸을 때 몇천 달러의 보너스를 지급함으로써 해결될 문제가 아닌 것이다. 이러한 방법으로는 교사와 가령 은행원 사이의 보수 격차를 좁힐 수 없다. 게다가 교사는 전문가이며, 그렇기 때문에 보너스는 전문가로서 그들의 자존심을 훼손할 수 있다. 예를 들어 심장 외과 의사가 이런 말을 들으면 무척 기분이 상할 것이다. 「당신에게 동기를 부여하기 위해, 수술이 성공하면 더 많은 돈을 주겠습니다.」 많은 의사는 모든 수술에서 최선을 다한다. 교사 역시 마찬가지다. 우리 사회가 그들에게 더 높은 존경심을 보인다면(오늘날 교육 개혁 모임들 사이에서 유행이 되어 버린 것처럼 교사와 그들의 연합을 끊임없이 비난하는 것이 아니라), 더 높은 급여로 유능한 교사를 채용하고(교육 분야를 오랫동안 괴롭힌 성차별 유산에 종지부를 찍으면서) 많은 경우에 학급 규모 축소를 포함해 개선된 근로 조건을 마련해 준다면, 교육 분야는 더 나은 성과를 거둘 것이다.[43]

차별

미국 사회를 좀먹고 있는 한 가지 암은 인종, 민족, 성에 대한 차별이다. 최근 경찰의 잔혹성을 보여 주는 영상 증거와 대규모 수감에 관한 통계 자료에서 잘 드러났듯이, 우리 사회는 이제야 차별의 만연함과 지속성을 인식하기 시작하고 있다. 차별은 도덕적인 문제이면서 경제적으로도 큰 영향을 미친다. 그리고 암처럼 우리 사회의 생명력을 위축시킨다. 차별로 고통받는 이들은 개인의 잠재력을 실현하지 못하고, 이는 국가의 가장 중요한 경제적 자원인 인적 자원의 낭비로 이어진다.

2장에서 언급했듯이 지난 반세기에 걸쳐 인종 차별과 관련된 진보의 속도는 점차 느려지고 있다. 시민권법이 실질적으로 실행되어 차별이 줄어들고 난 뒤에 미국 법원은 더 이상의 진보를 막았고, 급기야 2013년에 대법원은 1965년 선거권법의 핵심 조항을 폐지하기에 이르렀다.[44] 우리는 2장에서 아메리칸 드림이 어떻게 소득 사다리의 아래층에서 태어난 이들에게, 특히 소수 집단 구성원에게 미신이 되어 버렸는지 살펴보았다. 인종과 민족, 성에 대한 차별은 경제적 불평등, 기회의 결핍, 사회적·경제적 분열의 일부다.

차별의 다양한 형태

미국에서 차별은 다양한 형태로 드러난다. 금융, 주택, 고용에서 차별은 종종 미묘한 형태를 취한다. 반면 경찰과 사법 시스템에서는 대단히 노골적인 형태로 드러난다. 법치주의와 정의만큼 미국을 잘 정의하는 개념은 없을 것이다. 많은 아이들이 학교에 들어가면서 배우는 국기에 대한 맹세에는 그 개념이 분명하게 담겨 있다. 〈모든 사람을 위한 자유와 정의.〉 하지만 아메리칸 드림과 마찬가지로 이 역시 미신이 되고 말았다. 그 정확한 표현은 아마도 이럴 것이다. 〈정의를 누릴 만한 여유가 되는 모든 사람을 위한 정의.〉 여기에 단서가 하나 추가된다. 〈특히 백인이라면.〉

미국은 어떤 나라보다 그 인구에 비해 월등히 많은 사람을 교도소에 수감하는 것으로 널리 알려져 있다. 놀랍게도 미국의 수감자 규모는 전 세계 수감자의 25퍼센트를 차지하고 있다. 미국이 세계 인구의 5퍼센트에 불과함에도 말이다. 이들 수감자 중에는 아프리카계 미국인의 비중이 매우 높다.[45] 이러한 대규모 수감 시스템[46]은 지극히 불공정하고 차별적일 뿐만 아니라 대단히 비효율적인 것으로 드러나고 있다.[47]

무엇을 해야 하는가?

인종 차별과 성차별만큼 오랫동안 이어진 유산은 저절로 사라지지 않을 것이다. 우리는 인종 차별을 비롯한 다양한 형태의 차별이 깊이 뿌리내린 제도적 기반을 이해해야 하고, 이를 제거해야 한다.[48] 이는 우리가 경제의 모든 측면에서 차별 금지법을 더 강력하게 시행하지 않는 한 인종, 민족, 성 평등을 성취할 수 없다는 뜻이다. 여기서 끝이 아니다. 우리 사회는 또한 새로운 세대의 시민권법을 요구하고 있다.

기회 균등을 보장하기 위해 미국 사회는 소수 집단 우대 정책과 경제 프로그램이 필요하다. 미국 내에는 다양한 유형의 빈곤의 올가미가 존재한다. 애팔래치아와 같은 특정한 지역에 살거나 원주민과 아프리카계 미국인과 같은 특정한 배경을 가진 이들이 가난에서 벗어나기 위해서는 사회적 도움이 필요하다.[49] 우리는 유리한 출발과 불리한 출발이 한 세대에서 다음 세대로 넘어가는 메커니즘을 잘 이해하고 있다. 이러한 인식을 바탕으로 지역이나 배경을 떠나 우리 사회에 존재하는 모든 빈곤의 올가미를 없애야 한다.

교육과 영양, 건강에 대한 접근은 필요조건이다(충분조건은 아니지만). 지역에 기반을 두고 재정 지원을 받는 교육 시스템이 경제적 불평등을 영구화하는 메커니즘이 되고 있다는 사실을 인식하고 연방 정부의 지출을 크게 확대해야 한다. 또한 빈곤층 아이들이 겪는 불리함은 학교에 들어가기 전부터 시작된다는 인식을 바탕으로, 국가적 차원에서 취학 전 교육 프로그램을 실시해야 한다.

인종적 정의와 경제적 정의는 긴밀하게 얽혀 있다. 전반적인 불평등을 줄이고, 하위 계층 자녀가 상위 계층 자녀와 동등한 기회를 누릴 수 있도록 하려면, 우리는 인종적·경제적·사회적 정의를 개선하고 역동적인 경제를 창조하는 과정에서 실질적인 발전을 이룩해야 한다.

세대에 걸친 정의의 회복

정치인들이 번지르르한 말로 언급하는 한 가지 주제가 있다. 그것은 미래 세대의 안녕이다. 2017년 세법은 거대한 재정 적자로 이어질 것이며, 그만큼 정부 부채는 늘어날 것이다. 아이러니하게도 공화당은 줄곧 과도한 부채에 대해 반대 입장을 취해 왔다. 그들은 과도한 부채가 미래 세대의 부담으로 이어질 것이라고 지적했다. 그럼에도 그들은 기업과 억만장자를 더 부유하게 만들어 주기 위해 2017년 세법을 통과시켰다. 세대에 걸친 정의와 관련해서 충분한 관심을 얻지 못했지만 진보적인 의제가 바로잡아야 할 세 가지 사안이 있다.

첫째, 공공 및 민간 투자의 부족은 미래 세대에게 실질적인 부담으로 작용할 것이다. 미국 사회의 자본이 소득 성장을 따라잡지 못하고 있다는 분석이 나오고 있다. 우리가 젊은이들에게 충분한 교육을 제공하지 못한다면 그들은 잠재력을 실현하지 못할 것이다. 사회 기반 시설과 기술에 투자하지 않는다면 우리의 후손은 지금과 같은 생활수준을 누리지 못할 것이다.

둘째, 지구는 대체 불가한 존재다. 지구가 파괴되면 우리가 갈 곳은 없다. 그럼에도 우리는 지금도 세상을 파괴하고 있으며, 이는 기후 변화로 가장 극명하게 드러나고 있다. 그 폐해는 매년 예측 가능한 형태로 누적되고 있다. 오늘날 정부가 환경에 대해 생각하는 방식과 의사결정을 내리는 방식은 후손의 입장에서 볼 때 지극히 불공정하다. 7장에서 언급했듯이, 정부는 규제를 고려할 때마다 비용-편익 분석을 실시해야 한다. 환경과 관련해서 비용-편익 분석을 하려면, 오늘날 환경 규제에 들어가는 비용과, 이를 통해 오늘만이 아니라 미래에 얻게 될 편익을 비교해야 한다. 예를 들어 석탄을 사용하는 화력 발전을 규제한다면, 오늘날 비용은 증가하겠지만, 건강 개선과 기후 변화 감소에 따른 편익은 미래에 나타나게 될 것이다. 비용-편익 분석에서 핵심적인 질문은 이것이다. 미래의 1달러 편익과 오늘의 1달러 비용을 어떻게 비교할 것인가? 트럼프 행정부의 계산법에 따르면 (《실질》) 1달러는 우리의 자녀가 장년기에 접어들었을 때 3센트에 불과하다. 이 말은 환경 규제를 함으로써 우리의 자녀가 미래에 얻을 편익이 현재 비용보다 서른 배 더 크지 않은 이상, 트럼프 행정부는 규제를 채택하지 않을 것이라는 의미다. 자녀 세대가 얻을 편익에 큰 비중을 부여하지 않는 이러한 계산법에 따를 때, 우리 사회는 당연하게도 기후 변화를 막기 위한 행동에 관심을 기울이지 않을 것이다.[50]

셋째, 오늘날 젊은이들은 여러 가지 이유로 내가 사회생활을 시작했을 때 가능했던 기회를 누리지 못하고 있다. 수백만 명의 젊은이가 과도한 학자금 대출의 부담을 떠안고 있다. 이는 그들이 자유롭게 선택하거나(항상 부채 상환을 걱정해야 하므로) 가정을 꾸리고 주택을 마련하는 일을 더욱 힘들게 한다. 다른 한편에서, 소득에 비해 주택 가격은 유동성 확대와 잘못 설계된 세법, 금융 규제 철폐로 인해 크게 치솟았다. 〈우리〉 세대는 자본 이익을 누리고 있다. 그러나 다음 세대는 어떻게 해야 적절한 가격에 집을 구할 수 있을지 고민해야 한다. 세대 간 행복의 격차는 대단히 골치 아픈 문제다. 부동산으로 큰돈을 번 부모는 이를 자녀에게 물려줄 것이고, 그 자녀는 다시 그들의 자녀에게 물려줄 것이다. 하지만 부동산이 없는 부모는 자녀와 손자에게 물려줄 것이 거의 없거나 하나도 없으며, 그 결과 후손은 어려운 상황에 봉착하게 될 것이다. 이처럼 불평등은 세대를 거치면서 더욱 증폭된다. 이 장의 후반부에 제시하는 조세 정책의 변화, 그리고 다음 장에서 설명하는 담보 대출 및 학자금 대출 프로그램을 통해 우리는 이러한 상황에서도 탈출구를 찾을 수 있다.

과세

진보적이고 공정하고 효율적인 조세 시스템은 역동적이고 공정한 사회의 중요한 부분이다. 앞서 우리는 정부가 착수해야 할 중요한 활동에 대해 살펴보았다. 여기에는 공교육과 의료, 연구, 사회 기반 시설을 비롯해 합리적 사법 시스템을 유지하고 충분한 사회적 보호를 제공하는 과제가 포함된다. 이 모두를 위해서는 자원, 즉 세금이 필요하다. 지불 능력이 높은 사람들(일반적으로 우리 경제에서 더 많은 이득을 가져가는 사람들)이 납세에서 더 많은 기여를 하는 것은 공정한 처사다. 그러나 2장에서 살펴보았듯이 최상위 계층에 있는 사람들이 적용받는 세율은 실제로 소득이 낮은 사람들보다 더 낮다. 여러 가지 측면에서 지난 30년 동안 상황은 나빠졌고, 결국 기업과 억만장자를 위한 감세를 벌충하고자 중산층 대다수의 세금을 인상한, 아마도 역사상 최악의 세법으로 오명을 남길 2017년 세법이 통과되면서 문제는 더욱 심각해졌다.

기업과 부유한 개인이 과세에서 공정한 몫을 지불하도록 요구(기존 역진세 제도에서 온건한 변화)하는 것만으로도 10년에 걸쳐 수조 달러를 더 거둬들일 수 있다.[51] 이를 위해서는 단지 세율을 높이는 것뿐만이 아니라, 특정한 이해관계를 가진 로비스트들이 세법에 집어넣었던 수많은 허점을 제거하는 작업이 필요하다.[52] 부동산 과세에 특혜 세율을 적용할 것이 아니라(2017년 세법처럼), 부동산으로 벌어들인 소득에는 더 높은 세율을 적용해야 한다. 근로자를 대상으로 세금을 인상한다면, 그들은 열심히 일하려 하지 않을 것이다. 자본에 대한 세금을 인상한다면, 자본은 다른 곳으로 흘러가거나 사람들이 더 많이 저축하려 하지 않을 것이다.[53] 하지만 토지는 그렇지 않다. 과세 여부에 상관없이 토지는 그대로 존재한다. 19세기 위대한 경제학자 헨리 조지Henry George는 땅에 대한 수익, 즉 지대에 100퍼센트 세율을 적용해야 한다고 주장했다.[54] 지대에 대한 과세는 더 생산적인 경제로 이어질 수 있다. 그러나 오늘날 저축에서 상당 부분이 생산적인 자산(연구, 공장, 설비에 대한 투자)이 아니라 토지로 몰려들고 있다. 우리는 토지에 대한 자본 이익과 지대에 대한 세율을 인상함으로써 더 많은 저축이 생산적인 자본으로 흘러가도록 만들 수 있다.[55]

경제 성과와 세수를 동시에 높일 수 있는 또 다른 유형의 세금이 있다. 예를 들어 탄소 배출에 매기는 세금은 가정과 기업에게 탄소 배출량을 반드시 줄여야 한다는 사실을 상기시킨다.[56] 탄소세가 없을 때, 개인은 탄소를 배출하는 행위의 사회적 비용을 고려하지 않을 것이다. 또한 이러한 세금은 탄소 배출을 줄이기 위한 투자와 혁신에 동기를 부여할 것이다. 그리고 지구 온난화를 막기 위해 파리(2015)와 코펜하겐(2009)에서 열린 국제회의가 채택한 과제를 달성하는 과정에서 중요한 역할을 수행할 수 있다.[57] 탄소세가 없는 상태에서 목표를 달성하기는 힘들 것이다. 그리고 그 목표를 달성하지 못할 때 우리 사회가 감당해야 할 비용은 엄청날 것이다. 전 세계는 이미 2017년에 기후와 관련된 자연 재해로부터 기록적인 손실을 겪었다. 가령 허리케인 하비와 어마, 마리아로 인해 2450억 달러의 피해가 발생했다. 이는 지구 온난화로 인한 기후 변동성의 증가가 현실로 드러난 사건이었다.[58] 또한 해수면 상승은 해안에 위치한 주들에게 엄청난 비용을 발생시킬 것이다. 가령 플로리다와 루이지애나주의 상당 부분은 수면 아래로 잠기거나, 혹은 조류에 따른 잦은 범람으로 어려움을 겪게 될 것이다. 월 스트리트도 물에 잠길 것이다. 물론 일부는 그게 반드시 나쁜 일만은 아니라고 말하지만 말이다.

여기에는 일반 원칙이 있다. 민간의 수익이 사회적 수익을 초과하는 경제 활동이 있을 때마다, 과세를 통해 복지를 증진시킬 수 있다는 것이다. 세금이 요구되는 또 다른 사례가 있다. 단기적인 금융 거래는 사회 전반적으로 비생산적이다. 일반적으로 단기적인 거래에서 사람들은 더 우월한 정보를 가지고 다른 이를 이용하려고 든다. 거래 양측은 서로 그러한 이점을 갖고 있다고 믿는다. 주식 시장은 여러 가지 측면에서 부자들의 카지노다. 도박은 단기적인 쾌락을 주지만, 결국 돈은 한 사람의 주머니에서 다른 사람에게로 옮겨갈 뿐이다. 도박이나 단기적인 금융 거래는 국가를 더 부유하거나 생산적으로 만들어 주지 않는다. 이러한 거래는 종종 어느 한편에서 흘리는 쓰디쓴 눈물로 끝을 맺는다. 특히 단타 매매가 중심이 되는 과도한 금융 거래는 사회적으로 어떠한 기능도 수행하지 않는다.[59] 여기서 금융 거래세를 효과적으로 설계한다면, 세수를 높일 뿐 아니라 우리 경제의 효율성과 안정성을 개선할 수 있다.

물론 특수한 이해관계를 가진 이들은 이러한 유형의 세금에 반발할 것이다. 나는 정치적 차원에서 그것이 쉬운 일인 것처럼 말하고 싶지는 않다. 그러나 일단 정치는 접어 두고서라도, 미국이 더 이상 가난한 국민으로 가득한 부자 나라가 되지 않기 위해서는 재원이 부족해서는 안 된다. 모든 미국인은 중산층의 삶을 누릴 수 있고, 또한 마땅히 그래야 한다.

결론

　이 장에서 살펴본 개혁은 앞서 논의한 개혁과 더불어 더 역동적인 경제, 즉 다른 방식이 아니라 사람을 위해 봉사하고 더 빠른 속도로 성장하는 경제를 구축하는 데 필수적인 노력이다. 그중에서 생소한 정책은 거의 없다. 앞서 언급했듯이 이러한 다양한 정책은 이미 다른 국가의 사례에서 성공을 거뒀다. 어려운 것은 경제가 아니라 정치다.

　정치를 올바로 잡고, 여기서 소개한 개혁을 달성했다고 해도 중산층의 삶에 접근하는 것은 여전히 힘든 과제일 것이다. 좋은 일자리를 가진 가정도 넉넉한 퇴직연금을 확보하거나 자녀를 대학에 보내는 데에서 어려움을 겪고 있다. 옛날에 농부들은 서로 도와 가며 외양간을 지었다. 각 가정이 필요한 시점에 서로 협력한 것처럼 우리 사회는 모두가 협력할 때 가장 효과적으로 기능할 수 있다. 모두를 위한 성장을 다시 회복하겠다는 야심 찬 의제는 모두가 중산층의 삶을 누릴 수 있도록 만들겠다는 더 광범위한 목표의 일부다. 다음 장에서는 어떻게 그 목표를 실현할 수 있는지 살펴보고자 한다.

10
모두를 위한 인간다운 삶

지난 세기에 시장과 시민 사회, 정부 규제, 무상 공교육 같은 프로그램이 함께 작동하면서 중산층 일자리와 더불어 중산층의 삶을 창조했다. 그리고 근로자의 삶을 비참하게 했던 한 세기 이전보다 훨씬 더 좋게 만들어 주었다. 그러나 지난 40년에 걸쳐 미국 사회는 중산층의 삶을 당연한 것으로 여기면서 안주했다. 그 결과 많은 이들이 중산층의 삶을 유지하는 데에서 어려움을 겪고 있고, 더 많은 이들에게 이는 더 이상 도달할 수 없는 꿈이 되고 말았다. 세계에서 가장 거대하고 번영하는 국가에서 많은 시민의 임금이 반세기에 걸쳐 정체되거나 하락하면서 뭔가 잘못되어 가고 있다는 인식이 분명해졌다. 앞 장에서 살펴본 개혁 방안은 모든 근로자의 실제 소득을 적어도 21세기 미국에서 인간다운 삶을 영위하기에 충분한 수준으로 끌어올리는 데 큰 도움을 줄 것이다. 또한 지속 가능한 성장을 회복시켜 줄 것이다. 하지만 이것만으로는 대다수의 미국인이 인간다운 중산층의 삶을 누릴 수 없을 것이다.

최근 몇십 년 동안 시장은 모두가 인간적인 삶을 누릴 수 있는 기본 요건을 충족시키는 데에서 제대로 기능하지 못했다. 이제 우리는 시장 실패의 원인을 잘 이해하고 있다. 시장은 오직 건강한 사람에게만 보험 가입을 허용하고, 건강한 사람과 그렇지 못한 사람을 구분하는 데 엄청난 자원을 투입한다. 하지만 건강한 사람만 보험에 가입할 수 있는 사회는 생산적인 사회도 건강한 사회도 아니다. 마찬가지로 시장이 부유한 아이들에게만 양질의 교육을 제공한다면 그 사회는 공정한 사회도 효율적인 사회도 아니다.

보수주의자들은 시장 실패를 바로잡고 그 한계를 극복하겠다는 열망은 물론 좋은 것이지만 돈이 많이 든다고 말한다. 그 비용은 특히 미국 정부의 방대한 채무를 감안할 때 감당하기 힘들다고 지적한다. 그러나 그건 말도 안 되는 소리다. 미국보다 훨씬 가난한 나라도 모두를 위한 의료보험과 교육을 비롯해 인간적인 삶의 조건을 바라는 시민들의 요구에 부응하고 있다.[1]

사실 60년 전 미국 사회는 지금보다 더 잘 해냈다. 2차 세계 대전이 끝난 뒤 미국은 훨씬 더 많은 부채를 안고 있었고, 훨씬 더 가난했다. 1인당 국민소득은 지금의 4분의 1에 불과했다.[2] 그럼에도 제대군인 원호법 GI Bill을 통해 참전한 모든 이들에게 최고의 학교에서 무상 교육을 받게 해줄 수 있었다. 이는 실질적으로 제대군인 원호법의 혜택을 누리지 못한 아프리카계 미국인을 제외한 모든 젊은 이를 대상으로 한 것이었다.[3] 마찬가지로 아이젠하워 행정부에서 미국은 국가 도로망을 확충했고, 국가 방위 교육법을 실행에 옮기면서 과학 기술 발전을 위한 대규모 프로그램을 시작했다. 존슨 행정부는 메디케어 프로그램을 도입했고, 닉슨 행정부는 사회보장의 범위를 확대했다. 과거에 그렇게 할 수 있었다면, 지금도 할 수 있다. 그건 선택의 문제다. 그러나 지금 미국은 잘못된 선택을 내리고 있다.

아래의 제안들에 담긴 핵심 개념은 〈공공 선택권public option〉이다.[4] 정부는 많은 영역에서 민간 분야보다 효과적일 수 있다는 사실을 스스로 입증했다. 정부의 퇴직연금 프로그램 운용 비용은 민간 분야의 일부에 불과하다. 공공 의료보험 제도를 갖춘 국가들은 미국의 수익 기반 시스템보다 더 낮은 비용으로 더 높은 성과를 보여 주고 있다. 미국인들은 여전히 선택을 가치 있게 생각한다. 정부는 공공 선택권을 기반으로 의료보험이나 퇴직연금, 혹은 담보 대출과 같은 상품을 제공하는 기본적인 프로그램과 대안을 마련할 수 있다. 공공 부문과 민간 부문의 경쟁은 시장 지배력의 근간을 허물어뜨릴 것이다. 이는 시민의 선택권을 높여 줄 것이며, 개인의 선택이 대단히 제한되어 있고 민간 분야에 의해 종종 이용당할 때 그들이 느끼는 무력감을 덜어 줄 것이다.[5] 그리고 스스로 삶을 통제하고 있다는 인식과 더불어 더 행복한 삶을 영위하도록 해줄 것이다.

장기적인 차원에서 일부 시장에서는 공공 프로그램과 민간 프로그램이 공존할 수 있다(오늘날 이들 프로그램들이 은퇴 후 소득을 제공하는 것처럼). 일부 경우에 민간 영역은 프로그램을 수정함으로써 특정 개인의 요구를 더 잘 반영할 수 있다. 다른 경우에 민간 분야는 갑부를 위한 특수 시장을 제외하고 그 힘을 잃어버릴 수 있다. 여기서 민간 분야는 경쟁력을 보여 주지 못할 것이다. 또 다른 경우에 대다수 시민은 민간 분야에 의존할 것이다. 그러나 모든 경우에 공공 선택권은 민간 분야와 공공 분야의 경쟁을 강화함으로써 선택권의 범위를 넓히고, 민간 분야가 더 낮은 가격과 더 높은 서비스를 바탕으로 보다 효율적이고 경쟁적이고 민첩하게 움직이도록 동기를 부여할 것이다.

안타깝게도 미국은 잘못된 방향으로 나아가고 있다. 오바마 대통령은 건강보험 개혁 법안에서 공공 선택권의 보장을 제안했다. 그러나 경쟁을 원치 않는 민간 분야는 이를 제압하는 데 성공했다.[6]

미국은 〈미국 예외주의〉에 높은 자부심을 갖고 있다. 미국은 특별하며, 그 고유한 역사로 인해 다른 나라와는 다르다는 인식이다. 그러나 최근에 미국 예외주의는 부정적인 의미를 드러내고 있다. 극심한 불평등과 기회의 불평등, 더 많은 수감자, 소득 수준이 비슷한 다른 나라에 비해 더 낮은(그리고 점점 더 감소하는) 기대수명을 뜻하게 되었다. 미국의 민간 의료보험은 유럽의 공공 프로그램보다 훨씬 더 비싸면서 품질은 낮다. 이 모든 현상은 적어도 미국이 다른 방향을 모색하는 데 관심을 기울여야 한다는 것을 말해 준다. 미국은 다른 나라에서 배울 게 없다는 태도를 버려야 한다. 많은 다른 나라는 미국이 일궈 낸 성과에 주목했고, 그들 나라에 도움이 될 만한 것을 발견했을 때 즉각 보고 배웠다. 이제 미국도 그와 똑같은 노력을 해야 한다.

모두를 위한 의료보험

〈오바마케어〉는 모든 미국인이 의료보험에 접근할 수 있도록 해준 중요한 출발점이었다. 물론 일부 주가 확대된 메디케이드(가난한 사람들에게 의료보험을 제공하는) 프로그램에 대한 참여를 거부했다는 점에서 개선할 부분은 분명히 있었다. 그러나 특히 보험 가입을 의무화하는 조항을 폐지했던 2017년 세법이 통과되고 난 뒤, 일부 측면에서 문제는 더욱 심각해지고 있다. 의무화 조항의 제거는 기존 조건에 대한 차별을 금지하는 규칙과 더불어 민간 보험을 죽음의 소용돌이로 몰아넣었다. 다시 말해 건강한 사람들이 보험에서 빠져나가고 아프거나 의료보험이 필요한 사람만 가입하면서 보험료가 급증했다.[7] 모든 사람을 보장하는 보험 시스템을 원한다면 (이에 대해서는 충분한 경제적·사회적 이유가 있다) 유럽의 단일 보험자 체제를 따라 공적 차원에서 보험을 제공하거나, 오바마케어를 따라 모든 개인이 사적으로 보험에 가입하도록 의무화하거나, 아니면 보험 회사에 거대한 공적 보조금을 지급해야 한다.[8] 사회적 연대감이 희박한(개인이 스스로 알아서 살아가야 하는) 사회에서 건강한 사람이 그렇지 못한 사람을 돕고 있다는 반론이 나올 여지가 있다. 하지만 우리는 결국 거의 모든 사람은 건강을 잃게 된다는 사실을 명심할 필요가 있다. 건강한 사람들조차 점점 죽음을 향해 가고 있다. 의료보험을 절대 이용하지 않을 사람은 아무런 조짐 없이 갑자기 사망하는 사람뿐이다.

트럼프와 공화당이 오바마케어에 대한 대안(〈폐지와 대체〉)을 내

놓지 않는 이유는 다른 해법이 없기 때문이다. 오바마와 민주당은 이미 보장을 받고 있는 모든 사람이 그들의 보험을 유지하도록 하고, 동시에 나머지 사람도 보장받을 수 있게 하는 시스템을 설계하기 위해 연구했다. 이는 비록 불완전한 시스템이었지만 지속적으로 개선 가능한 기반이었다.

중요한 부분, 즉 공공 선택권은 의회를 통과하지 못하면서 누락되었다. 공공 선택권은 아마도 상당한 비용을 들여서 원하는 모두가 메디케어에 가입할 수 있도록 했을 것이다. 이 말은 모든 보험 회사가 특정 지역에 보험 서비스를 제공하지 않기로 했다고 하더라도, 어느 누구도 보험의 테두리 밖에 방치되지 않을 것이라는 의미다. 동시에 공공 선택권은 경쟁을 강화하면서 소수의 보험 회사가 대부분의 지역에서 누릴 수 있는 시장 지배력을 억제했을 것이다.

트럼프와 공화당은 의무화 조항을 제거함으로써 대단히 인기가 있는 것으로 드러났던 프로그램을 무력화하는 데 성공하고 있는 것으로 보인다. 그들이 결국 성공을 거둘 때, 수백만 명이 넘는 미국인, 특히 과거 병력이 있는 이들은 의료보험 혜택을 전혀 받을 수 없을 것이다. 또한 수백만 명이 넘는 사람들은 노화에 따른 건강 문제가 생기기 시작하면서(보험이 가장 필요하지만 비용을 감당하기 어려울 때) 보험료 인상에 직면하게 될 것이다. 이제 두 가지 선택이 남았다. 의무화 조항과 공적 보조금을 되살리면서 동시에 공공 선택권을 보장하거나, 아니면 〈단일 보험자〉인 정부가 모두에게 기본적인 의료보험을 제공하는 단일 보험자 체계를 도입하는 것이다. 영국 시스템이 보여 주는 것처럼 보완적인 보험 상품을 제공하는 강력한 민간 시장과 단일 보험자 체계는 얼마든지 공존할 수 있다.

퇴직

평생 열심히 일을 한 근로자는 품위 있는 은퇴 생활을 누릴 자격
이 있다. 그들은 노년에 먹고살 수 있을지, 자선 단체나 자녀에게 의
존해야 할지, 아니면 인생의 황혼기에도 맥도날드에서 최저임금을
받으며 파트타임으로 일해야 할지 걱정해서는 안 된다. 물론 앞 장
에서 논의했던 것처럼 정부는 일할 능력과 의지를 가진 고령자가
양질의 일자리를 찾을 수 있도록, 그래서 그들이 평생 습득한 기술
과 지식을 활용해서 일할 수 있도록 해야 한다.

우파 진영은 대부분의 미국인을 위한 은퇴 재원의 주요 부분인
사회보장의 규모를 축소하기 위해 애쓰고 있다. 그들은 사회보장을
설명하면서 경멸적인 용어인 〈재정 지원entitlement〉이라는 표현을
사용함으로써 그 프로그램을 일종의 선물로서 새롭게 프레이밍을
하고 있다. 실제로 사람들은 평생 일을 하면서 사회보장을 위해 연
금 보험에 가입한 것처럼 보험료를 냈다. 물론 둘 사이에는 중요한
차이가 있다. 민간 보험은 높은 거래 비용으로 인해 비효율적이다.
보험 회사는 많은 금액을 수익으로 가져가면서 위험에 대해서는 포
괄적인 보장을 제공하지 않는다. 그리고 보험료와 보장 사이에 긴
밀한 관계가 있다.

조지 W. 부시 대통령은 사회보장을 민영화함으로써 사람들이 민

간 시장으로부터 착취를 당하고, 주식 시장의 등락에 의존하도록 방치했다. 주식 시장 붕괴로 퇴직금을 몽땅 날려 버리는 것처럼 개인의 통제 범위를 넘어선 경제적 힘에 의해 삶이 무너지도록 내버려 두었다. 개인이 은퇴 후 삶을 위해 의지해야 할 금융 기관인 주요 은행이 몰고 온 대침체의 역사적 렌즈를 통해 이러한 상황을 생각하는 것은 특히 고통스러운 일이다. 금융 위기 때 퇴직금을 완전히 날려 버리지 않은 이들은 새로운 문제에 직면하게 되었다. 이번에는 연방준비제도에 의한 것이었다. 연방준비제도는 경제 촉진에 필요한 재정 지원을 거부한 공화당의 비타협적 태도에도 불구하고 경제를 소생시키기 위해 과감한 시도를 했다. 그들이 금리를 제로에 가깝게 떨어뜨리면서 신중하게 국채에 돈을 집어넣은 퇴직자들은 노후 자금이 사라지는 것을 지켜봐야 했다. 이는 급격한 인플레이션이나 시장 붕괴에 못지않은 재앙이었다.

다른 나라의 경우에도 대침체 이전에 민간 분야의 퇴직연금에 의존했던 이들은 보험 회사가 그들의 계좌를 관리하면서 부과하는 수수료로 인해 은퇴 후 혜택이 줄어드는 것을 지켜봐야만 했다. 어떤 경우에 수수료는 30~40퍼센트에 달했다.[9] 민간 분야가 퇴직연금을 관리하는 목적은 물론 수수료 수익이다. 민영화 과정에서 벌어지는 일은 단지 돈이 퇴직자의 주머니에서 은행가의 주머니로 넘어간 것뿐이었다. 은행가들이 더 높은, 혹은 더 안전한 수익을 돌려준다는 증거는 없다. 오히려 진실은 그 반대다.

더욱 심각하게도 많은 미국인은 다시 한번 엄청나게 높지만 종종 잘 드러나지 않는 수수료로 인해 먹잇감을 물색하는 금융 포식자의

희생양으로 전락하고 말았다.[10]

이 사실은 우리에게 분명한 교훈을 말해 준다. 미국 정부는 국민이 은퇴 후 생활을 보장받기 위해 시장에 의존하도록 내버려 둬서는 안 되었다. 시장 가치와 그에 따른 소득의 증감은 너무도 크고, 또한 은행가는 너무도 탐욕적이다. 국민들에게는 대안이 필요하다. 그것은 우파가 주장하듯이 사회보장 규모를 축소하는 것이 아니라, 사회보장에 다시 활력을 불어넣음으로써 재정 기반을 탄탄하게 다지고 공공 선택권을 보장하는 것이다. 공공 선택권을 제공하는 가장 쉬운 방법은 사람들이 사회보장 계정에 추가적으로 자금을 집어넣음으로써 더 높은 퇴직연금을 수령할 수 있도록 허용하는 것이다.

공공 선택권은 민간 분야의 경쟁을 실질적으로 강화할 것이며, 은행과 보험 회사가 낮은 비용과 수수료로 더 나은 금융 상품을 내놓도록 유도할 것이다. 사실 공공 선택권은 기업이 올바르게 행동하도록 유도하는 데 정부 규제보다 더 나은 도구가 될 수 있다. 물론 금융 분야에 있는 사람들은 공공 선택권에 강력히 반발할 것이다. 그들은 겉으로는 경쟁의 가치를 믿는다고 말하지만, 여건이 힘들어지면 편안한 상황을 찾는다.

사회보장에 다시 활력을 불어넣기 위해서는 수익률이 낮은 미국 국채 이외에 더 많은 대상에 투자를 하도록 허용해야 한다. 예를 들어 광범위한 주식형 펀드나 앞서 언급했던 새롭게 설립된 인프라투자은행(유럽투자은행의 미국 버전인)이 발행한 채권에 돈을 넣도록 할 수 있다. 이러한 사회 기반 시설 투자로부터 우리 경제는 큰 이익을 얻을 수 있다. 동시에 그 수익의 상당 부분(가령 5퍼센트)을 채권 소유자에게 돌려줌으로써 사회보장 신탁 기금Social Security Trust Fund의 기반을 더욱 튼튼하게 다질 수 있다.

주택 소유

2008년 금융 위기는 미국 퇴직연금 시스템의 결함뿐만이 아니라 주택 금융 시스템의 결함도 드러내 보였다. 미국 금융 시스템의 포식적이고 악의적인 행동의 결과로 수백만 명의 미국인이 집을 잃었다. 미국의 담보 대출 제도[11]는 여전히 망가진 채로 남아 있으며, 연방 정부는 지금도 대부분의 담보 대출에 대한 보증을 맡고 있다.[12] 미국의 금융 기관들은 자신들이 발행한 담보 대출의 위험에 책임지도록 하는 어떠한 〈개혁〉도 용납할 수 없다는 뜻을 분명히 밝혔다. 실제로 이들 기관은 자신들이 개발한 금융 상품에 대해 책임을 질 수 없다고 주장한다! 금융 위기가 터지고 10년의 세월이 흘렀지만, 앞으로 나아갈 방향에 대한 합의가 이뤄지지 않고 있다. 그러나 해법은 분명하다. 우리는 첨단 기술과 정보 시스템을 기반으로 21세기에 적합한 새로운 담보 대출 시스템을 구축할 수 있다. 담보 대출 제도의 문제점으로는 심사(특정 주택이 특정 가구에 적합한지, 그리고 주택에 대한 충분한 지분을 갖고 있는지)와, 담보 대출 조건의 집행(특히 납부금의 불입)이 있다.

심사의 경우, 중요한 데이터베이스는 가구 소득의 내역이며, 이는 이미 공공 부문, 즉 사회보장국과 국세청이 확보하고 있다. 소득

데이터를 출력해서 전송하고 확인한 다음 다시 새로운 통합 데이터베이스에 재입력하는 방식은 대단히 비효율적이다. 두 번째로 중요한 데이터베이스는 주택 거래와 관련해서 대출자가 담보물의 가치를 평가하도록 허용함으로써 가능하다. 여기서 다시 한번, 모든 거래는 공식적으로 등록이 되기 때문에 완벽한 데이터베이스가 존재하며, 이는 모든 부동산의 현재 가치를 가장 정확하게 평가할 수 있는 기준이 된다.[13]

물론 다른 데이터도 담보 대출 발행과 관련이 있다(실거주인지 아니면 임대 목적인지). 이러한 데이터 대부분은 역시 납세 신고서에 포함되어 있다. 사람들은 실제 거주 목적일 경우에 이자에 대한 세금 공제를 받을 수 있고, 임대를 통해 벌어들인 소득은 별도의 소득세로 신고할 수 있다. 그리고 2008년 금융 위기를 앞둔 시점에 금융의 증권화securitization(담보 대출을 〈증권〉으로 통합해서 이를 투자자에게 판매하는[14]) 과정에서 엄청난 규모의 사기(거짓말)가 있었는데, 그런 정보가 국세청에 보고되면 부분적으로 그 결과가 더욱 심각할 수 있다는 점에서 사기도 크게 줄어들 것이다.

이러한 방안들은 우리가 국세청을 담보 대출 지급 수단으로 활용할 수 있는 가능성을 말해 준다. 게다가 그 과정에서 상당한 절약이 가능하다.[15]

이러한 정보와 거래 비용 경제는 담보 대출을 발행하고 관리하는 비용을 크게 줄여 줄 것이다. 20퍼센트 계약금에 30년 만기의 담보 대출은 정부가 시장에서 빌릴 수 있는 30년 만기 이자율보다 약간 높은 수준으로 발행될 수 있으며, 그래도 정부는 수익을 남길 수 있다.[16] 또한 미국의 가구가 주택 소유의 위험을 관리할 수 있도록 도움을 주는 방향으로 새로운 담보 대출 상품을 개발할 수 있다. 예를 들어 가구 소득이 크게 줄어들 때 납입금을 줄이고 담보 대출 기간을 늘리는 방식이 가능하다. 이러한 상품은 비용이 많이 드는 압류의 위험을 낮출 뿐 아니라, 개인이 실직이나 중병과 같은 심각한 상황에 직면했을 때 느끼는 불안감을 덜어 줄 수 있다.

실제로 민간 시장은 고객이 위험을 관리하도록 돕는 일을 제대로 수행하지 못했다. 은행은 고객을 최대한 이용하고 수수료를 올리는 데에만 몰두했다. 그 과정에서 그들은 독성 있는 담보 대출, 즉 개인이 직면하게 되는 위험을 증가시킨 담보 대출을 개발했다. 결국 이로 인해 수백만 명의 미국인이 집을 잃었다. 여기에는 주택에 대해 이미 완전한 소유권을 갖고 있던 많은 이들도 포함되어 있었다. 그들은 오랫동안 주택에서 거주했지만 은행의 말을 믿고 홈에쿼티론*을 통해 집값 폭등을 〈현금화〉했다. 그들은 절대 실패할 수 없었다(혹은 실패할 수 없다는 이야기를 들었다). 주택 시장 붐이 가져다준 선물을 왜 죽음 직전까지 기다린단 말인가? 그러나 물론 그들은 실패했다.

오늘날 미국 정부가 주도하는 담보 대출 제도는 공공-민간의 협력 관계를 기반으로 하고 있다. 여기서 민간은 높은 수수료의 형태로 이득을 취하고, 공공은 위험을 떠안는다. 이러한 시스템은 경제학 교과서나 자유시장 옹호자들이 설명하는 그러한 형태의 효율적

* home equity loan. 담보 대출을 제외한 주택의 순가치를 담보로 다시 대출을 받는 것.

인 자본주의가 아니다. 이는 현실 속에서 진화해 온, 인위적인 형태의 미국식 자본주의다. 그러나 이는 우리가 추구하는, 그리고 생활 수준을 높여 주는 그러한 형태의 시장 경제가 아니다.

간단하게 말해서 우리 사회가 필요로 하는 것은 앞서 제안했던 혁신적인 공공 선택권을 보장하는 담보 대출 시장이다. 그러한 시장은 더 많은 미국인이 주택을 소유할 수 있도록 해줄 뿐만 아니라, 그들의 가장 중요한 자산인 주택을 안전하게 보유하도록 도움을 줄 것이다.

교육

모든 미국인은 그들의 자녀가 잠재력을 실현하기를 원한다. 이를 위해서는 자녀의 재능과 꿈에 어울리는 최고의 교육을 제공해야 한다. 그러나 안타깝게도 오늘날 미국의 교육 시스템은 시대에 뒤처져 있다. 9개월간의 학사 일정과 짧은 수업 일수는 19세기나 20세기 초, 혹은 엄마가 항상 집에 있었던 세상에 적합할 것이다. 교육 방식 또한 기술 발전을 따라잡지 못하고 있다. 오늘날 학생들은 얼마 전까지만 해도 도서관에서만 얻을 수 있었던 것보다 훨씬 더 방대한 정보에 즉각적으로 접근할 수 있다.

무엇보다 중요하게, 미국의 교육 시스템은 점점 더 심각해지는 불평등의 주요 원인이다. 부모의 소득과 자녀의 교육적 성취 사이에, 교육과 미래 소득 사이에 높은 상관관계가 존재한다.[17] 이 점에서 결함 있는 미국의 교육 시스템은 과거에 공교육이 그랬던 것처럼 우리 사회의 가장 중요한 평등의 원동력으로 기능하는 것이 아니라, 유리한 지위를 세대에 걸쳐 전달하는 힘으로 작용하고 있다.

교육의 기회를 평등하게 만들기 위해서는 모두를 위한 유치원 교육에서 학자금 대출의 부담이 없는 모두를 위한 대학 교육에 이르는 포괄적 의제가 필요하다. 이제 우리는 아이들이 초등학교에 입학할 때부터 거대한 격차가 있다는 사실을 알고 있다. 이는 유치원 프로그램을 통해 완화할 수 있다.[18]

우리는 다양한 방법으로 고등 교육에 대한 보편적인 접근을 보장할 수 있다. 가령 등록금을 인하하거나, 혹은 상환 금액이 소득에 따라 결정되는 소득 조건부 대출을 공적으로 제공할 수 있다. 이러한 대출은 오늘날 학자금 대출처럼 위협이 되지 않는 형태로 설계할 수 있다. 실제로 오스트레일리아는 이러한 시스템을 잘 운용하고 있으며, 이는 미국에서도 충분히 가능하다.[19] 여기서 내 의도는 이러한 대안들의 장점을 검토하는 것이 아니라, 우리 사회가 교육에 대한 보편적인 접근을 보장할 여력이 될 뿐만이 아니라, 거기에 투자하는 것을 외면할 여유가 없다는 사실을 주장하는 것이다. 그리고 현실적으로 수용 가능한 조건을 기반으로 모두가 이러한 시스템에 접근할 수 있도록 만드는 것은 모든 미국인에게 인간다운 삶을 보장하는 의제의 중요한 부분이 되어야 한다.

미국은 과거가 남긴 문제를 떠안고 있다. 미국 사회는 수백만 명의 젊은이에게 그들의 상환 능력을 넘어서는 과도한 학자금 대출 부담을 지게 했다. 그 규모는 1조 5천억 달러에 이른다. 이는 그들의 삶을 망치고 있다. 개인의 모든 에너지를 이 거대한 부채를 상환하는 데 집중하면서, 젊은이들은 결혼하고 집을 장만하고 자신이 정말로 좋아하는 일자리를 선택하는 일마저 미루고 있다. 이러한 현실은 또한 우리 경제에 피해를 입힌다.

설상가상으로 금융 분야는 로비 능력을 한껏 활용해서 젊은이들이 파산을 통해 부채를 면제받는 것을 불가능하게 만들어 버렸다. 우리는 이를 다시 되돌려 놓아야 한다. 자신에게 투자하기 위해 돈을 빌린 사람이 왜 요트를 사기 위해 돈을 빌린 사람보다 푸대접을 받아야 하는가?

더 나아가 공공 선택권을 보장해야 한다. 즉 정부도 학자금 대출을 제공해야 한다. 기존의 학자금 대출로 이미 부담을 지고 있는 이들을 위해, 민간 부채를 공공 부채로 전환할 수 있는 길을 열어 놓아야 한다.[20] 정부 대출은 다시 정부가 돈을 빌릴 때 적용받는 이자율보다 약간 높은 수준에서 소득 조건부 대출로 전환되어야 한다. 우리 사회는 삶을 헤쳐 나가기 위해 노력하는 젊은이들을 이용해서 수익을 취하려 해서는 안 된다.

또한 지역 과세에 의존하는 K-12* 시스템 속에서 가난한 공동체에 살고 있는 아이들은 부유한 공동체 아이들보다 열악한 교육을 받고 있다. 안타깝게도 이 문제는 점점 더 심각해지고 있다. 하지만 미국은 이를 충분히 해결할 수 있다.[21] 연방 정부는 부유한 공동체와 가난한 공동체 사이의 재정을 보다 균등하게 만들기 위해 노력하는 주 정부에게 인센티브를 지급해야 한다. 또한 주들 간의 기회

* 유치원에서 12학년까지를 포괄하는 미국 교육 시스템의 명칭.

균등을 보장하기 위해 더 많은 재원을 지원해야 한다. 더 나아가 하위 계층 학생들이 학업 성과를 따라잡을 수 있도록 도움을 주기 위해, 연방 정부는 가난한 인구의 비중이 높은 지역에 특별 지원금을 지급해야 한다.

결론

인간적인 삶에는 몇 가지 핵심이 있다. 사람들은 공정한 보수를 지급하는 일자리, 퇴직 전후의 어느 정도 안정, 자녀 교육, 주택 마련, 좋은 의료보험에 관심을 기울인다. 그러나 이와 관련해서, 그리고 많은 미국인의 삶에서 미국식 자본주의는 실패했다. 미국 사회는 더 잘할 수 있다. 앞서 소개한 프로그램은 시작에 불과하다. 이것만으로 레이건 시절 이후로 깊이 뿌리내린 문제들을 완전히 해결할 수는 없다. 우리는 일자리를 잃은 사람들, 그리고 그들의 기술이 신기술과 조화를 이루지 못하는 사람들을 도와야 했다. 그러나 미국은 그러지 않았다. 미국 사회는 더 나은 의료보험과 교육 시스템을 구축했어야 했다. 그러나 그러지 않았다. 탈산업화와 공동체 붕괴에 직면한 지역을 구제해야 했다. 그러나 그러지 않았다. 미국은 이제 그 대가를 치르고 있다. 역사를 지울 수는 없다. 과거로 돌아가려 해서도 안 된다. 미국 사회는 주어진 상황에서 최선을 다해야 한다.

내가 제시한 의제는 오늘날 미국이 직면하는 재정적 한계 안에서 성취할 수 있으며, 이를 통해 모든 가구의 삶을 더 좋게 만들고 경제

를 더욱 강력하게 만들 수 있다. 미국 사회가 그럴 여력이 안 된다고
주장하는 사람들에게 나는 이렇게 말하고 싶다. 미국은 부유한 국
가로서 더 많은 시민이 중산층의 삶을 누릴 수 있도록 해야 할 과제
를 더 이상 미룰 수 없다고.

또 다른 세상이 가능하다. 미국은 이 진보적인 의제를 기반으로
바로 그러한 세상을 창조할 수 있다.

11
새로운 사회 계약

지치고 가난한 이들,

자유를 갈망하는 너희 모든 이들이여, 다 내게로 오라.

풍족한 해안에 비참하게 버림받은 이들,

폭풍에 시달린 집 없는 이들이여, 다 내게로 오라.

황금의 문가에서 내가 등불을 들고 있을 테니.

— 자유의 여신상에 새겨진 에마 라자루스의 시, 「새로운 거상」

미국 정치는 지금까지 미끄러져 내려왔다. 이제 미국은 사회를 병들게 만드는 것과 맞서 싸우기 위해 중요한 사안에 집중해야 한다. 지금의 상황을 조금씩 고쳐 나가는 방식으로는 우리가 원하는 곳에 이를 수 없다.

가장 먼저, 미국인들은 무엇을 믿어야 하는가? 지금 이 순간 미국의 모습과 세상을 향한 미국의 이미지에도 불구하고, 나는 미국이 여전히 본질적으로 공정함과 기회 균등, 자유의 여신상이 상징하는 것, 그리고 거기에 새겨진 서사시를 믿는 그런 나라라고 생각한다. 미국은 여전히 이웃과 곤궁에 처한 이들에게 관심을 기울이는 시민들의 나라다. 미국은 또한 진리와 지식, 공동체에 관심을 기울인다. 미국인은 서부를 떠돌아다니는 거친 개인주의자를 넘어서는 존재다.

이러한 가치를 주창하고 실현하기 위해서 미국은 정치를 회복하고, 이를 통해 다시 경제를 회복해야 한다. 이러한 노력은 미국적 가치 그 자체에 대한 고찰로, 그리고 미국의 정치 세상이 그 가치를 정책에 담아내는 데 실패했음을 인정하는 것으로 시작해야 한다.

미국적 가치와 사회적 현실의 괴리

미국적 가치란 무엇인가? 정치인에게 물어보면 그는 한 가지를 말할 것이다. 그리고 그의 행동을 관찰하면 또 다른 것을 추론할 수 있을 것이다. 이 질문은 추상적인 것처럼 들린다. 하지만 이는 하나의 나라로서 미국을 힘들게 만드는 문제를 바로잡기 위한 핵심이다. 여기서 내가 말하는 〈가치〉는 종교적 권리와 관련된 가치, 다시 말해 우리의 〈개인적〉 선택과 가정의 삶에서 드러나는 가치를 뜻하지 않는다. 내가 의미하는 것은 〈공공〉 정책과 프로그램, 그리고 경제적 관점에 영향을 미치는 가치를 말한다.[1]

경제학 원칙의 한 가지 모순은 인간을 단지 이기적이고 물질적인 존재로 지나치게 단순화한다는 것이다. 그러나 생각해 보건대, 우리는 인간이 그 이상의 존재라는 사실을 알고 있다. 우리는 돈을 벌기 위해 노력하지만, 지나친 탐욕과 물질주의 혹은 도덕적 타락 속에서는 어떠한 가치도 발견하지 못한다. 어떤 이는 익명으로 남아 있길 원하는 반면, 다른 이는 관심 받기를 원한다. 그러나 끊임없는 핑계와 나르시시즘으로 관심을 얻는 데 성공한 트럼프에게서 존경할 만한 구석을 발견하기란 힘들다.

우리는 다른 사람을 위해 자신을 희생한 이를 존경한다. 대부분의 사람은 자녀가 이기적이고 자신밖에 모르는 사람이 아니라, 관대하고 헌신적인 사람으로 성장하기를 바란다. 간단하게 말해서 우리는 경제학자가 말하듯이 자신의 욕구를 충족시키기 위해 끊임없이 애쓰는 이기적인 인간인 호모 에코노미쿠스homo economicus와는 다른, 그보다 더 복잡한 존재다. 그러나 우리가 자신에게서 숭고한 동기를 발견하기 위해 노력하지 않는다면, 그러한 동기를 이론과 정책으로 통합하지 않는다면, 탐욕이나 타인의 행복에 대한 무관심과 같은 숭고하지 못한 동기가 그 자리를 대신할 것이다. 미국이라는 배가 어둠의 바다로 향할 때, 취약 계층은 스스로 살아남도록 내버려질 것이고, 규칙을 어기는 사람이 보상을 받고, 규제자는 규제해야 할 대상에게 〈포획〉되고, 감시해야 할 사람은 겁을 먹고, 경제적 이득은 부의 창조가 아니라 착취의 결과로 이미 부유한 이들에게 집중될 것이며, 진리와 진실, 자유, 공감, 권리와 같은 개념은 정치인들이 편의에 따라 사용하는 수사적인 도구로 전락할 것이다.

주위를 둘러보면, 트럼프 시대의 미국이 어두컴컴한 바다를 향해 나아가고 있다는 사실을 분명히 알 수 있다. 하지만 우리는 또한 이러한 상황에서 벗어날 수 있다는 희망의 조짐도 발견하고 있다. 정치와 비즈니스 리더들의 행동에서 많은 사람이 반감을 느끼고 있다는 사실은 그 좋은 신호다. 이는 미국 사회가 이기심과 탐욕을 기반으로 창조한 경제 시스템의 완벽한 거울은 아니라는 사실을 의미한다. 그러나 지금 나아가는 방향을 그대로 내버려 둔다면, 미국은 점점 더 어두운 곳으로 들어가고 말 것이다.

신화로 실패를 덮다

사회는 특히 초창기에 그 가치를 반영하고 문화를 형성하는 신화와 이야기를 만들어 낸다. 신화는 긍정적인 차원에서 함께 공유하는 가치와 동기를 강화한다. 미국의 신화는 견고한 개인주의, 자수성가한 사람, 일자리를 창조하는 기업가, 그리고 아메리칸 드림을 말한다. 특히 아메리칸 드림이라는 신화는 미국이 기회의 땅이라는 생각을 뒷받침한다. 그리고 미국을 다른 나라들, 특히 수많은 이들이 오래전 기회의 땅을 찾아 떠났던 〈구유럽〉과 차별화한다.

가난하지만 열심히 노력해서 성공한 미국인은 국가의 모범이다.[2] 미국인들은 열심히 노력하면 누구든 성공할 수 있다고 스스로에게 말한다. 그러나 앞서 살펴봤듯이 통계 자료는 절대 그렇지 않다는 사실을 보여 준다. 열심히 일하는 많은 이들이 성공하지 못했다. 오히려 성공한 많은 이들은 힘든 노력이 아니라, 비즈니스 세상의 어두운 관행을 통해, 또는 부모를 잘 만난 덕에 그렇게 되었다.

진실은 그렇지 않다는 외침이 울려 퍼지는 동안에도, 미국 사회는 신화화된 자기 이미지에 빠져 있다. 예를 들어 많은 이들은 기회야말로 미국의 변함없는 특성이라고 믿는다. 통계 자료는 그와 상반되는 이야기를 들려주고 있음에도 말이다. 아이러니하게도 신화적 자기 이미지에 대한 집착은 실제로 미국 사회가 그 가치를 반영하지 않는 정책을 받아들이도록 만들면서 아메리칸 드림의 실현 가능성을 떨어뜨리고 있다. 모두가 노력해서 혼자 힘으로 성공할 수 있다면, 가난한 사람들을 위한 재정 지원 프로그램은 필요 없을 것이다. 그들은 어떻게든 대학에 들어가고 취직을 할 것이다. 차별이라는 유산에 직면한 이들을 위해 운동장을 평평하게 만들기 위한 소수 집단 우대 정책도 필요 없을 것이다. 의지와 확신이 있는 이들은 차별을 극복할 것이며, 스스로 더 나은 사람으로 성장할 것이다. 하지만 우리는 이미 통계 자료를 확인했다. 미국 사회가 제공하는 제한적인 지원으로는 가난한 가정 출신의 사람들, 차별을 당하는 집단의 사람들은 혼자 힘으로 성공하지 못한다.[3] 그들이 성공할 가능성은 압도적으로 낮다. 따라서 우리는 아메리칸 드림을 허구라고 불러야 할 것이다. 중산층 백인 가정에서 태어나 성공한 사람도 솔직하게 생각해 본다면, 다른 가정에서 태어났어도 성공할 수 있었을지 장담하지 못할 것이다.

그러나 신화는 새로운 뉴스거리를 만들어 낸다. 언론이 하층에서 상층으로 올라간 성공적인 인물을 발견할 때, 그들은 활자 매체와 방송을 동원해서 그 이야기를 전파하고, 이는 다시 자신이 갖고 있는 편견을 강화한다. 심리학자들은 이를 일컬어 확증 편향confirmatory bias이라고 부른다. 다시 말해 우리는 기존의 믿음, 즉 계속해서 이어지고 있는 신화와 일치하는 증거를 중요하게 생각한다. 그러나 기존의 믿음과 반대되는 증거, 즉 스스로 영속하는 상위 계층의 엘리트 집단과 하위 계층에서 분명하게 드러나는 빈곤과 불평등의 올가미가 존재한다는 사실은 무시한다.

다음으로 〈견고한 개인주의〉 신화를 보자. 많은 기업은 견고한 개인주의가 제대로 기능하지 않는다는 사실을 잘 알고 있다. 기업은 팀워크와 협동을 통해서만 성공할 수 있다. 기업은 내부적으로 팀을 구축하고, 이를 중심으로 결속력과 협동을 강화한다. 때로는 직원들의 경쟁심을 이용해서 팀들 간에 건전한 경쟁을 부추기고 이를 위해 팀 성과를 기준으로 보상을 제공한다. 이는 전통적인 경제 이론과 모순되는 전략이다. 기존의 경제학 이론은 팀워크는 성공할 수 없다고 말한다. 그 이유는 팀원들이 다른 동료들에게 무임승차하려고 하기 때문이다. 그러나 우리는 현실이 그렇지 않다는 사실을 잘 알고 있다. 우리 모두는 동료의 인정을 받고 싶어 한다. 계속해서 무임승차만 한다면 인정을 받지 못할 것이다. 이는 일반적인 경제학이 행동과 인간의 본성을 잘못 모형화한 다양한 방식 중 하나에 불과하다. 그럼에도 이러한 모형화는 미국인들이 숭고한 가치와 조화를 이루지 못하는 방식으로 행동하도록 경제를 몰아가고 있다.[4]

변화의 수용과 뿌리 깊은 보수주의 사이의 긴장

또 하나의 국가적 신화와 서사는 미국이 변화를 받아들이는 나라라는 것이다. 실제로 일부는 변화 그 자체를 위해 변화를 받아들이는 것처럼 보인다. 그러나 미국 사회에 대한 고찰은 완전히 반대되는 이야기, 즉 보수주의가 사회 일부에 깊이 뿌리내리고 있다는 사실을 말해 준다.[5] 어떤 이들은 과거를 떠올리는 게 미래를 걱정하는 것보다 낫다고 생각하면서 백미러를 통해 계속해서 뒤만 돌아본다.

사회적·경제적 정책과 관련해서 시간을 거스르는 것은 가능한 선택지가 아니며, 설령 가능하다고 해도 우리가 바라는 바가 아니다. 더 짧은 수명을 원하는가? 더 나쁜 건강을 원하는가? 더 낮은 1인당 소득을? 가령 미국의 제조업 경제를 20세기 중반의 영광으로 돌려놓는 것처럼 트럼프가 원하는 방식대로 국가를 뒤로 후퇴시킨다면, 그 결과가 어떨지는 자명하다. 시간을 거스르는 데에는 대가가 따른다. 비록 광부는 취직을 하겠지만, 많은 사람들의 생활수준이 추락할 것이다.

뒤를 돌아다보는 시도는 국제적인 차원에서 더 위험하다. 미국은 75년 전과 그 국제적 위상이 똑같은 척할 수 없다. 미국은 2차 세계대전 이후에 그랬던 것처럼 더 이상 세상을 지배하지 못한다. 그럼에도 미국의 지배를 계속해서 주장하는 시도는 결국 실패할 것이다. 세계 경제에서 미국이 차지하는 지위와 미국의 국제적 영향력은 앞으로 계속해서 위축될 것이다.

지난 40년 동안 이뤄진 경제적 변화에 따른 문제이자 이 책의 한 가지 핵심 주제는 미국이라는 국가는 예전보다 훨씬 더 부유해졌지만(적어도 전통적인 방식인 GDP를 기준으로 삼을 때) 많은 이들이 번영을 공유하지 못했다는 것이다. 많은 이들은 미래 전망이 상대적으로는 물론 절대적으로도 어두워지고 있으며, 중산층의 삶과 점점 멀어지고 있다고 느낀다.

변화를 받아들이는 올바른 태도는 모든 가능한 변화를 평가하고,

실질적으로 바꿀 수 없는 것은 받아들이고, 변화가 사회적 가치를 반영하고 사람들, 특히 취약 계층이 피해를 입지 않도록 정책을 설계하는 것이다.

미국은 1980년대 이후로 균형 잡힌 태도를 보여 주지 못했다. 예를 들어 일부는 지금도 그런 것처럼 세계화의 흐름을 무조건 받아들여야 한다고 주장했다. 다른 일부는 상상 속 과거에 집착하면서 제조업과 자동화의 흐름은 물론, 물건과 사람의 세계적인 이동을 거부했다. 우리는 4장에서 이러한 태도들 모두 우리의 선택지가 될 수 없음을 확인했다.

분명하게도 미국은 경제 변화를 수용할 뿐만이 아니라 주도해 나갈 수 있다. 미국은 지금까지 줄곧 그 일을 해왔다. 21세기 경제와 사회는 18세기 말은 물론, 75년 전과는 완전히 다르다. 인종 차별과 노예제, 성차별 같은 사회적 제도와 인식은 더 이상 대다수 미국인에게 받아들일 수 없는 것이 되었다. 나도 그렇게 믿고, 또한 그러길 소망한다.

헌법을 작성하던 시절에 미국은 농업 사회였다. 인구의 70퍼센트 이상이 농업에 직간접적으로 의지하며 살았다. 1950년대 미국은 제조/산업 사회였다. 오늘날 미국은 탈산업 사회로서, 전체 노동력에서 제조업이 차지하는 비중은 10퍼센트도 되지 않는다.

경제 상황이 달라지면 정부 역할도 달라져야 한다. 정부가 하는 일은 물론, 일하는 방식도 변해야 한다. 규제와 공공 지출을 확대해야 하는 근거는 정치인이 권력을 장악했기 때문이 아니라, 역동적이고 효과적으로 기능하는 21세기 혁신적인 도시적 탈산업화 경제를 구축하기 위해 필요하기 때문이다.

혼자 힘으로는 문제를 해결하지 못한다. 모든 일에는 협력이 필요하다. 그리고 협력은 헛간을 짓기 위해 함께 일하는 공동체에 대한 민속적인 미국적 이미지에서, 특정한 규칙과 규제, 무제한적인 개인의 자유의 타협에 대한 합의를 포함해 보다 체계적인 방식으로 함께 일하는 형태로 확대되었다. 21세기 경제는 새롭고 전례 없는 협력의 형태와 범위를 요구한다. 오늘날 우리가 필요로 하는 집단행동의 수준과, 일부가 그리움으로 돌아보는 미국 헌법이 작성되었던 18세기 말에 필요로 했던 집단행동의 수준을 비교할 수는 없을 것이다.

미국 사회의 가치

앞서 우리는 미국의 국가 정체성과 미국 사회가 필요로 하는 것에 대한 우리의 생각을 왜곡하는 다양한 신화를 살펴보았다. 오늘날 미국 사회를 드러내는 다양한 특성들 가운데에는 많은 공유 가치가 존재한다. 미국인(적어도 대부분의 미국인)들은 오늘날 경제가 보여 주는 것 이상으로 평등(비록 완벽하지는 않다고 해도)의 가치를 믿는다. 특히 기회의 균등과 정의, 민주주의, 다시 말해 1달러 1표 시스템이 아니라 학교에서 배웠던 1인 1표 시스템의 가치를 믿는다. 또한 관용의 가치를 믿으며 사람들이 남에게 피해를 주지 않는 이상 그들이 원하는 대로 행동하도록 내버려 둔다. 그리고 세계를 이해하고 생활수준을 높이기 위한 핵심인 과학과 기술, 과학적 도구를 믿는다.

우리는 이성과 숙고를 통해 사회 문제를 더 잘 해결하는 방법을 알아내고, 물질적 행복을 높일 뿐 아니라 다양한 사람이 효율적으로 협력할 수 있는 더 나은 사회적·경제적 제도를 구축하고, 혼자일 때보다 더 많은 것을 성취할 수 있다고 믿는다. 이는 우리가 완전히 합리적인 존재가 아니라고 해도 사실이다. 그리고 감사하게도 우리는 완전히 이기적인 존재도 아니다. 애덤 스미스는 〈도덕적 감정〉[6]의 중요성을 강조했다. 도덕적 가치는 우리의 정체성에서 중요한 부분을 차지한다.

헌법은 이성적인 사고와 논의의 결과물이다. 미국 건국자들은 인간은 물론, 인간이 만든 모든 제도 역시 오류에 빠질 수 있다는 점을 잘 알았다. 그러므로 제도는 개선 가능해야 한다. 미국의 헌법 역시 이 점을 반영해 수정의 여지를 남겨 두었다. 견제와 균형의 개념을 도입했다. 심지어 대통령을 탄핵할 수 있는 길도 열어 놓았다. 그 누구도 법 위에 군림하지 못하도록 말이다.

우리는 법치주의와 같은 기본적인 원칙이 작동하는 모든 시장 경제의 근간을 구축해야 한다는 데 동의한다. 그리고 대부분은 법치주의가 권력자로부터 개인의 권리를 보호하는 데 집중해야 한다고 믿는다.

비록 공통된 견해라고는 할 수 없을지라도, 내가 국가의 부와 개인의 부 사이에 그어 놓은 구분선을 이해하는 사람이라면 창조성과 노력으로 국가의 파이를 키운 이에게는 보상을 주어야 하지만, 오늘날 많은 지대 추구자처럼 다른 사람을 착취하거나 노골적으로 혹은 은밀하게 부를 빼앗아서 부자가 된 사람에게는 어떤 사회적 보상도 주어서는 안 된다는 생각에 동의할 것이다. 대부분(지대 추구자와는 거리가 먼)은 아마도 지대 추구를 희생함으로써 부의 창조를 장려하는 쪽으로 경제를 자극해야 한다는 데 동의할 것이다.

정부의 역할에 대한 건국자들의 생각의 근간에는 다수결 원칙의 한계에 대한 이해가 자리 잡고 있었다. 미국 헌법의 기틀을 마련한 이들은 개인의 자유를 보장하면서 동시에 집단의 이익과 균형을 이루도록 정부를 구축해야 한다고 생각했다. 가령 정부는 공익을 위해 개인의 소유권을 제한할 수 있지만 정당한 보상이 이뤄져야 한다.

이러한 공동 가치와 믿음에 기반을 둔 미국 정부는 2세기가 넘는 세월 동안 전반적으로 효과적으로 기능했다.[7] 하지만 그 시스템은 이제 한 부분이 기능을 수행하지 못할 때 작동을 멈추고, 의견 불일치가 만연할 때 교착 상태에 빠지게 되었다. 이로 인해 숭고한 이념에 기반을 둔 미국 사회가 기본적인 도덕적 선택을 내리는 데 수년의 시간이 걸리고 있다. 미국은 이제 다시 한번, 시스템이 사회를 실패로 몰아가는 그러한 순간에 봉착하고 있다.

오늘의 불안

우리는 이제 민주주의 규범과 제도의 취약성에 대해 마땅한 걱정을 하고 있다. 경제 및 정치 시스템이 많은 인구를 위해 제대로 기능하지 못할 때, 사람들은 다른 쪽으로 시선을 돌린다. 그렇게 그들은 선동가와 그들의 거짓 약속에 쉬운 먹잇감이 된다. 선동가는 사회의 어려움에 대해 남 탓을 하고, 약속을 지키지 못할 때 외부인을 비난한다.

오늘날 문제는 정치가 시대를 따라잡지 못하는 교착 상태를 훌쩍 넘어선다. 다수를 소수로부터 보호하기 위해 설계된 시스템은 완전히 엉망인 것으로 드러나고 있다. 다수는 이제 권력을 손에 넣고, 그 권력을 이용해서 지배를 영속화하려는 소수의 탐욕으로부터 어떻게 스스로를 지킬 것인지 걱정하고 있다.

사람들은 게임의 규칙을 쓰는 과정에서 소수가 지나치게 압도적인 영향력을 행사하고 있다는 점을 우려한다. 여기서 말하는 소수란 앞서 설명했듯이 돈 많은 엘리트 집단이 전반적으로 제시한 경제 의제(비록 그것이 사회 나머지의 이익과 상충한다고 해도)를 추구하는, 갑부와 열성적인 보수주의자, 그리고 불만을 품은 노동 가구의 연합을 뜻한다. 어떤 측면에서 이들의 느슨한 연합은 1퍼센트에 의한, 1퍼센트를 위한 것보다 국가 차원에서 더욱 나쁘다. 그 이유는 이러한 연합을 유지하기 위해 엘리트 집단은 파트너들에게 위험천만한 보호주의를 일종의 뇌물로 가져다줘야 하기 때문이다.

상황은 지금보다 더 나빠질 수 있다. 트럼프는 우리를 그러한 방향으로 몰아가고 있다. 나는 이 책에서 트럼프가 내놓은 특정 정책을 비판하는 데 많은 지면을 할애하지는 않았다. 특정한 입법이 이뤄졌다고 해도, 그것은 실질적인 위험이 아닐 수 있다. 얼마든지 되돌릴 수 있기 때문이다. 내가 우려하는 바는 되돌리기 힘든 것들이다. 우리의 제도, 무엇이 좋은 사회를 만들며, 어떻게 그것을 발견할 수 있는지에 대한 우리의 이해를 향한 공격, 소득과 부에서뿐만이 아니라 믿음의 차원에서 점점 더 심각해지고 있는 분열, 그리고 다양한 사회가 원활하게 기능하기 위해 반드시 필요한 신뢰의 위축이 바로 그것이다.

공공 제도의 침식

트럼프는 앤드루 잭슨을 따라 규제 시스템과 관료 조직을 허물고 있다. 승자독식의 정치라고 하는 새롭고 확장된 신념의 일부로서, 트럼프는 자신의 친구들과 자신을 지지하는 기업 로비스트를 고용하고자 정부 관료를 해고할 수 있는 새로운 재량권을 요구했다.

어떤 측면에서, 트럼프는 익명의 공무원 집단을 향한 공화당의 지속적인 공격을 극단으로 밀어붙였다. 그러나 대부분의 공무원은 효율적이고 공정하게 우리가 사랑하고 필요로 하는 것들을 잘 관리하고 있다. 그들은 사람들에게 사회보장 지원금을 보내고, 메디케어와 메디케이드를 통해 의료보험 서비스를 제공하고, 외부 위협(군사)과 내부 혼란(FBI)으로부터 사람들을 보호하고, 자연 유산을 보존하고, 국립공원을 관리한다(국립공원 관리청).

우리는 사회적 보호 시스템, 즉 사회보장과 실업보험, 메디케어를 정부에 의존하고 있다. 정부가 이러한 서비스를 운영하는 이유는 사람들이 원하고 또한 필요로 하기 때문이다. 시장은 제공하지 못하는 서비스의 공백을 정부가 메우고 있는 것이다.[8]

또한 트럼프는 예전에 공화당처럼 공무원 집단을 비효율적이라고 비난하고 나섰다. 모두들 관공서에서 비효율성의 사례를 경험했겠지만, 그것은 민간 분야 또한 다르지 않다. 항공사, 통신사, 인터넷 사업자, 보험 회사 등 나는 민간 분야의 비효율성에 관한 수많은 사례를 쉽게 떠올릴 수 있다. 앞서 나는 사회보장과 관련된 거래 비용이 민간 연금 보험 회사의 일부에 불과하다는 사실을 지적했다. 세상을 둘러보건대, 미국의 민간 의료보험 시스템은 더 높은 가격으로 더 낮은 서비스를 제공하고 있다. 공무원이 봉사해야 할 인구수는 1억 명 이상 증가했고 그들이 맡아야 할 의무의 범위는 크게 넓어졌음에도 불구하고, 오늘날 공무원 규모는 〈절대적인〉 수에서 반세기 전과 별반 차이가 없다.[9]

보수 진영은 사회보장과 메디케어를 넘어서 공공 지출 전반에 대해 낭비라고 주장한다. 이는 교육과 사회 기반 시설에 대한 정부 지출로부터 우리가 얻고 있는 편익을 외면하는 것이다. 실제로 정부 투자에 따른 혜택은 대부분의 민간 투자가 제공하는 혜택보다 더 크다. 이러한 사실은 우리 사회가 공공 투자를 갈망하고 있다는 폭넓은 공감대를 뒷받침한다.

우리 사회는 연구·개발에 대한 정부 투자로부터 더 많은 것을 얻고 있다. 연구·개발이야말로 내가 이 책에서 생활수준을 높이는 원천으로 강조했던 영역이다. 정부가 연구·개발에 투자하지 않았더라면 사회와 경제, 우리의 삶이 어떻게 흘러갔을지 한번 상상해 보자. 기대수명은 짧아졌을 것이고 인터넷과 스마트폰, 웹브라우저, 소셜 미디어를 누리지 못했을 것이다.

트럼프는 새로운 차원에서 규제 시스템과 관료 조직을 비판하고 나섰다. 그는 규제를 무책임한 공무원이 운영하는 시스템으로 묘사했다. 그러나 우리가 잘 알고 있듯이, 그의 표현은 완전히 잘못되었으며 거짓말에 불과하다. 규제와 그 시스템 역시 광범위하게 규제를 받고 있다. 강력한 견제와 균형 시스템, 광범위한 책임이 법원과 의회를 통해 유지되고 있다. 감사하게도 규제 시스템에 대한 견제는 누구든 규제를 쉽게 임의적으로 제거할 수 없다는 뜻이다. 그렇지 않았더라면 트럼프와 그의 팀은 모든 민주주의 절차를 중단하고, 대기업에 유리하도록 법을 고쳐 쓰고, 시민과 환경과 경제를 대기업의 무자비한 수익 추구의 위협에 무방비로 노출시켰을 것이다.

금융 상품을 구매할 때마다 은행이 자신을 속일지 모른다고 걱정해야 한다면 우리의 삶은 어떻게 될지 상상해 보자. 혹은 장난감을 살 때마다 페인트 성분에 독성이 들어 있는 것은 아닌지, 혹은 부품이 떨어져 나와 아이를 질식시키지 않을지 걱정해야 한다면? 아니면 자동차에 탈 때마다 안전을 걱정해야 한다면?[10] 우리는 공기는 숨쉬기 힘들고 물은 마시기 불안했던 50년 전 세상을 모두 잊어버렸다. 만약 강력한 환경 규제를 시행하지 않았더라면 상황이 어떻게 전개되었을지 우리는 뉴델리와 베이징의 경우를 통해 짐작할 수 있다.

통치 시스템과 지식 기관을 향한 공격

이 책에서 나는 지난 250년 동안 생활수준을 끌어올린 두 가지 원동력에 대해 언급했다. 하나는 사회를 조직하는 방식에 대한 더 나은 이해(견제와 균형, 법치주의)였고, 다른 하나는 자연에 대한 더 나은 이해, 즉 과학과 기술의 진보였다. 우리는 트럼프와 그의 팀이 어떻게 그 두 가지를 약화시키고자 했는지 목격했다. 적어도 몇몇 사례에서 그는 다시 한번 공화당의 은밀한 공격을 새로운 극단으로 몰고 갔다.

미국의 정치는 이제 법치주의와 견제와 균형처럼 예전에 당연하게 여겼던 제도가 하루가 멀다 하고 도전에 직면하는 상황으로 추락하고 말았다.[11]

예를 들어 앞서 사법부와 언론에 대한 공격을 살펴보았다. 견제와 균형 시스템이 전반적으로 잘 작동하고 있지만, 몇몇 주요 규제는 바뀌고 있다.[12] 그러나 트럼프와 그의 무리에게 견제와 균형 시스템은 우리 사회와 경제가 지대 추구자 집단에 더 잘 봉사하도록 구조 조정을 해야 한다는 그들의 의제를 가로막는 것일 뿐이다. 그래서 그들은 이러한 제도를 향한 공격에 열을 올리고 있다. 분명하게도 우리가 민주주의 제도를 그대로 유지하고자 한다면 지속적인 경계가 필요하다.

스스로에게 아무런 제약을 부과하지 않는, 그리고 유권자의 최악의 본능을 이용해서 권력을 강화하기 위해 어떤 일도 서슴지 않는 정치 지도자는 진실과 과학을 파괴하고자 했다. 앞서 강조했듯이, 장기적인 차원에서 트럼프 행정부의 가장 위험스러운 측면은 아마도 인식론, 다시 말해 무엇이 진리이며 어떻게 진리를 확인할 수 있는지와 관련된 우리의 믿음에 대한 공격일 것이다.

가장 힘든 과제는 사회 전반에 깊숙이 뿌리내린 분열을 치유하는 것이다. 경제적 분열의 심화는 다른 모든 분열을 가속화하고 있다. 가장 중요하게, 우리는 국가가 조화롭게 기능하기 위해서 필요한 견제와 균형 시스템이 어떻게 부와 소득 불평등의 제한을 요구하는지 살펴보았다. 오늘날 미국 사회의 극단적인 불평등은 정치적 권력을 포함한 힘의 불평등으로 이어지고 있다. 시장 지배력은 모든 분야에서 걱정거리지만, 특히 언론 분야에서 더욱 그렇다. 언론 분야에서 시장 지배력이 어떻게 정치적 결과물을 형성(혹은 조작)하는지에 대한 증거는 이미 나와 있다.

결론적으로 경제와 정치 제도에 대한 피해는 명백하다. 그 상처는 하룻밤 사이에 아물지 않을 것이다. 트럼프가 사라지고 나서도 오랫동안 남을 것이다.

희망의 조짐

트럼프는 정부의 역할에 대한 오랜 논의를 극단으로 몰아감으로써 강력한 견제와 균형, 책임의 시스템과 더불어, 정부의 필요성과 좋은 정부에 대한 새로운 이해를 만들어 내는 데 기여했다.

유럽의 일부 정치 지도자는 트럼프에게서 희망을 찾고 있다. 트럼프는 유럽을 더욱 강력하게 단결시키고 있다. 유럽은 트럼프 덕분에 그들이 무엇을 지향하며 무엇에 반대하는지를 더욱 분명히 이해하게 되었다. 그리고 극우 진영의 편협한 주장이 사회에 미치는 위협을 더 분명하게 이해하게 되었다. 예를 들어 유럽 국가들은 그들이 국내에서 법치주의를 추구하는 것처럼 국제적으로도 법 기반의 시스템을 추구하고 있다. 국내 법치주의가 국내 경제와 정치에 중요한 것처럼, 국제 법치주의(비록 제한된 형태라고 해도)는 국제 경제와 정치의 기능에서 대단히 중요하다. 트럼프는 전임자들이 서명한 합의를 저버림으로써 국제 협약과 규칙을 허물어뜨리고 있다. 앞으로는 그저 신뢰에만 의존할 수 없다는 인식을 가지고 가맹국이 협약을 탈퇴할 때 무슨 일이 벌어질 것인지에 대해 더 면밀한 관심을 기울여야 할 것이다.

수평선에 드리운 더 짙은 먹구름

오늘날 어둠의 시절은 철의 장막이 걷히면서 민주주의와 시장이 승리를 거뒀던 30년 전의 시절과 사뭇 다르다. 당시 사람들은 자유시장이 지구 곳곳에 민주주의 이상을 퍼뜨리는 횃불이 될 것이라 믿었다.

1930년대 파시즘을 망각한 채 인간과 세상은 기본적으로 선하다는 극단적으로 낙천주의에 빠져 있는 모든 이들에게 트럼프와 푸틴은 정말로 나쁜 배우가 무대 위에 등장할 수 있다는 사실을 상기시켜 주고 있다. 오늘날 선과 악의 싸움이 벌어지고 있다. 안타깝게도 그 싸움에서 때로는 악이 승리를 거둔다. 적어도 단기적으로는 말이다. 이러한 경험은 몇몇 나쁜 지도자가 사회에 엄청난 피해를 가져다줄 수 있음을 경고한다. 그래도 적어도 지금까지는 인류의 선한 대다수가 승리를 거뒀다. 오늘날 우리의 과제는 그런 승리를 다시 한번 거두는 것이다.

미국은 부드러운 힘, 즉 선을 위해 행사한 그들의 세계적인 영향력에 대해 자부심을 가져왔다. 물론 미국은 그들이 주장하는 것만큼 선한 국가는 아니었다. 특히 냉전 동안에는 많은 어두운 사건이 있었다. 그래도 미국은 전반적으로 민주주의와 인권, 그리고 경제 개발을 강화했다. 그러나 이제 우리는 동전의 뒷면을 보고 있다. 트럼프는 전 세계 몇몇 지도자가 따르는 롤모델을 제시하고 있다. 인종 차별과 여성 혐오, 법치주의 무력화의 롤모델 말이다. 그나마 미국은 (지금까지) 그 시민을 보호할 제도를 갖추고 있었다. 하지만 헝가리나 필리핀처럼 비자유 민주주의가 들어선 나라에서는 상황이 그렇지 못하다.

사악한 지도자 세대가 진리의 이상에 도전하는 상황에서, 미국을 비롯한 전 세계는 심각한 분열의 위기를 맞고 있다. 이러한 국면에서는 이 책에서 제시한 평화로운 행동을 촉구하기 위해 목소리를 높이는 것조차 위험한 일이 될 것이다. 어떠한 형태의 경기 침체와 전쟁, 혹은 보안 위협이 우리를 벼랑 끝에서 밀어 버릴 것인지 상상만 해도 몸서리가 쳐진다.

트럼프의 슈거하이

일부는 트럼프 당선 이후에 미국 경제가 나아지고 주식 시장이 상승한 것을 그의 정책이 현명했음을 보여 주는 증거라고 믿는다. 그러나 이제 나는 트럼프의 경제 의제가 결국 실패할 것이라 믿는다(그와 비슷한 보호주의와 포퓰리즘 프로그램을 밀어붙이는 다른 나라의 지도자 역시 마찬가지로). 감세와 지출 증가에 따른 엄청난 재정 적자에서 비롯된 슈거하이는 오래가지 못할 것이다. 게다가 미국 경제가 슈거하이를 누리는 동안에도 그 성과는 다른 선진국의 평균보다 약간 더 높았을 뿐이었다.[13] 주식 시장 붐은 오래가지 못했고, 트럼프 임기의 두 번째 해가 저물기도 전에 시들해졌다. 실질 임금의 정체, 불평등 심화, 열악한 의료보험, 기대수명 감소, 부족한 장기 투자 등 미국 경제의 뿌리 깊은 문제는 해결되지 않았거나 오히려 악화되었다. 특히 2017년 세법을 포함해 트럼프의 경제 정책이 완전히 실행에 옮겨졌을 때, 불평등은 더욱 심화될 것이며 의료보험의 대상은 더욱 협소해질 것이다. 이번 세법으로 인해 미국은 장기 성장을 위한 유일한 여정인 역동적이고 혁신적인 지식 기반 경제로부터 더 멀어질 것이다. 이는 공화당과 비즈니스 세상의 기반이라 할 수 있는 재정적 책임이라는 원칙마저 조롱함으로써 그 원칙에 대한 믿음이 단지 편리한 도구에 불과하다는 사실을 드러냈다. 예를 들어 중하위 계층을 위한 프로그램 확대에 반대하는 근거로 재정적 책임을 거론했다가, 부자와 기업을 위한 감세에 대해서는 재빨리 거둬들였다. 미국 사회가 더 냉소적으로 되지 않은 것이 기적이다.

경제적·인종적·민족적 분열의 확대는 사회와 민주주의를 위해 좋지 않다. 동시에 경제 자체에도 좋지 않다. 분열의 확대는 노동 시장을 왜곡함으로써 인구의 상당 부분이 잠재력을 실현하지 못하도록 방치한다. 이민 장벽은 세계 곳곳의 인재를 끌어들이지 못하게 막고, 미국 노동 시장의 공백을 메우지 못하도록 방해한다.

사회와 경제가 원활하게 돌아가기 위해서는 신뢰와 안정이 필요하다. 그러나 트럼프는 불신과 정책적 불확실성의 씨앗을 뿌리고 있다. 가령 뚜렷한 전략과 현실적 목표가 없는 무역 전쟁은 심각한 불확실성을 야기하고 있다. 또한 위원회 청문회도 없이, 그리고 상원 의원들이 무엇에 대해 투표하는지도 모르는 불법적인 수정안을 포함한 초기 법안이 상원에서 표결된 2017년 세법도 마찬가지다. 이 세법이 추진되는 방식은 민주주의 절차를 조롱하는 것일 뿐만 아니라, 아무도 보지 않을 때 그 안에 특정한 이해관계를 반영한 허점과 실수, 비일관성이 가득했다는 것을 의미한다. 폭넓은 대중적 지지 없이, 그리고 민주당으로부터 단 1표도 얻지 못한 이 세법의 상당 부분은 거의 분명하게도 정치적 급변이 휘몰아칠 때 원래대로 돌아갈 것이다. 기업에게 관대한 정책은 투자 촉진으로 이어질 것으로 보였다. 트럼프의 보호주의 정책 역시 그랬다. 하지만 결과는 기대와 달랐다. 그 부분적인 이유는 투자는 안정을 요구하는 반면, 트럼프의 정책은 불확실성을 높였기 때문이다.

　그러나 분명한 사실은 슈거하이가 트럼프가 재선에 성공할 정도로 충분히 오래 지속된다고 해도 그가 미국의 경제와 사회에 미친 장기적 피해는 중대하다는 것이다. 미국을 위대하게 만들고, 미국인의 생활수준을 크게 높여 준 문명의 근간을 트럼프가 어떻게 공격했는지 우리는 앞서 살펴보았다.

어쩌다 이 지경에 이르렀나

미국 사회가 어떻게 지금의 국면에 도달했는지에 관한 이야기는 이미 잘 알려져 있다. 세계화와 금융화, 그리고 기술 발전이 많은 근로자를 뒤처지게 하는 방식으로 추진되었다. 그 흐름은 전반적으로 경제 정책에 의해 형성되었다.[14] 경기가 강세로 돌아섰던 2018년 동안에도 미국 경제는 많은 이들의 행복을 높이지 못했고, 그들의 삶을 금융 위기의 맹공이 시작되었던 10년 이전으로 되돌리지 못했다. 부의 불평등은 이미 심각했던 2008년 대침체 이전의 시점보다 더욱 악화되었다. 2017년 세법과 현 행정부의 규제 철폐를 향한 열광 속에서 부의 불평등은 극단적인 형태로 나아가고 있으며 앞으로 더 많은 고통을 야기할 것이다.

조지 H. W. 부시 등의 공화당 인사들과 빌 클린턴 같은 민주당 인사들은 자유화와 세계화라는 신자유주의 정책이 모두에게 번영을 가져다줄 것이라고 약속했다. 그러나 이제 그들의 약속은 그저 자기 충족적인 흔해빠진 말(혹은 거짓말)인 것으로 드러났다. 사람들이 엘리트 집단과 그들의 〈시스템〉에 환멸을 느끼게 된 것도 결코 이상한 일이 아니다.

이러한 실망감이 마케팅과 행동경제학의 발전(그리고 러시아의 개입)과 만나면서, 미국의 절반이 트럼프의 거짓말에 속아 넘어갔고, 이는 충분히 이해할 만한 일이다.[15] 엘리트 집단이 사람들을 좌절시키면서 조작이 성공을 거둔 것이다.

미국 사회가 하룻밤 사이에 지금과 같은 위험한 국면에 이른 것은 아니다. 전반적인 상황이 대다수에게 유리하게 돌아가지 않을 것이며 이러한 흐름에서 벗어나지 못한다면 선동가가 등장하게 될 것이라는 경고가 이미 있었다.[16] 우리는 그러한 위험이 어떤 형태로 나타날 것인지 몰랐지만, 어쨌든 위험은 존재했다. 그러나 미국 사회는 그 경고를 무시했고, 이 점에서 지금의 상황은 미국 사회가 스스로 자초한 것이다. 즉 미국 스스로 경제와 정치, 그리고 가치를 망친 셈이다.

우리가 경제를 망쳤다. 우리는 자유로운 시장(감세와 규제 철폐)이 모든 경제 문제를 해결해 줄 것이라고 생각했다. 우리는 금융화와 세계화, 그리고 기술 발전이 그 자체로 모두에게 번영을 가져다 줄 것이라고 믿었다. 시장은 그 자체로 언제나 경쟁적인 상태를 유지할 것이라고 생각했고, 그래서 시장 지배력의 위험을 제대로 이해하지 못했다. 또한 맹목적인 수익 추구가 어떻게든 사회적 번영으로 이어질 것이라 기대했다.

우리는 정책을 망쳤다. 많은 이들이 선거가 민주주의의 전부라 믿었다. 우리는 정치에서 돈이 갖는 힘의 위험성을 제대로 이해하지 못했다. 우리는 집중된 자금력이 어떻게 민주주의를 병들게 하는지, 엘리트 집단이 어떻게 그 돈을 가지고 경제적·정치적 권력을 더욱 집중시킬 것인지 깨닫지 못했다. 또한 우리 사회가 1달러 1표로 요약할 수 있는 선거 시스템으로 얼마나 쉽게 미끄러질 수 있는지, 혹은 민주주의에 대한 불신이 얼마나 쉽게 뿌리를 내리면서 인구의 많은 부분이 그 시스템이 조작되었다고 믿게 될 것인지 예상하지 못했다.

우리는 가치를 망쳤다. 우리는 경제가 다른 무엇이 아니라 시민에게 봉사해야 한다는 사실을 망각했다. 우리는 목적과 수단을 혼동했다. 세계화는 시민을 위해 더욱 강력한 경제를 구축해야 했다. 하지만 우리는 이제 시민들에게 〈우리가 창조한〉 세계화 때문에 임금이 하락하고 공적 프로그램이 필요하게 되었다고 말하고 있다. 또한 금융이 그 자체로 목적이 되면서 경제는 더욱 불안정해졌고, 성장은 정체되었으며, 불평등이 심화되면서 일반 시민을 희생양으로 전락시켰다. 수익의 추구는 결코 더 나은 삶으로 이어지지 않았다.

왜곡된 가치는 왜곡된 경제와 정치를 뒷받침하고 강화한다. 우리는 더 이기적인 사회가 되고 말았다. 현재의 경제 모형은 우리가 스스로 바라는 더 나은 자아가 되지 못할 것이라고 말한다. 인간 본성에 대한 잘못된 모형이 우리가 그러한 경제 모형을 받아들이도록 만들고 있다. 우리는 더욱 물질적인 존재가 되었다. 다른 사람을 배려하지 않고, 이타심이 부족하고, 무엇보다 비도덕적인 존재가 되었다. 이제 도덕은 종교 지도자와 일요일만을 위한 가치가 되었다. 금융 분야의 상징인 도덕적 타락은 다른 분야로 흘러 넘쳤고, 급기야 우리는 그 자체로 반도덕의 상징이라 할 수 있는 인물을 대통령으로 선출하기에 이르렀다.

우리는 행복의 진정한 기반, 즉 생활수준의 향상은 물론 숭고한 이상의 충족이 과학과 합리적 탐구, 그리고 담론에 기반을 두고 있으며, 또한 민주주의 절차에 기반을 둔 법치주의와 같은 사회적 제도 역시 이로부터 비롯된다는 사실을 이해하지 못했다.

보호주의와 이민 배척주의가 이제는 그 약속이 거짓으로 드러난 세계화와 신자유주의의 자리를 대체하고 있다. 그러나 미국의 번영을 되찾겠다는 보호주의와 이민 배척주의의 약속은 실현 가능성이 더욱더 없어 보인다. 레이건 시절 이후에 팽배했던 시장 근본주의와 신자유주의를 공격하는 것은 경제학자로서 어려운 일이 아니다. 그 이념은 반박 가능한(그리고 실제로 반박된) 일련의 가설을 기반으로 하고 있다. 그래도 신자유주의에 대해서는 합리적인 논의를 이끌어 내고, 그 주장과 경험적 가설에 조금이나마 진실의 여지가 있는지 확인하는 노력이 가능하다. 하지만 트럼프의 경우는 그렇지 않다. 부분적인 이유는 그 근본적인 이념(이념이라고 부를 수 있을지 모르겠지만) 자체가 엉망이기 때문이다. 트럼프는 국내 정책에서는 시장 경제의 덕목(다양한 미국식 지대 추구조차도)을 강조한 반면, 국제 무역에서는 정반대 입장을 고집하고 있다. 여기서 그는 자유 경쟁 시장을 신뢰하지 않으며, 그보다 더 신뢰하기 힘든 중상주의 이념으로 되돌아가 힘에 기반을 둔 통제된 무역을 추구한다.

오늘날의 절망을 역사적 관점에서 바라보기

미국과 세계 역사의 또 다른 위험한 사례를 살펴봄으로써 우리는 앞으로 나아가기 위한 희망과 영감을 발견할 수 있다. 트럼프는 권력을 남용한 첫 번째 대통령이 아니다. 우리가 엄청난 불평등에 직면한 것도, 우리 경제가 과도한 시장 지배력에 의해 왜곡된 것도 이

번이 처음은 아니다. 이전의 모든 사례에서 우리는 남용을 억제하고 흐름을 전환하는 데 성공했다.

앤드루 잭슨 대통령은 자신이 동의하지 않았던 대법원 판결에 대해 이렇게 언급했다. 「존 마셜이 그렇게 결정을 내렸군. 그렇다면 그가 직접 해보라고 그래!」[17] 잭슨은 미국의 정치 시스템에서 법을 집행하는 것은 대통령의 책임이며 법은 집행의 책임이 있는 모든 기관을 통제한다는 사실을 잘 알았다. 법원은 그 자체로 집행 능력을 갖고 있지 않았다. 잭슨은 더 젊은 공화국 시절에 또 다른 거대한 분열의 시대를 조장했다.

공화국 역사에 걸쳐서 미국의 제도는 다듬어졌고 재검토되었다. 앤드루 잭슨의 〈스포일스〉 시스템* 시절에 미국 사회가 겪었던 재앙의 경험은 결국 전문 공직자 시스템의 구축으로 이어졌다.

정치인이 사람들의 본능을 이용해서 정치적 이득을 도모하고자 했던 것은 이번이 처음은 아니다. 남북전쟁 이후 재건 시대, 그리고 인종 차별을 규정한 짐 크로Jim Crow 법 시대는 적어도 당시 사람들에게, 특히 인종 차별의 희생자들에게는 극복하기 힘들고 절망적으로 보였던 지속적인 위기와 부조리에 관한 많은 사례를 보여 준다. 당시의 문제는 편견만이 아니라, 지속적이고 착취적인 경제 시스템이었다.[18] 트럼프가 백인 노동 계층 유권자의 분노를 이민자들에게 돌리기 위해 편협함을 부추기는 상황은 그 시절을 떠올리게 한다.[19]

인종적 정의를 위한 싸움의 맞은편에는 경제적 정의를 위한 싸움이 있다. 불평등, 그리고 시장 지배력과 정치권력의 응집은 19세기

* spoils system. 충성과 이념에 따라 공직자의 임면을 결정하던 관행.

말 도금 시대에서 새로운 정점을 찍었다. 이후로 경쟁을 보장하는 법을 포함해 여러 진보적인 법이 통과되면서 미국 사회는 위기에서 벗어날 수 있었다. 1920년대에 경제적 불평등이 다시 한번 새로운 정점을 찍은 이후로, 뉴딜이라고 하는 사회적·경제적 입법이 새로운 시대를 열었다. 미국인들은 사회보장과 실업보험이 가져다준 경제적 안전장치부터 혜택을 입었고, 경제적 권력은 금융 분야를 억제하고 노동 운동에 새로운 활력을 불어넣는 입법을 통해 균형을 찾았다.[20]

공공복지 강화하기

이 책에서 나는 대안적인 의제를 제시했다. 우리는 이를 진보적 의제라고 부를 수 있다. 이 의제의 핵심에는 〈공공복지의 증진〉이라는 헌법 전문의 개념을 담고 있다. 공공복지는 단지 1퍼센트의 복지가 아니라 모두를 위한 복지를 뜻한다. 나는 새로운 민주당의 공통 기반으로 기능할 수 있는 플랫폼에 대해 대략적으로 설명했다. 이는 민주당이 트럼프와 그가 지향하는 바에 대한 반대로서가 아니라, 이 장의 앞에서 간략하게 설명했던 가치에 대한 지지를 중심으로 단결해야 한다는 사실을 말해 준다. 거기에는 우리가 어디에 있으며, 어디로 향하고 있는지, 무엇이 될 수 있는지, 어떻게 도달할 것인지에 대한 비전이 담겨 있다. 그리고 그 비전을 실행하고 유지하기 위한 21세기의 새로운 사회 계약이 포함되어 있다. 그 비전은 역사적 인식, 경제, 그리고 경제를 형성하고 경제에 의해 형성된 사회적 힘에 대한 깊은 이해를 바탕으로 한다. 그 비전은 비록 전문가의 언어로 말하지만, 동시에 최고의 도덕적 열망을 반영하고 도덕과 가치의 언어를 적극적으로 사용한다.

우리는 분명한 목표로부터 시작해야 한다. 여기서 중요한 것은 진부한 이야기의 반복이 아니라, 이러한 가치가 무엇인지, 그리고 경제는 목표를 달성하기 위한 도구라는 사실을 이해하는 것이다. 우리는 이러한 목표가 무엇인지 이해해야 한다. 경제의 성공 기준은 GDP가 아니라 시민의 행복이 되어야 한다. 클린턴 대통령의 표현을 빌리자면, 우리는 무엇보다 먼저 사람에 주목해야 한다. 새로운 사회 계약은 미래 세대를 위한 환경보호[21]와 정치적·경제적 힘을 일반 시민에게 되돌려 주는 것을 포함한다.

21세기 의제는 차별과 편견, 배제의 폐해 없이 모두가 중산층의 삶에 접근할 수 있는 상태에서 공평 및 안전과 더불어 발전의 열매를 공유하는 과제에 집중한다. 우리는 하나의 국가로서 발전을 공유할 때 비로소 번영할 수 있다. 이는 경제적 진실이자 뿌리 깊은 가치의 표현이다. 새로운 사회 계약에는 모든 개인이 자신의 잠재력을 실현하고, 우리의 민주주의가 모든 이의 목소리에 귀를 기울여야 한다는 약속이 담겨야 한다. 그러므로 새로운 사회 계약의 핵심에는 부자와 빈자, 흑인과 백인 모두에게 정의와 기회를 보장한다는 표현, 즉 〈아메리칸 드림을 현실로 만들기〉가 들어 있어야 한다.

발전의 촉진에 집중하는 의제는 국부의 원천에 대한 깊이 있는 이해에 기반을 둬야 한다. 기술 발전과 세계화의 흐름이 모두에게 이익을 나눠 주는 방식으로 이뤄지고 운영되도록 집중해야 한다. 기술 발전과 세계화를 둘러싼 최근의 논란은 불필요한 갈등을 유발하고 있다. 나는 이 책에서 발전의 기반과 이를 구축하기 위한 정책 모두를 제시하고 있다.

이러한 진보적인 의제를 기반으로 시장이 제 기능을 하도록 만들고, 개인이나 시장 그 자체로는 할 수 없는 방식으로 공공복지를 강화하는 데에서 정부는 핵심 역할을 맡아야 한다. 이러한 프로그램을 수용하기에 앞서 우리는 먼저 정부는 언제, 어디서나 비효율적이고 강압적이라는 편견을 버려야 한다. 그 대신 시장을 포함해 인간이 만든 모든 제도와 마찬가지로 정부는 오류에 빠질 수 있지만, 그럼에도 개선이 가능하다는 믿음을 가져야 한다. 정부가 해결책이 아니라 문제라는 주장은 틀렸다. 그 반대로 환경 오염에서 재정적 불안정성과 경제 불평등에 이르기까지 비록 전부는 아니라고 해도 많은 사회 문제는 시장과 민간 분야에서 비롯되었다. 간단하게 말해서 시장 그 자체로는 문제를 해결할 수 없다. 오로지 정부만이 환경을 보호하고, 사회적·경제적 정의를 구현하고, 지속적인 발전의 근간인 기초 연구와 기술에 투자함으로써 역동적인 학습 사회를 이룩할 수 있다.

우파 진영의 자유지상주의자들은 정부를 자유에 대한 간섭으로 본다. 우파 진영의 기업들은 정부를 그들의 수익을 감소시키는 규제와 세금을 부과하는 주체로 본다. 상위 1퍼센트는 강력한 정부가 막강한 권력을 휘둘러 그들의 돈을 빼앗아 가난한 사람들에게 재분배할 가능성을 걱정한다. 그래서 그들은 정부를 비효율적이고 국가의 병폐를 악화시키는 존재로 묘사하려 든다. 하지만 그들의 기본적인 가설에는 치명적인 오류가 있다. 오늘날 1퍼센트는 실제로 그들이 내야 할 공정한 몫보다 훨씬 더 적은 세금을 내고 있다. 그들은 안보를 포함해 공공의 안녕을 위해 소득에서 더 낮은 비중을 세금으로 내고 있다. 반면 주로 〈지대〉를 통해서 국가의 소득과 부의 더 많은 몫을 챙겨 가고 있다.

나는 이 책에서 그들이 어떻게 대다수를 희생시키고 자신들에게 유리하게끔 게임의 규칙을 바꾸는 데 성공했는지 설명했다. 1퍼센트의 소득이 급격하게 치솟는 동안에 나머지 대다수의 소득이 제자리에 머물렀던 것은 〈자연적인〉 경제적 힘의 결과물이 아니다. 이처럼 부자연스러운 결과를 초래한 것은 자연의 법칙이 아니라 인간의 법칙이다.

시장은 인간이 구축하는 것이다. 지난 40년에 걸쳐 우리는 성장을 느리게 하고 불평등을 심화하는 방식으로 시장을 재구축했다. 시장 경제에는 다양한 형태가 있다. 그러나 우리는 인구의 대다수에게 봉사하지 않는 형태를 〈선택〉했다. 이제 우리는 다시 한번 규칙을 새롭게 써서 경제가 사회를 위해 더 효과적으로 기능하게 해야 한다. 예를 들어 경쟁을 보장하고 지나친 시장 지배력을 억제함으로써 시장이 다시 한번 제 기능을 발휘하도록 만들어야 한다.

또한 미국 사회에는 〈시장 근본주의자〉들이 인정하는 것보다 훨씬 더 많은 기관이 존재한다. 우리 사회에는 효율적이고 효과적인 다양한 정부 기관뿐 아니라, 강력하고 활발한 비정부 기구 및 재단이 있다. 많은 발전의 핵심에 대학이 있으며, 미국의 앞서 가는 대학 모두는 공공 기관이거나 비영리 기관이다. 또한 우리는 조합을 통해서 기업을 소유하기도 한다. 2008년 위기 당시 도덕적 타락을 보여 주지 않았던 금융 시스템의 한 부분은 신용협동조합이었다. 조합원이 소유한 신용조합은 종종 특정 기업 및 산업에 연결되어 있다.[22] 이들 협동조합은 미국의 다양한 지역과 다양한 부문에서 중요한 역할을 수행하고 있다.[23] 의사결정과 소유의 측면에서 근로자 참여 비중이 높은 협동조합과 기업은 위기를 겪는 동안에도 더 나은 성과를 기록했다.

미국 사회는 앞으로 다양한 유형의 기관으로 구성된 풍요로운 생태계를 강화해 나갈 수 있다. 각각의 기관은 저마다의 영역을 차지하고 있으며, 상호 보완적인 기능을 한다. 예를 들어 민간 분야는 정부가 구축한 사회 기반 시설, 그리고 종종 공적 지원을 받은 대학과 연구 기관이 쌓은 지식을 기반으로 성공을 거둔다. 비록 민간 영역은 많은 것을 성취하기는 했지만, 그 모든 지혜의 원천도, 모든 사회 문제에 대한 해결책의 원천도 아니다. 민간 분야의 성공은 정부와 비영리 연구 대학 및 연구소가 구축한 토대 위에서 이뤄졌다.

이러한 점에서 21세기 의제는 핵심적으로 사회와 정부, 민간 및 공공 분야 사이에서 더 나은 균형의 창조를 요구한다. 균형을 위해서는 여러 가지 요소가 필요하다. 우선 최근 몇십 년 동안 뚜렷하게 드러났던 극단적인 물질주의와 도덕적 타락을 억제해야 한다. 그리고 개별적·집단적 프로그램과 복지를 위한 자리를 마련해야 한다.[24] 또한 개인과 사회가 전반적으로 우리의 숭고한 가치와 열망을 반영하는 방식으로 행동하도록 유도해야 한다. 이러한 가치 중에는 지식과 진리, 민주주의와 법치주의, 자유 민주주의와 지식 기관에 대한 존중이 포함되어 있다. 이러한 가치가 뒷받침될 때라야만 우리가 지난 250년 동안 누려 왔던 발전이 앞으로도 계속해서 이어질 것이다.

희망이 있는가?

우리는 미국의 역사에서 희망을 발견한다. 그러나 다른 국가에서 등장한 권위주의와 파시즘의 어두운 역사를 알고 있는 학생이라면 밝은 미래가 필연적인 귀결이 아님을 알 것이다.[25]

앞서 언급했듯이 미국은 도금 시대와 광란의 1920년대 이후에 두 번에 걸쳐 극단적인 불평등을 경험했다. 그럼에도 지금의 도전 과제는 그때보다 더 커 보인다. 오늘날 불평등은 더욱 심각한 수준이며, 최근 대법원 판결과 더불어 돈이 정치에서 갖는 힘이 더욱 커졌다. 게다가 현대 기술은 돈의 불평등을 정치적 힘의 불평등으로 즉각적으로 전환하고 있다.

오늘날 이러한 흐름을 상쇄할 수 있는 유일한 힘은 시민의 힘, 즉 선거의 힘이다. 그러나 부와 소득의 불평등이 심각해질수록 우리 사회는 그 상쇄하는 힘을 발휘하기가 더욱 힘들어진다. 그렇기에 평등을 강화하는 것은 단지 도덕과 경제의 문제인 것만은 아니다. 이는 우리 민주주의의 생존이 달린 문제이기도 하다.

내가 제안한 의제와 함께, 모든 미국인은 선택의 가치, 그리고 개인의 책임 및 자유와 조화를 이루는 방식으로 그들이 열망하는 삶에 이를 수 있다. 그 의제는 야심 차면서도 반드시 필요한 것이다.

오늘날 진행되고 있는 기술 진보와 더불어 상황은 이미 좋지 않다. 게다가 지금의 흐름이 계속된다면 더 나빠질 가능성이 얼마든지 있다. 어쩌면 우리 사회는 더 큰 불평등과 분열, 더 많은 불만으로 이어질 것이다. 조금 더 높은 교육과 조금 더 많은 지원을 주장하는 점진적 정책은 전반적인 전략의 일부로서 중요하기는 하지만, 미국이 오늘날 직면한 도전 과제를 해결해 주지 못할 것이다. 우리에게 필요한 것은 이 책에서 제시한 진보적 의제가 요구하는 극적인 방향 전환이다.

우리 사회는 건강하지 못한 움직임을 시작했다. 이러한 흐름을 그냥 내버려 둘 때 그 결과가 어떻게 이어질지 상상하는 것만으로도 섬뜩하다. 나는 대안적 세상이 가능하며, 많은 미국인이 그 가능성을 믿고 함께 협력함으로써 위험천만한 지금의 흐름을 되돌릴 수 있다는 희망과 신념으로 이 책을 썼다. 나는 아직 이상을 잃어버리지 않은 젊은이들, 기회의 균등과 번영의 공유라는 이상을 포기하지 않은 나이 많은 세대들, 시민권을 위해 온 마음을 다해 투쟁에 동참했던 많은 이들, 그리고 진보의 열매를 잠시 구경했지만 결국 어두운 구름이 전국을 뒤덮었던 광경을 목격했던 이들과 함께하고자 한다. 대안적 세상은 상상 속 과거를 재현하는 것이 아니라, 최근 수십 년 동안 실패에서 배운 것은 물론, 경제와 정치에 대한 이해를 바탕으로 현실성 있는 미래를 구축하려는 노력이 이루어질 때 가능하다. 적절한 설계와 효율적인 규제로 이뤄진, 그리고 정부는 물론 광범위한 시민 사회와 함께 협력하는 시장이야말로 우리가 나아갈 유일한 길이다.

미래를 향한 대안적 비전, 즉 앞서 설명했던 21세기 새로운 사회 계약은 트럼프 행정부와 공화당이 미국 사회에 제시하고 있으며 비즈니스 공동체로부터 상당한 지지를 얻고 있는 정책과는 분명히 다르다. 과거의 실패는 미래의 출발점이다. 앞으로 기술 발전을 잘 관리해 나가지 못한다면, 우리 사회는 불평등이 심화되고 정치가 분열되고, 개인과 집단 모두 그들의 열망을 잃어버린 디스토피아가 될 것이다.

자본주의를 구하기에 아직 너무 늦지는 않았다.

감사의 말

서론에서 언급했듯이, 이 책은 세계화를 주제로 다룬 네 권 곧
『세계화와 그 불만Globalization and Its Discontents』(2002), 『모두에게
공정한 무역Fair Trade for All』(앤드루 찰턴 공저, 2005),* 『인간의 얼
굴을 한 세계화Making Globalization Work』(2006), 그리고 『세계화와
그 불만 개정판Globalization and Its Discontents Revisited: Anti-Globalization
in the Era of Trump』(2017)을 포함하여 불평등을 주제로 한 세 권 곧
『불평등의 대가The Price of Inequality: How Today's Divided Society
Endangers Our Future』(2012), 『거대한 불평등The Great Divide: Unequal
Societies and What We Can Do about Them』(2015), 『경제 규칙 다시 쓰기
Rewriting the Rules of the American Economy: An Agenda for Growth and Shared
Prosperity』(넬 애버내시, 애덤 허시, 수전 홈버그, 마이크 콘찰 공저,
2015), 그리고 경제 성장의 진정한 원천에 관한 논문『창조적 학습사
회Creating a Learning Society: A New Approach to Growth, Development, and

* 뉴욕: 옥스퍼드 대학 출판사 — 원주.

Social Progress』(브루스 그린월드 공저, 2014, 2015)*, 그리고 경제 정책과 금융을 다룬 두 권의 책인 『1990년대의 경제 호황*The Roaring Nineties*』(2003)과 『끝나지 않은 추락*Freefall*』(2010)을 기반으로 그 아이디어를 하나로 엮은 책이다. 이들 자료는 다시 방대한 논문에 기반을 두고 있다. 결국 그동안 나는 특히 컬럼비아 대학과 루스벨트 인스티튜트, INET(Institute for New Economic Thinking), 세계은행, 클린턴 행정부에 몸담았던 많은 공저자와 동료에게 엄청난 빚을 지고 있었던 셈이다.

또한 나는 여기서 제시한 주장과 관련된 질문에 대해 연구를 했던 많은 학자의 아이디어로부터도 큰 도움을 받았다. 책 전반에 걸쳐 수많은 인용을 했지만, 아래에서 특히 몇몇 사람을 언급하고 싶다.

나는 불평등을 주제로 점점 더 증가하는 학자 집단의 데이터와 아이디어를 폭넓게 활용했다. 이들 학자로는 프랑수아 부르기뇽과 앵거스 디턴 경, 라비 칸부르, 브란코 밀로노비치, 토마 피케티, 에마뉘엘 사에즈, 라지 체티, 가브리엘 저크먼, 제임스 갤브레이스, 그리고 내 친구이자 공저자인 고(故) 토니 앳킨스가 있다. 또한 경제정책연구소의 로런스 미셸, 옥스팜 인터내셔널의 위니 비아니마, 불평등에 대한 국제 데이터 연구소인 LIS(Luxembourg Income Study)의 소장을 지낸 재닛 고닉의 영향력과 중요한 연구에 대해서도 감사의 말을 드리고 싶다.

내가 몇 년 전 『불평등의 대가』에서 밝혔듯이, 시장 지배력과 지대 추구가 오늘날 불평등의 주요 원천이라는 주장은 이제 일반적으

* 뉴욕: 컬럼비아 대학 출판사 — 원주.

로 받아들여지고 있다. 그리고 나는 시장 지배력과 이에 대한 우리 사회의 대책을 다룬 점점 증가하는 논문의 많은 저자들과 나눈 대화에서 큰 도움을 받았다. 이들 저자로는 스티븐 샐롭, 마이클 캐츠, 칼 샤피로, 마이크 콘잘, 팀 우, 엘리너 폭스, 에마뉘엘 파리가 있다. 나는 미국 경제에서 경쟁을 유지하기 위한 일환으로 많은 독점 금지법 관련 소송에 참여했고, 그 과정에서 키스 레플러, 마이클 크래그, 데이비드 허칭스, 앤드루 애비어로부터 소중한 조언을 얻었다. 또한 마크 스텔즈너와 앨런 크루거는 시장의 불완전성이 노동 시장에 미치는 영향을 이해하는 데 큰 도움을 주었다.

신기술에 대한 논의는 특히 내 공저자 안톤 코리넥으로부터 많은 도움을 받았다. 인공지능에 대한 논의는 에릭 브리놀프슨과 딥마인드의 셰인 레그, 소울머신의 마크 세이거, 그리고 로열 소사이어티에서 노동과 인공지능을 주제로 한 강의 후에 가졌던 저녁 식사 자리에서 많은 영향을 받았다. 요차이 벤클러, 줄리아 앵그윈, 제이넵 투펙치는 거짓 정보로 인한 특별한 사안에 대한 내 이해 수준을 높여 주었다.

다시 세계화의 주제로 돌아와서, 대니 로드릭과 함께 대니 쿠아, 로힌튼 메도라, 마리 팡에스투에게 감사를 드린다. 조세 회피에서 세계화의 역할과 관련해서는 마크 피스, 그리고 호세 안토니오 오캄포가 의장을 맡고 있는 국제 기업 과세 개혁을 위한 독립위원회에 감사를 드린다.

대니얼 카너먼과 리처드 탈러, 그리고 특히 칼라 호프는 개인을 형성하는 우리의 문화와 사회, 경제, 행동경제학의 다양한 측면에 대한 내 생각에 많은 영향을 미쳤다.

세계화와 금융화, 그리고 신기술이라고 하는 도전 과제에 대한 대응 방안에서는 산업 정책 관련 통찰력에서 악바르 노먼, 조반니 도시, 저스틴 이푸린, 마리오 시몰리에게 감사드린다. 스칸디나비아 모델을 포함해 복지 국가에 대한 통찰력과 관련해서는 카를 오베 모엔과 레이프 파그로츠키, 이자벨 오르티즈를 비롯해, 복지 국가에 대한 고찰에 주력하는 이니셔티브 포 폴리시 다이얼로그와 루스벨트 프로젝트의 다른 회원들에게 고마움을 전한다.

기후 변화에 대한 내 생각은 니컬러스 스턴과 존 룸으로부터 영향을 받았고, 아이들의 권리 박탈이 갖는 법적 의미에 대한 이해는 줄리아 올슨과 필립 그레고리에게서 많은 영향을 받았다.

정치 시스템의 개혁, 특히 정치에서 돈의 영향력을 줄이는 법적 과제를 다룬 8장과 관련해서는 존 아타나시오와 소중한 대화를 나누었다.

또한 마틴 울프와 라나 포루하, 에드먼드 펠프스, 조지 소로스, 조지 애컬로프, 재닛 옐런, 어데어 터너, 마이클 스펜스, 앤드루 셍, 카우식 바수, 위니 비아니마, 피터 보핑거에게도 감사드린다(뒤의 여섯 명은 롭 존슨, 로드릭, 쿠아, 메도라, 팡에스투와 함께 내가 스펜스와 공동 의장을 맡았던 INET이 후원하는 세계경제변화위원회 회원들이다).

2008년 금융 위기에 대처하는 방법과 관련해서는 강력한 지적 연대가 형성되었다. 여기에는 엘리자베스 워런과 데이먼 실버스(부실자산 구제 프로그램에 대한 의회 감시위원회 소속이었던), 그리고 2009년 내가 의장을 맡았던 유엔 총회의 대표가 임명하는, 국제 통화 금융 시스템 개혁을 위한 유엔 총회 대표 전문가 위원회 회원들이 포함되어 있었다.

이 책에서 살펴본 다양한 주제에 대한 내 견해를 형성하는 데 도움을 주었으며 내가 의장을 맡았던 또 다른 위원회로는 경제 성과와 사회 발전 평가를 위한 국제 위원회(장폴 피투시, 아마르티아 센과 공동 의장을 맡았다), 그리고 그 후신인 경제 성과와 사회 발전 평가를 위한 고위 전문가 그룹(마틴 듀런드와 공동 의장을 맡았다)이 있다. 이들 위원회는 복지를 구성하는 요소에 대한 내 생각의 폭을 넓히는 데 중요한 역할을 했다. 위원회의 모든 구성원의 기여에 감사를 표하고 싶다.

제이슨 퍼먼은 경제자문위원회에서 나와 함께 일을 하기 시작한 이후로 20년 동안 내 소중한 동료였다. 그는 미국 경제가 모두를 위해 더 잘 기능하게 만들 개혁에 대한 통찰력을 갖춘 인물이다.

나는 20년에 걸쳐 거의 매년 여름마다 일주일간 게오르기오스 파판드레우가 만든 시미 심포지엄Symi Symposium이라는 이름의 진보주의 그룹과 더불어 사회 민주주의의 미래에 대해 이야기를 나누었고, 당연하게도 거기서 나왔던 다양한 아이디어는 내 생각에 많은 영향을 미쳤다. 여기서 게오르기오스를 비롯해 그 심포지엄에 참석했던 케말 데르비스, 미샤 글레니, 야니스 바루파키스, 매츠 칼슨에게 감사를 드리고 싶다.

다시 한번, 나는 컬럼비아 대학에 거의 20년 동안 내가 발전해 나갈 수 있는 지적 기반을 선사해 준 것에 대해, 그리고 나의 오랜 공

저자이자 컬럼비아 동료인 브루스 그린월드의 영향력에 대해 감사
드린다.

록펠러 재단의 벨라지오 센터에도 고마움을 전하고 싶다. 나는
그곳의 아름답고 평화로운 환경에서 이 책의 초안을 마련할 수 있
었다. 거기서 만난 사람들과 그들과 나눈 생생한 대화는 이 야심 찬
프로젝트를 수행하기 위한 완벽한 여건이 되어 주었다.

〈모두에게 열려 있는 기회라고 하는 미국의 약속을 다시 실현하
기 위한 진보적인 아이디어와 과감한 리더십을 육성함으로써 프랭
클린과 엘리너 루스벨트의 유산과 뜻을 기리고자〉 설립된 싱크탱크
이자 내가 수석 경제학자로 몸담았던 루스벨트 인스티튜트는 이 책
에서 소개한 진보적인 의제를 실현하는 방법에 대한 활발한 논의의
장을 마련해 주었다. 루스벨트 인스티튜트의 대표인 펠리시아 웡과,
연구 및 정책을 책임지는 넬 애버내시 부대표에게 고마움을 전하고
싶다. 특히 그들의 〈규칙을 새로 쓰기〉 프로젝트는 내게 대단히 중
요했다. 그 성공 사례는 FEPS(Foundation for European Progressive
Studies, 유럽의 사회 민주주의 싱크탱크의 연합)에 의해 채택되었
다. 나는 FEPS의 사무국장 에른스트 스테터와 〈유럽의 규칙 새로
쓰기〉를 이끌었던 카터 도허티, 그리고 유럽 전역에서 온 그곳의 모
든 학자들에게 감사를 표한다. 한국에서도 박원순 서울시장이 이와
비슷한 프로젝트를 이끈 바 있다.

이 책에서 나는 경제를 넘어 정치를 향하고 있다. 지금의 현실을
감안할 때, 그러지 않을 수 없었다. 나는 오랫동안 경제적 성공을 결

정하는 핵심 요인은 규칙이며, 이는 정치에 의해 마련된다고 주장해 왔다. 내가 정치 분야를 연구하는 동안, 에드워드 (제드) 스티글리츠는 내게 많은 지혜를 가져다주었고 이에 대해 깊은 감사를 드린다.

로버트 커트너와 제프 매드릭, 펠리시아 웡, 롭 존슨, 마틴 거즈먼, 레이프 파그로츠키는 이 책의 초기 원고를 읽고 소중한 의견을 주었다.

나의 박사 후 과정 학생들, 그리고 박사 후 과정을 책임지는 수석 연구원 마틴 거즈먼은 여기서 다룬 다양한 사안에 관한 아이디어를 주었다. 마유리 차터베디와 이그나시오 곤잘레스는 시장 지배력과 지대 추구, 불평등, 성장에 대해, 후앙 몬테시노는 세계화의 특정한 측면에 대해, 마이클 포이커는 수감 노동자와 대량 수감 시스템에 대해, 그리고 레벤트 알티노글루는 금융 시장에 관한 아이디어를 주었다. 여기서 제기한 모든 사안에 대해 함께 논의해 준 내 소중한 동료 마틴에게 특별한 감사를 전한다.

내 연구 조교인 마티외 티츄트와 해리스 마틴, 네이먼 가그, 아나스타시아 부르야는 우리 사무실의 편집가로서 맡은 역할 이상을 해주었고, 데바라티 고시와 안드레아 거위트는 원고를 다듬어 주었다.

또한 우리 사무실 내 다른 이들의 소중한 도움에 대해서도 감사를 드려야겠다. 가브리엘라 플럼프, 칼렙 올덤, 수잔나 드마르티노, 세라 토머스는 이번 프로젝트에 많은 도움을 주었을 뿐만 아니라 내가 프로젝트에 집중할 수 있도록 해주었다.

언제나 그렇듯, 나의 영국 출판사 펭귄/앨런레인의 스튜어트 프로핏은 내게 소중하고 구체적인 조언을 주었다.

이 책은 내 오랜 편집가인 노튼의 드레이크 맥필리와의 논의를 통해 완성되었다. 그는 이제는 좀처럼 찾아보기 힘든 편집 기술을 직접 보여 주었다. 브렌던 커리는 초안에서 소중한 제안을 주었고, 너새니얼 데넷은 원고를 끝까지 다듬어 주었다. 샬럿 켈흐너는 신속하게 원고를 정리해 주었고, 린 캐넌 멘지스는 매의 눈으로 교정을 봐주었으며, 프로젝트 편집가 다씨 자이델과 프로덕션 매니저 로런 아바트는 전체 과정에서 중요한 역할을 했다.

나의 오랜 사내 편집가인 에이먼 커처앨런에게 특별한 고마움을 느낀다. 그는 이 프로젝트의 초기 단계에 몰두했고, 많은 부분에서 완벽한 파트너였다.

마지막 차례는 언제나 그렇듯 내 아내 엔야다. 처음으로 널리 알려진 내 책, 『세계화와 그 불만』에서 엔야는 내게 글 쓰는 법을 가르쳐 주었다. 이번 책에서 엔야의 역할은 더욱 컸다. 아내는 편집에 대한 도움만이 아니라 내게 영감을 주었다. 모든 독자가 무엇이 잘못되었고, 무엇을 해야 하는지를 이해하기 위해, 그리고 지식의 중요성과 진실을 말하는 제도를 강력하게 유지하기 위해 우리가 품었던 열정을 그대로 느낄 수 있기를 바란다.

한 가지 덧붙이자면, 나는 1965년에 학자 자격으로 영국 케임브리지로 건너가서 제임스 미드, 조앤 로빈슨, 니컬러스 칼더, 프랭크 한, 데이비드 챔퍼나운과 같은 위대한 스승 밑에서 공부했다. 이들 모두 불평등과 자본주의 시스템의 본질에 대한 주제에 뜨거운 열정을 갖고 있었다. 거기서 만난 많은 평생 친구들 중에는 나의 첫 제자인 앤서니 앳킨슨과 당시 젊은 강사이자 연구원이었던 제임스 멀리스가 있다.

주

서론

1. 그 기간 동안 있었던 나의 많은 싸움에 관해서는 2003년에 출간된 내 책에서 설명했다. *The Roaring Nineties: A New History of the World's Most Prosperous Decade* (New York: W. W. Norton, 2003).

2. 불평등이 심화되면서 나는 애초에 경제학에 관심을 갖게 되었던 주제에 주목했다. *The Price of Inequality: How Today's Divided Society Endangers Our Future* (New York: W. W. Norton, 2012) and *The Great Divide: Unequal Societies and What We Can Do About Them* (New York: W. W. Norton, 2015)에서 나는 미국 경제의 상징적인 특성이 되어 버린 심각한 불평등에 대해 경고했다. 여기서 나는 불평등 심화를 막지 못하면 그 영향은 경제적 지표를 훌쩍 넘어서서 광범위하게 나타나게 될 것임을 강조했다. 궁극적으로 불평등은 우리 사회를 불신으로 감염시키고 정치를 부패시킬 것이다. 이는 모두에게, 그리고 1퍼센트에게도 악영향을 미칠 것이다. 나는 *Rewriting the Rules of the American Economy: An Agenda for Growth and Shared Prosperity*, with Nell Abernathy, Adam Hersh, Susan Holmberg, and Mike Konczal (New York: W. W. Norton, 2015)에서 경제의 기본 규칙을 새롭게 쓰는 것(특히 레이건 행정부 기간 동안, 그리고 그 이후로)이 어떻게 성장 둔화와 불평등 심화로 이어졌는지, 그리고 우리가 다시 한번 그 규칙을 새롭게 쓴다면 그 흐름을 어떻게 다시 거꾸로 되돌릴 수 있는지에 대해 설명했다.

3. 2011년 *Vanity Fair* 기사의 제목. 이는 게티즈버그 연설의 유명한 표현을 바꿔 쓴

것이다(reprinted in *The Great Divide*).

4. 그 법이 완전히 실행되었을 때, 두 번째, 세 번째, 네 번째 10분위에 속한 사람들 대다수는 세금이 인상될 것이다.

5. 조지 슐츠는 닉슨 행정부 시절에도 노동부 장관으로 있었다.

6. 사모펀드 기업은 일반적으로 상장되지 않은 기업에 투자한 펀드를 관리하며, 그들 역시 상장되어 있지 않다. 그들은 다른 기업을 사들여서 구조 조정을 하고, 이를 매각하는 과정에서 수익을 남긴다. 사모펀드 매니저는 급여에 대해 일반적인 소득세를 납부해야 하는, 일반적인 기업의 관리자와 하는 일이 크게 다르지 않다. 이러한 점에서 사모펀드 매니저에 대한 세금 우대는 아무런 명분이 없다. 그들이 특별대우를 받는다는 사실은 다만 그들의 정치적 힘을 보여 주는 것이다. 더 나쁘게, 사모펀드는 그 구조 조정이 거대한 규모의 일자리 파괴와 과도한 부채를 낳는 방식으로 이뤄진다는 점에서 많은 비판을 받고 있으며, 실제로 구조 조정된 기업들은 종종 사모펀드가 이를 매각하고 난 뒤 얼마 지나지 않아 파산을 맞이한다.

소위 〈성과 보수 허점carried-interest loophole〉 덕분에 사모펀드 기업이 적용받는 세율 인하에 대해, 트럼프는 선거 운동 당시 반대했음에도 세법이 의회를 통과해서 그의 서명으로 이어지는 동안 한 번도 철폐를 주장하지 않았다. 공약을 어겼다는 지적에 대해 트럼프 자문들은 의회를 비난했다. Louis Jacobson, "Despite Repeated Pledges to Get Rid of Carried Interest Tax Break, It Remains on the Books," *Politifact,* Dec. 20, 2017.

7. 2018~2028년 10년 동안, 감세만으로(이자를 포함해서) 재정 적자는 1조 9천억 달러가 늘어날 것으로 예상된다. 일시적인 감세가 영구적으로 이어질 경우, 3조 2천억 달러의 적자가 추가적으로 늘어날 것이다.

8. "Transcript of the Press Conference on the Release of the October 2017 World Economic Outlook" (Washington, DC: International Monetary Fund, Oct. 13, 2017); and Christine Lagarde, "2018 Article IV Consultation for the United States Opening Remarks" (Washington, DC: International Monetary Fund, June 14, 2018).

9. 이는 노벨상 수상자인 사이먼 쿠즈네츠Simon Kuznets의 핵심 통찰력이었다. 그가 20세기 중반에 썼듯이 항상 그렇게 보였기 때문에 이는 〈쿠즈네츠 법칙〉으로 불리게 되었다.

10. 이 책은 세계화와 금융화, 불평등, 그리고 혁신에 관한 나의 예전 연구에 기반을 둔 것으로, 이들 주제를 하나로 엮었다. 그 과정에서 경험했던 진보의 원천과 함정에 대한 설득력 있는 묘사를 통해 그 상호 관계를 보여 준다. 이는 여러 가지 핵심 사안과 관

련해서 논의를 한 걸음 더 진전시키고 있다.

개발도상국과 전 세계 근로자의 관점에서 세계화가 얼마나 잘못 추진되고 있는지를 목격했던 세계은행 시절 이후에 썼던, 세계화에 대한 나의 첫 번째 비판은 다음에서 확인할 수 있다. *Globalization and Its Discontents* (New York: W. W. Norton, 2002). 앤드루 찰턴Andrew Charlton과 함께 쓴 *Fair Trade for All* (New York: Oxford University Press, 2005)에서는 세계 무역 시스템이 얼마나 가난한 이들에게 불리하게 이뤄져 있는지에 초점을 맞췄다. *Making Globalization Work* (New York: W. W. Norton, 2006)에서는 적어도 예전보다 세계화가 더 잘 돌아가도록 해줄 일련의 개혁 방안을 제시했다. *Globalization and its Discontents Revisited: Anti-Globalization in the Era of Trump* (New York: W. W. Norton, 2017)에서는 트럼프가 등장하기까지 세계화를 개혁하는 과정에서 이룩한 발전, 그리고 트럼프가 어떻게 그 의제를 되돌릴 수 없는 형태로 후퇴시켜 놓았는지를 보여 주었다. 내가 클린턴 행정부를 떠난 이후에 썼던, 금융화에 초점을 맞춘 두 권의 책 중 첫 번째인 *The Roaring Nineties*에서는 그 시절과 그 전후에 이뤄진 규제 철폐가 금융 위기를 위한 무대를 마련했다고 주장했다. 그 이후로 금융 시스템에서 불균형이 증가하고, 이와 더불어 금융적·경제적 재앙의 위험이 높아지는 가운데, 나는 임박한 위기의 위협에 대해 강의를 하고 글을 썼다. 안타깝게도 내 예견은 맞아떨어졌다. 금융 위기는 머지않아 세계 경제에 거대한 타격을 가했다. 2010년에는 *Freefall: America, Free Markets, and the Sinking of the World Economy* (New York: W. W. Norton)에서 진행 중인 대침체를 분석했고, 심각하고 광범위한 경제적 성과 하락을 어떻게 피할 수 있는지, 그리고 미래에 거품과 붕괴를 막기 위해서 금융 분야를 어떻게 개혁해야 하는지에 대한 조언을 제시했다.

1 국부의 원천

1. 후쿠야마의 1992년 저서의 완전한 제목은 다음과 같다. *The End of History and the Last Man* (New York: Free Press). 트럼프 당선 이후로 후쿠야마는 입장을 바꾸었다. 〈25년 전, 나는 민주주의가 어떻게 후퇴할 수 있는지와 관련해서 이해와 이론을 갖고 있지 않았다. 그러나 지금은 분명히 그럴 수 있다고 생각한다.〉 Ishaan Tharoor, "The Man Who Declared the 'End of History' Fears for Democracy's Future," *Washington Post*, Feb. 9, 2017.

2. 이는 컬럼비아 대학의 애덤 투즈Adam Tooze의 최근 저서의 주제다. *Crashed: How a Decade of Financial Crises Changed the World* (New York: Viking, 2018).

3. New York: Harper, 2016.

4. New York: The New Press, 2016.

5. Jennifer Sherman, *Those Who Work, Those Who Don't: Poverty, Morality, and Family in Rural America* (Minneapolis: University of Minnesota Press, 2009); Joan C. Williams, *White Working Class: Overcoming Class Cluelessness in America* (Boston: Harvard Business Review Press, 2007); Katherine J. Cramer, *The Politics of Resentment: Rural Consciousness in Wisconsin and the Rise of Scott Walker* (Chicago: University of Chicago Press, 2016); Amy Goldstein, *Janesville: An American Story* (New York: Simon and Schuster, 2017); and Michèle Lamont, *The Dignity of Working Men: Morality and the Boundaries of Race, Class, and Immigration* (Cambridge, MA: Harvard University Press, 2000). 나는 이러한 주제에 대한 보다 제한적인 연구를 통해 깊이 있는 연구 결과와 조화를 이루는 입장을 취하게 되었다.

6. 내가 수석 경제학자로 있을 때, 세계은행 역시 이와 비슷한 연구를 추진했다. 이들 연구 결과는 *The Voices of the Poor*에서 그들에게 영향을 미친 의사결정에 대한 발언의 부족과 관련해 우려를 표명했다. Deepa Narayan with Raj Patel, Kai Schafft, Anne Rademacher, and Sarah Koch-Schulte, *Voices of the Poor: Can Anyone Hear Us?* (New York: Oxford University Press, 2000). 이는 *Voices of the Poor* 시리즈 세 권 중 첫 번째다. 세 권 모두 서로 다른 편집가가 맡았다.

7. 나의 책 *Freefall*, 그리고 *The Great Divide*에서 이러한 사안에 대한 논의를 참조.

8. 내가 *Vanity Fair* 기사, "Of the 1%, by the 1%, and for the 1%" (May 2011)에서 1퍼센트에 주목했던 것은 기존의 계급 구분(작은 상위 계층, 거대한 중산층, 중간 규모의 하위 계층)은 더 이상 의미가 없다는 사실을 강조하기 위함이었다.

9. 뱅크레이트Bankrate는 2017년 연례 금융 안전 지수Financial Security Index 조사에서 미국인 61퍼센트가 1천 달러의 응급 상황에 대처하기 위해서 부채에 의존해야 한다는 사실을 확인했다. Taylor Tepper, "Most Americans Don't Have Enough Savings to Cover a $1K Emergency," *Bankrate.com*, Jan. 18, 2018, https://www.bankrate.com/banking/savings/financial-security-0118/.
마찬가지로 연방준비제도는 가구의 경제 및 의사결정 조사Survey of Household Economics and Decisionmaking의 다섯 번째 연례 조사에 기반을 둔 *Report on the Economic Well-Being of U.S. Households in 2017*에서 다음과 같은 사실을 확인했다. 〈예상치 못한 400달러 지출에 직면할 때, 성인 열 명 중 네 명은 이를 감당할 수 없거나, 혹은 감당하기 위해서 물건을 팔거나 돈을 빌려야 한다. (……) 이는 그러한 지출 상황에 대해 성인 절반이 제대로 대비되어 있지 않은 것으로 나왔던 2013년도 결과보다는 나아진 것이다.〉 또한 다음과 같은 사실도 확인했다. 〈성인의 5분의 1 이상이 이번 달 청구서를 모두 지불할 능력이 되지 않는다.〉 그리고 〈성인의 4분의 1 이상이 비용을 감당할 능력이 안 되어서 2017년에 필수적인 의료 서비스를 받지 못했다〉. 이러한 결과는 미국인 15퍼센트가 저축해 둔 돈이 전혀 없으며, 58퍼센트는 저축 액수가 1천 달러 미만이라는 또 다른 조사 결과와 부합한다. 다음을 참조하라. Board of Governors of the Federal Reserve System, "Report on the Economic Well-Being of U.S. Households in 2017," Federal Reserve Board, May 2018, https://www.federalreserve.gov/publications/files/2017-report-economic-well-being-us-households-201805.pdf; and Cameron Huddleston, "More than Half of Americans Have Less than $1,000 in Savings in 2017," GOBankingRates, Sept. 12, 2017.

10. Oxfam, *Reward Work, Not Wealth,* Oxfam Briefing Paper, Jan. 2018.

11. Warren Buffet quote from Ben Stein, "In Class Warfare, Guess Which Class Is Winning," *New York Times,* November 26, 2006.

12. 미국이 영국으로부터 물려받은 장기적인 법적 이론은 추가적인 제약을 부과한다. 가령 공공 신탁 이론Public Trust doctrine은 국가(〈주권자〉)가 미래 세대를 위한 특정한 천연자원의 피신탁자이며, 그렇기 때문에 이를 전적으로 민영화하거나 고갈되도록 방치해서는 안 된다고 규정한다.

13. 『뉴욕 타임스』는 유권자의 59.2퍼센트가 민주당 상원을 지지했다는 사실을 보도했다. 선거 결과는 다음에서 확인할 수 있다. "U.S. Senate Election Results 2018," Jan. 28, 2019, https://www.nytimes.com/interactive/2018/11/06/us/elections/results-senate-elections.html?action=click&module=Spotlight&pgtype=Homepage.

14. 그 인과관계가 다른 방향으로도 작동하는지, 즉 이기적이고 근시안적인 개인이 이러한 특성을 지닌 경제의 원인인지 의문을 품을 수 있다. 하지만 이기심과 근시안은 어느 정도 모든 인간의 특성이다. 경제를 지배하는 규칙과, 그 경제가 어떻게 기능하는지는 이러한 특성이 이타주의와 공감, 공동체를 위한 배려보다 더 크게 발현되는지를 결정하는 데에서 중요한 역할을 한다.

15. 애덤 스미스의 전통적인 사례는 핀 공장에 관한 것이다. 분명하게도 그가 생각했던 것은 현대의 혁신 경제와는 거리가 멀었다.

16. See Kenneth. J. Arrow, "Economic Welfare and the Allocation of Resources to Invention," in *The Rate and Direction of Inventive Activity: Economic and Social*

Factors, ed. Universities-National BureauCommittee for Economic Research and the Committee on Economic Growth of the Social Science Research Council (Princeton: Princeton University Press, 1962), 467 - 92; Kenneth J. Arrow, "The Economic Implications of Learning by Doing," *The Review of Economic Studies* 29, no. 3 (June 1962): 155 - 73; and Joseph E. Stiglitz and Bruce Greenwald, *Creating a Learning Society, A New Approach to Growth, Development and Social Progress* (New York: Columbia University Press, 2014; reader's edition published 2015).

17. 흑사병이 창궐했던 시기에 노동력 부족이 발생하면서 근로자 임금은 약간 상승했다. 이는 경제학자들이 말하는 수요와 공급의 법칙이 유효하다는 사실을 보여 주는 것이었다. 이후 임금은 다시 떨어졌다. See Stephen Broadberry, Bruce Campbell, Alexander Klein, Mark Overton, and Bas van Leeuwen, *British Economic Growth, 1270–1870* (Cambridge: Cambridge University Press, 2015).

18. 과학적 절차의 중요한 측면에는 결과의 반복된 검증, 그리고 다양한 결과를 만들어 내는 과학적 정확성과 확실성에 관한 명쾌함이 수반된다. 이러한 점에서 과학은 그 자체로 사회적 기업이다. 즉 우리 모두는 과학적 도구가 제공하는 원칙 안에서 움직이는 수천 명의 집단적 노력 덕분에, 우리가 하는 일을 알고 있고 또한 믿는다.

19. 이들 개념 모두 복잡하고 미묘하며, 그 용어들은 종종 남용된다. 봉건 영주는 아마도 그들을 위해 일하는 농노를 착취하면서 법치주의에 따른 것이라고 주장했을 것이다. 또한 탈출한 노예를 강제로 잡아오기 위해 〈법〉을 이용했던 남부의 노예 소유주도 그랬을 것이다. See Eric Foner, *Gateway to Freedom: The Hidden History of the Underground Railroad* (Oxford: Oxford University Press, 2015). 미국의 사법 시스템(대규모 감금, 혹은 로보사이닝robosigning 스캔들에서 돈을 빌리지 않았음에도 대침체 때 집을 잃어버린 주택 소유주와 관련해서는 다음을 참조. Stiglitz, *Freefall and The Great Divide,* 170 - 3)은 〈모두를 위한 정의〉를 보장했다. 단, 그 대상은 부유한 백인에 한정된다. 이 책 이후의 논의에서 내 생각을 좀 더 분명히 밝히고 있다.
이후의 장들에서는 가령 한 사람의 자유가 다른 사람의 자유를 간섭할 때 제한되어야 하는 것처럼 다른 방식으로 이러한 개념을 자세히 다루고 있다.

20. 과학자들은 우리가 어느 정도 불확실성을 가지고 알 수밖에 없다고 말한다. 너무 많은 견해가 존재할 때, 우리는 무엇이 올바른 선택인지 확신할 수 없다. 그러나 우리는 의사결정을 도출하기 위한 절차가 공정한지, 혹은 모든 사람의 의견이 반영되었는지를 확인할 수 있다. 의사결정에서 개인은 오류에 빠질 수 있다. 셰익스피어가 말했듯이 〈실수를 하는 것이 인간이다〉. 그러나 집단적으로 의사결정을 내릴 때 우리는 실수의 가능

성을 낮출 수 있다. 무죄 추정의 원칙과 더불어, 우리의 사법 시스템에서 열두 명의 배심원이 내린 만장일치 결정은 재판 절차가 공정하게 진행되었다고 해도 올바른 판결을 보장하지 못한다. 그러나 이는 그렇게 보이도록 만든다. 혹은 적어도 추가적인 연구가 암묵적인 편향(가령 뿌리 깊은 차별)이 대단히 만연하다는 사실을 보여 줄 때까지 우리는 그렇게 믿었다.

시간이 흐르면서 조직의 설계, 가령 프로젝트의 선택 과정에서 인간의 오류 가능성을 어떻게 고려할 것인가에 대한 논의, 좋은 프로젝트를 거부하고 나쁜 프로젝트를 수용하는 것에 따른 위험 분산에서 추가적인 진보가 있었다. 예를 들어 다음을 참조. Raaj Sah and Joseph E. Stiglitz, "Human Fallibility and Economic Organization," *American Economic Review* 75, no. 2 (1985): 292‒96; and Raaj Sah and Joseph E. Stiglitz, "The Architecture of Economic Systems: Hierarchies and Polyarchies," *American Economic Review* 76, no. 4 (1986): 716‒27.

21. 관련된 일련의 중요한 기관은 교육 기관으로서, 이는 진실을 발견하고 평가하는 방법과 관련해 사람들을 훈련시킨다.

22. MIT의 로버트 솔로Robert Solow는 생활수준 향상에서 압도적인 부분이 과학과 기술의 발전으로부터 비롯되었다는 사실을 보여 주었다. 이 연구로 그는 1987년에 노벨 경제학상을 수상했다. 고전이 된 그의 두 논문은 다음과 같다. "A Contribution to the Theory of Economic Growth," *Quarterly Journal of Economics* 70, no. 1 (1956): 65‒94; and "Technical Change and the Aggregate Production Function," *Review of Economics and Statistics* 39, no. 3 (1957): 312‒20. 솔로의 연구는 기술 변화의 역할을 분석하고자 했던 엄청난 규모의 연구를 촉발했다. 생산성 증가에 기여한 다른 주요 요인은 공장과 설비에 대한 투자다. 또 다른 원천은 더 짧은 근로 시간과 더 나은 교육, 그리고 개선된 자원 할당과 관련 있다.

앞서 조지프 슘페터Joseph Schumpeter는 1943년에 발표한 저서, *Capitalism, Socialism and Democracy*에서 혁신의 중요성을 강조하면서, 경제학자들이 전통적으로 주목했던 것들보다 혁신이 훨씬 더 중요하다고 역설했다. 그러나 그는 솔로가 했던 방식으로 혁신의 상대적인 역할을 정량화하려고 하지는 않았다(슘페터의 연구와 현대 성장 및 혁신 이론과 관련된 논의는 2010 Routledge edition of *Capitalism, Socialism and Democracy*에 내가 쓴 서문을 참조).

23. 브루스 그린월드Bruce Greenwald와 나는 우리의 책, *Creating a Learning Society* 서두에서 이렇게 밝혔다. 〈1인당 생산량에 관한 데이터를 처음으로 구할 수 있는 로마 시대부터 1800년에 이르기까지 평균적인 생활수준은 향상되었다고 해도 대단히 미미했다. (……) 대다수 인구의 소비는 식품에 집중되었고, 식품은 주로 기본적인

것들에 제한되었다. (……) 주택 환경은 사생활이 없는 헛간과 같은 삶의 조건을 벗어나지 못했다. (……) 옷은 실용적이었고, 대부분 단벌에다가 계절에 따라 걸쳐 입는 덧옷이 전부였다. 의료 서비스는 거의 존재하지 않았다. (……) 여가 활동은 자연 발생적이고 원초적이었다. 오직 소수의 귀족만이 오늘날 우리가 인간에게 적합한 생활수준이라고 여겨지는 혜택을 누렸다. (……) 특권적인 생활수준은 1800년에 시작해서 19세기 중후반 이후로 급속도로 가속화되면서 유럽 전역과 북미, 오스트레일리아에 걸쳐 확산되어 갔다.

24. 여기서 제시하는 개념들은 다음의 책에서 자세히 다루고 있다. Stiglitz and Greenwald, *Creating a Learning Society*. 노스웨스턴 대학의 뛰어난 경제역사가인 조엘 모키르Joel Mokyr는 다음의 책에서 역사적 관점으로부터 이 개념을 풀어 나가고 있다. *A Culture of Growth: The Origins of the Modern Economy* (Princeton: Princeton University Press, 2016). 우리는 이 책에서 앞으로 오늘날 성장을 가로막는 한 가지 장애물이 독점 수익과 관련된 지대의 성장이라는 사실을 살펴볼 것이다. 이는 모키르의 역사적 발견과도 조화를 이룬다. 우리, 모키르, 그리고 다른 이들은 종종 생활수준에서 이러한 증가를 계몽주의 제도라고 불리는 것, 교육 및 연구 기관(가장 중요하게 대학을 포함해), 그리고 앞서 언급했던 법치주의와 같은 정치적·경제적 제도까지 추적했다. 최근에는 스티븐 핑커Stephen Pinker가 현재 생활수준을 계몽주의 시대까지 추적하는 영향력 있는 책을 내놓았다. *Enlightenment Now: The Case for Reason, Science, Humanism and Progress* (New York: Penguin, 2018).

물론 경제적 힘 또한 작동했다. 영국은 산업혁명 이전에 높은 임금/낮은 에너지 비용 경제가 되었고, 이는 노동 절약/산업혁명의 혁신을 활용하는 에너지 경제를 유도하는 데 도움이 되었다. 흑사병이 지나가고 나서 임금은 상대적으로 높아졌지만, 이는 몇 세기 이후 오게 될 진보를 촉발하지는 못했다. 계몽주의는 높은 임금/낮은 에너지 가격이 산업혁명으로 이어지는 환경을 조성했다. 다음을 참조. Robert C. Allen, *The British Revolution in Global Perspective* (Cambridge: Cambridge University Press, 2009). 1960년대로 거슬러 올라가는, 〈유도된〉 혁신에 대한 훌륭한 이론을 소개하고 있다.

물론 학습과 기술에서 나타난 뚜렷한 발전과 관련해 다른 이야기도 있다. 예를 들어 일부 역사가는 첫 번째 산업혁명이 1100년대에 물레방아와 더불어 플랑드르에서 시작되었다고 믿는다. 18세기에 나타난 발전을 구분 짓는 기준은 시장 범위의 증가(앨런이 강조한)는 물론, 〈지속적인〉 증가를 가능하게 했던 과학의 발전이었다.

25. 케인스는 자신의 유명한 글, "Economic Possibilities for Our Grandchildren" in *Essays in Persuasion* (London: MacMillan, 1931), 321-2에서 엄청난 생산성 증가의 의미를 살펴보고 있다. 다음을 참조. Joseph E. Stiglitz, "Toward a General Theory of

Consumerism: Reflections on Keynes' Economic Possibilities for Our Grandchildren," in *Revisiting Keynes: Economic Possibilities for Our Grandchildren,* eds. Lorenzo Pecchi and Gustavo Piga (Cambridge, MA: MIT Press, 1987), 41–87.

26. 아래에서 아주 상세하게 설명하고 있듯이, 특히 여성과 유색 인종에 대한 배타적인 노동 시장 관행과 차별 때문에 사회 내부의 거대한 집단은 진보의 열매를 공유하지 못했다.

27. Thomas Hobbes, *Leviathan,* 1651.

28. 유럽에서도 비슷한 반응이 있었다. 일부 경우는 미국보다 앞섰고, 다른 일부는 그 이후였다(오토 폰 비스마르크 치하에서 독일은 1889년에 공공 퇴직연금을 도입한 최초의 국가였다).

29. 『워싱턴 포스트』는 트럼프의 거짓말을 정량적으로 분석했고, 그가 임기 첫 2년 동안 8,158회에 달하는 〈거짓, 혹은 오해를 불러일으키는 주장〉을 했다는 사실을 확인했다. 다음을 참조. Glenn Kessler, Salvador Rizzo, and Meg Kelly, "President Trump Made 8,158 False or Misleading Claims in His First Two Years," *Washington Post,* Jan. 21, 2019.

30. Patt Morrison, "Patt Morrison Asks: Robert O. Paxton Talks Fascism and Donald Trump," *Los Angeles Times,* Mar. 9, 2016. 팩스턴의 책, *The Anatomy of Fascism* (New York: Knopf, 2004)은 이 주제를 다룬 탁월한 저서다. 이 책에서 놀라운 점은 15년 전에 출간되었음에도 불구하고 마치 오늘날 사건을 다루고 있는 것처럼 느껴진다는 것이다.

31. Adam Bluestein, "The Most Entrepreneurial Group in America Wasn't Born in America," *Inc.,* Feb. 2015.

32. Rose Leadem, "The Immigrant Entrepreneurs behind Major American Companies (Infographic)," *Entrepreneur,* Feb. 4, 2017. 일론 머스크Elon Musk (Tesla, SpaceX)는 캐나다 퀸스 대학에서 2년을 보낸 뒤, 펜실베이니아 대학에 들어가서는 물리학과 경제학으로 학사 학위를 받았다. 유제품 기업인 초바니Chobani의 설립자 함디 울루카야Hamdi Ulukaya는 미국으로 이민 와서 아델피 대학에서 영어를 공부했다.

33. 다행스럽게도 의회는 많은 관심을 기울이지 않았다. 2018년 예산은 요구했던 17퍼센트 삭감과는 달리, 실제로 과학 분야에 대한 지출을 12퍼센트 늘렸다.

34. 미국의 언론은 보도와 관련해서 잘못된 균형 감각을 갖고 있는 것으로 종종 비판

을 받는다. 99.9퍼센트의 과학자가 기후 변화를 확신하고 있음에도, 일부 매체는 극소수의 반대자에게 거의 동일한 발언의 기회를 허용하면서 기후 변화를 인정하지 않는 이들에게 정당성을 부여하고 있다.

35. 일부 역사가는 히틀러의 수석 선전관이 아니라, 히틀러 자신에게서 그 용어의 사용을 추적한다. 히틀러는 *Mein Kampf*에서 이렇게 썼다. 〈큰 거짓말 속에는 언제나 어떤 신뢰의 힘이 존재한다. (……) 사람들은 작은 거짓말보다 큰 거짓말에 더 쉽게 속아 넘어간다. 그들은 종종 사소한 문제에서 작은 거짓말을 하지만, 큰 거짓말은 좀처럼 엄두를 내지 못한다. 그들은 거대한 거짓을 만들어 내는 것을 생각하지 못할 것이며, 또한 다른 사람이 그토록 뻔뻔하게 악의적으로 진실을 왜곡할 것이라고는 상상하지 못할 것이다. 그들의 말이 거짓임을 입증하는 사실이 분명하게도 마음속에 떠오를지라도 그들은 여전히 의심하고 동요할 것이며, 뭔가 다른 설명이 있을 것이라고 계속해서 생각할 것이다. 사실이 확실하게 밝혀지고 나서도 지독하게 뻔뻔한 거짓말은 언제나 그 뒤에 흔적을 남기기 때문이다. 세상의 모든 거짓말 전문가와 거짓말을 이용해서 음모를 꾸미는 사람은 모두 잘 알고 있는 사실이다.〉(*Mein Kampf,* Trans. James Murphy, London: Hurst and Blackett, 1939.) 그러나 히틀러는 유대인이 큰 거짓말을 한다고 비난했다. 괴벨스는 다른 사람들, 즉 영국인들이 큰 거짓말을 한다고 비난했음에도, 그는 큰 거짓말을 일종의 정책 도구로 활용했다. 〈영국인들은 거짓말을 할 때에는 크게 해야 하며, 그 거짓말을 끝까지 고수해야 한다는 원칙을 따른다. 그들은 조소의 대상이 될 위험을 감수하고서라도 끊임없이 거짓말을 한다.〉 Joseph Goebbels, Jan. 12, 1941 ("Aus Churchills Lügenfabrik," *Die Zeit ohne Beispiel.* Munich: Zentralverlag der NSDAP, 1941, 364–69; translation available at the German Propaganda Archive, Calvin College, accessed July 17, 2018, http://research.calvin.edu/german-propaganda-archive/goeb29.htm).

36. 미국에서는 부자들 중 일부만이 이처럼 출입이 통제된 공동체에서 살고 있지만, 그럼에도 그들은 불안에 직면하고 있다. 나는 The Great Divide에서 반복되는 주제가 〈단두대를 기억하라〉(그들 모두 끝없는 탐욕을 억제해야 한다는 요구)인, 갑부들로 가득한 저녁 파티 장면을 묘사했다.

37. 이는 나의 앞선 *Vanity Fair* 기사, "Of the 1 percent, for the 1 percent and by the 1 percent", 그리고 내 책 *The Price of Inequality*의 핵심 주제였다. 거기에 인용된 참고 문헌과 아래 논의를 참조.

38. 2017년 10월 트럼프 행정부는 〈이해 충돌〉에 대한 우려를 제기하면서 미국 환경보호국(EPA)에서 지원을 받은 과학자들이 환경보호국의 과학 자문으로 일할 수 없도

록 막았다. 하지만 석유나 가스처럼 환경보호국이 규제하는 산업으로부터 지원을 받은 자문에 대해서는 그와 같은 우려를 제기하지 않았다. Warren Cornwall, "Trump's EPA Has Blocked Agency Grantees from Serving on Science Advisory Panels. Here Is What It Means," *Science*, Oct. 31, 2017.

39. 물론 일부 학자는 이러한 이데올로기의 하수인이 되었다. 그들은 세계화와 금융 규제 철폐를 위한 치어리더로 활약했다. 4장에서 나는 표준적인 경제 분석에서 어떻게 개발도상국과 신흥 시장의 무역 통합이 임금을 떠나서 비숙련 미국 노동자에 대한 수요를 떨어뜨리게 되는지를 설명했다. 이는 우리가 완전 고용을 달성한다고 해도, 그리고 GDP가 증가한다고 해도 비숙련 근로자의 실질 임금이 떨어질 것이라는 사실을 의미한다. 클린턴 행정부(블루칼라 노동자의 빈곤에 대해 우려했던 행정부)에 몸을 담고 있던 동안에도 나는 세계화가 비숙련 근로자의 실질 임금에 미칠 영향을 걱정하는 경제학자를 찾아보기 힘들었다(노동부 장관 로버트 라이시Robert Reich는 그 분명한 예외였다). 보완적인 정책을 도입하지 않았음에도, 훌륭한 경제학자들조차 세계화가 모두에게 좋은 것이라고 믿기를 원했다. 당시 트리클다운 경제학은 깊이 뿌리를 내리고 있었다.

40. 바로 앞에서 언급한 트리클다운 경제학의 망상이든, 아니면 근로자들이 실제로 더 가난해지고 있다는 사실을 알면서도 그 후퇴가 단지 일시적일 것이라는 망상이든 간에.

41. 역진세(가난한 사람보다 부자에게 혜택을 주는)를 도입해야 한다는 주장은 부자에게 돈을 주면 그들이 그 돈을 가지고 일자리를 만들어 내기 때문에 모두에게 도움이 된다는 점을 근거로 내세운다. 그러나 이 주장은 세 가지 거짓 가정에 기반을 두고 있다. 대단히 재능 있는 사람은 소수에 불과하다. 그들은 새로운 비즈니스를 창조하는 흥분이나 사회가 원하거나 요구하는 서비스를 제공하는 것에 대한 만족감이 아니라, 오직 물질적인 인센티브로부터 동기를 얻는다. 그들이 성공하기 위해 필요한 것은 낮은 세금과 낮은 규제다.

일자리 창출의 실질적인 원천은 기업가 집단이 아니라 수요다. 총수요가 높을 때, 일자리는 창출된다. 물론 기업가도 필요하다. 하지만 수요만 있다면, 그리고 그들이 투자를 받을 수 있다면, 기업가로서의 의지와 역량을 갖춘 이들의 공급은 충분할 것이다. 충분한 수요와 투자를 이끌어 내는 것은 정부의 역할이다.

42. 경제가 완전 고용에 이르지 못할 때 정부는 재정 적자, 즉 지출이 세금을 초과하는 상태를 감수해야 한다는 점을 강조할 필요가 있겠다. 독일의 앙겔라 메르켈 총리는 경제를 가계부의 균형을 맞춰야 하는 〈슈바벤 주부〉에 잘못 비유했다. 그 중요한 차이점은 실업률이 높을 때, 국가 차원에서 더 많은 지출은 일자리를 창출하면서 소득을 높이고, 총수요의 증가는 더 많은 일자리를 창출하는 선순환을 만들어 낸다는 것이다.

43. 그 이유는 상위 계층의 낮은 세율이 〈지대 추구〉, 즉 국가 파이의 크기를 늘리는 것이 아니라, 말하자면 기업을 운영하는 이들의 소득만을 높이는 행동에 더 강력한 동기를 부여하기 때문이다. 다음을 참조. Thomas Piketty, Emmanuel Saez, and Stefanie Stantcheva, "Optimal Taxation of Top Labor Incomes: A Tale of Three Elasticities," *American Economic Journal: Economic Policy* 6, no. 1 (2014): 230 - 71.

44. 다음은 부시 행정부의 감세 정책 실패에 대한 설명을 제시하고 있다. Emily Horton, "The Legacy of the 2001 and 2003 'Bush' Tax Cuts," Center on Budget and Policy Priorities, Oct. 23, 2017. 나는 안톤 코리넥Anton Korinek과 함께 부시 행정부의 감세 정책으로 인해 투자마저 더 둔화될 것이라는 예측을 내놓았다. "Dividend Taxation and Intertemporal Tax Arbitrage," *Journal of Public Economics* 93 (2009), 142 - 59. 흥미로운 논평은 다음을 참조. William G. Gale, "Five Myths about the Bush Tax Cuts," *Washington Post*, Aug. 1, 2010. 더 구체적인 분석은 2004년 *Tax Notes*에서 〈부시 행정부의 세금 정책〉의 다양한 측면을 다루고 있는 윌리엄 게일William G. Gale 과 피터 오르자그Peter R. Orszag의 일련의 논문을 참조. "Introduction and Background," 104, no. 12: 1291 - 1300; "Distributional Effects," 104, no. 14: 1559 - 66; "Revenue and Budget Effects," 105, no. 1, 105 - 18; "Effects on Long-Term Growth," 105, no. 3, 415 - 23; "Short-term Stimulus," 105, no. 6, 747 - 56; "Down Payment on Tax Reform?," 105, no. 7, 879 - 84; and "Starving the Beast?," 105, no. 8, 999 - 1002.

또한 다음을 참조. Danny Yagan, "Capital Tax Reform and the Real Economy: The Effects of the 2003 Dividend Tax Cut," *American Economic Review* 105, no. 12 (2015): 3531 - 63. 여기서 감세가 기업 투자와 직원 보수에 아무런 영향을 미치지 않았다는 증거를 확인할 수 있다. 또한 예이건이 보여 준 것처럼, 감세는 투자와 임금에 영향을 미치지 않았지만, 더 높은 배당금으로 주주들의 부를 늘려 주었다. 다음을 참조. Raj Chetty and Emmanuel Saez, "Dividend Taxes and Corporate Behavior: Evidence from the 2003 Dividend Tax Cut," *The Quarterly Journal of Economics* 120, no. 3 (2005): 791 - 833.

법인세율 인하가 투자 증가로 이어지지 않을 것이라고 예상할 만한 경험적인 증거와, 타당한 이론적 근거가 있다. 예를 들어 레이건 대통령은 법인세율을 46퍼센트에서 34퍼센트로 낮췄다. 그에 따라 실질적인 법인 소득세는 훨씬 더 떨어졌고, 기업이 세법상 허점을 발견하고 이를 활용하는 방법을 알게 되면서, 트럼프가 추가적으로 세율을 인하하기 전에 실질적인 세율은 18퍼센트에 불과했다. 하지만 기대했던 투자 증가는 나타나지 않았다. 이자에 대해 세금 공제를 받고 대부분의 투자금을 차입을 통해 조달하면서, 세율은 투자 수익률과 자본 비용에 동일한 방식으로 영향을 미치게 되고, 그 결과 세율 인하는 투자에 거의 영향을 미치지 못할 것으로 예상되었다. 다음을 참조. Joseph E. Stiglitz, "Taxation, Corporate Financial Policy and the Cost of Capital," *Journal of Public Economics*, no. 2 (Feb. 1973), 1 - 34. 이 책에서 이후에 자세하게 설명하는 트럼프 세법의 경험은 그 예측이 옳았음을 확인시켜 주었다.

45. 스웨덴은 미국보다 훨씬 더 세율이 높지만, 가구 저축률은 전체적으로 미국의 두 배에 가깝다는 사실을 언급할 필요가 있겠다. 미국의 노동력 참여율(취직해 있거나 구직 활동을 하고 있는 노동 연령 인구의 비중)은 세율이 훨씬 더 높은 다른 국가들에 비해 크게 낮은 편이다.

46. 듀크 대학의 뛰어난 역사학자 낸시 맥린Nancy MacLean은 이러한 논의를 역사적 관점에서 살펴보고 있다. 다음을 참조. *Democracy in Chains: The Deep History of the Radical Right's Stealth Plan for America* (New York: Penguin, 2017).

47. 앞에서도 언급했고 다음에 자세히 살펴보게 될 우리의 규칙 기반의 경쟁적인 시장 경제, 그리고 견제와 균형 시스템을 갖춘 우리의 민주주의를 포함하여.

48. 취임 연설, 1961년 1월 20일.

49. 앞서 언급했듯이, 프랜시스 후쿠야마는 이를 〈역사의 종말〉로 언급했다. 전 세계는 이제 이러한 경제적·정치적 시스템으로 수렴하게 될 것이다.

50. Alain Cohn, Ernst Fehr, and Michel André Maréchal, "Business Culture and Dishonesty in the Banking Industry," *Nature* 516, no.7592 (2014): 86 - 89.

51. Yoram Bauman and Elaina Rose, "Selection or Indoctrination: Why Do Economics Students Donate Less than the Rest?," *Journal of Economic Behavior and Organization* 79, no. 3 (2011): 318 - 27. 많은 관련 자료들 가운데 여기서 소개하는 추가적인 참고 자료도 참조.

52. 특히 애덤 스미스의 *Theory of Moral Sentiments*(1759)가 그렇다. 이는 다음과 같은 유명한 문장으로 시작한다. 〈인간이 아무리 이기적인 존재라고 해도 그 본성에는 분명히 몇 가지 원칙이 있다. 이로 인해 인간은 타인의 운명에 관심을 갖게 되고, 또한 단지 바라보는 즐거움 외에 아무것도 얻지 못한다고 해도 타인의 행복을 자신에게 반드시 필요한 것으로 여기게 된다.〉

53. Karla Hoff and Joseph E. Stiglitz, "Striving for Balance in Economics: Towards a Theory of the Social Determination of Behavior," *Journal of Economic Behavior and Organization* 126 (2016): 25 - 57.

2 더 암울한 경제를 향해서

1. 미국경제협회 회장이자 노벨상 수상자인 로버트 루카스Robert Lucas는 대침체 직전에 했던 강의에서 심각한 경제 변동의 종말을 선언했다. 그는 이렇게 말했다. 〈거시 경제학이 (……) 성공을 거뒀다. 침체 예방의 핵심 문제는 해결되었고, 모든 실질적인 목표는 수십 년에 걸쳐 실질적으로 달성되었다.〉 이 강의는 출판물로도 나왔다. Robert E. Lucas Jr., "Macroeconomic Priorities," *American Economic Review* 93, no. 1 (2003): 1–14; the quote appears on p. 1.

2. 로버트 루카스는 이렇게 표현했다. 〈건전한 경제에 피해를 입히는 경향들 가운데 가장 그럴 듯하고, 내 생각에 가장 독성이 강한 것은 분배의 문제에 집중하는 것이다.〉 "The Industrial Revolution: Past and Future," Annual Report, Federal Reserve Bank of Minneapolis, May 2004.

3. 투자자가 특허권을 이용해 독점을 구축하고, 다음으로 다양한 메커니즘을 통해(그 중 일부는 다음에 살펴보게 될) 시장 지배력을 확대하고 영속성을 강화함으로써 시장 지배력의 활용에 기반을 둔 많은 부를 창출할 때처럼, 그 둘은 하나로 연결된다.

물론 미국의 많은 부분은 아주 다른 형태의 착취를 기반으로 구축되었다. 남부 개발에서 핵심적인 역할을 한 노예제는 시장 제도가 아니었다. 노예는 거래의 대상이었지만, 노예제는 강압에 기반을 둔 것이었다. 노예제가 사라진 이후로도 짐 크로 법은 아프리카계 미국인을 옥죄었고, 이는 남부 지역의 기업에게 낮은 임금과 높은 수익을 가져다줬다. 남북전쟁 당시에 노예의 시장 가치는 남부 전체의 부에서 상당 부분을 차지했다.

4. 2018년 예비 데이터는 다소 나은 성과를 보여 주고 있다. 이는 대규모 재정 부양 정책(재정 적자의 엄청난 증가)의 결과다. 부양 정책은 예상대로 성장을 강화하겠지만, 일시적으로만 유효할 것이다. 부양 정책의 규모를 감안할 때, 성장은 우리의 기대에 미치지 못했다. 그 부분적인 이유는 세법이 아주 허술하게 설계되었기 때문이다.

2010~2016년 GDP에서 총투자가 차지하는 평균 비율은 모든 OECD(선진국들의 〈클럽〉인) 국가보다 9퍼센트 가까이 낮았으며, 캐나다처럼 더 나은 성과를 보인 국가에 비해서는 20퍼센트 이상 더 낮았다(총투자는 경제의 생산적인 자산으로 간주할 수 있는 새로운 공장 및 시설, 주택에 지출된 국가 산출량의 일부다. 여기에는 재고 누적이 포함되지 않으며, 사용이나 시간에 따른 생산적인 자산의 감소인 감가상각도 고려하지 않는다. 또한 토지 매입도 포함되지 않는다). 국가의 회계 시스템에서 공식적인 일련의 것을 총고정 자본 형성gross fixed capital formation이라고 한다.

5. 차이의 일부는 느린 인구 성장률의 결과다. 1인당 소득 성장은 2.3퍼센트에서 1.7퍼센트로 떨어졌다. 또한 성장을 더디게 만든 다른 요인이 있다. 예를 들어 제조업에

서 서비스 경제로의 구조적 변화가 그것이다. 서비스 분야에서 생산성을 끌어올리기란 더욱 어려울 것이다. 어쩌면 단지 불운하기 때문일 수도 있다. 즉 생산성을 높이는 혁신이 이전 몇십 년에 비해서 더 드물게 이뤄졌기 때문일 수 있다. 하지만 나는 이러한 구조적 변화와 불운을 넘어선 요인이 작용했다고 생각한다.

이 장에서 데이터 대부분은 일반적인 원천에서 구한 것이다. FRED, US Census, IMF WEO(그들의 연례 세계 경제 전망 보고서), OECD, World Income Database. FRED는 미국에서 GDP 계산을 위해 사용된다. US Census는 중간 실질 임금에 관한 데이터를 구하기 위해 사용된다. OECD는 회원국에 걸쳐 변수를 비교할 때 사용된다. World Income Database는 평균 소득과, 소득 분배에서 다양한 집단(상위 1퍼센트, 상위 0.1퍼센트, 하위 50퍼센트)의 소득 비중에 관한 데이터를 구하기 위해 사용된다. 이러한 모든 원천과 더불어, 이 책의 출간 시점에서 구할 수 있는 가장 최신 버전과 최신 데이터 포인트를 활용했다.

6. 출처: United Nations, 가용한 최신 연도인 2017년 기준. IMF와 세계은행에 따르면, 1인당 소득에서 미국은 7위를 차지했다. 이들은 시장 환율을 사용해 소득을 비교한다. 마찬가지로 IMF와 세계은행에 따르면, 구매력 평가 지수를 사용할 때 미국의 순위는 11위로 내려간다.

7. 세계은행 인적 자본 지수. 다음에서 구할 수 있다. https://www.worldbank.org/en/data/interactive/2018/10/18/human-capital-index-and-components-2018.

8. 출처: PISA(Program for International Student Assessment) 테스트, 가용한 최신 연도인 2015년 기준. 차이는 정량적으로 크다. 최고 성과자 중 10학년 교육을 받은 사람(중국 상하이)은 미국 매사추세츠의 최고 성과자에 해당하는 12학년과 동등한 학업 수준을 보인다.

9. 출처: OECD, 2016년 데이터.

10. "Hours Worked," OECD, 2017년, 혹은 가용한 최신 연도. 다음에서 확인할 수 있다. https://data.oecd.org/emp/hours-worked.htm.

11. 그 기간 동안 미국의 총생산성 성장률은 2.3퍼센트였던 반면, OECD 평균은 4.9퍼센트였다. 출처: OECD, 다음에서 확인할 수 있다. https://data.oecd.org/lprdty/gdp-per-hour-worked.htm#indicator-chart.

12. 구매력 평가 지수(PPP) 기준. 이 측정은 제품 비용이 국가마다 서로 다르다는 점을 고려한다. 2015년 중국은 GDP에서 미국을 따라잡았다. 비교는 종종 크게 요동치는 현재 환율을 기준으로 이뤄진다. 그러나 표준적인 기준을 적용할 때, 중국은 여전히 1인

당 국민소득이 미국의 약 5분의 1에 불과한 개발도상국이다.

13. 당연하게도 개발도상국은 따라잡아야 하기 때문에 성장률이 더 높다. 데이터가 가용한 최근 연도인 2016년을 기준으로 미국은 139위를 기록했다.

14. 이에 대한 세계은행 데이터, 그리고 아래에서 인용한 빈곤에서 벗어난 인구의 규모.

15. 세계 불평등 데이터베이스, www.wid.world. 물론 이러한 성장은 중국에서 평등하게 공유되지는 않았으며, 중간과 아래 계층으로 향하는 총소득의 비중은 줄어들고 있다. 그럼에도 이 변화는 인상적이다.

16. 대통령들은 그들의 정책이 성장에 기여한 정도를 과장하려 든다. 트럼프는 마치 자신이 운전대를 잡았다는 사실만으로 경제 궤도가 바뀔 것처럼 자신의 당선일로까지 성장세를 추적한다. 임기 첫해 동안 트럼프가 미국의 2017년 성과를 자화자찬했을 때조차, 그는 미국의 성장률이 선진국 평균보다 낮았다는 사실은 언급하지 않았다. 2017년과 2016년 사이의 미국 성장률 차이는 0.76퍼센트로, 이는 OECD 평균(0.64퍼센트)보다 살짝 높은 수치이며, 미국의 북쪽에 위치한 이웃 나라인 캐나다(1.55퍼센트)의 절반에도 미치지 못했다. 2016년에 캐나다의 성장은 미국의 성장과 별반 다르지 않았다. 누군가 자신이 거둔 성공을 널리 알려야 했다면, 그것은 트럼프가 아니라 캐나다의 쥐스탱 트뤼도 총리였을 것이다. 2018년에 미국은 엄청난 재정 적자 증가의 결과로 〈슈거하이〉를 경험하면서 실질 GDP 성장은 약 3퍼센트를 기록했다. 하지만 이러한 상승은 지속 가능할 것으로 보이지 않았다. 2019년 성장률은 크게 낮을 것으로 전망된다.

17. 미국 건국 이후로 많은 지도자들은 불평등과의 싸움을 민주주의 번영을 위한 핵심 과제로 생각했다. 숀 윌렌츠Sean Wilentz는 미국의 불평등과 정치의 역사를 책으로 엮었다. *The Politicians and the Egalitarians: The Hidden History of American Politics* (New York: W. W. Norton, 2017).

18. Olivier Giovannoni, "What Do We Know about the Labor Share and the Profit Share? Part III: Measures and Structural Factors" (working paper 805, Levy Economics Institute, 2014).

19. 1977년부터 데이터를 구할 수 있는 가장 최근의 연도인 2017년까지 측정된 것이다. Thomas Piketty and Emmanuel Saez, "Income Inequality in the United States, 1913－1998," *Quarterly Journal of Economics* 118, no. 1 (2003): 1－39. 2017년까지 업데이트된 도표와 그림은 에마뉘엘 사에즈의 웹사이트에서 확인할 수 있다. https:// eml.berkeley.edu/~saez/.

20. Table A-4 in the Census Bureau Income and Poverty Report, available at https://www.census.gov/content/dam/Census/library/publications/2017/demo/P60-259.pdf.

21. FRED 경제 데이터. 최저임금 인상은 결국 대규모 실업 증가로 이어질 수밖에 없다는 인식이 만연했다. 그러나 데이비드 카드David Card와 앨런 크루거Alan B. Krueger의 혁신적인 연구, "Minimum Wages and Employment: A Case Study of the Fast-Food Industry in New Jersey and Pennsylvania," *American Economic Review* 84, no. 4 (1994): 772-93 이후로, 부분적으로 노동 시장에서 시장 지배력의 확대 때문에 (4장에서 논의했듯이)[See "The Effects of a Minimum-Wage Increase on Employment and Family Income" (CBO, Feb. 18, 2014)] 그렇지 않다는 공감대가 점차 형성되고 있다. 실제로 최저임금 인상은 긍정적인 고용 효과를 가져올 수 있다.

22. 좀 더 정확하게 말해서 부가적인 혜택을 포함하는 보수. Economic Policy Institute, based on their analysis of Bureau of Labor Statistics and Bureau of Economic Analysis data, accessed July 17, 2018, available at https://www.epi.org/productivity-pay-gap/.

23. 임금 격차에 관한 주제는 최근 폭넓은 관심을 받고 있다. 예를 들어 송과 그의 동료들은 방대한 데이터 집합을 활용해서 한 기업 내에서 보수 차이의 증가가 임금 불평등 증가에서 중요한 역할을 하지만, 기업 간 격차(대부분 기업의 기술 구성에서 변화로 설명할 수 있는)의 증가만큼은 아니라는 사실을 보여 주었다. 또 다른 연구는 기업 간 임금 격차가 기업의 수익성 차이와 관련이 있다는 사실을 보여 주었다. 비록 우리가 확보한 데이터로는 대부분의 경우에서 수익성이 높은 생산성으로부터 비롯되는 기업과 시장 지배력이 높은 기업을 구분하기란 불가능하지만 말이다. 시장 집중의 증가와 관련해서 이 책의 다른 곳에서 인용한 증거는 시장 지배력이 있는 기업과 시장 지배력이 없는 기업 간 격차의 중요성이 커졌다는 사실을 집중적으로 보여 주고 있다. 기업 간 생산성의 차이는 여전히 중대하고 종종 지속적인 형태로 나타나고 있다. 나는 그린월드와 함께 이를 *Creating a Learning Society*에서 다뤘다. 이러한 격차의 존재는 지식이 경제 전반에 걸쳐 빠르고 비용 없이 확산된다고 가정하는 표준적인 경제학에 대한 우리의 비판의 일부다. 많은 다른 요소(특정 분야에서 혁신 속도의 증가와 같은)가 다른 방향으로 작용하고 있기는 하지만, 학습과 학습하는 기술에서 나타난 발전은 실제로 이러한 격차를 줄이고 있다. 다음을 참조. Jae Song, David J. Price, Fatih Guvenen, Nicholas Bloom, and Till Von Wachter, "Firming Up Inequality," *Quarterly Journal of Economics* 134, no. 1 (2018): 1-50; David Card, Ana Rute Cardoso, Jörg Heining, and Patrick Kline, "Firms and Labor Market Inequality: Evidence and Some Theory," *Journal of Labor*

Economics 36, no. S1 (2018): S13 – S70; Jason Furman and Peter R. Orszag, "A Firm-Level Perspective on the Role of Rents in the Rise in Inequality" in *Toward a Just Society: Joseph Stiglitz and Twenty-first Century Economics*, ed. Martin Guzman (New York: Columbia University Press, 2018), 10 – 47; Hernan Winkler, "Inequality among Firms Drives Wage Inequality in Europe," Brookings, Mar. 21, 2017, https://www.brookings.edu/blog/future-development/2017/03/21/ inequality-among-firms-drives-wage-inequality-in-europe/; Giuseppe Berlingieri, Patrick Blanchenay, and Chiara Criscuolo, "The Great Divergence(s)," (OECD Science, Technology and Industry Policy Papers no. 39, 2017); and Julián Messina, Oskar Nordström Skans, and Mikael Carlsson, "Firms' Productivity and Workers' Wages: Swedish Evidence" (Vox CEPR Policy Portal, Oct. 23, 2016).

24. 이 주제에 관한 두 권의 책에서 나는 불평등이 어떻게 경제를 약화시키며, 또한 민주주의를 위축시키고 사회를 분열시키는지 설명했다(*The Price of Inequality* and *The Great Divide*). 미국인 대부분이 이처럼 증가하는 불평등의 규모와 그 결과를 제대로 인식하지 못하는 듯 보였고, 그래서 나는 이 문제를 해결하기 위해 그 주제와 관련해서 『뉴욕 타임스』에 2013년과 2014년에 걸쳐 연재 기획에 관여했다. 여기에 참여한 저자들은 다음과 같다. Judith Warner, Jacob Soll, Andrea Levere, David L. Kirp, Corey Robin, Alice Goffman, Robert Balfanz, Maria Konnikova, Barbara Whitehead. 나는 *Vanity Fair*에서 *Nation*와 *Politico*에 이르기까지 모든 포럼을 통해, 그리고 전 세계 신문에 발표되는 월간 Project Syndicate 칼럼을 통해 이 주제를 언급했다.

25. 최적 재분배 과세를 주제로 한 내 많은 초기 연구에서 함께했던 공저자.

26. 미국진보센터에서 했던 연설(워싱턴 DC, 2013년 12월)에서 오바마는 또한 이렇게 말했다. 「다시 한번 강조하건대, 불평등의 증가와 사회 이동성의 위축이 하나로 얽혀 아메리칸 드림과 우리가 살아가는 방식에, 그리고 미국의 국제적 위상에 중대한 위협을 가하고 있습니다. 나는 여기서 단지 도덕적인 주장을 하려는 것이 아닙니다. 불평등의 증가와 사회 이동성의 감소가 미치는 실질적인 결과에 관한 것입니다.」 앞서 2011년 12월 6일 캔자스 오사와토미 고등학교에서 했던 연설에서는 이렇게 언급했다. 「중산층 가구가 기업이 판매하는 제품과 서비스를 더 이상 구매하지 못할 때, 사람들이 중산층에서 미끄러져 내려올 때, 우리 경제는 위에서 아래까지 전체가 하락할 것입니다. 미국은 광범위한 번영과 전국에 걸친 강력한 수요에 기반을 두고 있었습니다. 그래서 헨리 포드와 같은 CEO는 근로자가 자신이 만든 차를 살 수 있도록 충분한 급여를 지급하는 것을 사명으로 삼았습니다. 또한 최근의 연구는 불평등이 낮은 국가들이 장기적인 차원에서 더 강력하고 지속적인 경제 성장을 일궈 내고 있음을 보여 주고 있습니다.」 물론 이는 나

의 책 *The Price of Inequality*의 핵심 주제다.

27. *The Kerner Report: The 1968 Report of the National Advisory Commission on Civil Disorders* (New York: Pantheon, 1988).

28. *The Kerner Report.* 나는 이후 반세기 동안에 상황이 어떻게 바뀌었는지 평가해 달라는 요청을 받았다. 실망스러운 발견은 다음에 담겨 있다. "Economic Justice in America: Fifty Years after the Kerner Report," in *Everybody Does Better When Everybody Does Better: The Kerner Report at Fifty/A Blueprint for America's Future,* eds. Fred Harris and Alan Curtis (Philadelphia: Temple University Press, 2017). 가장 암울한 것은 뛰어난 학자인 케네스 클라크Kenneth B. Clark 박사의 케너 위원회에 대한 증언이었다. 그는 이렇게 썼다. 〈나는 1919년 시카고 폭동에 관한 보고서를 읽었다. (……) 이는 마치 1935년 할렘 폭동에 대한 조사위원회의 보고서, 1943년 할렘 폭동에 대한 조사위원회의 보고서, (1965년) 와츠 폭동에 대한 매콘 위원회McCone Commission 보고서를 읽는 것 같았다. 나는 계속해서 나타나고 있는 똑같은 장면과 똑같은 분석, 똑같은 권고안과 똑같은 나태함과 더불어 위원회 여러분에게 다시 한번 솔직하게 이야기를 해야 한다.〉

29. Eileen Patten, "Racial, Gender Wage Gaps Persist in U.S. Despite Some Progress" (Pew Research Center, July 2016). 물론 우리는 정제된 통계 자료를 통해 교육의 차이, 업무 경험, 그리고 차별이 수행하는 상대적인 역할을 확인할 수 있다.

30. 미국보다 더 높은 나라로는 일본, 노르웨이, 스웨덴, 오스트레일리아, 아이슬란드, 캐나다, 뉴질랜드, 네덜란드, 오스트리아, 덴마크가 있다. 2015년(비교 가능한 데이터를 구할 수 있는 가장 최근 연도)에 이들 국가 모두 기대수명이 80세를 넘어섰으며, 일본이 83.9세로 1위를 차지했다. 미국은 78.8세로 칠레와 체코 사이에 위치했다. OECD 데이터.

31. 당시 발표된 가장 최근 데이터는 2017년도였다.

32. 사망률은 특정 집단(가령 50~55세)에서 1년, 혹은 5년 이내에 사망하는 사람의 비중을 의미한다. 낮은 사망률은 높은 기대수명과 관련 있다.

33. "The Growing Life- Expectancy Gap between Rich and Poor," Brookings Institution, Feb. 22, 2016, accessed Nov. 24, 2018, available at https://www.brookings.edu/opinions/the-growing-life-expectancy-gap-between-rich-and-poor/.

34. Anne Case and Angus Deaton, "Rising Morbidity and Mortality in Midlife

among White Non-Hispanic Americans in the 21st Century," *Proceedings of the National Academy of Sciences* 112, no. 49 (2015): 15,078–83, and see Ann Case and Angus Deaton, "Mortality and Morbidity in the 21st Century," *Brookings Papers on Economic Activity*, (Spring 2017): 397-476. 최근 백인의 사망률이 증가하면서, 점점 사망률이 낮아지고 있는 세계의 나머지와 대조를 이룬다. 동시에 아프리카계 미국인의 사망률이 백인보다 높다는 사실을 언급할 필요가 있겠다. 흐름에 역행하는 경제는 인종을 떠나 건강에 부정적인 영향을 미친다.

35. 나는 앞서, 특히 *The Price of Inequality* (2013, 페이퍼백)에서 이러한 혼란스러운 경향에 대해 언급했으며, 여기에는 대학을 졸업하지 않은 여성에 대한 충격적인 통계 자료도 포함되어 있다. 앞서 소개했듯이 Jennifer Sherman, Joan Williams, Katherine J. Cramer, Michèle Lamont, Arlie Hochschild, J. D. Vance, Amy Goldstein의 연구는 〈절망의 죽음〉의 증가를 촉발한 사회적 변화에 대해 말하고 있다.

36. 그는 노동의 중요성을 염두에 두고 그들이 〈낮은 수준의 감정적 행복〉에 머물러 있으며, 〈일상적인 활동에서 상대적으로 적은 의미를 발견한다〉고 보고했다. 다음을 참조. Alan B. Krueger, "Where Have All the Workers Gone? An Inquiry into the Decline of the U.S. Labor Force Participation Rate," *Brookings Papers on Economic Activity* 48, no. 2 (2017): 1-87.

37. 다음 장의 주제인 기업의 힘은 약물 남용에 관한 이야기 속에서 직접적인 요인으로 작용한다. 여기서는 퍼듀파마가 위력을 행사했다. 다음을 참조. Beth Macy, *Dopesick: Dealers, Doctors, and the Drug Company that Addicted America* (Boston: Little, Brown, 2018). 또한 기업의 힘은 비만의 확산에서도 중요한 역할을 하고 있다. 질병통제예방센터는 미국인의 약 40퍼센트를 비만으로 진단하고 있다. 히스패닉과 비히스패닉 흑인의 비중은 훨씬 더 높다(대략 47퍼센트). 대학을 졸업한 남성과 여성의 경우는 다소 낮으며, 미국의 남부 및 중서부가 다른 지역에 비해 더 높다. 가장 충격적인 사실은 비만에 의해 영향을 받는 아이들과 청소년의 비중이 급격하게 증가했다는 것이다. 그 비중은 약 5분의 1로서, 이는 1970년대 이후로 세 배 이상 증가한 것이다. 비만은 식습관의 영향을 크게 받는다. 코카콜라를 비롯한 다양한 음료 회사가 판매하는 탄산음료, 그리고 애초에 중독을 목적으로 설계된 달고 짠 음식은 기업이 사람들의 무지를 이용하는 사례다. 다음을 참조. David A. Kessler, M.D., *The End of Overeating: Taking Control of the Insatiable American Appetite* (New York: Rodale Books, 2009). 케슬러는 1990~1997년 FDA 위원으로 활동했다. 미국 사회의 비만에 관한 데이터는 다음을 참조. https://www.cdc.gov/obesity/index.html. 비만에서 식습관이 차지하는 역할에 관해서는 다음을 참조. https://www.hsph.harvard.edu/obesity-prevention-source/

obesity-causes/diet-and-weight/. 탄산음료와 체중의 관계에 관한 학술적 연구 사례는 다음을 참조. Lenny R. Vartanian, Marlene B. Schwartz, and Kelly D. Brownell, "Effects of Soft Drink Consumption on Nutrition and Health: A Systematic Review and Meta-Analysis," *American Journal of Public Health* 97 (2007): 667-75.

38. 불평등에 관한 데이터를 확인할 수 있는 최고의 웹사이트는 아마도 *inequality. org*일 것이다.

부의 불평등의 원천과 그 미래의 진화를 둘러싸고 논쟁이 있다. 토마 피케티는 자신의 2014년 저서, *Capital in the 21st Century* (Cambridge, MA: The Belknap Press of Harvard University Press)에서 한 세대에서 다음 세대로의 유산 상속은 불평등 심화로 이어질 것이라고 주장했다. 그는 최근에 급증한 불평등은 2차 세계 대전과, 그 전쟁이 몰고 온 사회적 결속 강화가 잠시 중단시킨 유서 깊은 과정을 반영한다고 썼다. 1960년 대에 처음으로 밝혔던 나의 견해는 피케티의 것과 전반적으로 크게 충돌하지는 않지만 다소 다른 측면이 있다. 나는 유리함의 대물림도 분명 중요하지만, 상쇄하는 원심력과 구심력이 존재한다고 주장했다. 여기서 전자는 경제를 분열시키고 후자는 통합하며, 장기적인 차원에서 일반적으로 균형을 이룬다. 1970년 중반 이후로 균형이 허물어지면서 원심력이 강화되었고 구심력이 약화되었다. 우리는 지금 경제가 새로운 평형 상태를 향해 이동하는 흐름을 목격하고 있다. 그 과정에서 불평등은 예전에 비해 더욱 심화되고 있다. See Stiglitz, "Distribution of Income and Wealth Among Individuals," *Econometrica* 37, no. 3 (1969): 382-97; and "New Theoretical Perspectives on the Distribution of Income and Wealth Among Individuals: Parts I-IV" (NBER Working Papers 21, 21189-21192, 2015).

39. 1년 전 그 수치는 43이었고, 그전에는 61이었다. 억만장자의 부는 2010년 이후로 연평균 13퍼센트 증가했다. 2017년에 발생한 전 세계 부의 82퍼센트는 상위 1퍼센트로 흘러 들어간 반면, 하위 50퍼센트에게는 아무것도 돌아가지 않았다. 다음을 참조. *Private Wealth or Public Good,* Oxfam, Jan. 2019, and *Reward Work, Not Wealth,* Oxfam, Jan. 2018.

40. 두 가문의 거대한 부(보고된 바에 따르면, 2018년 기준으로 월튼 가문의 경우는 약 1750억 달러, 찰스와 데이비드 코크의 경우는 1200억 달러)는 미국의 엄청나게 큰 인구 비중의 전체 부만큼이나 크다. 신뢰할 만한 비교가 가능한 가장 최근 연도인 2016년 기준으로, 월튼 가문과 코크 가문은 하위 50퍼센트의 전체 부에 해당하는 것만큼 소유하고 있다. 부의 분배에 관한 데이터는 2016년 연방준비제도의 소비자 금융 조사에 기반을 둔 것이다(내구 소비재는 제외). 월튼 가문과 코크 가문의 재산에 관한 데이터는 『포브스』를 참조했다. 제인 메이어Jane Mayer는 자신의 베스트셀러, *Dark*

Money: The Hidden History of the Billionaires behind the Rise of the Radical Right (New York: Doubleday, 2016)에서 코크 형제가 미국 정치에 미치는 거대한 영향력에 대해 정리했다.

41. Raj Chetty, Nathaniel Hendren, Patrick Kline, and Emmanuel Saez, "Where Is the Land of Opportunity? The Geography of Intergenerational Mobility in the United States," *Quarterly Journal of Economics* 129, no. 4 (2014): 1553–623; Chetty, Hendren, and Lawrence F. Katz, "The Long-Term Effects of Exposure to Better Neighborhoods: New Evidence from the Moving to Opportunity Experiment" (working paper, Harvard University, 2015); and Chetty and Hendren, "The Impacts of Neighborhoods on Intergenerational Mobility Childhood Exposure Effects and County-Level Estimates" (working paper, Harvard University, Apr. 2015). 미국인들은 점차 경제적으로 차별화된 공동체에서 살아가고 있으며, 그래서 이웃 효과는 유리함의 세대 간 이전에 크게 기여한다. See Kendra Bischoff and Sean F. Reardon, "Residential Segregation by Income, 1970–2009," in *Diversity and Disparities: America Enters a New Century,* ed. John Logan (New York: Russell Sage, 2014): 208–33.

42. 이 데이터는 충격적이다. 퓨 모빌리티 프로젝트는 이렇게 지적했다. 〈5분위 중 최하위 집단에서 성장한 미국인 43퍼센트는 성인이 되어서도 최하위 집단에 그대로 머물러 있으며, 5분위 중 최상위 집단에서 성장한 이들의 40퍼센트는 성인이 되어서도 그 집단에 머물러 있다.〉 부의 관점에서 볼 때, 문제는 더욱 심각하다. 부의 사다리에서 최하층에서 성장한 이들 중 약 3분의 2는 하위 두 단계에 머물러 있고, 부의 사다리 맨 위에서 성장한 이들의 비슷한 비중은 상위 두 단계에 머물러 있다. 흑인의 경우는 더 심각하다. 〈가구 소득의 최하층에서 성장한 흑인의 절반 이상(53퍼센트)은 성인이 되어서도 최하층에 머물러 있다.〉 이러한 사실은 상향 이동성에서 교육이 차지하는 중요한 역할을 보여 준다. 고등 교육을 받지 못한 이들은 하층에 그대로 머무를 가능성이 높다. "Pursuing the American Dream: Economic Mobility Across Generations," Pew Mobility Project, July 2012.

43. The Equality of Opportunity Project, accessed July 18, 2018, available at http://www.equality-of-opportunity.org/.

44. "Pursuing the American Dream," Pew Mobility Project.

3 착취와 시장 지배력

1. 경쟁적 평형 모형의 한계에 대한 이해에서 또한 발전이 있었다. 이는 견고하지 않다. 즉 가정에서 약간의 변화(작은 고정된 매몰 비용, 혹은 작은 검색 비용이나 작은 정보 비용이 소규모의 불완전한 정보와 결합할 때)는 가령 거대한 규모의 시장 지배력의 존속과 같은 거대한 변화로 이어질 수 있다. 다양한 산업에서 작은 시장 지배력조차 거대한 영향을 미칠 수 있다. 정보경제학, 게임 이론, 행동경제학 모두 우리가 경제에 대해 생각하는 방식에 중대한 영향을 미쳤다.

아이러니한 사실은 표준적인 경쟁 모형에 대한 비판이 카터와 레이건, 그리고 그 후 임자들의 시대에 확대된 그 모형의 영향력과 마찬가지로 강력한 힘을 발휘하면서, 지식에서 지연의 중요성, 그리고 아마도 이데올로기와 이해관계의 중요성을 보여 주었다는 것이다.

2. Peter Thiel, "Competition Is for Losers," *Wall Street Journal,* Sept. 14, 2014.

3. 2008년 금융 위기의 원인을 조사하기 위해 의회가 만든 위원회.

4. 2010년 5월 26일에 있었던 금융 위기 조사위원회와의 인터뷰. 버핏은 지배적인 신용 평가 기관 세 곳 중 하나인 무디스의 거대 주주였다. Reported by David Dayen, "America's Favorite Monopolist: The Shameful Truth behind Warren Buffett's Billions," *The Nation,* Mar. 12, 2018, p. 16. 그 위원회가 마지막 보고서에서 이들 기관이 〈금융 붕괴를 일으킨 핵심 유발자였다〉라고 언급했듯이, 이들 신용 평가 기관은 위기에서 중요한 역할을 했다.

5. 2000년 연례 버크셔 해서웨이(버핏의 주요 투자 수단) 회의가 열리기 전 연설. See Dayen, "America's Favorite Monopolist." (Buffett had used the "moat" analogy for decades before this quote was reported.)

6. 예를 들어 정보 및 커뮤니케이션 기술을 위한 유엔의 특별 기구인 국제전기통신연합International Telecommunication Union의 보고서, "Measuring the Information Society 2015"에 따르면, 미국의 이동통신 요금(선불, 브로드밴드, 모바일, 500mb)은 인도의 스무 배 이상이며, 에스토니아의 스무 배에 달한다. 하버드 법학과 교수이자 텔레콤 분야 전문가인 수전 크로포드Susan Crawford는 컴캐스트Comcast와 타임워너 Time Warner가 전체 브로드밴드 인터넷 시장의 66퍼센트를 지배하고 있으며, 그들은 종종 같은 시장에서 경쟁하지 않는다는 사실을 지적했다. Susan Crawford, *Captive America: The Telecom Industry and Monopoly Power in the New Gilded Age* (New Haven: Yale University Press, 2013).

7. 기업과 기업을 운영하는 CEO의 시장에서의 힘의 증가뿐 아니라, 근로자의 시장 지배력의 결핍도 작용했다. 아래와 이후 장들의 논의에서 분명하게 살펴보겠지만, 많은 요인이 시장 지배력의 불균형에 기여하며, 시장 지배력은 불평등 심화에 기여하는 〈유일한〉 요인은 아니다. 예를 들어 기술에서 변화(6장에서 추가적으로 논의하는)는 비숙련 노동력에 비해 숙련 노동력에 대한 수요를 늘린다. 그러나 이러한 변화가 나타나는 형태는 부분적으로 경영적 의사결정(희소한 연구비를 어떻게 쓸 것인가)의 결과물이며, 시장 지배력을 가진 이들, 즉 경영자는 근로자, 특히 비숙련 근로자의 교섭력을 약화시키는 방식으로 의사결정을 내렸다.

8. 아래 논의에서 살펴보겠지만, 이것이 불평등의 유일한 원천은 아니라는 점을 덧붙여야겠다. 이는 소비자와 상대하는 과정에서 기업의 시장 지배력은 물론, 근로자와 상대하는 과정에서의 시장 지배력이기도 하다.

9. 기업은 사람들의 약점을 이용함으로써 이익을 올릴 수 있다. 예를 들어 도박을 하도록 유혹하거나 고리로 대출을 받도록 설득하는 것이다. 도박이나 알코올 중독처럼 사람들의 약점을 이용함으로써 돈을 벌려고 해도 시장 지배력이 필요하다. 우리의 비도덕적인 사회에서 다른 사람을 이용해서 돈을 벌려는 의지와 능력을 가진 이들이 너무나도 많이 있고, 시장 지배력이 없으면 아무리 사악한 행동이라도 그에 따른 수익은 0으로 낮아질 것이기 때문이다.

10. 일반적으로 부패는 이와 같은 사례에 집중되어 있지만, 사실 부패는 민간 영역에서도 만연하게 나타나고 있다. 가령 기업의 직원(CEO까지 포함해)이 자신의 지위를 활용해서 이익을 챙기거나, 혹은 기업이 부정직한 행동으로 다른 이를 희생함으로써 이익을 추구할 때가 그렇다.

11. Adam Smith, *An Inquiry into the Causes of the Wealth of Nations*, 1776.

12. 사실상 그 통과는 독점의 가능성뿐 아니라, 석유와 철도, 포장육, 담배를 포함해 19세기 말에 떠오른 시장 지배력의 확산에 따른 대응이었다.

13. 물론 경제 내에서 위험에 관한 평가에 따라 시장이 요구하는 위험 프리미엄의 등락은 존재한다.

14. 기업 부분에 대한 고찰은 다음을 참조. Simcha Barkai, "Declining Labor and Capital Shares" (working paper, 2017). 바카이는 탁월하게도 자본의 비중을 분석하고, 자본 비중의 감소를 무형 자본으로 설명할 수 없음을 보여 주었다. 확실한 데이터를 사용한 연구는 다음을 참조. Jan De Loecker and Jan Eeckhout, "The Rise of Market Power and Macroeconomic Implications" (NBER Working Paper No. 23687, 2017).

15. See, for instance, Jacob A. Robbins, "Capital Gains and the Distribution of Income in the United States," Brown University, Dec. 2018.

16. Joseph E. Stiglitz, "New Theoretical Perspectives on the Distribution of Income and Wealth among Individuals." 주택 시장의 역할에 대한 논의는 다음을 참조. Matthew Rognlie, "Deciphering the Fall and Rise in the Net Capital Share: Accumulation or Scarcity?," *Brookings Papers on Economic Activity* 46, no. 1 (Spring 2015): 1-69. See also Thomas Piketty, *Capital in the Twenty-First Century.*

17. 매년 특정한 지대 흐름을 얻을 수 있는 권리는 시장 가치를 갖고 있으며, 이를 일 컬어 자본화된 지대 가치capitalized value of the rent라고 부른다. 독점 소유는 그 소유 주에게 매년 수익을 가져다준다. 소유주는 그러한 수익의 흐름을 판매할 수 있다. 그러 한 흐름의 현재 가치를 자본화된 지대capitalized rent라고 부른다.

18. Mordecai Kurz, "On the Formation of Capital and Wealth: IT, Monopoly Power and Rising Inequality" (Stanford Institute for Economic Policy Research Working Paper 17-016, 2017).

19. 20세기 중반 자본주의 안에서 시장 지배력을 확보한 기업은 그들의 독점 지대를 노동조합의 보호를 받는 근로자들과 공유했다. 반면 21세기 자본주의에는 평균적으로 시장 지배력이 더욱 강력해졌음에도 지대의 공유는 줄어들었다. 기업의 주주, 특히 경영 자들은 수익을 챙겨 갔고 이는 불평등을 더욱 심화시켰다. 동시에 이러한 변화는 생산성 에도 영향을 미친다. 노동조합의 제약을 받지 않는 근시안적인 경영자는 근로자에게, 혹 은 기업의 미래에 투자하지 않는다(조직의 상위에 있는 이들이 더 많은 지대를 가져갈 때 조직의 사기가 떨어질 위험이 있다. 이러한 위험을 피하기 위해 기업들은 가령 잡일 이나 다양한 저임금 서비스를 외주화함으로써 조직을 〈수직적으로 분할〉한다. 이로 인 해 고임금 근로자는 점차 고임금 기업에서 다른 고임금 근로자와 함께 일을 하게 되고, 반대로 저임금 근로자는 저임금 기업에서 저임금 근로자와 함께 일하게 된다. See Song et al., "Firming Up Inequality," Card et al., "Firms and Labor Market Inequality," and Furman and Orszag, "A Firm-Level Perspective on the Role of Rents in the Rise in Inequality.")

20. "Benefits of Competition and Indicators of Market Power" (Council of Economic Advisers Issue Brief, Apr. 2016). 이 보고서는 이렇게 언급하고 있다. 〈여러 지표가 많은 경제 영역에서 경쟁이 위축되고 있다는 사실을 말해 주고 있으며, 여기에는 수십 년 동안 창업의 감소와 산업에 특화된 응집 수단의 증가가 포함된다. 또한 최근 데 이터는 수익성이 높은 기업들을 중심으로 수익이 증가했다는 사실을 보여 준다. 수익률

이 기업의 자본 비용을 초과하는 범위 내에서 기업은 경제적 지대를 반영하며, 이는 지속적인 비즈니스 운영에 필요한 것을 넘어서는 생산 요소에 대한 수익이다. 이러한 지대는 자원을 소비자에게서 빼앗고, 투자와 고용 결정을 왜곡하고, 기업이 장기적인 지대 추구 활동에 참여하도록 만든다.〉

전반적으로 보수적인 잡지인 The Economist 조차 경고의 목소리를 높여 이렇게 언급했다. 〈1997~2012년 동안 각 분야 상위 네 개 기업의 가중 평균 점유율이 26퍼센트에서 32퍼센트로 증가했다.〉 또한 집중이 이뤄진 분야에서 매출이 증가하는 반면, 그렇지 못한 분야에서는 떨어지고 있다는 사실을 지적했다. "Too Much of a Good Thing: Profits Are Too High. America Needs a Giant Dose of Competition," Mar. 26, 2016.

여러 논문은 노동 시장에서 기업 간의 경쟁 위축에 따른 결과를 지적하고 있다. José Azar, Ioana Marinescu, and Marshall Steinbaum, "Labor Market Concentration," (NBER Working Paper No. 24147, Dec. 2017); José Azar, Ioana Marinescu, Marshall Steinbaum, and Bledi Taska, "Concentration in US Labor Markets: Evidence from Online Vacancy Data," (IZA DP No. 11379, Mar. 2018); Arindrajit Dube, Jeff Jacobs, Suresh Naidu, Siddharth Suri, "Monopsony in Online Labor Markets," (NBER Working Paper No. 24416, Mar. 2018); and Efraim Benmelech, Nittai Bergman, and Hyunseob Kim, "Strong Employers and Weak Employees: How Does Employer Concentration Affect Wages?" (NBER Working Paper No. 24307, Feb. 2018).

21. Gustavo Grullon, Yelena Larkin, and Roni Michaely, "Are US Industries Becoming More Concentrated?," 2016, available at http://finance.eller.arizona.edu/sites/finance/files/grullon_11.4.16.pdf. 퍼먼과 오르자그에 따르면, 1997~2012년에 시장 집중은 데이터를 구할 수 있는 열세 개 주요 산업 중 열두 곳에서 증가한 것으로 나타났다. 두 사람은 항공, 이동통신, 은행, 식품가공 등 다양한 분야에 대한 미시적 차원의 연구를 인용하고 있으며, 이들 산업 모두 엄청난 집중의 증거를 보여 준다. Furman and Orszag, "A Firm-Level Perspective on the Role of Rents in the Rise in Inequality" and Card et al., "Firms and Labor Market Inequality."

22. 시장 지배력이 큰 대기업은 더 높은 수익을 올린다. 퍼먼과 오르자그는 집중의 증가가 주요 기업에 걸쳐 더 큰, 그리고 증가하는 수익 격차에 기여한다고 주장한다. 수익성 높은 기업(90번째 100분위 기업)의 수익은 중간에 위치한 기업의 수익보다 여섯 배 더 높으며, 그 차이는 1990년보다 두 배 이상 높은 것이다. Furman and Orszag, "A Firm-Level Perspective on the Role of Rents in the Rise in Inequality"; and Furman and Orszag, "Slower Productivity and Higher Inequality: Are they Related?" (Peterson

Institute for International Economics, Working Paper 18-4, June 2018). 모든 경제학자가 집중과 수익성 사이의 강한 관계에 대해 동의하는 것은 아니라는 점을 언급할 필요가 있다. 실제로 일부 연구는 수익과 집중 사이에 강한 상관관계가 없으며, 심지어 평균 집중도가 오르지 않았다는 사실을 보여 주고 있다(가령 Council of Economic Advisers report "Benefits of Competition and Indicators of Market Power"가 제시한 증거에도 불구하고). 경쟁이 약할수록 마크업(아래에서 설명하는)은 높아지고 수익은 증가한다(GDP에서 차지하는 비중과 자기 자본 이익률을 기준으로). 나중에 우리는 왜 몇몇 주요 분야에서 집중이 높아짐에도 이윤이 감소하는지 살펴볼 것이다. 그러나 이는 예외에 불과하다.

23. De Loecker and Eeckhout, "The Rise of Market Power and Macroeconomic Implications." Market concentration has also been linked to reduced investment in the economy. See Germán Gutiérrez and Thomas Philippon, "Declining Competition and Investment in the U.S." (NBER Working Paper No. 23583, 2017). 또한 자본 수요 하락으로 인한 장기적인 이자율 인하 현상과도 연관이 있을 수 있다. See Ricardo J. Caballero, Emmanuel Farhi and Pierre-Olivier Gourinchas, "Rents, Technical Change, and Risk Premia Accounting for Secular Trends in Interest Rates, Returns on Capital, Earning Yields, and Factor Shares," *American Economic Review* 107, no. 5 (2017): 614-20.

24. 이는 자본 수익률을 말한다. Tim Koller, Marc Goedhart, and David Wessels, *Valuation: Measuring and Managing the Value of Companies/McKinsey & Company* (Hoboken, NJ: Wiley, 2015). 아래에서 언급하고 있듯이, 자본 수익률은 국채 수익률이 감소하고 있음에도 증가하고 있으며, 위험 관리 기술이 개선되면서 증가하는 지대 가설을 강력하게 뒷받침하고 있다(앞서 언급했듯이 기록된 〈자본 수익률〉은 독과점 지대를 포함한다. 경제학 용어로 말해서, 자본의 한계 생산의 가치로 볼 수는 없다). 특히 놀라운 점은 상위에서 나타나는 수익률의 수준이다. 상위 10퍼센트에 속하는 기업의 평균 수익률은 80퍼센트를 상회하며, 상위 25퍼센트의 경우에는 40퍼센트를 넘어선다. See Furman and Orszag, "A firm-Level Perspective on the Role of Rents in the Rise in Inequality."

25. Matt Kranz, "6 percent of Companies Make 50 percent of U.S. profit," *USA Today*, Mar. 2, 2016.

26. *America's Concentration Crisis: An Open Markets Institute Report,* Open Markets Institute, Nov. 29, 2018. Available at https://concentrationcrisis.

openmarketsinstitute.org.

27. See the Mar. 26, 2016, issue of *The Economist*.

28. 공식적으로 중요한 것은 한계 비용이다.

29. 이를 뒷받침하는 추론이 있기는 하지만, 반드시 그렇다고는 볼 수 없다. 아마존으로부터의 경쟁은 유통 분야의 집중을 강화했지만, 그럼에도 불구하고 전통적인 유통 분야의 이윤은 낮으며 파산도 드문 일이 아니다.

시장에 기업이 몇 개밖에 없을 때 기업들은 종종 암묵적으로 공모하기 쉽다. 그러한 암묵적 담합을 증명하기는 어렵지만, 그 효과는 종종 가격 상승의 형태로 나타나며 따라서 확인하기도 쉽다.

30. 물론 기업의 시장 지배력이 거대해질 수 있는 일부 사례가 있다. 가령 사막의 오아시스에서 물을 소유한 사람의 경우가 그렇다. 인간은 물 없이 살 수 없다. 그러므로 물을 통제하는 소유주는 높은 가격을 부과할 수 있다. 냉장고가 등장하기 전에 식품 저장을 위한 소금 같은 필수품을 통제하는 이들 역시 높은 가격을 부과할 수 있었다. 이 사실을 아는 정부는 종종 공적 독점을 구축했다. 적어도 당시에는 그렇게 번 돈이 공공의 목적을 위해 쓰였거나, 혹은 가격 상한선이 있었다.

31. 2015년 『뉴욕 타임스』는 연재 기사를 통해 의무 중재위원회가 미국에서 정의를 왜곡하는 범위를 보여 주었다. Jessica Silver-Greenberg and Robert Gebeloff, "Arbitration Everywhere, Stacking the Deck of Justice," *New York Times*, Oct. 31, 2015. 이러한 중재 조항으로 인해 요양원 측에 속아서 자신 혹은 부모에 대해 보상을 받지 못한 이들의 끔찍한 이야기가 있다. 이는 또한 거의 모든 고용 계약에도 스며들어 있다.

32. 그럼에도 불구하고 대법원은 중재 조항에 서명한 것이 공적 법률 시스템을 활용할 수 있는 권리를 포기한 것이라고 판결했다. Epic Systems Corp v. Lewis No. 16-285, Decided May 21, 2018.

33. 이러한 기술(FUD와 같은)은 경쟁사의 생산비를 상승시킨다. 이는 제품 주변에 해자를 만드는 전형적인 방법이다. 그 이론은 다음에서 찾아볼 수 있다. Thomas G. Krattenmaker and Steven C. Salop, "Competition and Cooperation in the Market for Exclusionary Rights," *American Economic Review* 76, no. 2 (1986): 109-13; Steven C. Salop and David T. Scheffman, "Raising Rivals' Costs," *American Economic Review* 73, no. 2 (1983): 267-71.

34. 확립된 기업도 때로는 문제에 봉착하며, 대기업이 아니라 주요 비즈니스 모델이

혁신, 즉 그들의 특허를 시장에 가져다주는 것이 아니라, 특허권 침해로 고소를 하는 소위 〈특허 괴물patent troll〉이 특허권을 보유하고 있을 때조차 그렇다. 이러한 일이 예전에 앞서 가는 모바일 기업 중 하나였던 블랙베리에게 일어났다. 블랙베리는 그들이 침해했다고 주장되는 특허권이 결국 정당한 것인지 아닌지와 상관없이, 광범위한 소송을 치른 이후에 그 서비스를 지속하기 위해서 6억 1200만 달러를 지불해야 했다.

스타트업의 경우에 특허 소송은 더욱 위협적이다. 예를 들어 블링고Vlingo라는 음성 인식 기술 기반의 스타트업 사례가 있다. 블링고는 뉘앙스Nuance라고 하는 훨씬 규모가 큰 기업으로부터 일련의 소송을 당했다. 결국 블링고는 뉘앙스에게 합병을 당했다. 그것도 첫 소송에서 이겼음에도 불구하고(총 여섯 건의 소송이 있었다) 300만 달러의 법률 비용을 치르고 나서였다. Charles Duhigg and Steve Lohr, "The Patent, Used as a Sword," *New York Times,* Oct. 7, 2012. See also Colleen V. Chien, "Patent Assertion and Startup Innovation" (Santa Clara University of Law Legal Studies Research Paper Series 26-13, 2013).

35. 시카고 경제학자들은 이러한 제약이야말로 효율적 경쟁이 양면 시장에서 드러나는 자연스러운 방식이라고 주장함으로써 반경쟁적 관행을 두둔했다. 이들 경제학자에 따르면, 양면 시장은 두 행위자 집단이 서로 상호작용을 하는 〈접점〉(오늘날 일반적으로 전자 플랫폼)이다. 가령 신용카드 회사는 소비자와 매장을 연결한다. 이들 경제학자는 법원이 시장의 작용에 간섭해서는 안 된다고 주장한다. 물론 이러한 주장이 시장의 실질적인 작용을 무시하는 것이라고 말하면 다소 완화된 표현일 것이다. 그럼에도 이들은 이러한 주장을 통해 일부 법원이 지속적인 시장 지배력의 남용을 인정하도록 설득하는 데 성공했다. 관련된 훌륭한 논의는 다음을 참조. Benjamin E. Hermalin and Michael L. Katz, "What's So Special About Two-Sided Markets?" in Martin Guzman, ed. *Toward a Just Society* (New York: Columbia University Press, 2018), 111-130.

36. 이 계약 조항들은 대단히 강력하게 반경쟁적이어서 시장 점유율이 낮은 기업조차(디스커버 카드Discover Card 같은) 비용을 크게 초과하는 수준으로 엄청나게 높은 수수료를 부과할 수 있었다. 오스트레일리아는 이러한 계약을 금지했고, 이로 인해 시장 경쟁이 높아지면서 상인에게 부과하는 수수료와 함께 신용카드 회사의 수익도 낮아졌다.

37. 이는 또한 현금을 지불하는 소비자가 더욱 불리해진다는 것을 의미한다.

38. 유사한 경우로 지배적인 항공 예약 시스템인 세이버 역시 경쟁을 억제하기 위해 비슷한 계약 조항을 활용한 것으로 드러났다. 이 경우에서 항공사는 그 컴퓨터 예약 시스템으로 서비스를 제공하는 비용보다 훨씬 높은 수수료를 부과받았다. 세이버는 항공

사가 고객을 훨씬 저렴한 그들의 온라인 예약 시스템으로 유도하지 못하도록, 그리고 그 시스템을 이용하는 승객에게 할인을 제공함으로써 세이버가 부과하는 높은 수수료를 우회하지 못하도록 막기까지 했다. US Airways Inc. v. Sabre Holdings Corp et al., U.S. District Court, Southern District of New York, No. 11-cv-2725. 이 책의 출간을 앞둔 시점에서 이 사건은 소송 중에 있다(완전한 정보를 공개하자면, 나는 그 계약 조항이 이 경우뿐만이 아니라 다양한 신용카드 회사의 경우에서도 경쟁에 반하는 것이라고 주장하는 원고 측의 전문가 증인이었다).

39. 예를 들면 King Drug Company v. Smithkline Beecham Corporation, United States Court of Appeals for the Third Circuit, No. 14-1243, November 19, 2014. The Supreme Court later declined to review the ruling. Also, see FTC v. Actavis, Inc., Supreme Court No. 12-416 (2013).

40. 예를 들어 그들은 그 의약품의 서방형 버전을 출시하기 위해 특허권이 만기될 때까지 기다렸다. 서방형 버전은 특허권의 대상이 아니다. 오직 뻔하지 않은 혁신에 대해서만 특허권을 받도록 되어 있으며, 이 경우에 기존 의약품의 서방형 버전은 뻔한 것이다. 미국으로서는 유감스럽게도 인도 정부는 이 점을 인정했다.

종종 그 정부는 제네릭 의약품의 안전성과 효능을 평가하기 위한, 오리지널 의약품에 관한 데이터 사용을 제한하는 〈데이터 독점data exclusivity〉이라는 조항을 통해 제네릭 기업을 시장에서 내쫓음으로써 빅파마를 지원하고 있다.

41. 6장에서 선제 합병의 다양한 사례를 다루고 있다.

42. 경제가 진화하면서 강력한 시장 집중이 나타나게 되는 여러 가지 이유가 있다. 6장에서는 빅데이터가 어떻게 구글이나 아마존 같은 기업에 유리한 자연 독점의 등장을 초래하는지에 대해 논의한다. 이러한 환경에서 경쟁을 강화하는 것은 힘든 일이다. 결코 저절로 이뤄지지 않는다.

43. 20세기 중반 미국에는 세 개의 지배적인 기업(GM, 크라이슬러, 포드)과 몇몇 소규모 기업(Studebaker, Nash-Rambler)이 있었다. 오늘날 미국의 세 지배적인 기업은 일본, 한국, 독일, 이탈리아의 여러 자동차 기업과의 치열한 경쟁에 직면하고 있다.

44. 이러한 시장에서 표준적인 경쟁이 가능하지 않다는 것을 이해하는 또 다른 방식이 있다. 표준적인 경쟁 이론이 주장하듯이 가격이 한계 비용(추가 단위를 생산하는 데 들어가는 추가 비용)과 동일할 때, 그 산업은 생존할 수 없다는 사실을 이해하는 것이다.

45. 앞서 살펴본 것처럼, 아이러니하게도 더욱 강력한 시장 지배력, 그리고 불평등이 더욱 심각한 보다 약한 경제에 직간접적으로 기여하는 게임 규칙의 변화는 상위 계층에

대한 더 낮은 세율이다. 낮은 세율은 〈지대 추구 행위〉를 장려하고, 여기서 기업은 더 나은 제품을 생산함으로써가 아니라, 가령 정부로부터 더 많은 혜택을 이끌어 냄으로써 수익을 높이고자 한다. 다음을 참조. Piketty, Saez, and Stantcheva, "Optimal Taxation of Top Labor Incomes." 2017년 세법은 이와 관련된 현상을 잘 보여 준다. 권력을 잡은 정당을 후원하는 기업에게 혜택을 주기 위해 법인세를 인하할 때, 다른 집단에 비해 상대적으로 특정 집단에 혜택을 주는 조항으로 세법에 구멍을 뚫고, 이를 통해 경제를 왜곡시키고 전반적인 효율성을 떨어뜨릴 위험이 존재한다.

46. 시장 집중이 미국에서 증가했지만 유럽에서는 그렇지 않았다는 사실은, 중요한 것은 기술이 아니라 정책이라는 점을 말해 준다. 게르만 구티에레즈Germán Gutiérrez와 토머스 필리폰Thomas Philippon은 그 차이의 원인으로 독점 금지법 실행에 주목한다. Gutiérrez and Philippon, "How EU Markets Became More Competitive than US Markets: A Study of Institutional Drift" (NBER Working Paper No. 24700, June, 2018).

47. 이는 국민소득의 하락으로 이어진다(그리고 국민소득의 더 많은 부분이 독점가에게 돌아가면서). 더 나아가 시장 지배력의 증가는 더 낮은 성장으로 이어지게 된다. 그 이유는 부분적으로 혁신의 동기가 경쟁 약화로 인해 떨어지기 때문에, 혹은 부분적으로 시장 지배력을 확보한 기업이 구축한 진입 장벽이 다른 혁신가의 진입을 막기 때문에, 혹은 부분적으로 연구를 위한 지출의 많은 부분이 시장 지배력을 유지하고 강화하는 데, 그리고 이를 이용하는 더 나은 방법을 고안하는 데 집중되기 때문이다.

48. "Aggregate Productivity and the Rise of Mark-Ups," *Vox,* Dec. 4, 2017; and David R. Baqaee and Emmanuel Farhi, "Productivity and Misallocation in General Equilibrium" (NBER Working Paper 24007, 2018).

49. 존 홀티웨인저John Haltiwanger와 그의 공동 연구자들은 세부적인 연구를 통해 이를 강력하게 입증했다. Ryan Decker, John Haltiwanger, Ron S. Jarmin, and Javier Miranda, "The Secular Decline in Business Dynamism in the US" (manuscript, 2014); John Haltiwanger, Ian Hathaway, and Javier Miranda, "Declining Business Dynamism in the U.S. High-Technology Sector" (Kauffman Foundation, 2014); Ryan Decker, John Haltiwanger, Ron S Jarmin, and Javier Miranda, "The Role of Entrepreneurship in US Job Creation and Economic Dynamism," *Journal of Economic Perspectives* 28, no. 3 (2014): 3 - 24. See also Ian Hathaway and Robert E. Litan, "Declining Business Dynamism in the United States: A Look at States and Metros" (Brookings Papers, 2014). 이는 또한 OECD 데이터에서도 찾아볼 수 있는데,

여기서 미국은 최악의 성과자는 아니지만, 우리의 이미지와 반대로 최고와는 거리가 멀다. See Chiara Criscuolo, Peter N. Gal, and Carlo Menon, "The Dynamics of Employment Growth: New Evidence from 18 Countries" (OECD, Science, Technology and Industry Policy Papers no. 14, May 21, 2014).

퍼먼과 오르자그는 미국 경제에서 역동성의 위축에 관한 추가적인 증거를 제시하면서, 이를 부분적으로 경쟁의 위축과 연결 짓고 있다. Furman and Orszag, "Slower Productivity and Higher Inequality: Are they Related?"; and Furman and Orszag, "A Firm-Level Perspective on the Role of Rents in the Rise in Inequality."

50. 퍼먼과 오르자그는 또한 대기업들이 수익이 대단히 높을 때조차 충분한 투자를 하지 않는다는 사실을 언급하면서, 이를 경쟁의 위축과 연결 짓고 있다. Furman and Orszag, "A Firm-Level Perspective on the Role of Rents in the Rise in Inequality"; and Furman and Orszag, "Slower Productivity and Higher Inequality: Are They Related?" 마찬가지로 구티에레즈와 필리폰(2017) 역시 오늘날 미국에서 투자가 수익 성과 가치 평가의 수치에 비해 상대적으로 약하며, 또한 경쟁의 위축과, 아래에서 간략하게 논의하는 기업의 지배 구조 문제와 관련한 근시안이 두 가지 핵심 요인이라는 사실을 확인했다. Germán Gutiérrez and Thomas Philippon, "Investment-less Growth: An Empirical Investigation," Sept. 2017, New York University and Brookings, https://www.brookings.edu/wp-content/uploads/2017/09/2_gutierrezphilippon.pdf.

물론 투자의 약화는 또한 총수요에 부정적인 영향을 미치며, 이는 총수요의 부족이 경제에서 중요한 제약으로 작용하는 2008년 금융 위기 이후와 같은 시기에 특히 중요하다. 데이터 출처는 다음과 같다. "Shares of Gross Domestic Product: Gross Private Domestic Investment," St. Louis FRED, accessed July 17, 2018, available at https://fred.stlouisfed.org/series/A006RE1Q156NBEA#0.

51. Princeton: Princeton University Press. 인터넷 세상의 악인들은 속일 수 있는 바보를 노리고 있다.

52. 오바마 행정부는 이 문제에 관심을 기울였다. CEA Issue Brief, "Labor Market Monopsony: Trends, Consequences, and Policy Responses," Oct. 2016.

53. See, for example, Alan Manning, "Imperfect Competition in Labour Markets," in *Handbook of Labor Economics*, eds. Orley Ashenfelter and David Card, vol. 4 (Amsterdam: North-Holland, 2011); and John Schmitt, "Why Does the Minimum Wage Have No Discernible Effect on Employment?" (CEPR Publication, 2013).

54. 패스트푸드 근로자와 같은 다양한 사례에서 경쟁사의 취업 제한을 기업 비밀이

나 〈내부 정보〉의 손실의 차원에서 정당화하는 것은 불가능하다. 앨런 크루거와 에릭 포스너는 미국인 전체 근로자의 4분의 1이 개인의 경력에서 특정 시점에 비경쟁적 혹은 비침해적 계약에 직면하게 된다는 사실을 확인했다. 이러한 계약은 가장 취약한 근로자들에게 종종 활용된다. "A Proposal for Protecting Low-Income Workers from Monopsony and Collusion," *The Hamilton Project Policy Proposal* 5 (2018).

55. Smith, *An Inquiry into the Causes of the Wealth of Nations.*

56. 최근 연구는 〈일주일에 40시간 이상 일하면서 시급을 받는 근로자들의 19퍼센트는 규정 외 노동 시간에 대해 《1.5배》 기준보다 낮은 임금을 받았다〉는 사실을 보여 주었다. Susann Rohwedder and Jeffrey B. Wenger, "The Fair Labor Standards Act: Worker Misclassification and the Hours and Earnings Effects of Expanded Coverage" (Rand work paper, Aug. 7, 2015).

57. 중요한 증거 한 가지는 온라인 노동 시장에 대한 계량경제학의 최근 연구에서 발견할 수 있다. 우리는 구매자 독점력이 아주 낮을 것이라고 예상할 수 있지만, 증거는 반대 이야기를 들려주고 있다. Dube, Jacobs, Naidu, and Suri, "Monopsony in Online Labor Markets" and Azar et al., "Concentration in US Labor Markets: Evidence from Online Vacancy Data."

우리는 노동 시장에 만연한 인종, 민족, 성차별에서 기업의 시장 지배력의 증거를 확인할 수 있다. 경쟁 이론은 그러한 차별이 존재할 수 없다고 말하지만, 눈이 있는 사람이라면 그것이 존재한다는 사실을 알 수 있으며, 차별의 존재는 그 자체로 기업의 힘에 비해 이들 집단의 힘의 결핍을 보여 주는 증거다.

58. 게임 규칙의 변화와 조합 결성을 더 어렵게 만드는 변화하는 시장 구조 이외에도 다양한 요인이 노동조합을 약화시켰다. 이러한 다양한 변화는 서로를 강화한다. 세계화는 그것이 구축된 방식에서 근로자의 급여 인상을 얻어 내기 위한 노동조합의 힘을 위축시켰으며, 노동조합의 위축은 노동조합 가입의 위축으로 이어졌다. 노동조합 지도자들은 때로 조합원들의 이해관계를 충분히 반영하지 못한다. 이는 주인-대리인 문제라고 하는 것으로, 정보와 책임이 불완전한 모든 조직 내에서 발생한다.

59. 알렉산더 허텔페르난데즈Alexander Hertel-Fernandez는 노동조합의 쇠퇴와 불평등 심화, 그리고 이러한 흐름이 정치와 연결된 방식 사이의 연결 고리에 관한 흥미로운 연구를 수행했다. *Politics at Work: How Companies Turn Their Workers into Lobbyists* (New York: Oxford University Press, 2018).

60. 더 일반적으로 말해서, 노동조합을 관리하는 일련의 규칙이 있으며, 이는 조합이 얼마나 쉽게 조합원을 받아들이고 회비를 걷을 수 있는지, 어떻게 선거를 통해 공장에서

근로자를 대변할 권리를 얻을 수 있는지, 그리고 얼마나 효과적으로 교섭할 수 있는지에 영향을 미친다. 전통적으로 기업은 노동조합을 조직하는 근로자를 해고했을 뿐 아니라, 블랙리스트에 올려 둠으로써 그들이 다른 곳에서 일자리를 구하지 못하게 했다. 이러한 행위는 지금은 불법이지만, 여전히 기업들은 노동조합을 무력화하기 위해 은밀하거나 노골적인, 합법적이거나 불법적인 방법을 사용하고 있다. 미국 노동관계위원회National Labor Relations Board는 노동법과 규제를 감독하고, 이를 해석 및 집행하고 있다. 코네티컷 대학의 마크 스텔즈너Mark Stelzner는 몇몇 핵심 규칙의 변화와 노동조합에 불리하게 작용한 해석이 근로자 지위 하락에 중대한 영향을 미쳤다는 사실을 보여 주었다. Mark Stelzner, "The New American Way—How Changes in Labour Law Are Increasing Inequality," *Industrial Relations Journal* 48, no. 3 (2017): 231－55.

노동조합은 임금 불평등을 완화하는 데 중요한 역할을 한다. 그렇기 때문에 노동조합 무력화는 당연하게도 불평등 심화에 영향을 미친다. David Card, "The Effect of Unions on Wage Inequality in the U.S. Labor Market," *Industrial and Labor Relations Review* 54, no. 2 (2001): 296－315. 불평등이 미국에서 더 심각한 이유는 노동조합이 약하기 때문이다. 전 세계적인 상황은 다음을 참조. Era Dabla‐Norris, Kalpana Kochhar, Nujin Suphaphiphat, Frantisek Ricka, and Evridiki Tsounta, "Causes and Consequences of Income Inequality: A Global Perspective," IMF Staff Discussion Note No. 15/13 (Washington, DC: International Monetary Fund, 2015); and Florence Jaumotte and Carolina Osorio Buitron, "Inequality and Labour Market Institutions," IMF Staff Discussion Note No. 15/14 (Washington, DC: International Monetary Fund, 2015).

2018년 6월 Janus v. American Federation of State, County and Municipal Employees에서 대법원은 공공 분야의 노동조합이 비조합 회원으로부터 회비를 걷을 수 있는 권리를 박탈했다. 이 판결은 노동조합이 회비 모금과 가입 유지에 더 집중하도록 만들면서, 근로자 복지를 향상시키기 위한 정치적 행동을 포함해 여러 다른 활동에 관여하는 노동조합의 힘을 약화시켰다. James Feigenbaum, Alexander Hertel‐Fernandez, and Vanessa Williamson, "From the Bargaining Table to the Ballot Box: Political Effects of Right to Work Laws" (NBER Working Paper 24259, 2017).

공간 제한은 근로자의 힘을 약화시키기 위해 고안된 법을 되돌리는 것은 고사하고, 근로자의 시장 지배력과 정치적 힘을 회복하기 위한 전체적인 의제를 논의의 장으로 이끌어 내는 것마저 불가능하게 만들었다. 경제에서 변화, 서비스 분야의 성장, 제조업의 위축, 긱 경제의 등장 모두 이러한 문제를 심화시켰다. Brishen Rogers and Kate Andrias, *Rebuilding Worker Voice in Today's Economy* (Roosevelt Institute, 2018); and Kate Andrias, "The New Labor Law," *Yale Law Journal* 126, no. 1 (Oct. 2016).

61. 임금 결정에서 노동조합의 역할에 관한 논의는 다음을 참조. Henry S. Farber, Daniel Herbst, Ilyana Kuziemko, and Suresh Naidu, "Unions and Inequality Over the Twentieth Century: New Evidence from Survey Data" (NBER Working Paper No. 24587, 2018).

62. John Kenneth Galbraith, *American Capitalism: The Concept of Countervailing Power* (Boston: Houghton Mifflin, 1952). 그의 주장은 경쟁적인 시장이 아니라, 거대한 노동조합과 거대한 기업이 서로를 견제하는(상쇄하는 힘 때문에 시스템이 돌아가는) 일반적인 시장의 힘으로 경제를 더 잘 설명할 수 있다는 것이다.

63. 독점 금지법을 업데이트해야 한다는 주제는 최근 많은 학자와 정책 결정자로부터 큰 관심을 받았다. See, for instance, Tim Wu, "Antitrust in the New Gilded Age" (Columbia Business School Global Reports, 2018); a series of Roosevelt Institute blogs and papers, including the following: Marshall Steinbaum, "Crossed Lines: Why the AT&T – Time Warner Merger Demands a New Approach to Antitrust," Feb. 2, 2017; "Airline Consolidation, Merger Retrospectives, and Oil Price Pass-Through," Apr. 6, 2018; "It's Time for Antitrust to Take Monopsony Seriously," Oct. 17, 2017; "A Missing Link: The Role of Antitrust Law in Rectifying Employer Power in Our High-Profit, Low-Wage Economy," Apr. 16, 2018; Marshall Steinbaum, Eric Harris Bernstein, and John Sturm, "Powerless: How Lax Antitrust and Concentrated Market Power Rig the Economy Against American Workers, Consumers, and Communities," Mar. 27, 2018; and Adil Abdela, "Market Concentration and the Importance of Properly Defined Markets," Apr. 23, 2018. See also Joseph E. Stiglitz, "Towards a Broader View of Competition Policy," in *Competition Policy for the New Era: Insights from the BRICS Countries,* eds. Tembinkosi Bonakele, Eleanor Fox, and Liberty Mncube (Oxford: Oxford University Press, 2017); (lecture presented to the 4th BRICS International Competition Conference in Durban, November 2015); and Joseph E. Stiglitz, "America Has a Monopoly Problem—and It's Huge," *Nation,* Oct. 23, 2017. See also Barry Lynn's Open Markets Institute website, https://openmarketsinstitute.org/. 배리 린Barry Lynn은 뉴아메리카 재단New America Foundation의 학자였지만, 들리는 바에 따르면 그와 그의 팀은 구글로부터 압박을 받은 이후로 조직을 떠났다고 한다. 그것은 유럽연합이 구글에 대해 내린 반독점 판결을 린이 지지했기 때문이었다. Barry Lynn, "I Criticized Google. It Got Me Fired. That's How Corporate Power Works," *Washington Post,* Aug. 31, 2017.

64. 사실 이러한 생각은 프리드먼이 등장하기 이전부터 시카고 대학에 널리 퍼져 있었다. 그럼에도 프리드먼은 자신의 책을 통해 이를 널리 알리는 데 누구보다 많은 기여를 했다. *Free to Choose,* written with his wife, Rose Friedman (New York: Harcourt, 1980).

65. 예를 들어 수십 년 전에 파르타 다스굽타Partha Dasgupta와 나는 독점은 일시적 현상에 불과하다는 슘페터 지지자들의 주장이 잘못되었다는 사실을 보여 주었다. 독점가는 그들의 시장 지배력을 계속해서 이어 나갈 능력과 동기를 갖고 있었다. Dasgupta and Stiglitz, "Uncertainty, Industrial Structure, and the Speed of R&D," *Bell Journal of Economics* 11, no. 1 (1980): 1–28. 나는 다른 동료들과 함께 독점가가 되기 위한 싸움은 슘페터가 주장한 것처럼 혁신에 반드시 긍정적인 영향을 미치는 것이 아니라, 오히려 반대로 이를 억제할 수 있다는 사실을 보여 주었다. See, for instance, Kenneth J. Arrow, "Economic Welfare and the Allocation of Resources to Invention," and Drew Fudenberg, Richard Gilbert, Joseph E. Stiglitz, and Jean Tirole, "Preemption, Leapfrogging and Competition in Patent Races," *European Economic Review* 22 (June 1983): 3–32 (Jean Tirole received the Nobel Memorial Prize in Economics in 2014). 최근 연구 결과는 이러한 결론을 뒷받침하고 있다. 다음을 참조. Greenwald and Stiglitz, *Creating a Learning Society,* especially chapters 5 and 6.

시카고 대학의 아널드 하버거Arnold Harberger는 독점으로 인한 소비자 복지 감소는 부차적인 것이라고 주장했다(GDP 기준 약 0.1퍼센트). Arnold C. Harberger, "Monopoly and Resource Allocation," *American Economic Review* 44, no. 2 (1954): 77–87. 그러나 최근 연구는 하버거가 그 비용을 두 자릿수만큼 과소평가했다는 사실을 보여 주었다. Baqaee and Farhi, "Productivity and Misallocation in General Equilibrium." 하버거의 주장이 1950년대에는 맞았다고 해도, 앞서 설명했듯이 그 이후로 시장 지배력이 증가하면서(그리고 그와 관련된 마크업이 증가하면서) 더 이상 현실과는 맞지 않게 되었다.

66. 독점 금지법의 시행에서 두 가지 유형의 오류가 가능하다. 비경쟁적 관행이 경쟁적이 되는 것을 발견하거나, 혹은 경쟁적인 관행이 비경쟁적이 되는 것을 발견하거나. 그들은 어떤 경우든 비경쟁적 관행이 살아남을 가능성이 낮다는 믿음을 바탕으로 후자에 관심을 집중했다.

67. Brooke Group Ltd. v. Brown & Williamson Tobacco Corp., 509 U.S. 209 (1993)에서 대법원은 이 주장을 받아들였다. 로버트 보크Robert Bork와 같은 시카고 법률가들이 이러한 주장을 처음으로 제기했을 때조차 노벨상 수상자 올리버 윌리엄슨과 같은 경제학자로부터 비판을 받았다. Oliver Williamson in "Review of *The*

Antitrust Paradox: A Policy at War with Itself by Robert H. Bork," *University of Chicago Law Review* 46, no. 2 (1979): 10. 이러한 결론은 이후로 경제 이론이 발전하면서 더욱 지지를 받았다.

아이러니하게도 미국이 자국 내 약탈적 가격 결정 소송에서 이기기 어렵게 만든 바로 그 시점에, 해외 기업의 불공정한 거래 관행(비용 이하로 가격을 낮춘 것)을 고소했던 비슷한 사건에서 쉽게 승소했다.

68. 최근에 반경쟁적 효과가 효율성 이득을 넘어선다는 것을 입증해야 할 부담이 원고 측(기업이 반경쟁적 행위를 했다고 주장하는 쪽)에 전가되었다. 이러한 판단은 시장이 잘 작동하고 경쟁적이며, 따라서 반경쟁적으로 보이는 행위도 사실은 친경쟁적이라는 믿음에 근거한 것이다.

69. 구글이 직접적으로 판매에 나설 때, 구글을 통해 시장에 제품을 판매하는 광고주들과 이해관계 충돌이 발생하게 된다. 이해관계 충돌은 아마존에서 더 만연하게 나타나고 있다. 우리는 나중에 새로운 플랫폼이 부과하는 다른 규제적인 사안에 대해 살펴볼 것이다. 하지만 경쟁을 포함해 이러한 플랫폼이 우리 경제에 부과하는 도전 과제는 우리가 다룰 수 있는 범위를 넘어선다. See, for instance, Lina M. Khan, "Amazon's Antitrust Paradox," *The Yale Law Journal* 126, no. 3 (Jan. 2017).

70. 시장 지배력을 판단하는 기존의 방식에 변화가 있어야 한다. 종종 독점 금지법 위반을 주장하는 이들이 해당 기업이 거대한 시장 점유율을 확보하고 있음을 입증해야 한다. 다시 한번 이러한 판단은 시장 점유율이 높지 않으면 반경쟁적 관행에 관여할 수 없다는 생각을 기반으로 한 것이다. 이는 이론적인 차원에서 잘못된 것이다. 현실적인 차원에서는 더 나쁘다. 시장 지배력에 대한 직접적인 증거가 있다면(앞서 논의했던 것처럼, 높은 마크업, 가격 차별화, 새로운 진입자가 없는 상태에서의 과도한 수익, 중재 조항과 같은 받아들여서는 안 되는 조건에 대한 강요) 그것 자체로 충분한 증거로 받아들여야 한다.

다른 정치적 변화에 대한 추가적인 논의는 다음을 참조. Wu, "Antitrust in the New Gilded Age."

71. "Costly Choices for Treating Wilson's Disease," *Hepatology* 61, no. 4 (2015): 1106-8. 그 사설은 의약품을 개발한 머크Merck가 20년 동안 그 비용을 밸리언트가 부과한 것의 약 0.5퍼센트로 유지했다고 언급했다.

72. 튜링 파머슈티컬스Turing Pharmaceuticals는 2015년에 특허권이 만료된, 62년 된 다라프림Daraprim을 합병하고 나서 가격을 한 알당 13.50달러에서 750달러로 인상했다. 이와 비슷한 수많은 사례가 있다. Andrew Pollack, "Drug Goes from $13.50 a

Tablet to $750, Overnight," *New York Times*, Sept. 20, 2015.

73. 비슷하게도 주가가 주장된 저축액 이상으로 오른다면, 이는 시장 지배력의 증가가 인수 혹은 합병의 중요한 동인이라는 사실을 말해 주는 것이다. 또한 약속과는 반대로 나타났을 때, 즉 합병 후 가격이 더 높아진다면 그 합병은 취소될 수 있다는 분명한 위협과 더불어, 면밀한 검토가 필요하다.

74. 6장에서는 망 중립성을 요구하는 규제가 어떻게 인터넷 기업에 의한 그와 같은 이해 충돌로부터 비롯되는 시장 지배력의 남용을 피해야 하는지를 설명하고 있다.

전통적으로 독점 금지법은 산업 내부의 합병에 집중하며, 수직적 합병이 반경쟁적이지 않다고 가정한다. 그러나 많은 시장에서 경쟁이 제한적이라는 인식과 더불어, 이제 수직적 합병은 〈수평적인〉 영향을 미치며, 경쟁을 위축시킬 수 있는 것으로 인식되고 있다. 기본적으로 시장은 경쟁적이라는 가정에서 출발하는 시카고학파의 지속적인 영향은 가령 AT&T와 타임워너의 합병을 인가했던 사례(현재 소송 중에 있는)에서처럼 최근 법원 판결에서도 찾아볼 수 있다. See also "Brief for 27 Antitrust Scholars as Amici Curiae in Support of Neither Party," United States Of America, Plaintiff-Appellant, v. AT&T Inc.; Directv Group Holdings, LLC; And Time Warner Inc., Defendants-Appellees. On Appeal from the United States District Court for the District of Columbia, No. 1:17-cv-2511 (Hon. Richard J. Leon). United States Court of Appeals for the District of Columbia Circuit, Document: #1745344. Filed: August 13, 2018.

75. 이는 개인에게 좋은 것이 경제와 사회에도 좋은 것일 수 있는 또 다른 사례에 해당한다. 위험을 회피하는 스타트업 소유주는 내일 위험한 시장의 불확실성을 감내하는 것보다 오늘 자신의 노력에 대한 합리적 보상을 받는 것에 만족할 것이다. 그러나 사회는 경쟁적인 시장을 유지하는 데 많은 관심을 갖고 있다.

76. 특히 비경쟁적이고 비침해적인 조항.

77. 보다 혁신적인 몇몇 방식에 대해서는 6장에서 논의하고 있다.

78. 유럽은 국가 간에 운동장을 평평하게 유지하는 데 많은 관심을 기울이고 있으며, 그래서 어떤 형태로든 국가 지원을 금지하고 있다. 여기에는 미국이 추구하는 세금 혜택도 포함된다.

79. Joseph E. Stiglitz, "Economic Foundations of Intellectual Property Rights," *Duke Law Journal* 57 (2008): 1693 - 1724; and Claude Henry and Stiglitz, "Intellectual Property, Dissemination of Innovation, and Sustainable Development,"

Global Policy 1, no.1 (2010): 237 - 51.

80. 1998년 저작권 보호 기간 연장 법안Copyright Term Extension Act은 저작권의 기간을 저자 사후 70년까지, 기업의 경우에는 출시 후 95년이나 창작 후 120년 중 그 만기가 먼저 오는 것으로 확장했다. 일반 경제 이론은 이러한 조항이 새로운 지적 재산권 창조에 거의 동기를 부여하지 않는다고 말한다. 하지만 분명하게도 일단 미키마우스처럼 오래 지속되는 창작물을 만들었다면, 이 조항은 거둬들일 수 있는 지대를 크게 높여줄 것이다.

81. 이 사례는 6장에서 더 자세하게 논의한다.

82. "Declaration of Joseph E. Stiglitz and Jason Furman," Before the United States Department of Justice, Civil Action No 98-1232 (CKK) and Civil Action No 98-1233 (CKK). Available at https://www.justice.gov/sites/default/files/atr/legacy/2002/06/05/mtc-00030610c.pdf.

83. See, for instance, Andrea Prat, "Media Power," *Journal of Political Economy* 126, no. 4 (2018): 1747 - 83; and Andrea Prat, 2015, "Media Capture and Media Power," in *Handbook of Media Economics*, eds. Simon Anderson, Joel Waldfogel, and David Stromberg, vol. 1b (Amsterdam: North-Holland, 2015). See also Timothy Besley and Andrea Prat, "Handcuffs for the Grabbing Hand? The Role of the Media in Political Accountability," *American Economic Review*, 96, no. 3 (2006): 720 - 36.

84. 경제학자들은 정보는 정부 지원 없는 시장 경제 안에서는 충분히 공급되지 않는 〈공공재〉라고 말한다. 적극적인 언론의 존재는 시민 사회에 더 많은 정보를 제공함으로써 광고주와 소비자는 물론 사회 전반에 혜택을 가져다준다. 언론은 정부가 책임을 지도록 하고 부패를 억제하는 데 중요한 역할을 한다.

85. 예를 들어 싱클레어 브로드캐스트 그룹Sinclair Broadcast Group이 전국에 걸쳐 TV 방송국들을 인수하면서 프로그램들이 대단히 보수적인 내용으로 바뀌었다. Sheelah Kolhatkar, "The Growth of Sinclair's Conservative Media Empire," *The New Yorker*, Oct. 22, 2018.

86. 시장 지배력을 더 높은 기준으로 판단해야 하는 또 다른 영역으로는 금융이 있다. 모든 경제에서 대형 은행 및 다양한 금융 기관은 지나치게 비대한 힘을 행사할 수 있다.

87. Vincent Larivière, Stefanie Haustein, and Philippe Mongeon, "The Oligopoly of Academic Publishers in the Digital Era," *PLoS ONE* 10, no. 6 (2015): e0127502, https://doi.org/10.1371/journal.pone.0127502.

88. 지난 반세기에 걸친 연구는 완전한 위험과 자본 시장의 부재, 불완전하고 비대칭적인 정보를 포함해 시장이 충분한 결과물을 생산하지 못하는 상황인 많은 〈시장 실패〉를 확인했다. 이 장에서는(그리고 더 광범위하게 이 책에서는) 한 가지 시장 실패, 즉 경쟁의 위축에 초점을 맞추고 있다. 그 이유는 경쟁의 위축이야말로 경제가 직면하고 있는 질병의 핵심이라고 생각하기 때문이다.

89. 미국에서 CEO 보수는 지난 40년간 엄청나게 올랐고, 그 폭은 다른 선진국에 비해 훨씬 크다. 우리는 이러한 보상 수준을 생산성 차원에서 정당화할 수 없다. 미국의 CEO가 다른 나라의 CEO보다 더 생산적인 것은 아니며, 또한 미국의 CEO가 오늘날 근로자에 비해 40년 전보다 더 생산적인 것도 아니다(2017년 상위 350개 기업 가운데 CEO의 평균 보수는 근로자의 평균 보수보다 300배 이상 더 높다. 이는 1965년의 스무 배에 비해 크게 증가한 것이다. See Lawrence Mishel and Jessica Schieder, "CEO Compensation Surged in 2017," Economic Policy Institute, Aug. 16, 2018, available at https://www.epi.org/publication/ceo-compensation-surged-in-2017/). 반면 노르웨이에서 CEO의 평균 보수는 근로자 보수의 스무 배에 불과하다. 이 점에서 미국은 세계에서 다른 모든 나라를 앞서고 있으며, 북쪽 이웃 나라인 캐나다와도 격차가 크다. Anders Melin and Wei Lu, "CEOs in U.S., India Earn the Most Compared with Average Workers," *Bloomberg*, Dec. 28, 2017, available at https://www.bloomberg.com/news/articles/2017-12-28/ceos-in-u-s-india-earn-the-most-compared-with-average-workers.

90. 8장에서 자세히 다루고 있다.

91. 무력감은 우울증 발병을 높이는 등 건강에 다양한 영향을 미친다. 또한 정치적으로도 중요한 영향을 미친다는 사실이 최근 스탠퍼드 대학의 연구를 통해 밝혀졌다. Jojanneke van der Toorn, Matthew Feinberg, John T. Jost, Aaron C. Kay, Tom R. Tyler, Robb Willer, and Caroline Wilmuth, "A Sense of Powerlessness Fosters System Justification: Implications for the Legitimation of Authority, Hierarchy, and Government," *Political Psychology* 36, no. 1 (Feb. 2015).

92. 착취적이고 불법적인 비즈니스 행위로 인해 피해를 입은 많은 사람들(가령 마이크로소프트 프로그램 구매자들)이 소송에 참여했다. 개인으로서는 소송전을 벌이기 쉽지 않다. 개인에 대한 〈침해〉는 수백 혹은 수천 달러에 불과하며, 이는 수백만 명에 대한 법률 청구서를 지불하기에 턱없이 부족하다. 그러나 집단적인 차원에서 그 피해는 엄청나다. 비즈니스 공동체는 집단 소송이 없으면 기본적으로 그들이 피해를 입힌 사람들의 법적 행동으로부터 아무런 영향을 받지 않는다고 인식하기 때문에 집단 소송 제기를 어

렵게 만들기 위해 조직적인 활동을 벌이고 있다.

93. Song et al. in "Firming Up Inequality"는 기업 내부에서 보상 격차의 증가가 임금 불평등 증가에서 중요한 역할을 한다는 사실을 보여 준다. 비록 앞서 언급했듯이 대부분 기업의 기술 구성의 변화로 설명할 수 있는 기업 간 차이의 증가만큼은 아니라 해도 말이다.

94. 예를 들어 기업 리더의 힘을 억제하기 위한 방안으로 평균 근로자의 보수에 대한 경영자 보수의 비율을 공시하도록 하고 주주들에게 경영자가 보유한 스톡옵션 가치를 공지하거나, 혹은 경영자 보수 결정 과정에서 주주들에게 더 높은 발언권을 보장하는 것이 포함된다. 이러한 부드러운 개혁은 (놀랍지 않게도) 그것이 터무니없이 높은 경영자 보수를 낮추려는 압박으로 작용할 것이라고 우려하는 기업 경영자들의 거센 반발에 직면하고 있다.

최근 주목받고 있는 또 다른 방법은 CEO와 경영진에게 과도한 보수를 지급하지 않은 기업의 법인세를 인하해 주거나, 혹은 보수 그 자체에 높은 세율을 적용함으로써 기업이 터무니없이 높은 보수를 지급하지 못하도록 동기를 부여하는 것이다. 적어도 스톡옵션을 장려하는 특별 세금 조항은 배제해야 한다.

이러한 사안과, 이를 위한 방안에 대한 광범위한 논의는 다음을 참조. Stiglitz, *The Price of Inequality;* and Stiglitz, *The Roaring 90s.* 투자자 스티븐 실버스타인Stephen M. Silberstein은 캘리포니아주에서 법인세를 CEO의 보수와 연계하는 입법을 계속 요구해 오고 있으나 아직 결실을 보지 못하고 있다. 다음을 참조하라. Gary Cohn, "Overcompensation: Tying Corporate Taxes to CEO Pay," *Capital & Main,* Aug. 6, 2014. 지난 몇 년 사이에 미국의 인센티브 시스템과 기업 지배 구조를 주제로 한 책들이 쏟아져 나와 관심을 모으고 있다. See, for instance, Steven Bavaria, *Too Greedy for Adam Smith: CEO Pay and the Demise of Capitalism,* 2nd ed. (Chestnut Ridge: Hungry Hollow Books, 2015); Michael Dorff, *Indispensable and Other Myths: Why the CEO Pay Experiment Failed and How to Fix It* (Berkeley: University of California Press, 2014); Steve Clifford, *The CEO Pay Machine: How it Trashes America and How to Stop it* (New York: Blue Rider Press, 2017); and Lynn Stout, *The Shareholder Value Myth: How Putting Shareholders First Harms Investors, Corporations, and the Public* (San Francisco: Berrett-Koehler, 2012).

95. 이 책은 시장 지배력의 역할, 다시 말해 대기업과 CEO의 시장 지배력의 증가, 근로자와 소비자의 힘의 지배, CEO와 기업의 힘을 강화하고 근로자와 소비자의 힘을 약화시키는 시장 경제의 규칙을 새롭게 써야 할 필요성에 초점을 맞추고 있다. 하지만 이는 우리가 더 역동적이고 평등한 경제를 이룩하고자 한다면, 게임의 규칙을 반드시 바꾸

기 위한 상징적인 과제에 불과하다. Stiglitz et al., *Rewriting the Rules of the American Economy*.

4 세계화를 둘러싼 갈등

1. 트럼프가 반복적으로 〈역대 최악〉이라고 불렀던 거래.

2. 예를 들어 1994년 NAFTA, 혹은 1995년 WTO 설립으로 이어졌다. 미국과 칠레, 미국과 한국 등 여러 다른 양자 간 무역 협정이 있다.

3. 널리 알려진 설명은 다음을 참조. Daron Acemoglu and James A. Robinson, *Why Nations Fail: The Origins of Power, Prosperity, and Poverty* (New York: Crown Business, 2013).

4. 현대 경제학은 적극적인 정부 개입이 없는 상태에서 임금 격차가 큰 국가 간의 무역은 선진국 측의 임금 하락으로 이어질 것이라고 오랫동안 주장해 왔다. 이는 실제로 벌어진 상황에 대한 분명한 경고였다. 그 결과는 1941년 폴 새뮤얼슨Paul Samuelson과 볼프강 스톨퍼Wolfgang Stolper에 의해 처음 확인되었다. "Protection and Real Wages," *Review of Economic Studies* 9, no. 1 (1941): 58 – 73. See also Samuelson, "International Trade and the Equalisation of Factor Prices," *Economic Journal* 58, no. 230 (1948): 163 – 84.
그러므로 미국과 중국 사이의 무역은 대략적으로 임금 수준이 같은 유럽과 미국 간의 무역과는 크게 다른 영향을 미친다. 이 주제에 대한 광범위한 논의는 다음을 참조. Stiglitz, *Globalization and its Discontents Revisited and Making Globalization Work*.

5. David H. Autor, David Dorn, and Gordon H. Hanson, "The China Syndrome: Local Labor Market Effects of Import Competition in the United States," *American Economic Review* 103, no. 6 (2013): 2121 – 68.

6. 세계화와 관련된 문제의 목록은 완전한 것이 아니다. 예를 들어 세계화는 종종 위험을 증가시키며, 특히 기업과 가구가 보장받을 수 없는 위험을 증가시킨다. 본격적인 논의는 다음을 참조. Stiglitz, *Globalization and its Discontents Revisited*.

7. 관련된 조항은 가령 NAFTA 11장처럼 무역 협정에 포함된 투자 협정에 들어 있다. 이들 조항은 무역이 아니라 투자에 관한 것이기는 하지만, 이제 미국의 모든 무역 협정의 표준적인 일부가 되었다. 놀랍지 않게도 이들 조항은 그것을 포함하지 않는 모든 무역 협정에 반대를 표명했던 대기업의 요청에 따른 것이었다.

8. 규제가 바뀔 때 나타나는 투자 가치의 감소를 일컬어 규제 수용regulatory taking 이라 부른다. 의회와 법원은 미국 내 기업이 규제 수용에 따른 보상을 받을 자격이 없다 는 입장을 계속해서 취해 왔다. 하지만 우리의 투자 협정은 그러한 보상을 인정하고 있 다. 기업은 정부를 직접 고소할 수 있으며, 분쟁은 기업이 세 중재자 중 하나를 선택하도 록 하는 중재 시스템을 통해서 해결된다. 이 시스템은 비판을 받고 있다. See, for instance, Joseph E. Stiglitz, "Regulating Multinational Corporations: Towards Principles of Cross-Border Legal Frameworks in a Globalized World Balancing Rights with Responsibilities," *American University International Law Review,* 23, no. 3 (2007): 451-558, Grotius Lecture presented at the 101st Annual Meeting of the American Society for International Law, Washington, DC, Mar. 28, 2007; and "Towards a Twenty-first Century Investment Agreement," Preface in *Yearbook on International Investment Law and Policy 2015-2016,* eds. Lise Johnson and Lisa Sachs (New York: Oxford University Press), xiii-xxviii, available at http://ccsi. columbia.edu/files/2014/03/YB-2015-16-Front-matter.pdf.

9. 세계화가 근로자, 그리고 더 일반적으로 사회 전반을 희생함으로써 기업 이익을 도모하는 방향으로 설계되었다는 사실을 말해 주는 다른 증거가 있다. 세계화를 옹호하 는 공화당 인사들은 일반적으로 무역 조정 지원(세계화로 인한 거대한 피해자의 수를 줄이기 위해 설계된 세계화에 의해 대체된 이들에 대한 도움)을 강력하게 반대했다. 세 계화를 위한 광범위하고 장기적인 지원을 보장하고자 하는 이는 물론 세계화로부터 고 통을 겪고 있는 이들로부터 반발을 줄이기 위해 최선을 다하고자 할 것이다. 하지만 미 국의 기업 리더들은 임금 하락을 통한 단기적 이익에 집중했고, 강력한 교섭 지위를 바 탕으로 근로 환경을 더욱 악화시켰다.

지적 재산권 조항, 특히 제약 산업과 관련된 조항의 설계 역시 소비자와 정부를 희생 함으로써 제약 회사의 이익을 높였다(이는 의료비 상승에 큰 영향을 미쳤다).

10. 이를 일컬어 〈전도inversion〉라고 한다. 종종 공식적인 본사 외에는 거의 변화가 없다. 실제로 비즈니스가 이뤄지는 곳은 그대로 남아 있다. 이들 기업이 다른 곳으로 이 전하려고 한다는 사실은 깊은 애국심의 결핍을 보여 주는 것이다. 그들의 유일하고 진정 한 관심은 돈과 수익이다. 그러나 미국 정부는 국제 포럼과 무역 협상에서 이들 기업의 이익을 위해 싸우면서 다시 한번 기부의 힘을 보여 주고 있다. 제약 회사들은 문제가 되 는 지점을 잘 보여 준다. 제약 업체는 일자리를 거의 창출하지 않는다. 그들은 대개 미국 이 아니라 중국에서 의약품을 생산한다. 그들은 세금을 거의 내지 않기 위해 비즈니스를 조율한다. 가령 세금 회피 전략의 일환으로 특허권을 세율이 낮은 지역으로 넘긴다. 그 러나 최근 무역 협정에서 핵심적인(그리고 가장 논란이 되는) 조항들은 제네릭 의약품

에 불이익을 주기 위해 설계되었으며, 이는 결국 빅파마의 수익을 높여 줄 것이다. 이로 인한 가격 인상으로 피해를 보는 것은 결국 미국 시민이다. 의료비 인하를 위한 노력에서 자부심을 갖고 있던 오바마조차 TPP에서 원칙을 저버렸다.

11. 바닥을 향한 경주는 다양한 형태로 나타난다. 예를 들어 은행은 규제를 완화하지 않으면 비즈니스 활동을 다른 곳으로 이전하겠다고 말한다. 이로 인해 바닥을 향한 규제 경주가 시작되었다. 2008년 세계 금융 위기는 그 한 가지 결과다.

12. 앞서 언급했듯이 세금은 기업의 지위에 영향을 미치는 다양한 변수 중 하나에 불과하다. 우리가 세금을 인하했을 때 일자리를 빼앗아 오고자 하는 국가가 반응을 하지 않는다면 기업이 우리에게로 넘어오도록 유도할 수 있다. 그러나 그들 역시 세금을 인하한다면 우리의 경쟁력은 사라진다. 결국 바닥을 향한 경주에서 유일한 승자는 애초에 이 경주를 촉발했던 기업이다.

13. 왜 이러한 세금 접근 방식이 옹호자들이 주장하는 혜택을 보여 주지 못했는지를 설명해 주는 증거와 이론적 분석은 1장과 9장을 참조.

14. 그 부분적인 이유는 감세에 따른 거대한 재정 적자, 혹은 그 법이 부동산 투기를 조장하고 경제의 가장 역동적인 부문인 사회 기반 시설과 교육에 대한 투자를 위축시켰기 때문이다. 표준적인 모형은 총국민소득(재정 적자를 뒷받침하기 위해 해외에서 돈을 빌려야 할 것이며, 국가의 부채 상승은 민간 투자를 억제할 것이라는 사실을 고려하면서)이 10년 후인 2027년에 현재 수준과 비슷하거나 더 낮을 것이라고 말하고 있다. 하버드 대학의 로버트 배로Robert Barro와의 공동 연구에 기반을 둔 이 계산과 관련해서 오바마 행정부 경제자문위원회 의장을 지냈던 제이슨 퍼먼Jason Furman으로부터 큰 도움을 받았다.

15. 실질적인 법인세율은 18.6퍼센트였다. "International Comparisons of Corporate Income Tax Rates," CBO, Mar. 8, 2017, available at https://www.cbo.gov/publication/52419.

16. 유럽연합이 애플의 아일랜드와의 은밀한 거래에 대한 소문을 들었을 때, 애플 측에 130억 유로(145억 달러보다 조금 많은 금액)를 내도록 명령했다.

17. 세금 회피와 돈세탁을 비롯한 여러 사악한 행위를 위해 은밀한 조세 천국을 활용하는 규모는 탐사보도언론인협회Investigative Consortium of Investigative Journalists가 내놓은 두 가지 문서 보물 창고에 의해 밝혀졌다. 그중 하나는 파나마 페이퍼스 Panama Papers라는 것으로 대부분 모사크 폰세카Mossack Fonseca의 서류로 이뤄져 있고, 다른 하나인 파라다이스 페이퍼스Paradise papers는 애플비Appleby 로펌의 서류

로 이뤄져 있다.

18. 은행과 그들의 기업 및 갑부 고객은 이러한 조세 천국을 억제하는 데 분명히 반발하겠지만, 분명하게도 그것은 가능한 일이다. 미국은 9·11 이후로 테러 목적을 위한 조세 천국의 활용에 주시하고 있으며, 이러한 목적으로 조세 천국을 이용하는 활동을 크게 축소하는 데 성공했다. 실제로 세금 회피와 관련된 악덕한 행위에 대해 일부 은행에 엄청난 벌금을 부과했고, 이와 같은 노력은 최악의 극단적인 사건을 억제하는 데 효과가 있었다. 이러한 성공은 앞으로 우리가 얼마나 더 많은 일을 할 수 있고, 또한 해야만 하는지를 말해 준다.

19. 기술에서 나타난 이러한 변화를 일컬어 〈기술 편향skilled-biased〉이라고 부른다. 20세기 말을 향해 가는 동안 나타난 불평등의 심화에서 상당 부분이 기술 편향에 의한 것이었던 반면, 지난 20년에 걸쳐 나타난 불평등의 증가에 대해서는 일부만 설명할 수 있다는 공감대가 점차 형성되고 있다. 오늘날 숙련 근로자도 힘든 시기를 보내고 있다. See, for example, the discussion of skill-biased technological change in Piketty, *Capital in the 21st Century,* and John Schmitt, Heidi Shierholz, and Lawrence Mishel, "Don't Blame the Robots: Assessing the Job Polarization Explanation of Growing Wage Inequality" (Economic Policy Institute, November 19, 2013).

보다 심도 깊은 질문이 있다. 이미 비숙련 근로자들의 실업률이 높고 임금이 아주 낮은 상태에서 왜 우리의 시장 경제는 실업률을 높이고 임금을 인하하는 방향으로 혁신을 추진하고 있는가? 실질적인 사회적 요구(기후 변화로부터 지구를 구해 내는 과제처럼)에 대해 연구를 집중하는 것이 아니라, 기존의 사회적 문제를 오히려 가속화하는 혁신 시스템에는 문제가 있다.

1960년대로 거슬러 올라가서, 기술 변화의 방향, 즉 숙련 또는 비숙련 노동, 자본 혹은 천연자원의 생산성을 기술 변화가 높여 주는지에 대해 설명하는 오래된 유명한 자료가 있다. 다음을 참조. Emmanuel M. Drandakis and Edmond S. Phelps, "A Model of Induced Invention, Growth, and Distribution," *Economic Journal* 76 (Dec. 1966): 832–40; William Fellner, "Two Propositions in the Theory of Induced Innovations, *The Economic Journal* 71, no. 282 (1961): 305–8; Charles Kennedy, "Induced Bias in Innovation and the Theory of Distribution," *Economic Journal* 74, no. 295 (1964): 541–7; and Paul A. Samuelson, "A Theory of Induced Innovation along Kennedy-Weisäcker Lines," *The Review of Economics and Statistics* 47, no. 4 (1965): 343–56. 최근에 나는 왜 시장 해결책이 일반적으로 비효율적인지, 다시 말해 천연자원의 절약에 대해서는 거의 강조하지 않으면서, 노동, 특히 비숙련 노동의 절약에 대해서는 지나치게 강조하는지를 설명하고자 시도했다. 이 문제는 2008년 금융 위기 이후 통화 정책에 의

해 더욱 악화되었다. 금융 위기는 자본 비용을 감소시키면서 노동의 절약을 더욱 매력적으로 만들었다.

20. 물론 이는 불평등 심화에서 큰 역할을 했다. David H. Autor, Alan Manning, and Christopher L. Smith, "The Contribution of the Minimum Wage to US Wage Inequality over Three Decades: A Reassessment," *American Economic Journal: Applied Economics* 8, no. 1 (2016): 58 – 99. 후자에서는 중간과 하위 10퍼센트 사이에서 나타난 불평등의 심화 중 3분의 1 정도는 최저임금의 실질 가치의 하락에 기인한 것임을 밝히고 있다.

21. 관세는 수입의 비용을 증가시킴으로써 무역을 위축시킨다. 그러나 그밖에도 다양한 조항이 수입의 경쟁력을 떨어뜨린다. 가령 농산품은 우리의 〈식물 위생phyto-sanitary 조건〉을 충족시키지 않기 때문에 수입에서 종종 배제된다. 아래에서 논의하는 유전자 조작 식품(GMO)에 대한 유럽의 규제 역시 마찬가지로 미국의 밀과 옥수수 농장이 그 지역으로 수출하는 것을 힘들게 만든다. 이러한 많은 규제는 정당화될 수 있으며, 이는 건강과 안전에 관한 사회의 진정한 우려를 반영하는 것이다. 그러나 이러한 규제 중 일부는 주로 수입을 억제하기 위해서 부과된다. 그 두 가지 경우를 구분하기가 힘들 때가 많다.

22. 그래도 그 협정을 〈파트너십〉이라고 부르기에는 무리가 있다. 그것은 미국이 거의 모든 조건을 명문화한 파트너십이었다. 유명하게도 무역 협정의 이름은 오랫동안 잘못된 표현을 담고 있었다. 가령 NAFTA(North American *Free Trade* Agreement)는 보조금 지원을 포함하여 자유 무역을 가로막는 모든 장벽을 제거하는 조항이 들어 있는 자유 무역 협정이 아니다. 미국은 방대한 규모의 농업 보조금을 전부 유지했다. TPP를 종종 자유 무역 협정이라고 언급하지만, 다양한 분야에 영향을 미치는 구체적인 협정으로 가득한 6천 페이지는 여러 다양한 무역 협정을 사실은 〈관리된〉 무역 협정으로 보는 것이 타당하다는 점을 잘 보여 준다.

23. See "Trans-Pacific Partnership Agreement: Likely Impact on the U.S. Economy and on Specific Industry Sectors" (United States Trade International Commission, Investigation No. TPA-105-001, USITC Publication 4607, 2016). 또 다른 연구는 미국 경제 성장에 미치는 부정적인 효과를 언급하고 있다. Jeronim Capaldo, Alex Izurieta, and Jomo Kwame Sundaram, "Trading Down: Unemployment, Inequality and Other Risks of the Trans-Pacific Partnership Agreement" (Global Development and Environment Institute working paper 16-01, Tufts University, 2016). 일반적으로 무역 자유화를 옹호하는 이들은 놀랍지 않게도 미

국 정부가 했던 것보다 더 긍정적인 영향을 확인했다. 피터 페트리Peter A. Petri와 마이클 플러머Michael G. Plummer(피터슨 국제경제연구소)와 세계은행은 모두 TPP가 2030년까지 연간 GDP를 0.5퍼센트씩 높일 것으로 내다봤다. See World Bank Group, *Global Economic Prospects: Spillovers amid Weak Growth. A World Bank Group Flagship Report* (Washington, DC: World Bank, 2016), 219 – 34.

24. 언어의 사용에 대해 언급할 필요가 있겠다. 지적 재산권이라는 표현을 사용함으로써 이러한 조항에 인권과 비슷한 지위를 부여한다. 비록 지적 재산권의 결과가 사람의 생명을 살리는 의약품의 가격을 개발도상국과 신흥 시장에 있는 많은 이들이 감당하기 힘든 수준으로 높임으로써 가장 근본적인 권리, 즉 생존권을 박탈하는 것으로 드러났지만 말이다. 그리고 무역과 관련된 지적 재산권이라는 표현을 사용함으로써 무역 협정에 그것을 포함시키는 것을 정당한 것으로 보이게끔 만든다. 비록 그 조항이 무역과는 상관없이 제품의 지적 재산권에 영향을 미쳤고, 또한 지적 재산권을 위한 국제 표준을 마련하는 역할을 담당하는 국제기구인, 제네바에 위치한 WIPO(World Intellectual Property Organization)가 이미 존재함에도 말이다.

제약 산업이 무역 협정에서 지적 재산권 조항을 마련하기 위한 주요 원동력으로 작용하기는 했지만, 그밖에 다른 요인도 함께 작용했다. 가령 엔터테인먼트(영화) 산업 역시 저작권과 관련한 조항을 마련하는 과정에서 특히 중요한 역할을 했다. 앞서 살펴본 〈미키마우스〉에 대한 논의 참조.

25. 흥미롭게도 미국이 TPP에서 탈퇴했을 때, 잔류 회원국은 포괄적·점진적 환태평양경제동반자협정이라고 하는 새로운 무역 협정을 체결하면서, 미국이 주장했던 가장 독소적인 의료 조항을 삭제했다.

26. 지적 재산권 제도에 따라 개발도상국과 신흥 시장은 지적 재산권을 활용하기 위해 많은 돈을 지출해야 했다. 2016년 미국은 로열티와 라이선스 수수료로 개발도상국으로부터 170억 달러가 넘는 돈을 벌어들였다(저자의 계산은 미국 국제통상위원회 데이터를 기반으로 한 것이다).

27. 전통적인 지식으로는 식품(한 미국 기업은 인도의 전통 식품인 바스타미 쌀에 대한 특허권을 받았다)과 의약품(미국은 인도의 전통적인 의약품으로 잘 알려진 강황과 님 오일의 의학적 사용에 대해 특허권을 인정했다)에 관련된 지식을 포함한다.

TRIPS와 이후 무역 협정의 유사한 조항은 농업(종자)과 관련된 조항을 포함해 또 다른 방식으로 개발도상국에 부정적인 영향을 미쳤다. See, for instance, Mario Cimoli, Giovanni Dosi, Keith E. Maskus, Ruth L. Okediji, Jerome H.Reichman, and Joseph E. Stiglitz (eds.), *Intellectual Property Rights: Legal and Economic Challenges for*

Development (Oxford: Oxford University Press, 2014).

28. 마침내 트럼프가 그 사실을 깨달았을 때, 그는 재무장관에게 미국이 〈강력한〉 달러를 믿었던 장기적인 정책을 되돌리라고 명령했다. 그가 이 새로운 정책을 발표하려고 했을 때, 환율 시장에 단기적으로 대혼란이 일었다. 재무장관, 혹은 대통령(진지하다고 여겨지는 대통령까지도)의 말은 일반적으로 근본적인 경제 요인들이 그 지배력을 회복할 때까지 단기적으로 시장에 영향을 미친다.

29. 2018년 3월, 트럼프는 특정 국가로부터 수입하는 철강에 25퍼센트 관세를 부과하겠다고 발표했다. 이로 인해 이들 국가에서 철강을 구매하고자 하는 미국 기업이 지불해야 할 가격은 25퍼센트 상승했다. 중국의 매출 역시 크게 줄었다.

30. 재정 적자와 무역 적자는 일반적으로 동시에 움직이기 때문에 종종 쌍둥이 적자라고 불린다. 그러나 경제에서 다른 변화가 일어나면서 두 적자가 동시에 움직이지 않는 경우도 있다. 가령 1990년대에 미국이 재정 적자를 낮췄을 때, 동시에 투자 활성화가 일어나면서 무역 적자는 함께 줄어들지 않았다.

31. 새로운 무역 협정과는 무관하게, 3-D 프린팅과 같은 신기술의 등장으로 일부 생산이 소비 지역과 더 가까운 곳에서 이뤄지면서, 제한된 수의 틈새시장에서 제조업이 일부 돌아오게 될 것이다(때로 온쇼어링onshoring이라고 불리는).

32. 앞서 언급했듯이, 전체적인 관점으로 볼 때 트럼프의 정책은 무역 적자를 가중시킬 것이다(그러한 정책을 실행하지 않았을 때와 비교해서). 놀랍지 않게도 무역 적자를 줄이겠다는 트럼프의 공언에도 불구하고, 무역 적자는 2016년 5020억 달러에서 2017년 5520억 달러로 취임 첫해에 10퍼센트 이상 증가했다. 물론 많은 요인이 환율과 무역 적자에 영향을 미쳤다. 예를 들어 국가의 미래에 대한 비관주의가 만연할 때, 미국인들은 그들의 돈을 해외 시장에 투자할 것이며, 이러한 흐름은 환율 인하로 이어질 것이다. 미국 경제의 미래와 관련해서 심각한 재정 적자를 우려하는 투자자들은 자신의 돈을 미국 밖으로 가져 나갈 것이고, 재정 적자를 높이는 입법의 통과에 따른 단기적인 영향 역시 환율 인하로 이어질 것이다. 하지만 중기적인 관점에서 볼 때, 우리가 설명한 요인들이 지배적인 힘을 발휘할 것이다.

33. 로런스 라우Lawrence J. Lau 교수는 *The China–U.S. Trade War and Future Economic Relations* (Hong Kong: Chinese University Press, 2018)에서 부가가치에 대한 집중이 뚜렷한 양자 무역 적자의 규모를 40퍼센트로 줄인다는 사실을 보여 주었다(같은 맥락에서, 중국의 부가가치가 낮은 상태에서 25퍼센트의 관세 부과는 많은 기업이 적어도 생산의 최종 단계를 다른 지역으로 옮기도록 유도할 것이다). 라우는 미국의 무역 전쟁이 중국 경제에 미치는 영향과 관련해서 기껏해야 GDP를 1퍼센트 포인트 남

짓 떨어뜨리는 데 불과할 것으로 예측했다. 이는 연간 성장률이 6퍼센트를 넘는 중국 경제가 쉽게 흡수할 수 있는 수준의 충격이다.

34. 『워싱턴 포스트』는 조지메이슨 대학과 공동으로 실시한 설문 조사에서 미국 유권자 중 56퍼센트가 무역 전쟁이 미국의 고용 상황에 부정적인 영향을 미칠 것으로 생각한다는 사실을 보여 주었다. Aaron Blake, "How Trump's Trade War with China Could Go Sideways on Him," *Washington Post*, July 7, 2018.

35. 지적 재산권에 대한 중국의 입장과 관련해서 두 가지 불만이 제기되고 있다. 하나는 중국이 기존의 지적 재산권 실행을 거부한다는 것이다. 10년 전만 해도 이러한 의혹이 만연했지만, 최근 이와 관련된 보고는 크게 줄어들었다. 그것은 아마도 중국 기업들이 보유한 특허권의 수가 점점 늘어나고 있으며, 그만큼 강력한 실행을 원하기 때문이다. 두 번째는 사이버 절도다. 오바마 행정부 시절에 사이버 절도를 억제해야 한다는 합의가 있었지만, 최근에는 제대로 실행에 옮겨지지 않고 있는 것으로 보인다. 사이버 절도는 은밀하게 이뤄지기 때문에 양측 모두 그 규모를 정확하게 파악하고 있지 못하지만, 점점 더 증가하고 심각해지고 있는 것으로 보인다. 지적 재산권과 관련된 미국의 불만은 이 세 가지 사안을 혼합하고 있으며, 효과를 거두고자 한다면 관심을 특히 사이버 절도에 집중해야 할 것이다.

36. 아이러니한 사실은 국제 투자 협정을 통해 그러한 사안을 충분히 해결할 수 있었음에도 비즈니스 공동체의 이익을 대변하는 미국 협상가들은 〈도를 넘어서서〉 차별에 대한 보호를 요구하는 것은 물론, 규제 변화에 대한 보상까지 요구했다는 것이다.

37. 중국 기업들은 10년 전에 비해 열 배나 많은 미국 특허를 받고 있다. Susan Decker, "China Becomes One of the Top 5 U.S. Patent Recipients for the First Time," *Bloomberg*, Jan. 9, 2018.

38. 미국의 입장을 비판하는 사람들은 미국이 위선적이라는 점을 지적한다. 19세기와 20세기 초에 미국은 다른 국가의 지적 재산권을 훔치거나 이용했다(때로는 고의가 아니게). 가령 베세머 제강법이 그렇다. See Philip W. Bishop, *The Beginnings of Cheap Steel* (Project Guttenberg, http://www.gutenberg.org/files/29633/29633-h/29633-h.htm). 항공 분야의 중요한 혁신은 라이트 형제보다 몇 년 앞서 브라질 사람에 의해 이뤄졌다. 자동차 개발로 이어진 많은 중요한 혁신 역시 마찬가지다. 미국은 사다리를 타고 오른 뒤, 다른 이들이 따라오지 못하도록 막고 있다. 이는 장하준 교수의 설득력 있는 책, *Kicking Away the Ladder: Development Strategy in Historical Perspective* (New York: Anthem, 2002)의 핵심 주제이기도 하다.

39. 물론 〈불공정한〉 무역 관행에 대한 우려는 항상 존재하며, WTO 규칙은 그러한

관행을 막기 위한 기본적인 규제를 마련하기 위해 설계되었다. 어떤 국가가 규칙을 위반할 때, WTO는 그들을 〈법정〉에 세울 수 있으며, 유죄로 판단될 경우에 WTO는 그 관행을 중단시키거나 무역 상대방이 이에 상응하는 관세나 다른 무역 제한을 부과하도록 허용한다. 양측이 서로를 제소하는 경우도 있다. 예를 들어 미국은 유럽이 에어버스에 불공정한 보조금을 지급하고 있다고 주장하는 반면, 유럽은 미국이 보잉사를 부당하게 지원한다고 주장한다. 여기서 문제는 양측이 보조금에 대해 서로 다른 방식으로 접근하고 있다는 것이다. 자국의 상황을 고려한 다양한 규제는 상대국의 입장에서 보면 부당한 무역 장벽이 될 수 있다. 예를 들어 앞서 언급했던 GMO 사례가 여기에 해당한다.

40. 이러한 투자 협정에는 분쟁 해결 시스템을 포함해 수정해야 할 많은 다른 조항이 있다. 투자 협정의 특수 조항을 적용하기에 앞서 국내 법정을 먼저 거쳐야 한다는 규정이 필요하다. 이는 특히 우수한 사법 시스템을 갖추고 있다고 확신할 수 있는 선진국과의 투자 협정에서 중요하다. 문제가 발생했을 때, 국내 및 해외 투자자 모두를 위해 체계적인 방식으로 해결되어야 한다. 위반을 한 경우에 보상의 수준에서 또한 변화가 있어야 한다. 오늘날 이는 잃어버린 투자에 대한 단순한 보상이 아니라, 그렇지 않았더라면 발생했을 수익에 대한 추상적인 개념에 기반을 두고 있다. See Stiglitz, "Towards a Twenty-First-Century Investment Agreement."

41. 나는 TPP의 협상 과정에서 USTR의 폐쇄적인 사고방식을 잘 보여 주는 극단적인 사례를 경험했다. 나는 제네릭 의약품에 관한 그 조항의 부작용을 우려했다. 나는 미국을 제외하고 모든 국가의 협상가들과 회의를 잡는 데 성공했다.

42. 우리가 이들을 도와서는 안 된다고 강경하게 주장하는 이들이 있다. 약 100년 전에 등장했던 〈사회적 다윈주의Social Darwinism〉를 신봉하는 사람들은 스스로를 지키지 못하는 이들이 고통을 받도록 내버려 둘 때 우리 사회는 더 잘 살 수 있다고 주장했다. 사회적 다윈주의의 핵심은 〈적자생존〉이었다. 그러나 이러한 생각은 비인간적일 뿐 아니라, 그러한 정책이 도움이 될 것이라고 주장한 분석은 다윈의 진화론에 대한 완전히 잘못된 해석에 기반을 두었다.

43. 산업 정책의 목표가 트럼프가 하고 있는 것처럼 죽어가는 과거의 산업을 보호하는 것일 때, 우리는 이를 보호주의로 간주할 수 있다. 그러나 내가 옹호하는 유형의 산업 정책은 그와 완전히 반대되는 것이다. 그 정책은 우리 경제가 새로운 분야로 이동하면서 변화하는 시장과 기술에 적응하도록 도움을 주기 위한 것이다. 이러한 산업 정책이 기존 기업을 경쟁으로부터 보호하고, 또 다른 형태의 지대 추구를 조장하지 않도록 면밀한 감시가 필요하다.

5 금융, 그리고 미국의 위기

1. 이 장 이후에서 도드-프랭크 법의 핵심 내용을 되돌리려는 초기 시도들 중 하나를 살펴보고 있다. 2018년에 자산 규모 2500억 달러 미만인 은행은 도드-프랭크 법의 엄밀한 감시 대상에서 제외되었다.

은행들은 각 단계마다 저항했다. 규제 기관의 한 인사는 내게 이런 말을 들려주었다. 벽과 벽지 사이에 틈이 있다면, 은행은 이를 활용할 것이다. 그리고 은행은 그 사이에 빈틈이 있는지 확인하기 위해 애쓰고 있다.

2. 금융 위기 이후로, 구제에 참여한 주요 인사들 중 두 사람(가이트너와 연방준비제도 의장 벤 버냉키. 둘 다 오바마가 임명한 공화당 인사다)은 다음의 회고록을 출간했다. Ben Bernanke, *The Courage to Act* (New York: W. W. Norton, 2015); Timothy F. Geithner, *Stress Test: Reflections on Financial Crises* (New York: Broadway Books, 2014). 그들이 했던 일에 대한 불충분한 변론(두 책에 대한 리뷰에서 널리 언급된. "Does He Pass the Test?" by Paul Krugman, *New York Review of Books,* July 10, 2014; "More Talk, More Action," *The Economist,* Oct. 17, 2015)은 구제 과정에서 금융 분야의 이해관계가 국가 전체의 이해관계보다 우선시되었다는 주장을 뒷받침했다.

3. 여기서 소개하는 많은 개념은 내 책, *Freefall*에서 자세히 다루고 있다.

4. 은행만이 아니었다는 점을 언급해야겠다. 트럼프는 비즈니스 거래와 트럼프 대학에서 더 나쁜 행동을 보여 주었다. 이 문제는 미국에만 국한된 것은 아니다. 은행의 부도덕한 행동에서 최악의 사례는 해외 시장에서 찾아볼 수 있다.

그들의 제품이 예전에 비해 더 친환경적인 척하는 자동차 기업의 전반적인 위선은 도덕적 비열함이 금융 분야에만 국한된 것은 아니라는 사실을 말해 준다. 그렇다고 해도 사기와 부정적인 행동의 금전적 규모에서는 금융 분야가 단연 앞선다. 버니 메이도프 피라미드 사기만 놓고 보더라도, 사람들의 계좌로부터 무려 650억 달러의 돈이 사라졌다. 그리고 금융 분야가 다른 모든 경제 분야와 긴밀하게 연결되어 있기 때문에, 금융 분야는 그들의 바이러스를 경제의 다양한 분야로 퍼뜨린다.

5. RMBS(residential backed mortgage securities)와 같은 복잡한 증권이 나오면서, 수천 건의 담보 대출을 포함하는 이러한 증권이 기능하기 위해서 발행자와 투자은행은 상환 보증에 맞먹는 것을 발행해야 했다. 즉 은행은 그 증권에 투자하거나 보증을 선 이들에게 문제가 있는 모든 담보 대출을 환수하는 데 동의해야만 했다. 이는 보험사와 투자자가 보증을 하거나 구매하는 대상에 대해 확신을 가질 수 있는 유일한 방법이었다. 그러나 많은 담보 대출이 문제가 있는 것으로 드러났을 때(예를 들어 소유자가 거주하는 것으로 명기된 부동산 담보 대출이 사실은 임대로 사용되고 있을 때), 은행은 종종 약

속 이행을 거부했다. 소유자가 거주하는 경우에 채무 불이행 비율은 훨씬 더 낮다는 점에서 이는 문제가 되었다. 결국 적어도 많은 사례에서 은행들은 한참 후에 대가를 치렀다(완전한 공개를 하자면, 나는 그에 따른 몇몇 소송에서 전문가 증인으로 참여했다. 사건이 터지고 소송은 10년 넘게 진행 중이다).

6. 상원 의원 칼 레빈Carl Levin은 의회 청문회에서 골드만 삭스의 CEO이자 회장인 로이드 블랭크파인에게 〈당신네 은행이 사라고 요청한 것을 고객이 매입할 때, 당신들은 고객과 반하는 위치에 있었는가?〉라고 반복해서 물으면서, 자신이라면 골드만 삭스를 〈신뢰하지 않았을 것〉이라고 말했다. 이에 대해 블랭크파인은 투자자에게 알릴 〈의무가 있다고 생각하지 않는다〉라고 답했다. See James Quinn, "Goldman Boss Lloyd Blankfein Denies Moral Obligation towards Clients," *Telegraph,* Apr. 28, 2010. 대화의 전체 내용은 C-Span으로 볼 수 있다. 블랭크파인의 준비된 언급과 청문회의 영상은 다음 웹사이트에서 확인할 수 있다. Homeland Security and Governmental Affairs Permanent Subcommittee on Investigations, accessed July 23, 2018, https://www.hsgac.senate.gov/subcommittees/investigations/hearings/-wall-street-and-the-financial-crisis-the-role-of-investment-banks.

7. 그러한 입장을 취했다는 것은 골드만 삭스의 근시안을 보여 주는 것이다. 그들은 지금 당장 거래를 통해 수익을 올릴 가능성을 봤다. 평판 훼손에 따른 미래 수익의 손실은 중요하게 생각하지 않았다.

8. *Financing SMEs and Entrepreneurs 2018,* OECD. SME에 대한 미국 부채의 수치는 뚜렷한 비즈니스 부채의 누적을 말해 준다. 놀랍게도 소기업으로 흘러가는 부채 비중은 2007년 30.1퍼센트에서 2016년 18.5퍼센트로 크게 줄었다.

9. 앞서 가는 다섯 신흥 시장인 브라질, 러시아, 인도, 중국, 남아프리카공화국(앞 글자를 따서 BRICS라고 부르는)에 의해 설립되었다.

10. 1996년 당시 복지 시스템 개혁은 복지에서 밀려나는 이들을 위한 훈련과 탁아에 들어가는 비용인 연간 50억 달러가 없어 난관에 봉착했다. 20년 후인 2015년 회계연도에 궁핍한 가구를 위한 미국 프로그램(TANF, Temporary Assistance for Families in Need라고 부르는)을 통한 지출은 165억 달러에 불과했다.

11. 그들은 복잡한 입법적 전략을 통해 이 조항을 성공적으로 통과시키면서, 이를 정부를 계속해서 열어 놓기 위해 통과시켜야 할 법안에 첨부했다. See Erika Eichelberger, "Citigroup Wrote the Wall Street Giveaway the House Just Approved," *Mother Jones,* Dec. 10, 2014.

12. 여러 은행이 그 선을 넘어섰고, 이로 인해 막대한 벌금을 물었다. 가령 크레디트 스위스는 26억 달러를 벌금으로 냈다. 외국 은행들은 미국 정부가 미국 은행보다 그들을 더 집요하게 추적한다고 정당한 불만을 제기했다.

13. 받은 돈의 대부분이 배당금이 아니라 자본 이득으로 세금을 부과받기 때문에 이와 같은 이점이 발생하게 된다.

14. 그 돈을 받은 투자는 조금 소비할 것이다. 그들은 일부를 부동산에 투자함으로써 부동산 가격을 높일 것이다. 그리고 포트폴리오를 분산해서 해외에 투자할 것이다. 다른 일부로 도박을 하고, 파생상품이나 CDS(신용 부도 스와프)를 살 것이다. 혹은 그 돈의 일부를 경제 내에서 새로운 생산적인 투자로 집어넣을 것이다. 여기서 우려는 기업 수익에서 아주 작은 부분이 미국 내 실물 경제 투자로 재사용된다는 것이다. 이는 미국의 투자율 하락을 설명해 주는 한 가지 이유다.

15. 기업으로부터의 자금 총유출(배당금 더하기 자사주 매입)은 1960년대 GDP의 3퍼센트 미만에서 최근 6퍼센트 정도로 두 배나 증가했다. 2005년 이후로 비금융 기업에 의한 자사주 매입은 순자본 형성을 초과했다. 다음을 참조. Lester Gunnion, "Behind the Numbers," *Deloitte Insights*, Nov. 2017, based on data from the Bureau of Economic Analysis. 자사주 매입의 증가와 기업 투자 감소가 전반적인 추세로 나타난다고 해서 하나가 다른 하나의 원인이라는 의미는 아니다. 실제로 이 두 가지는 3장에서 논의한 시장 지배력 증가의 결과물로 볼 수 있다. 시장 지배력의 증가는 수익 증가와 투자 위축으로 이어진다.

16. 2018년 12월 6일을 기준으로 미국 기업의 자사주 매입은 9690억 달러에 이르렀으며, 연말이면 1조 달러를 넘어설 것으로 보인다. See Michael Schoonover, "Will the Record-Setting Buyback Trend Continue in 2019?," *Catalyst Fund Buyback Blog*, Dec. 7, 2018. 감세 혜택 중 많은 부분이 자사주 매입과 배당금으로 흘러 들어갔다는 점을 감안할 때, 투자가 크게 증가하지 않았고 근로자 급여는 전혀 증가하지 않았다는 것은 놀라운 사실이 아니다. 경제정책연구소는 감세로 인해 2018년 동안 근로자는 시간당 2센트가 조금 넘는 돈을 더 받은 것으로 추산했다. 2018년 12월 10일까지 기업이 세금 절약을 어떻게 활용했는지를 발표한 러셀 1000에 포함된 145개 기업의 경우, 단 6퍼센트만이 근로자에게 돌아간 것으로 나타났다(https://justcapital.com/tax-reform-weekly-updates/). 분명하게도 기업에게 엄청난 혜택을 베풀었던 그 법이 통과되고 1년 후 주식 시장은 나아지지 않았고, CBO는 2020~2022년 성장률이 1.6퍼센트로 떨어질 것으로 전망했다. See *Vox*, "Republican Tax Cut Bill One Year Later: What It Did—and Didn't—Do," https://www.vox.com/policy-and.../tax-cuts-and-jobs-

act-stock-market-economy.

17. 최근 자료에서는 이를 금리 인상에 따른 부정적인 동기 및 선택 효과라고 언급된다. See, e.g., Joseph E. Stiglitz and Andrew Weiss, "Credit Rationing in Markets with Imperfect Information," *American Economic Review* 71, no. 3 (1981): 393-410.

18. 그 기원은 1990년대 초로 거슬러 올라간다. See Vitaly M. Bord and Joao A. C. Santos, "The Rise of the Originate-to-Distribute Model and the Role of Banks In Financial Intermediation," *Federal Reserve Bank of New York Policy Review*, July 2012, 21-34, available at https://www.newyorkfed.org/medialibrary/media/research/epr/12v18n2/1207bord.pdf.

19. 보유고의 역할은 단순하게 생각할 수 있다. 가령 은행이 1천 달러의 예금을 갖고 있고 1천 달러를 빌려준다고 해보자. 여기서 은행 보유고의 순가치가 100달러라고 할 때, 대출의 10퍼센트 이상이 부실로 이어질 경우, 은행은 900달러 미만으로 되돌려 받고 여기에 보유고에 들어 있는 100달러를 합치더라도 예금자 모두에게 상환할 수 없다. 정부의 구제 금융이 필요할 것이다. 만약 은행이 1만 달러 예금에 1만 달러를 대출한다면, 대출의 1퍼센트만 부실로 이어져도 예금주에게 상환하지 못하는 상황이 발생한다. 금융 위기 때 지불 준비금 수준은 대단히 낮아서 조그마한 부실로도 문제가 발생할 수 있었다.

20. 그의 표현은 금융 위기를 다룬, 데이비드 싱턴David Sington 감독의 2011년 영화, "The Flaw"의 제목이 되었다.

21. 이는 인센티브가 오작동을 일으키는 한 가지 영역에 불과하다. 은행을 비롯해 금융 분야의 다양한 기업들은 거래가 많을수록 더 많은 돈을 벌어들인다. 그들은 〈거래 비용〉과 수수료를 좋아한다. 이로부터 수익의 상당 부분이 흘러나오기 때문이다. 물론 수수료가 높을수록 은행 고객에게는 불리하다. 완전한 정보를 가진 합리적인 소비자로 이뤄진 경쟁적인 시장에서, 은행은 과도한 수수료를 부과하지 못한다. 그러나 우리의 금융 시장은 이러한 이상과는 거리가 멀다.

은행이 다른 이를 대신해서 계정을 관리할 때, 그들은 마구잡이로 사고파는 것을 좋아한다. 그러면서 그들은 언제나 가장 수익이 높은 곳에 투자한다고 주장한다. 하지만 증거는 반대 이야기를 들려준다. 원숭이에게 다트를 던지게 해서 투자 결정을 해도 대부분의 투자 매니저만큼 수익을 올릴 수 있다. 적어도 원숭이는 솔직하다. 자산 관리사의 경우, 이해관계 충돌이 발생한다. 그들은 더 높은 수수료를 받기 위해 특정 뮤추얼펀드에 더 많은 투자를 한다. 그리고 분명하게도 그들은 더 많이 거래할수록 더 많은 돈을 번다. 오바마 행정부가 특정 자산 관리사는 수탁자로서의 의무를 다해야 한다(고객의 입장에서 행동해야 한다)고 언급했을 때, 은행가와 부유한 자산 관리사들로부터 항의와 외침이 흘러나왔다. 그들은 수탁자의 의무를 준수해서는, 다시 말해 때로 고객을 이용하지 않고서는 살아남을 수 없다고 주장했다. 고객의 이익을 최우선시할 수 없다는 사실을 노골적으로 인정한 것이다. 은행들이 퇴직자를 희생하면서 자기 배를 채웠을 때(연간 170억 달러에 달하는), 그들은 이해관계 충돌이 아무런 문제가 아니라고 생각했다. 골드만 삭스의 블랭크파인이 앞서 인정했던 것처럼, 이러한 모습은 금융 분야의 새로운 비도덕성과 평판에 대한 외면을 드러내는 것이다.

22. 경제학에서 이뤄진 발전이 왜 주주 가치 극대화가 일반적으로 사회적 이익으로 이어지지 않는지 설명하고 있음에도 불구하고, 앞서 언급했던 시카고학파의 수장인 밀턴 프리드먼은 이러한 입장을 그대로 고수했다. See, for instance, Sanford Grossman and Joseph E. Stiglitz, "On Value Maximization and Alternative Objectives of the Firm," *Journal of Finance* 32, no. 2 (1977): 389–402; and "Stockholder Unanimity in the Making of Production and Financial Decisions," *Quarterly Journal of Economics* 94, no. 3 (1980): 543–66.

23. Tooze, *Crashed.*

24. 공화당 세법은 수익을 더 높이 밀어 올렸다. 예를 들어 뱅크 오브 아메리카의 2018년 1/4분기 이익은 사상 최대인 70억 달러에 달했다. 수익이 급증했음에도 뱅크 오브 아메리카가 납부해야 할 세금은 새로운 세법으로 인해 26퍼센트가량 감소했다. See Matt Egan, "Big Banks Are Minting Money Right Now," *CNN Money,* Apr. 18, 2018.

25. 2016년 민주당 예비 선거에서는 그들이 다룰 중대한 사안이 실패할 수 없는 은행과, 상업은행과 투자은행을 분리했던 글래스-스티걸 법의 일부 버전의 회복인지, 아니면 그림자 금융인지를 놓고 쓸데없는 논의가 벌어졌다. 정답은 〈둘 다〉에서 개혁이 필요했다는 것이다. See, e.g., Stiglitz, *Freefall;* Commission of Experts on Reforms of the International Monetary and Financial System appointed by the President of the United Nations General Assembly, *The Stiglitz Report: Reforming the International Monetary and Financial Systems in the Wake of the Global Crisis* (New York: The New Press, 2010); Simon Johnson and James Kwak, *13 Bankers: The Wall Street Takeover and the Next Financial Meltdown* (New York: Random House, 2010); and Rana Foroohar, *Makers and Takers: How Wall Street Destroyed Main Street* (New York: Crown, 2016).

6 신기술의 도전 과제

1. 구글의 인공지능 기업인 딥마인드가 개발한 바둑 컴퓨터 프로그램인 알파고는 2016년 3월에 세계 챔피언 이세돌을 물리쳤다. See Choe Sang-Hun, "Google's Computer Program Beats Lee Se-dol in Go Tournament," *New York Times*, Mar. 15, 2016. A year and a half later, Google announced the release of a program with even larger AI capabilities. See Sarah Knapton, "AlphaGo Zero: Google DeepMind Supercomputer Learns 3,000 Years of Human Knowledge in 40 Days," *Telegraph*, Oct. 18, 2017.

2. Robert J. Gordon, *The Rise and Fall of American Growth: The US Standard of Living since the Civil War* (Princeton: Princeton University Press, 2016). 모든 학자가 고든의 주장에 동의하는 것은 아니라는 사실을 덧붙여야겠다. 고든과 마찬가지로 노스웨스턴 대학의 유명한 경제사학자인 조엘 모키르는 더 낙관적인 견해를 드러내고 있다. See, for instance, Joel Mokyr, "The Next Age of Invention: Technology's Future Is Brighter than Pessimists Allow," *City Journal* (Winter 2014): 12 – 20. 일부는 GDP에 중대한 측정 오류가 있으며, 따라서 진정한 성장률을 과소평가한다고 주장한다. 하지만 내가 보기에 중대한 측정 문제가 있기는 하지만, 그 문제가 전체 그림까지, 특히 예전 시기보다 더 낮은 오늘날의 GDP 증가 속도까지 바꿔 놓지는 않았다. 물론 우리는 그 특성상 혁신의 미래 속도를 분명하게 예측할 수는 없다.

3. 〈특이점singularity〉이라고 한다. See also Stanislaw Ulam, "Tribute to John von Neumann," *Bulletin of the American Mathematical Society* 64, no. 3, part 2 (1958): 5. See also Anton Korinek and Joseph E. Stiglitz, "Artificial Intelligence and Its Implications for Income Distribution and Unemployment," in *Economics of Artificial Intelligence* (Chicago: University of Chicago Press, forthcoming).

4. 지난 5년간 인공지능이 빠른 속도로 발전하면서 언제 인공지능이 다양한 직업에서 인간의 성과를 추월할지에 대한 광범위한 예측이 나오고 있다. 인공지능 전문가를 대상으로 한 설문 조사는 2024년에 인공지능이 번역에서 인간을 넘어설 것이며, 2027년에 트럭 운전에서 인간을 추월할 것으로 전망하고 있다. 또한 이들 전문가는 45년 안에 모든 업무에서 인공지능이 인간을 추월할 가능성을 50퍼센트로 내다보고 있다. See Katja Grace, John Salvatier, Allan Dafoe, Baobao Zhang, and Owain Evans, *Journal of Artificial Intelligence Research* (2018), arXiv:1705.08807.

5. Carl B. Frey and Michael A. Osborne, "The Future of Employment: How Susceptible Are Jobs to Computerisation?," *Technological Forecasting and Social*

Change 114 (2017): 254 – 80. Also see the book by Erik Brynjolfsson and Andrew McAfee, *Race against the Machine* (Lexington: Digital Frontier Press, 2011).

6. 이 이야기의 한 가지 버전은 다음을 참조. "Difference Engine: Luddite Legacy," *The Economist,* Nov. 4, 2011.

7. See Stiglitz, *The Great Divide,* 393 – 403, based on earlier research by Domenico Delli Gatti, Mauro Gallegati, Bruce Greenwald, Alberto Russo, and me, "Mobility Constraints, Productivity Trends, and Extended Crises," *Journal of Economic Behavior&Organization* 83, no. 3 (2012): 375 – 93; and "Sectoral Imbalances and Long Run Crises," in *The Global Macro Economy and Finance,* eds. Franklin Allen, Masahiko Aoki, Jean-Paul Fitoussi, Nobuhiro Kiyotaki, Roger Gordon, and Joseph E. Stiglitz, International Economic Association World Conference vol. 150-III (Houndmills, UK and New York: Palgrave, 2012), 61 – 97.

8. 이 시기에 농산물 가격 하락의 사례로 밀을 꼽을 수 있다. 밀 가격은 1920년대에 60퍼센트가량 떨어졌다. 1930년대 초에는 약 70퍼센트로 또 한 번 하락했다. "The Wheat Situation," Bureau of Agricultural Economics, US Department of Agriculture, WS-61, Nov. 1941.

9. See Delli Gatti et al., "Mobility Constraints, Productivity Trends, and Extended Crises." 다른 연구들은 비슷하게 인상적인 규모로 소득이 하락했다는 사실을 발견했다. See "Wages and Income of Farm Workers, 1909 to 1938," *Monthly Labor Review* 49, no. 1 (1939): 59 – 71; 이 논문은 소득이 50퍼센트 넘게 하락할 것으로 전망했다.

10. 이 시기에 나타난 토지 가치 하락에 대한 논의는 다음을 참조. "Publications: Trends in U.S. Agriculture: Land Values," United States Bureau of Agriculture, National Agricultural Statistics Service, accessed July 2, 2018, available at https://www.nass.usda.gov/Publications/Trends_in_U.S._Agriculture/Land_Values/index.php.

11. 요구되는 기술과 근로자가 현재 보유한 기술 사이에 불일치가 나타날 수 있다. 그럴 경우, 재교육 프로그램을 통해 근로자에게 필요한 기술을 제공할 수 있다. 하지만 이러한 불일치는 최근의 핵심 특성은 아니다. 그랬다면 기술 수준이 높은 근로자의 임금이 예전보다 훨씬 더 가파르게 상승했을 것이다.

12. 나는 여기서 역겨운 정치 행태에 대해 말하고 있다. 공화당 인사들이 자신의 당, 그리고 그들을 지원했던 부유한 기업과 억만장자를 도울 수 있는 기회를 발견했을 때,

그들은 균형 잡힌 예산에 대한 이념적 약속을 저버렸다. 그들은 미국 사회가 대침체로부터 빨리 벗어날 수 있도록 도움을 줄 재정 정책에 반대하면서 그 약속을 내세웠었다.

13. 거기에는 장단점이 존재했다. 투자 증가에 따른 노동 수요의 단기적 증가와 기계가 근로자를 대체함에 따른 장기적 감소. 금리 인하는 또한 국채 이자에 의존해서 살아가는 노년층의 소비를 위축시켰다.

14. 같은 맥락에서, 노동 시장의 구조적 변화(긱 경제)는 불안정하고 혜택이 없는 일자리로 이어질 위험이 있다.

15. 이러한 많은 분야에서 임금 수준은 낮다. 일자리는 전통적으로 성에 따라 구분되어 있고, 여성에 대한 체계적인 임금 차별이 존재했기 때문이다.

16. 거대 기술 기업의 빅데이터 활용을 옹호하는 이들은 이를 통해 사람들의 수요에 더욱 적합한 제품을 소개해 줄 수 있다는 점을 강조한다. 이러한 〈소개〉에 담긴 빅브라더적인 측면은 제쳐 두고서라도, 그 동기가 사람들의 행복을 높이기 위한 것이 아니라 거대 기술 기업의 수익, 그리고 그들의 사이트에서 광고를 하는 기업의 수익을 높이기 위한 것임은 분명한 사실이다. 안타깝게도 아래 논의에서 살펴보고 있듯이, 빅데이터의 많은 활용 사례는 전체로서 소비자에게, 특히 정보적인 차원에서 소비자에게 불이익을 주고 있다. 일부는 빅데이터 활용으로 진화하는 시장 경제를 일컬어 〈감시 자본주의 surveillance capitalism〉라고 부른다. See, for instance, John Bellamy Foster and Robert W. McChesney, "Surveillance Capitalism," *Monthly Review,* July 1, 2014; Shoshana Zuboff, "Big Other: Surveillance Capitalism and the Prospects of an Information Civilization," *Journal of Information Technology* 30, no. 1 (2015): 75 - 89; and Shoshana Zuboff, *The Age of Surveillance Capitalism* (New York: Public Affairs, 2019).

17. 〈완벽한〉 가격 차별화는 소비자가 제품이나 서비스에 지불하고자 하는 최고 가격을 부과하는 것을 말한다. 재화와 서비스 시장에서 잠재적 구매자, 즉 소비자들은 동일 상품에 대해 개인의 취향과 목적에 따라 서로 다른 가격을 지불하고자 한다. 가령 생산비가 100달러인 패션 신발이 있다고 해보자. 어떤 소비자는 그 신발에 1달러만 지불할 의사가 있는 반면, 다른 소비자는 500달러를 지불하고자 한다. 그리고 그 사이에 많은 소비자가 있다. 여기서 기업은 지불하려는 최고 가격이 100달러를 넘어서는 모든 소비자에게 판매함으로써 수익을 극대화할 수 있다. 일부는 101달러를, 다른 일부는 200달러를, 몇몇은 500달러를 지불하고자 할 것이다. 기업은 그들의 제품을 사려는 소비자들을 대상으로 다양한 방식의 차별화를 시도하며, 특정 집단에 대한 브랜딩, 판촉, 할인이 그 사례다. 이러한 차별화는 사회에 아무런 가치도 제공하지 않는다. 이는 단지

소비자에게서 최대한 많은 수익을 뽑아내는 방법일 뿐이다. 경제학자들은 이를 기술적인 차원에서 〈소비자 잉여 추출extracting consumer surplus〉이라고 부르며, 이는 그 제품의 총가치 중 최대한 많은 몫을 회사가 가져가는 것을 말한다. 비용과 무관하게 각각의 소비자에게 서로 다른 가격을 부과하는 행위는 1936년 로빈슨-팻맨 법Robinson-Patman Act에 의해 불법으로 규정되었지만, 이 법이 실행된 적은 거의 없었다. 빅데이터의 차원에서 가격 차별화에 대한 논의는 다음을 참조. Silvia Merler, "Big Data and First-Degree Price Discrimination," *Bruegel,* Feb. 20, 2017, available at http://bruegel.org/2017/02/big-data-and-first-degree-price-discrimination/.

18. 시장 효율성에 대한 일반적인 주장은 재화에 대한 개인의 한계 가치 평가가 한계 비용과 동일하다는 생각에 기반을 두고 있으며, 이는 모두가 동일한 가격에 직면하기 때문에 진실이다. 완벽한 가격 차별화가 이뤄진다면 시장 효율성이 존재할 수 있지만, 가격 차별화가 불완전하게 이뤄지는 현실 세상에서는 비효율성과 왜곡이 뚜렷하게 나타난다. See, e.g., Stiglitz, "Monopoly, Non-Linear Pricing and Imperfect Information: The Insurance Market," *Review of Economic Studies* 44, no. 3 (1977): 407-30. Reprinted in *Selected Works of Joseph E. Stiglitz, Volume I: Information and Economic Analysis* (Oxford: Oxford University Press, 2009), 168-92.

인공지능은 또한 정보 비대칭을 낳는다. 일부 기업은 다른 기업보다 더 많은 정보를 알고 있고, 기술 대기업은 소비자보다 더 많은 정보를 알고 있다. 시장은 왜곡된 정보 비대칭(자연 발생적인 것이든, 혹은 시장에서 형성된 것이든 간에)이 존재하지 않을 때 효율적이다. 빅데이터는 정보 비대칭성을 증가시키며, 이로 인해 잠재적으로 자원 분배의 효율성을 떨어뜨린다.

19. Jennifer Valentino-DeVries, Jeremy Singer-Vine, and Ashkan Soltani, "Websites Vary Prices, Deals Based on Users' Information," *Wall Street Journal,* Dec. 24, 2012.

20. 노벨 수상자 조지 애컬로프George Akerlof와 로버트 실러Robert Shiller의 표현을 그대로 쓰자면, 〈바보들을 공략〉한다.

21. See Tüfekçi's TED talk, "We're Building a Dystopia Just to Make People Click on Ads," Oct. 27, 2017.

22. 펜실베이니아 대학과 컬럼비아 대학, 뉴욕 대학, 에머리 대학, 예일 대학의 연구원 등 많은 이들이 미리어드에 대한 소송에 합류했다. 미국시민자유연맹American Civil Liberties Union과 공공특허재단Public Patent Foundation은 원고들을 위해 법률상 대리를 맡았다. 나는 그 사건의 경제학적 측면과 관련해서 원고를 위해 전문 보고서를 작

성했고, 여기서 특허권을 제거함으로써 혁신을 자극할 수 있다고 주장했다. 이후로 이어진 결과는 내 분석과 일치했다.

23. 정부는 그들이 원할 때 민간이 보유한 데이터에 접근할 수 있는 힘을 갖고 있다. 물론 중국과 같은 다른 나라보다는 힘들지만, 그렇다고 해서 미국 정부와 민간 영역 사이에 철의 장벽이 놓여 있는 것은 아니다. 마찬가지로 우려스럽게도, 제한이 없을 때 민간 영역은 상업적 목적으로 그 데이터를 사용하고 남용할 더 큰 동기를 갖고 있다.

24. George Orwell, 1984 (New York: Harcourt, Brace, 1949); Dave Eggers, *The Circle* (New York: Alfred A. Knopf, 2015).

25. See Greenwald and Stiglitz, *Creating a Learning Society,* and the works cited there.

26. 기술 분야의 많은 사람은 이렇게 말한다. 〈우리에게 맡겨라. 우리는 현명하다. 우리가 그 문제를 만들어 냈고, 우리가 해결할 수 있다. 약간의 자율적인 규제만 있으면 된다. 우리는 스스로를 통제할 수 있다.〉 우리는 이 말을 예전에도 들었다. 은행도 똑같은 이야기를 했고, 우리는 그 결과가 어떻게 되었는지 알고 있다. 분명하게도 민간 영역에 맡겨 놓아서는 안 된다. 그들의 동기는 나머지 사회와 조화를 이루지 못한다. 그들의 목표는 사회 복지가 아니라 수익이다.

27. GDPR(General Data Protection Regulation)에서. 중요한 첫걸음이기는 하지만, 우리가 논의한 문제를 해결하기에는 충분하지 않다.

28. 예를 들어 트럼프 행정부는 유럽이 프라이버시 정책을 통해 무역 장벽을 높이고 있다고 비난했다.

29. 에퀴팩스는 개인의 신용 상태에 관한 정보를 다른 이에게 제공했다. 에퀴팩스와 같은 업체가 충분한 보안 정책을 실행하도록 강제하는 규제 시스템은 마련되어 있지 않다. 기업들은 근시안적이다. 즉 오늘의 수익에 집중한다. 보안에 대한 지출은 오늘의 수익을 낮춘다는 점에서, 적절한 규제적 감시가 없을 때 기업은 보안에 들어가는 돈을 아낄 강력한 동기를 갖고 있다. 게다가 강력한 보안의 혜택은 대부분 다른 이(그들이 수집한 데이터의 소유주)에게 발생하며, 이들 업체는 분명하게도 다른 이에게 별로 관심을 기울이지 않는다.

30. 각각의 규제적 제안의 설계에는 많은 복잡성이 내포되어 있다. 예를 들어 개인이 반복적으로 식료품을 주문하면 그 정보는 저장할 수 있지만, 다른 목적으로 사용되어서는 안 된다.

31. 데이터 익명화만으로는 충분하지 않다. 빅데이터 기업은 개인 사용자가 누구인지 알 수 있기 때문에, 개인에 대한 충분한 정보가 주어질 경우에 데이터 집합에서 일부 정보는 제거되어야 한다.

32. 플랫폼 기업에게는 통신품위법Communications Decency Act 제230조에 따라 면책이 주어졌다. 비방 기사의 게재에 대한 책임은 플랫폼을 쉽게 파산으로 몰아갈 수 있기 때문에, 그들의 책임에 제한을 부여하는 것이 필요하다. 그 책임의 정도는 그들이 게시물에 주의를 기울이도록 장려할 만큼 높아야 하지만, 운영이 불가능할 정도로 높아서는 안 된다.

또한 출판사는 저작권을 존중해야 하는 반면, 플랫폼에는 디지털 밀레니엄 저작권법 Digital Millennium Copyright Act 제512조에 의해 면책이 주어졌다. 이 부분은 수정이 필요하다. 규제를 다듬는 것이 요구된다. 노출된 모든 정보에 대해 돈을 지불하도록 한다면 검색 엔진은 살아남을 수 없을 것이다.

33. 일부 기술 거물은 자신에게 유리할 때 출판사라고 자처하고 그렇지 않을 때 아니라고 하는 모순된 입장을 취하고 있다.

34. Jason Horowitz, "In Italian Schools, Reading, Writing, and Recognizing Fake News," *New York Times,* Oct. 18, 2017, https://www.nytimes.com/2017/10/18/world/europe/italy-fake-news.html. 안타깝게도 소비자 교육에 관한 역사적 경험은 그 효과가 제한적이라는 사실을 말해 준다.

35. 인스타그램과 왓츠앱을 분리한 이후에.

36. 특히 정치적 절차와 관련된 감시의 일부 측면에 대한 논의는 이 책 후반부에서 많은 분량을 할애해 다루고 있다.

정부가 여론, 다시 말해 민간 플랫폼과 경쟁하는 대안적 플랫폼을 창조하는 것은 바람직한 일이다(공공 선택권에 대해서는 10장에서 전반적으로 살펴보고 있다). 공공 선택권은 민간 소유권이 부여하는 부정적 동기, 즉 데이터를 현금화하기(착취적인 방식으로), 중독을 유도하기(파괴적인 방식으로)에서 자유롭다.

37. 소셜 미디어의 사회적 가치에 대한 평가는 복잡하고 까다롭다. 겉으로 보기에 무료로(데이터의 가치는 무시하고) 제공되기 때문에, 국민소득 통계 수치는 그 사용자에게 생성된 가치를 반영하지 않는다. 다른 한편으로 소셜 미디어 기업의 수익은 국민소득의 일부로 포착되지만, 수익이 증가한다고 해서 사회 복지가 증가했다는 의미는 아니다. 앞서 언급했듯이, 수익 증가가 데이터를 활용해 소비자를 이용한(개인의 소비자 잉여를 〈현금화〉한) 결과물이라면, 수익 증가는 개인의 행복의 희생에서 비롯된 것이다. 게다가 수익의 일부는 신문과 같은 〈기성〉 언론사의 희생에서 비롯된 것이다. 이들 언론사는 탐

사 보도처럼 그 사회적 가치 역시 국민소득에 반영되지 않는 엄청난 가치의 서비스를 소비자에게 제공했다.

38. 예를 들어 프라이버시 문제에 훨씬 더 민감한 의료 분야에서 빅데이터와 인공지능이 중요한 역할을 할 수 있다.

39. 〈스플린터넷〉이라는 용어는 다음을 통해 널리 알려졌다. Scott Malcomson, *Splinternet: How Geopolitics and Commerce Are Fragmenting the World Wide Web* (New York: OR Books, 2016). 전 구글 회장인 에릭 슈미트는 공저자인 재러드 코언 Jared Cohen과 함께 다음 자료에서 인터넷 세상이 분열되고 있다는 주장에 대해 살펴보고 있다. *The New Digital Age: Reshaping the Future of People, Nations and Businesses* (New York: Alfred A. Knopf, 2013).

40. 특히 주 27에서 언급한 GDPR 규제.

41. 시장은 본질적으로 지역적이므로 세계적인 정보의 가치는 제한적이라고 주장하는 이들이 있다. 이러한 관점에서 볼 때, 다양한 시장으로부터(가령 중국에서 미국, 그리고 유럽에 이르기까지) 얻은 정보의 한계 가치는 다양한 규제 시스템에서 비롯되는 〈불공정한〉 이점을 무시할 수 있을 만큼 충분히 낮을 것이다.

42. 온라인 가짜 뉴스는 〈진실을 말하는 기관〉이 공격을 받는 세상(1장 참조)에서 특히 문제가 된다. 하지만 적절한 정책적 대응에 대한 논의는 이 책의 범위를 넘어서는 것이다.

7 왜 정부인가?

1. 1675년에 아이작 뉴턴 경은 이렇게 말했다. 〈내가 만약 다른 이들보다 더 멀리 볼 수 있었다면, 그것은 바로 거인들의 어깨에 올라섰기 때문이다.〉

2. 앞서 나는 다음의 작은 책에서 이러한 몇몇 개념을 살펴봤다. *The Economic Role of the State* (Oxford: Basil Blackwell, 1989).

3. 혹은 "The Pure Theory of Public Expenditure," *The Review of Economics and Statistics* 36 (1954): 387–9에서 그러한 재화와 일반적인 〈민간재 private goods〉의 차이를 처음으로 명료하게 구분한 폴 새뮤얼슨의 이름을 따서, 〈새뮤얼슨의 순수 공공재〉. 그 이후로 많은 자료가 쏟아져 나오면서 공적으로 제공된 재화의 다양한 유형에 대한 논의를 이어 나갔다. 예를 들어 공적으로 제공된 민간재, 〈비순수〉 공공재 등. 다음을 참조. e.g., Anthony B. Atkinson and Joseph E. Stiglitz, *Lectures on Public*

Economics (New York: McGraw-Hill, 1980; reprinted in 2015, with a new introduction, Princeton: Princeton University Press).

4. 다르게 표현해 볼 수 있겠다. 즉 모두는 다른 사람의 노력에 무임승차하기를 원한다. 그들은 비용을 부담하지 않고서 다른 사람이 제공하는 공공재의 혜택을 누릴 수 있다(당연하게도 이는 공공재 영역의 무임승차 문제라고 불린다).

5. 다른 곳에서는 이를 사회의 소프트 기반 시설이라고 언급했다. 공산주의에서 시장 경제로 이동하는 국가가 직면하는 많은 어려움은 이러한 소프트 기반 시설의 부재로 인한 것이다. See Joseph E. Stiglitz, *Whither Socialism?* (Cambridge, MA: MIT Press, 1994).

6. 현대 경제 이론은 다양한 시장 실패에 대해 설명하고 있다. 보험 시장의 실패는 종종 정보의 비대칭성, 역선택의 문제(고용주나 임대인, 혹은 보험 회사가 쉽게 확인할 수 없는 개인 사이의 중요한 차이점이 존재하는), 도덕적 해이(예를 들어 보험 조항이 개인으로 하여금 보험사를 더 높은 위험에 노출시키는 방식으로 행동하게 만들지만 보험사가 감시할 수 없고, 그래서 통제할 수 없는)와 종종 관련 있다. 그러나 정부는 사회보장을 통해 전체 인구를 대상으로 보험 서비스를 제공하기 때문에 가령 역선택의 문제 중 일부를 피할 수 있다.

7. 본질적으로 메디케어와 동일한 서비스를 제공하는 민간 프로그램은 그 비용이 20퍼센트나 더 높다. 연금 보험과 관련해서 민간 분야의 관리비는 공공 분야의 열 배, 혹은 그 이상이다. 정부의 서비스가 비용은 낮지만 품질이 높은 이유가 있다. 광고나 시장 지배력 행사를 위해 돈을 지출할 필요가 없다. 민간 영역은 언제나 크림스키밍cream-skimming과 관련이 있으며, 최적의 위험을 발견하기 위해 애를 쓴다. 민간 영역은 언제나 그들이 갖고 있는 시장 지배력을 행사하고자 한다.

8. 민영 교도소는 더 문제가 많다. 민영 교도소는 수익 극대화를 추구하기 때문에 교육이나 식품과 관련된 지출을 억제하고 갱생에 대해서는 관심을 기울이지 않는다. 그들의 수익은 석방된 사람 중 많은 이들이 교도소로 돌아올 때 증가하게 된다. 공공의 관심은 그들이 가능한 한 빨리 사회에 적응하도록 만드는 것이다. 여기서 공공의 이익과 민간의 이익은 어긋나게 된다. See Seth Freed Wessler, "The Justice Department Will End All Federal Private Prisons, Following a 'Nation' Investigation," *The Nation*, Aug. 18, 2016. 민간 계약의 실패를 설명하는 일반 이론은 다음에서 확인할 수 있다. David Sappington and Joseph E. Stiglitz, "Privatization, Information and Incentives," *Journal of Policy Analysis and Management* 6, no. 4 (1987): 567–82.

9. 이러한 점을 보여 주는 다른 많은 사례가 있다. 뉴욕주의 공공 담보 대출 프로그램

은 2008년 금융 위기 동안에 민간 프로그램보다 훨씬 효과적으로 기능했다. 대부분의 경우 영국 철도, 미국의 풍부한 우라늄 생산, 혹은 칠레나 멕시코의 도로 민영화 과정은 제대로 진행되지 못했고, 일부 경우에는 재국유화 작업이 필요했다. 민영화로 성공을 거둔 개발도상국의 경우, 이는 때로 IMF가 부과한 금융에 대한 인위적인 접근 제한을 제거했기 때문이다. See Anzhela Knyazeva, Diana Knyazeva, and Joseph E. Stiglitz, "Ownership Changes and Access to External Financing," *Journal of Banking and Finance* 33, no. 10 (Oct. 2009): 1804 – 16; and "Ownership Change, Institutional Development and Performance," *Journal of Banking and Finance* 37 (2013): 2605 – 27.

10. See Elizabeth Warren's powerful speech on regulation, delivered at Georgetown Law on June 5, 2018, available at https://www.warren.senate.gov/newsroom/press-releases/senator-warren-delivers-speech-on-dangers-of-deregulation.

11. 경제학자들은 이를 외부 효과라고 부른다.

12. 유럽연합은 또 다른 방식으로 특정한 유형의 규제를 발표하고 집행한다. 이는 미국과 비교할 때 정치화의 위험이 낮다.

13. 1995년 통신 법안 논의에서, 기술이 정부 개입 없이 경쟁을 보장하는 방식으로 진화할 것인지, 아니면 시장 지배력의 추가적인 집중으로 이어지는 방식으로 진화할 것인지를 놓고 뜨거운 논쟁이 벌어졌다. 나는 강력하게 후자를 지지했지만, 비록 그렇게 될 가능성이 있다고 해도 시장 지배력의 성장과 남용을 견제하기 위한 제도를 조율해야 한다고 주장했다. 안타깝게도 내 예측이 옳은 것으로 드러났다. See Stiglitz, *The Roaring Nineties*.

14. 트럼프는 규제 시스템의 거짓되고 기만적인 특성화를 기반으로 의료와 안전, 환경, 심지어 경제를 보호하기 위한 핵심적인 규제 시스템에 대한 신뢰를 허물어뜨렸다. 그는 규제를 익명의 무책임한 관료가 만든 것이라고 특징짓고자 했다. 트럼프는 아마도 학창 시절에 권력 분립과 견제와 균형 시스템을 다루는 기초 과정을 빼먹은 듯하다. 또한 규제 시스템을 다루는 상급 과정도 건너뛴 듯하다. 분명하게도 그는 자신의 교육에서 그러한 결함을 메우기 위해 아무런 노력도 하지 않았다.

15. 더 나쁘게, 이들 기관과 그들의 금융 후원자들은 규제에 저항했을 뿐 아니라, 미국의 파산법에 이러한 부채의 상환을 실질적으로 불가능하게 만든 조항을 삽입하는 데 성공했다.
트럼프 대학은 이러한 착취적인 제도의 상징이 되었다.

16. 게다가 대부분의 지역에서 선택권은 더욱 협소했다. 사업자가 하나 혹은 둘뿐이었다.

17. 지적 일관성이 결여된 트럼프 행정부는 커뮤니케이션 분야의 경쟁과 관련해서 모순적인 입장을 취했다. 그들은 경쟁을 위축시킬 위험이 있다는 이유로 타임워너 (CNN의 모기업)와 AT&T의 합병을 막으려 했다. 비록 법원의 판단은 달랐지만, 나는 그들이 옳았다고 생각한다. 이는 수직 합병이다. 즉 타임워너와 AT&T는 동종 산업에 속해 있지 않다. 한 업체가 다른 업체에게 서비스를 제공하는 관계다. 전통적으로 경쟁 당국은 시장 내부의 경쟁에만 주목했으며, 시장끼리의 상호작용에는 관심을 보이지 않았다. 하지만 우리는 그것이 잘못되었다는 것을 안다. 가령 마이크로소프트는 개인용 컴퓨터 운영 체제의 지배력을 이용해서 어플리케이션 전체 시장을 지배했다. 이 경우에, 합병에 따른 역효과는 망 중립성 폐지로 인해 증폭되었다.

18. 이는 물론 선택권이 없다는 뜻이다. See Jon Brodkin, "50 Million US Homes Have Only One 25 Mbps Internet Provider or None at All," *Ars Technica,* June 30, 2017.

19. 이 사례는 또한 독점력의 복잡한 특성과 영향력을 잘 보여 준다. 인터넷 사업자는 그들의 서비스(콘텐츠 제공자와 소비자 사이의 전송)를 넷플릭스와 같은 콘텐츠 제공자에게 판매하는 것으로 생각할 수 있다. 인터넷 사업자는 그들의 시장 지배력을 활용함으로써 콘텐츠 제공자 시장에 영향을 미치고, 간접적이지만 중요하게 소비자에게도 영향을 미친다. 다른 한편으로, 인터넷 사업자를 소비자에게 프로그램을 판매하는 것으로 생각해 볼 수도 있다. 즉 그들은 콘텐츠(넷플릭스가 제공하는 영화들처럼)를 다른 이에게서 구매한다. 여기서 그들은 독점력을 갖는다. 그 이유는 인터넷 소비자에게 제공하기 위해 콘텐츠를 〈구매〉하는 회사는 한두 곳밖에 없기 때문이다. 그들은 인터넷 시장 지배력을 활용해 그들 자신이 제공하는 콘텐츠에 경쟁사의 콘텐츠보다 더 높은 경쟁력을 부여할 수 있다. 인터넷 사업자를 어떻게 바라보든 간에, 결국 소비자는 높은 가격과 낮은 혁신, 그리고 품질 저하로 인해 손해를 입는다.

20. 나는 *The Economic Role of the State*에서 왜 우리는 자발적인 집단행동에만 의존할 수 없는지를 설명했다. 예를 들어 공공재 영역에서 〈무임승차〉 문제를 들 수 있다. 즉 사람들은 비용을 부담하지 않고서 혜택만 누리려 한다.

21. See, e.g., Joseph E. Stiglitz, "Some Lessons from the East Asian Miracle," *World Bank Research Observer* 11, no. 2 (Aug. 1996): 151 – 77; and *The East Asian Miracle: Economic Growth and Public Policy,* a World Bank policy research report (New York: Oxford University Press, 1993). 정부 역할이 그만큼 중요하다는 점에서

학자들은 이들 국가를 개발 상태에 있다고 언급했던 것이다. See, for instance, Atul Kohli, *State-Directed Development: Political Power and Industrialization in the Global Periphery* (Cambridge: Cambridge University Press, 2004).

22. See, for instance, Mariana Mazzucato, *The Entrepreneurial State: Debunking Public vs. Private Sector Myths* (London: Anthem Press, 2013) and Chang, *Kicking Away the Ladder.*

23. 일부는 이것이 우연이 아니라고 말한다. 양당은 다른 집단들의 연합이다. 공화당은 복음주의자, 대기업, 갑부, 자유주의자의 연합이며, 기업가/엘리트 집단의 경제적 의제를 옹호하는 이들이 전략적으로 문화 전쟁에 불을 붙이고 있다. 공화당은 이러한 혼란 속에서 많은 복음주의자가 그들이 제시하는 경제 정책이 자신들의 경제적 이익과 상충한다는 것을 인식하지 못하기를 희망하고 있다. See Thomas Frank, *What's the Matter with Kansas: How Conservatives Won the Heart of America* (New York: Henry Holt, 2004). 그는 더 나아가 빌 클린턴 행정부 시절에 신민주당 인사와 민주 리더십 위원회 Democratic Leadership Council가 그들의 전통적 지지 기반인 블루칼라 노동자를 외면하면서 금융을 비롯해 다양한 비즈니스 엘리트들을 끌어들이기 위한 경제적 의제를 설정함으로써 영향력을 행사했다고 주장한다.

24. 집을 잃어버린 이들의 정확한 숫자는 알기 어렵다. 아마도 300만에서 1천만 명 사이에 이를 것으로 보인다. 이는 기간을 어떻게 정할지, 어떤 방식으로 계산할지에 따라 달라질 것이다. 경기 침체가 한창이던 무렵에 1500만 명의 미국인이 일자리를 잃었다(Bureau of Labor Statistics data).

25. See Jesse Eisinger, *The Chickenshit Club: Why the Justice Department Fails to Prosecute Executives* (New York: Simon and Schuster, 2017); Rana Faroorhar, *Makers and Takers: The Rise of Finance and the Fall of American Business* (New York: Crown Business, 2016); and Danny Schechter, *The Crime of Our Time: Why Wall Street Is Not Too Big to Jail* (San Francisco: Red Wheel Weiser, 2010). 20년 전, 훨씬 더 작은 규모의 저축 및 대출 위기 때 천 명이 넘는 금융가들이 투옥되었다. 그러나 이번 위기에서 조사를 받은 사람은 드물었고, 유죄를 받은 사람은 더욱 드물었다. William D. Cohan, "How Wall Street's Bankers Stayed Out of Jail," *Atlantic*, Sept. 2015. 셰크터는 저축 및 대출 위기 이후에 금융가들이 잘못을 저질러도 교도소에 가지 않기 위해 대규모 로비를 벌였다고 주장한다.

26. 대부분 공화당 인사들이었지만, 둘 다를 위한 치어리더로 활동했던 민주당의 보수 인사들도 있었다. 전반적으로 민주당 인사들은 적어도 이러한 정책으로 인해 피해를

입을 사람들을 보호하기 위한 프로그램을 주장했다. 특히 세계화의 경우에 민주당 인사들은 무역 조정 지원 조치를 거론했다. 하지만 공화당의 반대로 충분한 지원이 이뤄지지 못했을 때, 그럼에도 많은 이들은 트리클다운 경제가 어떻게든 작동할 것이라고 기대하면서 계속해서 지지를 이어 나갔다.

27. 그러한 시스템에서 시스템의 안정성을 확신하기는 힘들다. See Stefano Battiston, Guido Caldarelli, Robert M. May, Tarik Roukny, and Joseph E. Stiglitz, "The Price of Complexity in Financial Networks," *PNAS (Proceedings of the National Academy of Sciences of the United States of America)* 113, no. 36 (2016): 10,031 – 6; and Tarik Roukny, Stefano Battiston, and Joseph E. Stiglitz, "Interconnectedness as a Source of Uncertainty in Systemic Risk," *Journal of Financial Stability* 35: 93 – 106.

28. 집단 소송에 대한 추가적인 논의는 3장 주 92 참조.

8 민주주의 회복

1. Harry Enten, "The GOP Tax Cuts Are Even More Unpopular than Past Tax Hikes," *FiveThirtyEight,* Nov. 29, 2017, https:// fivethirtyeight.com/features/the-gop-tax-cuts-are-even-more-unpopular-than-past-tax-hikes/.

2. 그녀의 책 *Democracy in Chains*에서. See also Steven Levitsky and Daniel Ziblatt, *How Democracies Die* (New York: Crown, 2018).

3. 이는 실제로 그전에 이민과 더불어 시작된다. 즉 민주당에 투표할 가능성이 높은 이들의 입국을 제한하려는 시도다. 이민 정책을 둘러싼 싸움은 적어도 부분적으로 미래 유권자를 놓고 벌이는 싸움이다.

4. 많은 주에서 수감자 및 유죄를 선고받은 중죄인은 대의 목적으로는 산정이 되지만 투표권은 박탈당한다. 일부 주는 게리맨더링을 강화하기 위한 추가적인 방안으로서 수감자를 특정한 지역으로 이주시킨다.

5. See Michelle Alexander, *The New Jim Crow: Mass Incarceration in the Age of Colorblindness* (New York: The New Press, 2010).

6. 이는 비아프리카계 미국인 성인의 1.8퍼센트와 비교된다. 권리를 박탈당한 아프리카계 미국인 중에는 남성이 압도적으로 많다. See "6 Million Lost Voters: State-Level Estimates of Felony Disenfranchisement, 2016," Sentencing Project, Oct. 2016.

2018년 중간 선거에서 거둔 중요한 성공 중 하나는 플로리다에서 실시된 국민투표로, 이는 그 주에 사는 약 150만 명에게 투표권을 되돌려 주는 것이었다. 그렇게 투표권을 되찾은 이들 중 약 3분의 1이 아프리카계 미국인이었다.

7. 2018년 다섯 개 주(인디애나, 켄터키, 뉴햄프셔, 오하이오, 오클라호마)는 제한적 투표법의 시행을 시도했거나 혹은 성공했다. "Voting Laws Roundup 2018," Brennan Center for Justice, Apr. 2, 2018, https://www.brennancenter.org/analysis/voting-laws-roundup-2018.

8. 미국에서 근로자는 물론, 여성(전쟁에 반대하는 성향이 더 높은)과 최근 이민자를 대상으로 한 투표권 박탈과 관련해서 풍부하고 훌륭한 자료가 있다. See Alexander Keyssar, *The Right to Vote: The Contested History of Democracy in the United States* (New York: Basic Books, 2000). 컬럼비아 대학 동료인 수레시 나이두Suresh Naidu는 남북전쟁 이후 남부 지역에서 투표자 억압에 대한 시도가 성공을 거두면서 전체 투표율을 1~7퍼센트 낮추고, 국가 차원의 선거에서 민주당 득표율을 5~10퍼센트 높였다는 사실을 보여 주었다. 또한 그는 이러한 결과가 다시 흑인 학교에 대한 지출과 더불어 상당한 분배적 영향을 미쳤다는 사실을 보여 주었다. 〈흑인 노동자들은 투표권 박탈로 인해 집단적인 손실을 입었으며, 그 규모는 적어도 연간 소득의 15퍼센트에 달한다. 반면 토지 소유주는 12퍼센트 이득을 얻었다.〉("Suffrage, School, and Sorting in the Post-Bellum U.S. South," NBER Working Paper no 18129, June 2012). 최근의 투표권 박탈은 주로 히스패닉계에 초점을 맞추고 있다.

9. See "State Poll Opening and Closing Times (2018)," Ballotpedia, available at https://ballotpedia.org/State_Poll_Opening_and_Closing_Times_(2018).

10. 기술 진보는 게리맨더링의 위력을 증가시키면서, 공정한 대의의 실현을 더욱 어렵게 만들었다.

11. 등록된 유권자의 투표율뿐 아니라, 투표를 하는 선거 인구의 비중을 고려할 때 특히 그렇다. 2016년 전국 선거에서 후자의 수치는 56퍼센트 이하였다(트럼프는 투표자 중 46퍼센트의 표를 얻었다. 이 말은 그에게 표를 던진 사람이 지극히 소수, 즉 선거 인구의 26퍼센트에 불과했다는 것을 의미한다). 비교하자면, 최근 벨기에의 전국 선거에서 투표 인구의 참여율은 87퍼센트였다. 스웨덴의 경우는 83퍼센트였다. See Drew DeSilver, "U.S. Trails Most Developed Countries in Voter Turnout," Pew Research Center, May 15, 2017. 주와 지역 선거의 상황은 말할 필요도 없다. 전반적으로 훨씬 더 낮은 투표율을 보이고 있다. 가령 2018년 캘리포니아의 3월 예비 선거 투표율은 등록 유권자의 36퍼센트에 불과했다. 트럼프 행정부에 대한 반발로 정치적으로 열기가 높은

주에서 말이다.

12. 투표할 자격이 있는 이들에 대한 투표 억압, 그리고 세금은 내지만 투표를 할 수 없는 합법 이민 노동자에 더해, 캘리포니아에만 250만 명에 달하는(캘리포니아 근로자 열 명 중 한 명에 해당하는) 등록되지 않은 이민자들이 살고 있다. See "Just the Facts: Undocumented Immigrants in California," Public Policy Institute of California, accessed Mar. 11, 2018, available at http://www.ppic.org/publication/undocumented-immigrants-in-california/.

13. 이 시스템은 독재 성향이 강한 조지 3세와 같은 미친 통치자가 권력을 함부로 휘두르지 못하도록 막기 위해 설계되었다. 우리가 트럼프 임기 동안 배운 소중한 교훈은 견제와 균형 시스템이 얼마나 중요한가이다.

14. 위대한 사회학자이자 경제학자인 막스 베버는 그러한 관료제의 중요성을 강조했다[*Economy and Society* (Berkeley: University of California Press, 1922)]. 공화당 인사들이 종종 익명의 관료제를 비판하고 있지만, 대부분은 아니라고 해도 많은 미국인들은 국립공원 시스템이나 사회보장 및 메디케어 시스템 등 관료제의 하위 조직을 대단히 호의적인 시선으로 바라보고 있다.

학생들 모두 앤드루 잭슨에 대한 비판의 핵심이 그가 도입한 〈스포일스 시스템〉이라는 사실을 잘 알고 있다.

15. 보수주의자 대부분 통화 공급 결정의 정치화에 따른 경제적 위험을 우려하면서 독립적인 통화 당국을 지지한다는 사실을 언급할 필요가 있겠다. 중앙은행의 독립성을 둘러싼 원칙과 논란에 대한 훌륭한 설명은 다음을 참조. Paul Tucker, *Unelected Power: The Quest for Legitimacy in Central Banking and the Regulatory State* (Princeton: Princeton University Press, 2018).

16. 뉴욕 테러 공격 이후 두 트위터 메시지는 사법부에 대한 트럼프의 낮은 인식을 드러낸다. 〈우리는 빠른 정의, 강한 정의를 필요로 한다. 지금보다 훨씬 더 빠르고 강력한. 지금의 상황은 말도 안 되는 농담에 불과하기 때문이다. 이런 일이 그렇게 많이 일어나는 것도 당연하다.〉 그리고 〈법원은 느리고 정치적이다!〉 See also, for example, Kristine Phillips, "All the Times Trump Personally Attacked Judges—and Why His Tirades Are 'Worse than Wrong,'" *Washington Post*, Apr. 26, 2017.

17. 물론 존슨 대통령 이전에 민주당 역시 북부 자유주의자와 남부 민주당 탈당파로 이뤄진 특이한 연합을 형성하고 있었다.

18. 예상했던 대로 이번에는 그들이 어떻게 주들의 권리를 반대하며 나왔는지를 설

명하는 우아한 궤변이 있었다. 그러나 분명하게도 중요한 것은 그 결과였다.

19. 물론 다양한 이해관계와 관점 사이의 타협을 드러내는 모든 정치 집단의 결정은 일관성이 결여되어 있다는 점에서 원칙이 없어 보일 수 있다[이는 케네스 애로Kenneth J. Arrow의 유명한 불가능성 정리의 핵심 개념이다. Arrow, *Social Choice and Individual Values* (New York: Wiley, 1951)]. 그러나 믿음과 이해관계, 기호의 차이가 클수록 비일관성이 더 뚜렷하게 나타날 가능성이 높다.

20. 예를 들어 투표권법과 건강보험 개혁법의 핵심 조항을 무력화하는 판결과 더불어, 후자인 *National Federation of Independent Business v. Sebelius*는 2012년 오바마케어의 조항 대부분을 지지한 것으로 기억되고 있다. 하지만 그 판결은 주 정부들이 원래 건강보험 개혁법이 의무화했던 메디케이드 확충으로부터 빠져나갈 수 있도록 허용했다. 실제로 열아홉 개 주가 그렇게 했고, 이로 인해 220만 명에 달하는 미국인이 의료보험을 잃게 되었다. 그중 아프리카계 미국인의 비중이 압도적으로 높다. 2018년 선거에서 아이다호, 네브래스카, 유타주의 유권자들은 이러한 판결을 무효화했다. See, for example, Scott Lemieux, "How the Supreme Court Screwed Obamacare," *The New Republic,* June 26, 2017.

2013년 6월에 연방 대법원은 1965년 투표권법의 핵심 부분이 위헌이라고 판결(5 대 4)을 내렸다(아프리카계 미국인들의 투표권을 회복시키는 과정에서 핵심적인 역할을 했던 조항). 그 판결은 1875년 시민권법을 부정한 1883년 판결을 떠올리게 했다. See Lawrence Goldstone, *Inherently Unequal: The Betrayal of Equal Rights by the Supreme Court, 1865–1903* (New York: Walker, 2011).

21. See, for example, Lee Drutman, "The Case for Supreme Court Term Limits Has Never Been Stronger," *Vox,* Jan. 31, 2017. See also the writing of Norm Ornstein, including "Why the Supreme Court Needs Term Limits," *Atlantic,* May 22, 2014.

22. 위 제안에 따를 때, 사망이나 사임에도 법원의 판사 수는 아홉 명을 유지할 수 있다. 사임이나 사망이 없고 판사 수가 이미 아홉 명이라면, 대통령은 정기적으로 추가적인 지명을 할 수 있지만, 지명자는 공석이 날 때까지 자리에 앉지 못할 것이다. 재임 판사의 수가 홀수일 경우, 지명자는 마찬가지로 두 명의 대기 지명이 있을 때까지 자리에 앉지 못한다.

23. 후보자 비준에 대한 거부는 다음 대통령이 임명할 수 있는 자리 수를 늘리지 않을 것이다.

24. See, for example, Stefano DellaVigna and Ethan Kaplan, "The Fox News

Effect: Media Bias and Voting," *The Quarterly Journal of Economics,* 122, no. 3 (2007): 1187-234.

25. 예를 들어 의회 예산처(CBO)는 정부가 유명 제약 회사로 하여금 메디케어가 보장하는 특정 의약품에 대해 최저 리베이트를 지급하도록 강요할 수 있다면, 납세자는 연간 평균 110억 달러를 절약할 수 있을 것이라고 예측했다. See "Options for Reducing the Deficit: 2015-24" (CBO, Nov. 2014), 51. 이러한 사실을 감안할 때, 제약 산업이 이를 유지하기 위해 엄청난 지출을 하고 있다는 것은 놀라운 일이 아니다. 〈2003년 1월 이후로 제약 회사와 총판들은 1억 4750만 달러를 연방 정치 기부금 명목으로 대통령 및 의회 후보자, 당 위원회, PCA 지도부, 그리고 여러 다양한 정치적 압력단체들에게 지급했다.〉 그중 대부분은 공화당 인사들에게로 돌아갔다. 다음을 참조. Stuart Silverstein, "This Is Why Your Drug Prescriptions Cost So Damn Much: It's Exhibit A in How Crony Capitalism Works," *Mother Jones,* Oct. 21, 2016.

26. 여기에는 셸던 애덜슨Sheldon Adelson이 포함된다. 그는 자신의 아내와 자신이 운영하는 기업과 함께 2016년 선거에서 공화당 인사와 외부 보수 단체를 후원하기 위해 8200만 달러가 넘는 돈을 썼다. 그리고 성적으로 문제가 되는 행동으로 쫓겨날 때까지 공화당 전국위원회 재무 의장을 역임했던 스티브 윈Steve Wynn도 포함된다. See "Top Individual Contributors: All Federal Contributions," OpenSecrets.org, https://www.opensecrets.org/overview/topindivs.php. 이들은 공화당에서 분명하게 드러나는 〈지대 추구자〉들 중 하나의 집단에 불과하다(지대 추구자는 가령 사람들이 원하거나 필요로 하는 제품을 더 많이 생산해서 국가의 파이를 키우는 것이 아니라, 파이에서 더 큰 조각을 가져가는 방식으로 부를 축적한 이들을 가리킨다는 사실을 기억하자).

27. 부동산 신탁을 위한 세금 혜택은 소기업을 위한 혜택보다도 더 크다. 그것은 개인이 후자를 이용할 수 있는 범위에는 제한이 있기 때문이며, 이는 전자에는 해당하지 않는다.

28. 오바마 행정부는 마지막 연도에 규제에서 소소한 변화를 실행에 옮기면서 돈세탁 추적을 보다 쉽게 만들었다. 하지만 이는 뉴욕을 비롯한 몇몇 지역에만 적용이 가능한 것이었다. 알려진 바에 따르면, 이는 수백만 달러 범위로 부동산 가격에 중대한 영향을 미쳤고, 이를 통해 이 시장에서 돈세탁이 차지하는 비중을 확인시켜 주었다.

29. *Citizens United v. Federal Election Commission, 2010.* 시민 연합 판결로 인해 은밀한 슈퍼 팩이 탄생했고, 이를 통해 엄청난 정치 자금이 흘러 들어갔다. *SpeechNow.org v. FEC*에서 하급 법원은 시민 연합 판례는 독립적으로 정치 후원을 하는 어떤 집단에 대해서도 제약을 두는 것은 위헌이라는 의미의 판결을 내렸다.

30. 일부 경우에 CEO는 그것이 기업의 수익 증가로 이어질 것이며, 자신의 주요 임무가 수익 증가라고 주장함으로써 당이나 후보자에 대한 자신의 정치적 지지를 변론할 수 있다. 그러나 제대로 기능하는 경제와 사회에서 기업은 보다 거시적인 견해를 취해야 한다. 기업이 속임수를 써서 수익을 높이는 것은 명백히 잘못된 것이다. 마찬가지로 그들이 〈속임수〉를 쓸 수 있도록 정부가 허용하게 만들기 위해 정치적 활동을 벌임으로써 수익을 높이는 것 또한 잘못된 행동이다. 규제는 〈속임수〉를 원치 않는 기업이 그렇게 하도록 강요받지 않는, 그래서 사악한 행위에 관여하는 경쟁자가 우위를 차지하지 않도록 하는 운동장을 구축한다.

31. 존 아타나시오John Attanasio(SMU 데드먼 로스쿨 학장을 역임한) 교수는 자신의 책, *Politics and Capital* (Toronto: Oxford University Press, 2018)에서 시민 연합과 갑부들에 의한 선거 후원의 증가 사이의 관계를 보여 주는 데이터를 제시했다. 이에 따르면, 그 판결 이후 11개월 만에 상위 0.01퍼센트의 기부는 65퍼센트 증가했다. 시민 연합 판결 이후로 은밀한 501(c)(4) 단체에 대한 기부(기부자 신원을 공개하지 않아도 되는)는 세 배 가까이 증가했다.

많은 정치학 자료가 기부는 접근의 용이함으로 이어지고, 접근의 용이함은 다시 영향력의 증가로 이어진다는 사실을 보여 준다. 아타나시오는 기부금의 한계를 철폐했던 앞선 대법원 판결, *Buckley v. Valeo*, 424 U.S. 1(1976)의 중요성을 강조한다. 법원은 이념의 전파에서 돈이 차지하는 역할을 인정하면서도, 정치적 운동장에 대한 접근을 평등하게 만드는 데는 관심을 보이지 않았다(아래 주 35의 논의를 참조). 국가의 불평등 수준이 높은 상황에서 대법원은 〈1퍼센트의, 1퍼센트를 위한, 1퍼센트에 의한 정부〉를 보장하는 시스템을 승인한 것으로 보였다.

보다 광범위하게, 벤저민 페이지Benjamin I. Page와 마틴 길렌스Martin Gilens는 그들의 책, *Democracy in America?: What Has Gone Wrong and What We can Do About It* (Chicago: University of Chicago Press, 2017)에서 광범위한 중하위 소득 계층의 여론이 돈뿐만이 아니라 게리맨더링, 작은 주의 상원 의원 두 명이 뉴욕, 캘리포니아, 텍사스와 동등한 투표권을 갖도록 허용함에 따른 작은 주의 지나친 영향력, 그리고 공화당 대변인 데니스 해스터트Dennis Hastert(1999~2007)가 발의한, 공화당 대다수가 지지한 법안만이 의결이 되는 해스터트 룰Hastert Rule과 같은 다양한 반민주적 도구 때문에 정책에 거의 영향을 미치지 못한다는 사실을 보여 주었다.

32. 경제학자들은 종종 다양한 표현을 동원해서 이 과정을 설명한다. 그들은 〈포획〉에 대해 말한다. 이 용어는 내가 수석 경제학자로 있었던 세계은행에서 나온 것으로 보이며, 노벨상 수상자인 시카고 대학의 경제학자 조지 스티글러George Stigler가 〈규제 포획〉이라는 용어를 사용하면서 널리 알려지게 되었다. "The Theory of Economic

Regulation," *The Bell Journal of Economics and Management Science* (Spring 1971): 3 –21.

33. 특히 금융 분야로부터 금전상 이해관계는 민주당에서도 중요한 역할을 했다. 그럼에도 많은 주도적인 민주당 인사들은 이 개혁을 강력하게 지지했다. 정치에서 돈의 제한 없는 활용에 대한 일반적인 5 대 4 분할은 당의 노선을 따른 것이었다는 점을 언급할 필요가 있겠다.

34. 이 법은 설명한 것보다 조금 더 복잡하다. 공적 자금 지원을 선택한 후보자는 민간 후원이나 개인적인 자금, PAC 등을 이용할 수 없으며, 상한선이 7만 5천 달러로 제한된다. 따라서 공적 자금 지원을 선택하지 않은 경쟁자와 상대하는 후보자는 오직 7만 5천 달러까지만 지원을 받을 수 있다. 경쟁자가 7만 5천 달러 이상을 모금할 경우, 거기에 맞출 수는 없다.

35. 그 주의 법은 시민들에 의해 추진된 국민투표의 결과였다. 대법원 판사 엘리나 케이건Elena Kagan은 네 명의 반대자를 대표해 논쟁을 벌이면서 이렇게 말했다〈수정 헌법 1조의 주요 목적은 건강한 논의와 토론으로 가득한 건전하고 활기찬 정치 시스템을 강화하는 것이다. 애리조나의 부패 방지법에 담긴 어느 것도 헌법적 보호를 침해하지 않았다.〉케이건은 주들이〈선출 공직자에 대한 특수 이해관계의 장악〉과 맞서 싸우는 데 관심을 갖고 있다고 계속해서 주장했다. 그 법은〈아이디어의 활기찬 경쟁, 그리고 사람들의 의지에 민감하게 대응하는 정부라고 하는 궁극적인 목표를 모두 강화했다〉. 뉴욕 대학의 브레넌 정의 센터에 있었던 모니카 윤Monica Youn처럼 그 판결을 비판했던 사람들은 법원이〈금전적 이익을 보존할 수 있는 권리〉라고 하는 새로운 권리를 창조했다고 정당하게 지적했다. 그 법원의 다수는 이러한 우려를 일축하면서 예전에 그랬던 것처럼 운동장을 평평하게 만드는 것은 자신의 이익을 위해 돈을 활용하는 개인의 권리를 박탈하는 것이라고 주장했다. See, e.g., Robert Barnes, "Supreme Court Strikes Arizona's 'Matching Funds' for Publicly Financed Candidates," *Washington Post*, June 27, 2011. 이 사건은 공식적으로 McComish v. Bennett로 알려졌으며, 판결은 2011년에 나왔다.

36. 시민 연합 판결 이후로 법원 구성에서 변화가 있기는 했지만, 비슷한 사건이 벌어진다면 또다시 5 대 4 판결이 이뤄질 것으로 예상된다. 판결에서 한 표의 변화, 혹은 대법원 규모에서 두 명이 증원된다면 이 안타까운 판결이 뒤집어질 수 있을 것이다.

37. 이 장에서 논의한, 돈이 영향력을 행사하는 메커니즘의 목록은 완전한 것은 아니다. 예를 들어 로비 활동은 중요한 역할을 한다. 로비의 영향력을 억제하려는 시도는 부분적으로 성공을 거뒀지만, 개선의 여지는 여전히 남아 있다. 다시 한번, 정부 관료를 만

나는 인사들의 목록을 작성하는 방안을 포함하는 정보 공개는 도움이 될 것이다. 트럼프 행정부는 백악관 방문 기록에 대한 공개 요구를 거부함으로써 외부 영향력의 불투명함을 새로운 극단으로 몰아가고 있다. See Julie Hirschfeld Davis, "White House to Keep Its Visitor Logs Secret," *New York Times,* Apr. 14, 2017.

38. 도널드 트럼프는 분명히 비주류 후보였다. 그가 다른 열여섯 명의 후보보다 더 많은 지지를 얻었다고 해도, 그는 분명히 공화당에서 절반 이상의 지지를 얻지는 못했다. 그럼에도 선거 시스템은 그가 공화당을 장악하고, 경쟁자보다 더 적은 득표로 대통령이 되도록 만들어 주었다. 일부는 이것이 민주당 내에서도 진행되고 있다고 말하지만, 거기에는 중대한 차이가 있다. 공화당 내부에서는 극단주의자들이 당을 장악했다. 의회에서는 티파티가 그들이 반대하는 입법을 막기에 충분히 강력한 힘을 갖추고 있다. 반면 버니 샌더스와 엘리자베스 워런조차도 유럽의 사회민주당과는 조금 다른(그리고 많은 경우에서 약간 오른쪽으로 치우친) 주류 〈사회민주당〉에 속한다.

39. 정치학자 러셀 돌턴Russell J. Dalton과 그의 공저자들이 지적했던 것처럼, 정당 시스템과 더불어 선거권 박탈의 오랜 역사가 존재한다. 그러나 진실은 그것이 미국 민주주의 기능에서 핵심을 차지하고 있다는 것이다. See Russell J. Dalton, David M. Farrell, and Ian McAllister, *Political Parties and Democratic Linkage: How Parties Organize Democracy* (New York: Oxford University Press, 2011) and Sean Wilentz, *The Politicians and the Egalitarians* (New York: W. W. Norton, 2016).

40. 분명하게도 우리 교육 시스템의 결함은 유권자를 트럼프와 『폭스 뉴스』의 왜곡과 거짓말에 더욱 취약하게 만들고 있다. 부유한 이들이 그 시스템에서 빠져나가거나 그들만의 시스템을 구축할 경우, 공공 교육 시스템은 결코 제대로 기능하지 못할 것이다.

41. 6장에서는 새로운 기술이 자신이 원하는 대로 사회를 구축하려는 부자들에게 더 큰 힘을 주었을 것이란 점을 보여 준다.

9 일자리와 기회로 가득한 역동적인 경제 회복하기

1. 공화당 인사들이 왜곡된 지대 추구 경제를 원하는 기업의 특수한 이해관계에 굴복했던 반면, 시장 비판자로 간주되었던 민주당 인사들이 시장이 작동하도록 만드는 역할을 자처해야 했다는 사실은 아이러니한 일이었다.

2. 2장에서 살펴봤던 것처럼, 1인당 GDP 역시 생활수준에 대한 좋은 기준을 제공하지 못한다. 생활수준에 대한 표준적인 기준에서, 미국은 1인당 GDP가 더 높음에도 불구하고 많은 나라들보다 더 낮은 점수를 받았다. 왜 GDP가 좋은 기준이 될 수 없는지에

대한 폭넓은 논의는 다음을 참조. Joseph E. Stiglitz, Jean-Paul Fitoussi, and Amartya Sen, *Mismeasuring Our Lives: Why GDP Doesn't Add Up* (New York: The New Press, 2010). 이는 내가 의장을 맡았던, 경제 성과와 사회 발전에 대한 평가를 주제로 한 국제위원회가 내놓은 보고서다.

3. 출산율에 개입을 할 수는 있지만, 우리가 직면한 도전 과제, 특히 기후 변화가 제시하는 과제를 감안할 때 우리 사회가 정말로 그러기를 원하는지는 분명하지 않다.

4. See the discussion of Case and Deaton, "Rising Morbidity and Mortality in Midlife among White Non-Hispanic Americans in the 21st Century."

5. 그 세법을 지지하는 이들은 이를 통해 더 많은 민간 투자를 유도할 수 있다고 주장했다. 하지만 앞서 언급한 것처럼, 기업의 금고로 들어간 추가적인 자금 대부분은 배당금이나 자사주 매입에 사용되었다.

6. 그 세법이 통과되고 몇 주가 지난 2018년 1월, 트럼프 행정부 교통부 장관인 일레인 차오Elaine L. Chao가 사회 기반 시설에 대한 자신의 약속을 되풀이했을 때(하지만 결국 한 가지 문제, 즉 예산 부족을 지적했던) 나는 다보스 회의에 참석 중이었다. 그 행정부는 암묵적으로 우선순위를 분명히 했다. 허술하게 설계된 부자들을 위한 감세조차 사회 기반 시설보다 더 중요했다.

7. 주 소득의 세금 공제 범위와 부동산 재산세를 제한하는 조항을 통해서.

8. 그는 그것이 대단히 크기 때문에 세수가 증가할 것이라고 말했다. 말할 필요도 없이, 재정 적자는 엄청나게 증가했다.

9. 개인 저축률은 2.2퍼센트로 떨어졌고, 금융 위기 때까지 낮은 상태에 머물러 있었다. 저축과 투자, 성장을 강화하기 위한 부시 행정부의 감세 정책의 실패와 관련해서는 1장의 주 44에서 추가적으로 논의하고 있다.

10. 물론 혁신을 촉진하는 사회를 구축하는 방법과 관련해서 더 많은 논의를 이어 나갈 수 있다. 가령 다음을 참조. Stiglitz and Greenwald, *Creating a Learning Society*.

11. 〈산업 정책〉이라는 표현은 오해의 소지가 있다. 이는 산업을 강화한다는 의미가 아니다. 다만 경제나 기술의 특정 분야를 강화하거나 기업들이 특정 지역에 자리 잡도록 장려하는 것을 말한다.

12. 그래서 적극적인 노동 시장 정책은 때로 비판을 받아 왔다. 스칸디나비아 국가들처럼 몇몇 지역에서는 효과를 발휘한 반면, 다른 곳에서는 성공과 실패가 함께 나타났다. 이러한 실패에는 이유가 있으며, 여기서 우리는 중요한 교훈을 배워야 한다. 사람들

이 존재하지 않는 일자리를 위해 훈련을 받는다면(거시 경제적 정책이 일자리 창출에 실패했기 때문에, 혹은 교육 정책이 교육 프로그램과 존재하는 일자리를 연결하는 데 실패했기 때문에), 그 정책은 분명히 실패할 것이다.

산업 정책은 또한 신자유주의 이념으로부터 비판을 받았다. 그 이념은 정부가 승자를 선택해서는 안 된다고 말한다. 그러나 모든 성공적인 국가는 실제로 산업 정책을 실행했고, 미국의 정책 중 상당 부분이 국방부를 기반으로 추진되었다. 이러한 정부 연구 프로그램이 없었더라면 미국은 인터넷의 리더가 될 수 없었을 것이다. 어떤 경우든 간에 모든 정부는 교육 시스템과 사회 기반 시설의 설계와 관련해서 장기적인 의사결정을 내려야 하며, 이들은 국가가 나아가야 할 방향에 대한 비전에 기반을 두고 있어야 한다. 더 폭넓은 논의는 다음을 참조. Stiglitz and Greenwald, *Creating a Learning Society,* and Mazzucato, *The Entrepreneurial State.*

13. 경제학자와 사회학자들은 비슷하게도 공동체 내부에 존재하는 조직적·사회적 자본에 대해 언급한다. 이러한 자본은 공동체가 붕괴할 때 파괴된다. See, for example, Robert J. Putnam, *Bowling Alone* (New York: Simon and Schuster, 2000); and Robert J. Sampson, *Great American City: Chicago and the Enduring Neighborhood Effect* (Chicago: University of Chicago Press, 2011).

14. 보다 일반적으로, 경제 활동의 공간적 할당은 강력한 집중, 그리고 지역에 따른 다양한 외부 효과(외부 효과는 개인의 판단에 따른 완전한 결과가 그가 부담해야 할 비용에 반영되지 않을 때 발생하며, 외부 효과가 나타날 때마다 시장은 비효율적이라는 사실을 기억하자) 때문에 효율적이지 않다.

15. 전시 생산을 위해 더 많은 사람이 시골에서 도시로 이동하도록 장려하고, 제대군인 원호법을 통해 전쟁터에서 돌아온 이들이 새로운 산업 경제에 필요한 기술을 습득하도록 유도하는 과정에서 정부가 맡았던 역할은 부분적으로 의도하지 않았던 것이었다. 즉 2차 세계 대전의 부산물이었다. 이에 대한 자세한 논의는 6장 주 7에서 소개한 연구를 참조.

16. 현대 경제학 이론(비대칭적 정보에 기반을 둔)은 왜 그런 것인지, 그리고 왜 문제가 내재적인 것인지 설명하고 있다.

17. 이 개념은 다음에서 자세하게 설명하고 있다. Joseph E. Stiglitz and Jungyoll Yun, "Integration of Unemployment Insurance with Retirement Insurance," *Journal of Public Economics,* 89, no. 11 – 12 (2005): 2037 – 67; and "Optimal Provision of Loans and Insurance Against Unemployment From A Lifetime Perspective" (NBER Working Paper No. 19064, 2013).

18. 이 사안에 대한 논의와 관련해서 앨런 크루거로부터 많은 도움을 얻었다. 예를 들어 정부는 기존 일자리의 임금과 새로운 일자리의 임금 사이의 격차 중 일부를 적어도 잠시 동안 지원해 줄 수 있다. 그 사람은 계속해서 더 나은 일자리를 찾을 수 있다. 결국 그는 일자리를 찾거나, 아니면 자신의 기대를 낮추게 될 것이다. 그러나 적어도 이 프로그램을 통해 그는 일자리를 얻게 된다.

19. 표준적인 지표(GDP 성장이나 실업률 같은)가 문제 상황을 가리키기 전에, 자동 안전장치는 경제 시스템에 자금을 유입시킨다. 특히 정치 시스템이 교착 상태에 빠진 미국의 경우, 대침체에 대한 대응에서 우리가 확인했던 것처럼 말이다. 문제를 인식하는 것만으로는 충분하지 않다. 경제에 필요한 자금의 유입을 놓고 투표를 하기 전에, 미국 사회는 연기에 따른 장기적이고 거대한 대가를 치러야 할 수도 있다.

20. 다음과 같이 UBI를 옹호하는 많은 책들이 나와 있다. Guy Standing, *Basic Income: A Guide for the Open-Minded* (New Haven: Yale University Press, 2017); Annie Lowrey, *Give People Money: How a Universal Basic Income Would End Poverty, Revolutionize Work, and Remake the World* (New York: Crown, 2018); and Philippe Van Parijs and Yannick Vanderborght, *Basic Income: A Radical Proposal for a Free Society and a Sane Economy* (Cambridge, MA: Harvard University Press, 2017). 이들 제목은 저자들이 생각하기에 UBI가 우리 사회를 위해 맡아야 할 혁신적인 역할을 드러내고 있다.

21. 일부는 정치적 이점이 있다고 주장한다. 즉 사회보장과 같은 보편적 프로그램은 단지 보편적이라는 이유만으로 더 많은 지원을 받는다. 〈소득 조사means-tested〉 프로그램(소득에 따라 자격이 결정되는)은 〈인색하다mean〉는 옛말도 있다.

22. 초저금리 유지는 경제를, 특히 금융 분야를 왜곡시킬 수 있으며, 자본 집약적인 기술에 과도한 투자를 유도하면서 지나치게 낮은 위험 프리미엄으로 이어지게 된다. 통화 정책에 대한 의존은 또한 금리에 민감한 분야에 과도한 부담을 안겨다 준다.

23. OECD 데이터.

24. See Peter Wagner and Wendy Sawyer, "Mass Incarceration: The Whole Pie 2018," Prison Policy Initiative, Mar. 14, 2018.

25. "Employed Full Time: Median Usual Weekly Real Earnings: Wage and Salary Workers: 16 Years and Over," St. Louis FRED Economic Data, accessed July 14, 2018, available at https://fred.stlouisfed.org/series/LES1252881600Q. 일부는 낮은 노동력 참여가 거기에 포함되지 않은 이들이 지금 창출되고 있는 일자리가 요구하는 기술을 갖

추고 있지 않기 때문이라고 주장했다. 하지만 그러한 기술 불일치로는 현재 노동 시장을 완전하게 설명할 수 없다. 다른 영역에서 임금의 하방 경직성이 제한적인 감소로 이어지는 동안, 공급이 불충분한 기술을 갖춘 이들의 임금이 증가할 것으로 예상할 수 있기 때문이다. 그에 따라 우리는 평균 임금에서 지금 우리가 보고 있는 것보다 더 급격한 증가를 목격했었어야 했다.

26. 미국은 이라크 전쟁과 아프가니스탄 전쟁 동안 그렇게 했다. See Stiglitz and Linda Bilmes, *The Three Trillion Dollar War: The True Cost of the War in Iraq* (New York: W. W. Norton, 2008).

27. 실질적인 사회적 비용(환경 피해의 가치와 같은)을 지불하지 않도록 하는 것은 사실 보조금을 지급하는 것이다. 탄소세가 없을 때, 기업은 그들이 일으킨 환경 파괴의 비용을 전혀 부담하지 않는다. 환경을 오염시키는 기업이 그들이 사회에 미친 피해를 보상하도록 강제하지 않음으로써, 우리 사회는 실질적으로 이들 기업에게 보조금을 지급하고 있는 셈이다.

28. 기존 방식대로 측정하더라도 더 나은 환경의 혜택을 고려하지 않는다. 그러한 세수의 일부는 다시 〈녹색〉 경제에 투자될 수 있다. 가령 사회 기반 시설을 개선하는 데 쓰일 수 있다. 이 모든 것(그에 따른 민간 및 공공 일자리 창출을 포함해)은 그린 뉴딜 Green New Deal이라고 부르게 될 것의 일부다.

일부는 내가 영국의 유명 경제학자 니컬러스 스턴Nicholas Stern 경과 함께 공동 의장을 맡았던 기구(High-Level Commission on Carbon Prices)의 권고안을 따라서 탄소세를 옹호하면서도 그 수익이 납세자에게 돌아가야 한다고 주장한다. 이러한 정책을 옹호하는 자들은 녹색 경제가 요구하는, 공공 분야 투자를 포함하는 새로운 투자 영역에 대한 우리의 중요한 경고를 무시한다(우리는 당시 프랑스 환경부 장관 세골렌 루아얄 Ségolène Royal과 네덜란드 유명 사업가가 이끌던 글로벌 기업-정부 컨소시엄으로부터 국제 협약이 마련한 1.5~2도 상승 억제를 통해 지구 온난화를 막는 목표를 달성하기 위해 필요한 탄소세를 확정하는 임무를 부여받았다. See "Report on the High- Level Commission on Carbon Prices," also known as "The Stern-Stiglitz Report," Carbon Pricing Leadership Coalition, accessed July 4, 2018, available at https://www .carbonpricingleadership.org/report-of-the-highlevel-commission-on-carbon-prices/.)

탄소세는 연구 방향을 탄소 배출 감소에, 즉 지구를 살리는 일에 집중하도록 장려하는 추가적인 이점도 갖는다. 기업이 탄소 배출에 대해 아무런 비용도 부담하지 않는 우리의 현재 시스템에서, 기업은 배출 감소를 위해 혁신을 추진할 동기가 거의 없다.

29. 이 논의는 간단하다. 정부 지출의 확장 효과는 세금의 긴축 효과를 압도한다. 긴축 효과는 특히 세금을 갑부에게 부과할 때 미미하게 나타날 것이며, 확장 효과는 특히 교육과 기술 및 환경에 대한 다양한 투자와 같은 특정 유형의 투자에서 크게 나타날 것이다.

30. See Mazzucato, *The Entrepreneurial State*.

31. "Some Dates and Figures," European Investment Bank, accessed July 4, 2018, available at http://www.eib.org/about/key_figures/index.htm.

32. 트럼프 행정부 초반에 대규모 세제 혜택을 제공함으로써 헤지펀드로 하여금 사회 기반 시설에 대한 재정을 지원하도록 만들자는 제안이 있었다. 물론 제공해야 할 세금 혜택은 공짜가 아니다. 그것은 다른 곳에 지출할 수 있는 자원을 정부로부터 빼앗는 것이다. 국립 인프라은행을 통해 모금한 펀드의 공공에 대한 비용은 시골 지역의 도로처럼 관심을 받지 못하는 우리 사회의 기반 시설보다 직접적인 수익 흐름을 이끌어 낼 수 있는 공항과 같은 곳에 투자하는 데 더 관심이 높은 헤지펀드를 끌어들이는 비용보다 훨씬 낮을 것이다.

33. 다른 증거는 그러한 노력이 삶의 질뿐만이 아니라, 학습을 권장하고 범죄를 예방하는 데에도 영향을 미친다는 사실을 보여 준다.

병원과 학교, 요양원에서 도움의 손길을 필요로 하는 다양한 일이 있다. 공공 서비스를 받기 위한 대기 줄을 줄이려는 시도에는 국민소득 통계 자료에 제대로 반영되지 않은 가치가 담겨 있다.

34. 인도 프로그램의 성공에 관한 설명은 다음을 참조. Jayati Ghosh, "Can Employment Schemes Work? The Case of the Rural Employment Guarantee in India," in *Contributions to Economic Theory, Policy, Development, and Finance: Essays in Honor of Jan A. Kregel,* ed. Dmitri Papadimitriou (London: Palgrave Macmillan, 2014), 145‒71. 물론 인도의 노동 시장 구조는 미국과는 확연히 다르기 때문에 다른 방식으로 프로그램을 설계해야 할 것이다. 그래도 핵심은 그대로다. 공식적으로 고용된 근로자의 비중이 훨씬 더 낮은 가난한 국가도 고용을 보장하는 프로그램을 얼마든지 실행할 수 있으며, 실제로 운용 과정에서 성공을 거뒀다. 마찬가지로 미국도 그래야 한다.

그러한 프로그램을 실행에 옮기는 과정에서 해결해야 할 많은 기술적인 세부 사항이 있다. 한편으로 임금이 기준 이하인 근로자에게 돈을 지급하는 방법은 옳지 않다. 다른 한편으로 이로 인해 민간 영역의 고용을 위축시켜서는 안 된다.

이 수단은 최후의 보루로 생각해야 할 것이다. 우리가 바라는 것은 적절한 통화 및 재정 정책을 기반으로 모든 집단을 위한 완전 고용을 달성하는 것이다. 하지만 객관적인 증거는 상황이 그렇지 못하다는 사실을 말해 준다. 특히 아프리카계 미국인의 실업률은 나머지 인구의 두 배에 달하며, 그 부분적인 이유는 차별 때문이다. 이러한 사실은 정부가 전체 실업률을 아주 낮게 유지하지 않는 이상, 여러 집단 사이에서 수용 불가능한 수준의 실업률이 발생할 것임을 의미한다.

장기 실업에 따른 아주 높은 사회적 비용을 감안한다면, 특히 실업이 특정 지역이나 인구의 특정 하위 집단에서 집중적으로 발생한다면, 불완전하게 설계된 프로그램이라도 효과를 발휘할 수 있다.

35. 우파의 일부는 모든 것을 시장에 맡겨야 한다고 주장한다. 육아에 대한 지불을 포함해 노동에 대한 순혜택이 충분하지 않다면, 사람들은 일을 해서는 안 될 것이다. 이러한 관점에서 육아 보조금은 노동 시장을 왜곡시킨다. 그러나 이러한 접근 방식은 노동 시장을 비롯한 사회의 다른 영역에 이미 존재하는, 만연한 성차별을 포함해 다양한 왜곡을 무시하는 것이다. 그리고 노동의 존엄과, 노동에서 비롯되는 인적 자본의 증가와 관련된 사회적 가치를 무시하는 것이다.

36. 노동 시장의 요구에 부합하는 기술을 근로자에게 제공하는 것은 당연한 일이다.

37. 사전 분배에 관해서는 다음을 참조. Jacob S. Hacker and Paul Pierson, *Winner-Take-All Politics: How Washington Made the Rich Richer—And Turned Its Back on the Middle Class* (New York: Simon & Schuster, 2010); and Stiglitz, *The Price of Inequality*.

38. 임금 불평등의 결정 요인에 대한 보다 완전한 논의는 2장과 주 23을 참조할 것.

39. 상업은행과 투자은행을 분리한 글래스-스티걸 법의 폐지 이후로 금융 분야에서 집중이 엄청나게 강화되었고, 은행은 훨씬 더 큰 시장 지배력을 누리게 되었다. 최대 다섯 개 상업은행의 자산 점유율은 1998년(글래스-스티걸 법 폐지 이전 연도) 29퍼센트에서 2015년에 46퍼센트로 증가했다. "5-Bank Asset Concentration for United States," St. Louis FRED Economic Data, accessed July 14, 2018, available at https://fred.stlouisfed.org/series/DDOI06USA156NWDB.

40. 최저임금 인상 vs. 임금 보조금의 장점을 놓고 열띤 논쟁이 벌어지고 있다. 나는 미국 사회에 둘 다 필요하다고 생각한다.

41. 마일스 코락Miles Corak은 소득 평등과 기회 평등 사이의 관계를 실증적으로 밝혀냈다. 오바마 행정부 경제자문위원회 의장이었던 앨런 크루거는 그 관계를 일컬어 〈위대한 개츠비 곡선Great Gatsby Curve〉이라고 언급했다. See Corak, "Income

Inequality, Equality of Opportunity, and Intergenerational Mobility," *Journal of Economic Perspectives* 27, no. 3 (2013): 79 - 102; and Krueger, "The Rise and Consequences of Inequality in the United States," speech at the Center for American Progress, Jan. 12, 2012.

42. 교육부에 따르면, 상위 25퍼센트에 해당하는 부유한 학군은 하위 25퍼센트에 비해 15.6퍼센트 더 많은 돈을 지출한다. Data from the Education Finance Statistics Center, accessed July 4, 2018, available at http://nces.ed.gov/edfin/xls/A-1_FY2012.xls. C. Kirabo Jackson, Rucker C. Johnson, Claudia Persico의 연구 결과는 12년 교육 과정에 대해 학생 한 명당 10퍼센트의 지출 증가는 임금의 7퍼센트 상승, 그리고 연간 빈곤 발생률의 3.2퍼센트 하락으로 이어진다는 사실을 보여 준다. Jackson, Johnson, and Persico, "The Effects of School Spending on Educational and Economic Outcomes: Evidence from School Finance Reforms," *Quarterly Journal of Economics* 131, no. 1 (2016): 157 - 218.

이러한 결과는 2장에서 언급했듯이 특정 지역에 사는 인구의 성공 가능성이 더 낮다는 결론과 일치한다.

43. 교육의 중요성을 감안할 때, 어쩌면 당연하게도 수많은 개혁 시도가 있었으며 대안적인 접근 방식을 제안하는 많은 책이 나왔다. 여기에서 이들을 충분히 살펴볼 수는 없다. 앞서 나는 한 가지 개혁 방안으로 인센티브 지급에 대해 논의했다. 또 다른 논의에서는 차터 스쿨에 대해 집중적으로 다뤘다. 일반적으로 차터 스쿨은 공립학교에 비해 좋은 성과를 거두지 못하지만[Philip Gleason, Melissa Clark, Christina Clark Tuttle, and Emily Dwoyer, "The Evaluation of Charter School Impacts: Final Report (NCEE 2010-4029)" (Washington, DC: National Center for Education Evaluation and Regional Assistance, Institute of Education Sciences, U.S. Department of Education, 2010)], 주목할 만한 성공을 거둔 몇몇 사례가 있다. 우리는 그 사례를 공립학교에 성공적으로 프로젝트를 실행한 〈교육 혁신의 연구실〉로 바라봐야 할 것이다. 그러나 이를 공립학교에 대한 대안으로 봐서는 곤란하다. 이는 아마 분명하게도 경제적·사회적, 그리고 아마도 인종적으로 더욱 배타적인 학교 시스템으로 이어질 것이다. 세 번째 개혁은 노조 때리기에 주목하고 있다. 최고 성과를 보여 주는 공립학교 시스템 가운데 강력하게 노조화된 시스템이 있다는 점에서 호기심을 자극한다. 놀랍지 않게도 우리는 교육 개혁 논쟁 가운데 기업 분야에 일반적인 반노동자, 반조합 접근 방식을 발견할 수 있다.

44. Shelby County v. Holder에서 그 법의 핵심 조항을 위헌이라고 선언했다. 그 법은 유권자 차별의 역사적 유산을 지닌 미국의 이러한 부분을 연방 감시하에 놓아두었다. 이러한 제한으로부터 풀려나면서, 이들 지역 중 많은 곳은 아프리카계 미국인의 투표를

방해하는 방식(투표소 폐쇄나 변경)으로 행동에 착수했다. 투표의 힘의 결핍은 공적 자원의 분배에 영향을 미친다. 대법원 판결을 포함해, 이 사안에 대한 보다 완전한 논의는 8장을 참조.

45. 출처: World Prison Population List, International Center for Prison Studies.

46. 이와 같은 대규모 수감 시스템은 〈새로운 짐 크로 법〉이라고 불린다. 그러나 8장에서 언급했듯이, 이는 많은 아프리카계 미국인의 선거권을 박탈하려는 정치적 목적을 위한 것이다. See Alexander, *The New Jim Crow.*

이것은 또한 착취적 성격을 띤다. 앞서 언급했듯이, 오늘날 미국의 모든 산업 노동의 5퍼센트는 수감자의 노동력으로 제공되며, 일반적으로 최저임금보다 훨씬 낮다.

47. 금융 위기로 인해 미국의 경제 시스템과 사법 시스템은 최악의 모습을 드러냈다. 웰스파고와 같은 은행은 약탈적인 대출을 위해 아프리카계 미국인을 공격 대상으로 삼았다. 금융 위기(혹은 이러한 차별)를 초래한 부유한 은행가들은 그들이 적합한 서류를 발견하지 못했던 많은 주택 소유주를 포함해, 돈을 빌리지도 않은 사람들까지 집에서 내쫓는 범죄를 저질렀음에도 거의 책임을 지지 않았다. See "Justice for Some," in Stiglitz, *The Great Divide*, 70–73.

48. See Andrea Flynn, Dorian T. Warren, Susan Holmberg, and Felicia Wong, "Rewrite the Racial Rules: Building an Inclusive American Economy," Roosevelt Institute, June 2016.

49. 트럼프 지지자와의 인터뷰에서 계속해서 나오는 이야기는 다른 사람들이 삶의 사다리에서 자신을 앞질러 올라가도록 허락하는 〈고go〉 카드를 발급받고 있다고 느낀다는 것이었다. 우리는 골프에서 평평한 운동장을 위해 핸디캡을 인정한다. 또한 우리는 삶에서 누군가는 불리한 출발점에서 시작하며, 진정으로 평평한 운동장이 필요하다는 사실을 인정해야 한다.

50. 이러한 논의는 21세기 어린아이들을 대신해 트럼프 행정부의 기후 정책에 대해 제기한 소송 근거의 일부다. Juliana v. US라고 불리는 이 사건은 현재 진행 중에 있으며, 대법원(7 대 2 판결)이 아이들의 소송할 권리를 인정한 이후로 오리건주 유진에서 열릴 재판을 기다리고 있다. 나는 이 사건에 전문가 증인으로 참석했다.

51. See Stiglitz, "Reforming Taxation to Promote Growth and Equity," Roosevelt Institute White Paper, May 28, 2014. 핵심 개혁에는 배당금, 자본 이득, 지방채 이자에 대한 전면 과세, 자산 상속 시 자산 매각 시점과 상속 시점 사이의 가격 차이, 다시 말해 이전 세대 동안에 과세되지 않은 전체 자본 이득에 대해서만 세금이 부과되도록 자본 이

득 과세 기반에서 단계적 증가를 허용하는 조항을 포함하고 있으며, 세수 과정에서 다양한 허점을 제거하는 방안이 들어 있다.

52. 그중에는 앞서 언급했던 〈성과 보수〉 조항(Internal Revenue Code of 1986에서)이 있다. 사모펀드(기업을 매입해 구조 조정을 한 뒤 매각하는)를 운영하는 이들은 일반적으로 다른 분야에서 일하는 사람에게 적용되는 훨씬 더 높은 세율이 아니라, 낮은 자본 이득 세율로 소득에 대해 세금을 납부한다.

53. 각각의 경우에서, 증거는 그 반응이 일반적으로 미미하고, 혹은 경제학자들이 주장하듯이 세금 탄력성이 낮다는 사실을 보여 주고 있음에도.

54. See Henry George, *Progress and Poverty: An Inquiry into the Cause of Industrial Depressions and of Increase of Want with Increase of Wealth* (San Francisco: W. M. Hinton & Company, printers, 1879), 38.

55. 다른 시각에서 바라볼 수 있다. 토지의 가치는 감소할 것이며, 가령 은퇴를 위해 부의 특정한 수준을 유지하고자 한다면, 더 많은 부를 생산적인 자본으로 보유해야 할 것이다.

56. 위 주 28에서 논의한 "The Stern-Stiglitz Report" 참조.

57. 물론 화석 연료에 대한 엄청난 보조금(연간 205억 달러로 추산. 상당 부분을 세금으로 충당하고 있으며, 다른 곳에 사용했더라면 더 많은 가치를 만들어 냈을 것이다)을 삭감하는 것 역시 합리적인 선택이 될 수 있다. David Roberts, "Friendly Policies Keep US Oil and Coal Afloat Far More than We Thought," *Vox,* Oct. 7, 2017(Oil Change International 데이터에 기반을 둔). 이 데이터는 소비자에 대한 직접적인 보조금처럼 다양한 범주의 보조금을 누락하고 있다. IMF는 에너지 보조금(대부분 화석 연료에 대한)의 규모를 2015년 기준으로 5조 3천억 달러, 혹은 글로벌 GDP의 6.5퍼센트로 추산하고 있다. David Coady, Ian Parry, Louis Sears, and Baoping Shang, "How Large Are Global Energy Subsidies?," *International Monetary Fund,* 2015. 그들은 미국의 보조금을 연간 6천억 달러로 추산하고 있다.

58. 자연 재해로 인한 전 세계 피해 규모는 총 3350억 달러에 이른다. 미국은 전 세계 경제적 피해에서 88퍼센트를 차지한다. *Natural Disasters 2017,* www.emdat.be/publications (accessed Jan. 28, 2019). See also Pascaline Wallemacq and Rowena House, "Economic Losses, Poverty and Disasters 1998-2017" (United Nations Office for Disaster Risk Reduction and Centre for Research on the Epidemiology of Disasters, 2018), accessed January 24, 2019, available at https://www.unisdr.org/

we/inform/publications/61119.

59. 실제로 이는 금융 시장의 효율성을 방해한다. 마이클 루이스Michael Lewis가 2014년에 쓴 책, *Flash Boys: A Wall Street Revolt* (New York: W. W. Norton)에서 언급했던 것처럼, 초단타 매매의 상당 부분은 〈선행 매매front running〉라고 하는 기술적으로 앞선 불법적인 방식보다 더 나을 게 없다. 이들 트레이더에게 가는 돈은 경제의 전반적인 효율성을 높일 수 있는 실질적인 정보에 투자하는 트레이더에게로 갈 수 있었을 것이다. See Joseph E. Stiglitz, "Tapping the Brakes: Are Less Active Markets Safer and Better for the Economy?," presented at the Federal Reserve Bank of Atlanta 2014 Financial Markets Conference: Tuning Financial Regulation for Stability and Efficiency, Apr. 15, 2014, available at http://www.frbatlanta.org/documents/news/conferences/14fmc/Stiglitz.pdf.

10 모두를 위한 인간다운 삶

1. 1인당 국민소득이 미국의 4분의 1에 불과한 코스타리카조차 기대수명이 더 길다. 그 부분적인 이유는 양질의 의료보험을 모두에게 제공하기 때문이다.

2. 미국 경제분석국 데이터. 총부채는 2차 세계 대전 이후 GDP의 119퍼센트로 정점을 찍었다. "Gross Federal Debt as Percent of Gross Domestic Product," St. Louis FRED, accessed July 15, 2018, available at https://fred.stlouisfed.org/series/GFDGDPA188S.

3. 교육에 대한 투자 수익률은 엄청나게 높다. 한 의회 자료에 따르면, 1달러당 7달러에 달한다. 그러나 교육 혜택과 관련해서 인종 간 큰 차이가 있었다. 고등 교육을 받은 비중이 백인의 경우에 28퍼센트였던 반면, 아프리카계 미국인의 경우는 12퍼센트에 불과했다. 에드워드 흄스Edward Humes는 이러한 차별이 발생하는 메커니즘에 대해 다음에서 설명했다. "How the GI Bill Shunted Blacks into Vocational Training," *The Journal of Blacks in Higher Education*, no. 53 (Autumn 2006): 92 – 104. 제대군인 원호법이 북부 지역에서 교육적 성취에 도움을 줬던 반면, 남부 상황은 그렇지 못했다. See Sarah Turner and John Bound, "Closing the Gap or Widening the Divide: The Effects of the GI Bill and World War II on the Educational Outcomes of Black Americans," *The Journal of Economic History* 63, no. 1 (2003), 145 – 77. 제대군인 원호법은 또한 주택 혜택도 제공했지만, 다시 한번 대출 거절로 인해 아프리카계 미국인들은 이러한 혜택을 온전히 누리지 못했다. See Edward Humes, *Over Here: How the*

G.I. Bill Transformed the American Dream (New York: Diversion Books, 2006).

4. 이 장의 논의는 모든 미국인에게 인간다운 삶을 보장하는 데에서 정부 프로그램(새로운 공공 선택권을 포함하여)의 역할을 강조하고 있지만, 앞 장에서 논의한 규제 틀역시 마찬가지로 중요하다는 사실을 이해해야 한다. 고용주가 피고용인을 쉽게 착취할수 있다면(예를 들어 분할 근무제나 제로 시간제를 통해), 혹은 환경이 파괴되거나 일상적으로 접하는 기업(인터넷 사업자나 휴대전화 회사, 혹은 항공사 등)으로부터 계속해서 착취를 당한다면 사람들은 인간다운 삶을 누릴 수 없을 것이다.

5. 그러므로 공공 선택권은 정부가 특정 서비스를 제공하도록 하는 것보다 더 나을수 있다.

6. 아이러니하게도 의회는 메디케어에 대해 제한적인 민간 선택권을 만들었다. 그러나 그들이 경쟁하도록 만들기 위해 민간 사업자에게 상당한 보조금을 지급해야 했다.

7. 트럼프가 오바마케어를 공격하기 전에도 미국 성인의 약 12퍼센트, 혹은 3천만 명가량은 의료보험에 가입되어 있지 않았다. See Zac Auter, "U.S. Uninsured Rate Steady at 12.2% in Fourth Quarter of 2017" (Gallup, Jan. 16, 2018); and Edward R. Berchick, Emily Hood, and Jessica C. Barnett, "Current Population Reports, P60-264, Health Insurance Coverage in the United States: 2017" (US Government Printing Office, Washington, DC, 2018). 2017년 11월 의회 예산처는 2017년 세법의결과로 2027년까지 1300만 명이 추가적으로 보장을 받지 못하게 될 것이라고 예측했다. See "Repealing the Individual Health Insurance Mandate: An Updated Estimate" (CBO, Nov. 8, 2017).

8. 이 선택권은 기본적으로 민영 보험 시스템을 통해서 건강한 사람이 건강하지 못한사람에게 지급하는 보조금이 세금 시스템을 통해 조달되는 것을 의미한다.

9. See Peter R. Orszag and Joseph E. Stiglitz, "Rethinking Pension Reform: Ten Myths about Social Security Systems," in *New Ideas about Old Age Security*, eds. Robert Holman and Joseph E. Stiglitz (Washington, DC: World Bank, 2001), 17‒56. 대부분은 대안적인 플랜이 부과하는 수수료를 알지 못하며, 그래서 수수료가 그들의 은퇴 소득에 미칠 영향에 대해서도 알지 못한다. 미국에서 IRA 계좌에 대한 거래 비용은은퇴 혜택을 30퍼센트 정도로 감소시킬 것으로 추산된다. See Robert Hiltonsmith, "The Retirement Savings Drain: The Hidden and Excessive Costs of 401(k)s," New York: Demos.org, 2012, accessed Jan. 24, 2019, available at https://www.demos.org/publication/retirement-savings-drain-hidden‒excessive-costs-401ks.

10. 5장 주 21의 논의를 참조. 은행가, 그리고 이해 충돌을 지속적으로 이용함으로써 퇴직자의 희생으로 배를 불리려는 그들의 욕망을 지지하는 트럼프 행정부는 다른 선진 국들이 이미 실행하고 있는 신탁 기준을 연기했다. 이후 텍사스, 루이지애나, 미시시피 를 관할하는 제5 순회법원은 그 규칙을 뒤집었다. 이 모두는 〈공공 선택권〉 조항을 더욱 중요하게 만들고 있다. 추가적인 논의는 다음을 참조. Alessandra Malito, "The Fiduciary Rule Is Officially Dead. What Its Fate Means to You," *Market Watch,* June 25, 2018, https://www.marketwatch.com/story/is-the-fiduciary-rule-dead-or-alive-what-its-fate-means-to-you-2018-03-16.

11. 발행-분배 시스템하에서 담보 대출 중개인은 은행이 대출 상품을 판매하도록 도 움을 주었고, 그들이 다시 투자은행에 팔면서 증권으로 묶여 연금 펀드, 그리고 5장에서 설명했듯이 다각화된 포트폴리오를 추구하는 다른 펀드에 판매되었다.

12. See Laurie Goodman, Alanna McCargo, Edward Golding, Jim Parrott, Sheryl Pardo, Todd M. Hill- Jones, Karan Kaul, Bing Bai, Sarah Strochak, Andrea Reyes, and John Walsh, "Housing Finance at a Glance: A Monthly Chartbook," Urban Institute, Dec. 2018, available at https://www.urban.org/research/publication/housing-finance-glance-monthly-chartbook-december-2018/view/full_report.

13. 이 경제 모형은 〈헤도닉 가격법hedonic pricing〉이라고 불리며, 이는 지역과 다 양한 편의 시설을 포함해, 시장이 주택의 다양한 특성과 연결 짓는 가치를 결정한다.

14. 예를 들어 담보 대출 기업과 투자은행은 종종 임대 부동산을 소유주가 거주하는 것으로 기재했다. 채무 불이행 위험이 후자보다 전자가 훨씬 더 높다는 점에서 이는 대 단히 중요하다.

15. 경제학자들은 이를 〈범위의 경제economies of scope〉라고 부른다. 대부분에게 한계 비용이 실질적으로 0인 상태에서 지급은 급여와 직접적으로 연결될 수 있다. 이 제 안과 더불어 해결해야 할 여러 가지 실질적인 질문과 사안이 있다. 중요한 세부 사항을 면밀히 들여다보아야 하지만, 여기서 우리의 핵심은 모든 경우에 암묵적으로든 명시적 으로든 정부가 위험을 감수하고 보증하도록 하는 기존 시스템보다 훨씬 더 효율적인 공 공 대출 기관을 설립할 수 있는 충분한 가능성이 있다는 것이다.

16. 30년 만기 담보 대출 상품의 채무 불이행률은 금융 위기 이전에 민간 시장이 선 호했던, 변동 금리와 일괄 상환을 조건으로 하는 상품보다 훨씬 낮았다. 그러나 이러한 상품도 제안된(여기서 설명하고 있는 것과 같이), 그리고 일부 경우에 다른 나라에서 내 놓은 많은 다양한 상품(유명한 덴마크 담보부 채권을 포함해)만큼 위험 분산 및 경제 안 정화에서 효과적이지는 않다.

17. See, for example, Deirdre Bloome, Shauna Dyer, and Xiang Zhou, "Educational Inequality, Educational Expansion, and Intergenerational Income Persistence in the United States," *American Sociological Review* 83, no. 6 (2018): 1215–53.

18. See James J. Heckman, "Invest in early childhood development: Reduce deficits, strengthen the economy," https://heckmanequation.org/www/assets/2013/07/F_HeckmanDeficitPieceCUSTOM-Generic_052714-3-1.pdf and Ajay Chaudry, Taryn Morrissey, Christina Weiland, and Hirokazu Yoshikawa, *Cradle to Kindergarten: A New Plan to Combat Inequality* (New York: Russell Sage Foundation, 2017).

19. 대안들은 가장 중요하게도, 사회보장(연금) 설계와 같은 다른 정책에 의해서도 영향을 받는 세대 간 분배의 결과에서 차이가 난다. 소득 조건부 대출은 교육을 받는 세대에 교육을 위한 지불의 부담을 지우는 반면, 공짜 등록금은 현재 일하는 인구에 부담을 지운다.

20. 정부에서 돈을 빌려 민간 대출을 상환할 수 있도록 해야 한다. 모든 형태의 조기 상환 수수료는 법으로 금지해야 한다.

21. 불평등과 경제적 차별 사이의 상관관계에 관한 논의는 다음을 참조. Sean F. Reardon and Kendra Bischoff, "Income Inequality and Income Segregation," *American Journal of Sociology* 116, no. 4 (2011): 1092–1153.

11 새로운 사회 계약

1. 물론 5장에서 분명하게 확인했던 것처럼 그 둘은 완전히 구분되지는 않는다. 은행가의 도덕적 비열함은 금융 시스템 붕괴에서 중요한 역할을 했다.

2. 19세기에 허레이쇼 앨저Horatio Alger는 의지와 노력으로 부를 일군 가난한 소년의 이야기를 다룬 일련의 책에서 그 전형을 잘 묘사했다.

3. 미국의 선발제 학교 대부분은 부모의 재정 상황을 고려하지 않고 능력을 기준으로 학생들을 선발하며, 모두가 등록할 수 있도록 장학금을 지급한다. 그러나 놀랍게도 소득 분배의 하위 절반 출신의 입학생은 소수에 불과하다(10퍼센트 미만). 아이비 플러스(아이비리그에 MIT, 스탠퍼드, 듀크, 시카고 대학을 더한)의 경우, 상위 1퍼센트 출신이 14.5퍼센트인 반면, 하위 50퍼센트 출신은 13.5퍼센트에 불과하다. Anthony P. Carnevale and Stephen J. Rose, "Socioeconomic Status, Race/Ethnicity, and

Selective College Admission," in *America's Untapped Resource: Low-Income Students in Higher Education,* ed. Richard D. Kahlenberg (New York: Century Foundation, 2004); and Raj Chetty, John N. Friedman, Emmanuel Saez, Nicholas Turner, and Danny Yagan, "Mobility Report Cards: The Role of Colleges in Intergenerational Mobility," NBER Working Paper No. w23618, July 2017, https://www.nber.org/papers/w23618.pdf.

4. 현대 행동경제학은 이러한 문제를 해결하는 데에서 어느 정도 발전을 일구어 냈다. 그러나 미국과 다른 선진국의 최근 경제 정책의 상당 부분은 행동경제학의 지혜가 아니라, 인간을 합리적이고 충분한 정보를 갖고 있고 이기적인 존재로 가정하는 일반 경제학 이론을 기반으로 삼고 있다.

5. 전자의 태도는 개혁이 단지 다른 집단이나 경제 전체를 희생함으로써 특정 집단에게 유리하도록 게임의 규칙을 바꾸는 것을 의미할 때에도, 〈개혁〉을 옹호하는 정치 지도자에게 주어진 영예에 반영되어 있다. 레이건의 개혁은 성장 둔화와 불평등 심화로 이어졌다. 유일한 승자는 상위 계층 사람들이었다.

후자의 태도는 건국의 아버지들을 북극성과 같은 존재로 바라봐야 한다고 믿는 대법원 판사들에게서 찾아볼 수 있다. 오늘날 우리 사회는 그들이 상상조차 하지 못했을 문제에 직면하고 있음에도 말이다.

6. 앞서 언급했듯이 스미스의 첫 책은 *The Theory of Moral Sentiments*로 1759년에 처음 출간되었다.

7. 이 목록은 포괄적인 것이라기보다 내가 이 책에서 제시한 핵심 사안에 집중하고 있다. 이러한 가치에 대한 모든 특정한 표현에 모두가 동의할 것이라고는 생각하지 않는다. 하지만 가령 법치주의와 널리 퍼진 관용의 시스템에 대해 많은 이들이 공개적으로 반대한다고는 생각하지 않는다. 분명하게도 자신의 이익과 일치하는 방식으로 그것들을 설명하고자 하는 사람이 있다.

8. 2018년 말과 2019년 초 트럼프가 정부의 일부 기능을 중단시켰을 때, 미국은 경제와 사회의 기능에 정부가 얼마나 중요한 역할을 하는지 조금이나마 이해하게 되었다.

9. 2017년 연방 정부의 고용 규모(우체국 제외)는 219만 명이었고, 1967년에는 약 213만 명이었다(U. S. Bureau of Labor Statistics, All Employees: Government: Federal, Except U. S. Postal Service [CES9091100001], retrieved from FRED, Federal Reserve Bank of St. Louis; https://fred.stlouisfed.org/series/CES9091100001. Accessed Jan. 24, 2019).

10. 이는 자동차 안전법이 나오기 전이었다. 랠프 네이더Ralph Nader는 고전이 된 자신의 책에서 이에 대해 설명하고 있다. *Unsafe at Any Speed: The Designed-In Dangers of the American Automobile* (New York: Pocket Books, 1965).

11. 자신과 자신을 위해 일하는 사람을 사면할 수 있는 무제한적인 권리를 주장하는 대통령은 제한 없는 전제 권력을 주장하는 대통령이다. 우리 사회는 그를 헌법이 보장한 최고의 견제 수단인 탄핵을 통해 제어해야 한다. 자신의 당에서 강력한 지지를 받고 있는(대통령 탄핵은 상원의 3분의 2 찬성이 필요하다), 그리고 5번가에서 누군가를 쏠 수 있다고 말을 하고도 여전히 충성 표를 잃지 않을 것이라는 거만한 자부심으로 가득한 그는 그 방면에서는 아무런 두려움이 없는 듯하다.

12. 많은 중요한 문제가 거의 관심을 받지 못했다. 장애 연금 처리 과정에서 의사의 소견을 묻는 절차를 없애는 단순한 변화만으로도 연금 지급에 대한 많은 거절이 발생할 수 있다.

13. OECD 데이터에 따르면, 2017년 미국의 실질 1인당 GDP 성장은 OECD 평균에 미치지 못했지만, 2018년에는 이를 넘어섰다.

14. *Rewriting the Rules of the American Economy*에서 나와 공저자들은 세계화와 기술에 대해 우리 경제를 구성하는 규칙을 통해 불평등과 배제로 이어지는 경험을 포함해 우리의 일상적인 경험으로 나타나는 근본적인 세계적 힘으로 설명했다. 그러나 이야기는 좀 더 복잡하다. 기술과 세계화라고 하는 거대한 세계적 힘은 대체적으로 정책으로부터 비롯되고 정책에 의해 형성된다. 기술은 기초 연구에 의해 가동되고, 민간 분야에서조차 그 방향은 정책에 의해 영향을 받는다. 더욱 강력한 기후 정책은 배출을 줄이기 위한 연구에 더 많은 투자를 유도할 것이다. 낮은 금리는 노동 대비 자본의 비용을 낮춤으로써 노동을 줄이기 위한 연구와 투자를 촉진했다. 세계화는 대체로 제품과 서비스, 자본, 사람의 국제적 이동에 영향을 미치는 정책에 의해 가동된다.

15. 완전히 정확한 말은 아니다. 8장 주 11에서 언급했던 것처럼, 낮은 투표율을 감안한다면 트럼프는 〈선거 연령 인구 중 26퍼센트〉의 표를 얻었을 뿐이다.

16. 나의 책, *The Price of Inequality and The Great Divide*에서도 많은 설명을 했다. 그밖에도 많은 책이 있다. See, for instance, Piketty, *Capital in the 21st Century; and* Angus Deaton, *The Great Escape: Health, Wealth, and the Origins of Inequality* (Princeton: Princeton University Press, 2013).

17. Worcester v. Georgia, 31 U. S. (6 Pet.) 515 (1832)에 대해서. 앤드루 잭슨은 실제로 존 커피 준장에게 이렇게 말했다. 「대법원 판결이 사산이 되었군. 그들은 그 명령을

따르도록 조지아를 압박할 수 없다는 것을 알고 있어.」

18. 남부는 소작을 통해서 과거 노예를 소유했던 계층의 지배를 유지하는 경제 시스템을 구축했다. 남부는 교육과 소득, 의료(사회적·경제적 행복을 나타내는 핵심 지표)의 측면에서 발전이 느렸다. 이는 아프리카계 미국인들에게만 해당하는 것은 아니었다. 전체적으로 남부 정치인들은 인종 차별을 이용해 가난한 백인들의 분노를 흑인 이웃들에게 돌리도록 만들었다.

1938년 프랭클린 루스벨트 대통령 때 최저임금 통과, 남부에서 북부로 아프리카계 미국인의 대규모 이동, 낮은 노동 비용을 위한 남부로의 산업 재이동에 힘입어 결국 남부의 통계 수치는 개선되었다. 이러한 오랜 경제적·인종적 불평등에 대한 거대한 사회적 움직임의 결과로 탄생한 1960년대 시민권법이 흐름을 되돌려 줄 것이라는 희망이 있었고, 적어도 한동안은 그런 일이 벌어질 것으로 보였다. 그러나 사반세기가 흘러 반동 세력이 등장해서 특히 법정을 통해 비록 시간을 거꾸로 돌리지는 않았다고 해도 진보의 흐름을 가로막았다. 그에 따라 경제적 격리, 인종의 경제적 분할, 정치적 권리 박탈이 증가했다.

19. 자신의 정치적 이익을 위해 인종주의를 이용하는 트럼프의 시도에는 물론 오랜 역사적 선례가 있다. 린든 존슨의 시민권 입법 이후로, 남부 공화당 인사들은 만연한 인종주의를 이용해서 당의 결속력을 다졌다.

20. 일부는 전쟁이 때로 평등에 기여했던 역할을 강조한다. 2차 세계 대전은 사회 결속을 일구어 냄으로써 진보적인 과세를 허용하고 불평등 수준이 이례적으로 낮은 전후 시대를 위한 무대를 마련했다. 그러나 전쟁은 평등한 사회를 구현하기 위한 필요조건도, 충분조건도 아니다. 게다가 대단히 많은 비용이 드는 비효율적인 방식이다.

21. 오늘날 우리가 (국가를 통해) 미래 세대의 수탁인으로서 천연자원을 보존해야 한다는 입장과 일치한다. 이는 때로 공익 원칙Public Interest Doctrine이라고 불리며, 그 기원은 19세기 말 미국 법에 통합된 유스티니아누스 법전으로 거슬러 올라갈 수 있다. 또한 9장 주 50에서 논의했듯이, 그들의 이익을 지키고자 기후 변화를 막기 위해 적절한 행동을 취하지 않은 트럼프 행정부에 대해 스물한 명의 어린이가 제기한 소송의 근거 중 하나다.

22. 미국연방예금보험공사와 전국신용조합감독청(신용협동조합의 규제 기관)의 데이터에 따르면, 위기 이전에 신용협동조합의 파산율은 영리 은행과 비슷했던 반면, 위기 동안에는 크게 낮았다. 게다가 소기업에 대한 은행 대출이 2008~2016년 동안 거의 1천억 달러나 감소했던 반면, 신용협동조합은 300억 달러에서 600억 달러로 두 배 증가했다. See the 2017 NAFCU 2017 report on credit unions available at https://www.

nafcu.org/sites/default/files/data-research/economic-credit-union-industry-trends/industry-trends/Annual%20Report%20on%20Credit%20Unions/NAFCU%20Report%20on%20Credit%20Unions%20-%202017.pdf; and Rebel A. Cole, "How Did Bank Lending to Small Business in the United States Fare After the Financial Crisis?" (Small Business Administration, Jan. 2018).

23. 예를 들어 미국 최대 버터 생산자인 랜드 오레이크Land O'Lakes가 있다. 이들은 미네소타 유제품 협동조합으로 시작해서, 현재 50개 주와 50개 국 이상에서 1만 명의 직원과 더불어 140억 달러의 순매출을 올리고 있다. 협동조합 주택을 제외하고, 6만 4천 개가 넘는 협동조합이 있으며, 여기에는 공익 사업과 농업이 포함되어 있다. 우리에게 익숙한 협동조합으로는 선키스트와 오션 스프레이Ocean Spray(크랜베리)가 있다.

24. 집단행동의 역할과 사회복지에 대한 가장 강력한 거부는 전 영국 총리 마거릿 대처가 1987년에 했던 말이다. 〈사회 같은 건 없다.〉

25. See, for instance, Paxton, *The Anatomy of Fascism*.

찾아보기

옮긴이 **박세연** 고려대학교 철학과를 졸업하고 글로벌 IT기업에서 10년간 마케터와 브랜드 매니저로 일했다. 현재 전문번역가로 활동하면서 번역가 모임인 〈번역인〉 공동 대표를 맡고 있다. 옮긴 책으로 『죽음이란 무엇인가』, 『플루토크라트』, 『이카루스 이야기』, 『디퍼런트』, 『더 나은 세상』, 『OKR』, 『어떻게 민주주의는 무너지는가』, 『실리콘밸리의 팀장들』, 『슈퍼 펌프드』, 『행동경제학』, 『변화는 어떻게 촉발되는가』 등이 있다.

불만 시대의 자본주의 공정한 경제는 불가능한가

발행일   2021년 5월 25일 초판 1쇄
          2021년 6월 25일 초판 2쇄

지은이   조지프 스티글리츠
옮긴이   박세연
발행인   홍예빈 · 홍유진
발행처   주식회사 열린책들

경기도 파주시 문발로 253 파주출판도시
전화 031-955-4000 팩스 031-955-4004
www.openbooks.co.kr